中国文化1000问

台海出版社

图书在版编目（CIP）数据

中国文化 1000 问 / 凡禹编著 . — 北京 : 台海出版社 , 2025. 1. — ISBN 978-7-5168-4059-7（2025.6 重印）

Ⅰ. K203-49

中国国家版本馆 CIP 数据核字第 2024RG1349 号

中国文化1000问

编　　著：凡　禹

责任编辑：曹任云　　　　封面设计：于　芳

出版发行：台海出版社
地　　址：北京市东城区景山东街20号　邮政编码：100009
电　　话：010-64041652（发行，邮购）
传　　真：010-84045799（总编室）
网　　址：www.taimeng.org.cn/thcbs/default.htm
E-mail：thcbs@126.com

经　　销：全国各地新华书店
印　　刷：三河市龙大印装有限公司
本书如有破损、缺页、装订错误，请与本社联系调换

开　　本：710毫米×1000毫米　1/16
字　　数：456千字　　印　　张：24
版　　次：2025年1月第1版　　印　　次：2025年6月第2次印刷
书　　号：ISBN 978-7-5168-4059-7

定　　价：68.00元

前 言

清茗一杯、好书一卷，于静谧的夜里，享受茶香和书香，想想就是赏心乐事。然而，在实际生活中，由于“学习任务太重”“生活节奏太快”“工作太忙”“醉心于网络游戏”等原因，不少人的读书、品书时间正渐渐压缩。

在接收信息的时候，他们或一目十行，囫囵吞枣，或闭目塞听，随心所欲，任凭思维信马由缰，以至于停不下脚步，静心阅读一下老祖宗留下来的瑰宝。心浮气躁的结果，可想而知。在面对古代文化常识的时候，自然只能满脸迷茫，在脑海里画出一个大大的问号。

所谓“常识”，一是基本知识、基本概念；二是在实际生活和交流沟通过程中，不时被人们提到、用到的信息。

“文章西汉两司马”分别指的是谁？唐宋八大家之首是韩愈，还是欧阳修？经、史、子、集有哪些隶属的子目？被鲁迅称为“晚清四大谴责小说”的是哪些作品？

什么是“三纲”“五常”？何谓“仁、义、礼、智、信”？“存天理，灭人欲”是谁的主张？竹林七贤都包括谁？又因何而得名？

《百家姓》为何以“赵钱孙李”起首？孩子为什么从父姓？有过从母姓的时期吗？“领袖”怎么成了领导人的称谓？丈夫为什么称妻父为“泰山”“岳父”？

“连中三元”的“三元”分别指什么？“院试”“乡试”“会试”“殿试”是怎么回事？孔子果真是开办私学的第一人吗？

“八拜之交”究竟是哪几拜？结婚习俗中的“三书六礼”指什么？端午节中的“端午”是什么意思？为什么在中秋节赏月、吃月饼？

清朝八旗制度中的“八旗”是怎么回事？为什么说“打官司”而不说“审官司”？

《清明上河图》描绘的是清明时节的景象吗？松、梅、竹为何有“岁寒三友”的美誉？

“双簧戏”是谁御赐的名称？“压轴戏”是指最后一出戏吗？天干地支是怎

么回事？“弹指一挥间”是多长时间？

对于诸如此类的中国古代文化常识，放眼现在，不少人或是略知一二，不甚了解，或是只知其然，而不知其所以然。

有鉴于此，编者从浩如烟海的中国古代文化常识中，经过千挑万选，采撷了最具代表性、最实用、读者最感兴趣的内容，以一问一答的形式，结集成书。书中剑指社会万象，内容涉及：文学史学、哲学思想、姓氏称谓、学制科举、礼制民俗、法制军事、政制职官、书画戏曲、天文历法地理、医药科技、国学典故、行业杂谈及考古娱乐。

此刻，不妨沏清茗一杯，捧好书一卷，潜心阅读，相信会让读者朋友们在饶有趣味的文字中，向着满腹经纶的文化骁将，迈进一大步。

CONTENTS | 目 录

第一辑 文学、史学

儒 学 / 036

道家文化 / 053

其他诸子之学 / 072

第三辑　姓氏、称谓

第四辑　学制、科举

第五辑　礼制、民俗

第六辑　法制、军事

第七辑 政制、职官

第八辑　书画、戏曲

第九辑 天文、历法、地理

第十辑 医药、科技

中华医药 / 299

科技发明 / 310

第十一辑　国学典故、行业杂谈

第十二辑　考古、娱乐

第一辑 文学、史学

诗、词、赋

◆中国最早的诗歌总集是哪部作品？

《诗经》在先秦称《诗》或《诗三百》，是中国最早的一部诗歌总集，汇集了从西周初年到春秋中期五百多年的诗歌三百零五篇（原三百一十一篇）。

“古者《诗》三千余篇，及于孔子，去其重……”据传《诗》为孔子编定的。《诗》依据音乐的不同，分为“风”“雅”“颂”三部分，“风”为土风歌谣，“雅”为西周王畿的正声雅乐，“颂”为上层社会宗庙祭祀的舞曲歌辞。《诗》主要有赋、比、兴三种表现手法。风、雅、颂，赋、比、兴，合称为《诗》的“六义”。

《诗》开创了中国古代诗歌创作的现实主义的优秀传统，并以其丰富的文化内容、广泛的创作题材和完美的艺术形式，向我们生动地展示了殷周社会历史的立体画卷，被誉为古代社会的人生百科全书。后来，《诗经》被儒家奉为经典，成为“六经”（包括《诗》《书》《礼》《乐》《易》《春秋》）或“五经”（无《乐》）之一。

◆如何辨别赋、比、兴这三种艺术手法？

赋、比、兴，是《诗经》主要的表现手法。关于赋、比、兴的含义，历来众说纷纭，宋朝朱熹的解释是比较有代表性的。朱熹曾云：“赋者，敷陈其事而直言之者也”；“比者，以彼物比此物也”；“兴者，先言他物以引起所咏之辞也”。

（1）赋。实际上就是为了突出主题对象所做的描写。通常是一系列排比句式，而且多用骈文，看上去非常绚丽夺目。比如《陌上桑》：“行者见罗敷，下担捋髭须。少年见罗敷，脱帽著帩头。耕者忘其犁，锄者忘其锄。来归相怨怒，但坐观罗敷。”

（2）比。即比喻，以彼物比此物，起着将情感扩大或者缩小的作用，又或者是以较为委婉的方式来表达不方便直接表达的感情。比如李白《蜀道难》中有“朝避猛虎，夕避长蛇。磨牙吮血，杀人如麻”。这是采用顾左右而言他的方式，以兽行来比拟人的作为，在略有夸张的同时，充分宣泄着诗人内心的愤懑。

（3）兴。即联想，触景生情，因物起兴。具体说来，即先言他物以引起所咏之词。从特征上讲，有直接起兴、兴中含比两种情况；从使用上讲，有篇头起兴和兴起兴结两种形式。

起兴主要有两种效用。其一提出中心，奠定全文的基调。其二"引起"读者"兴趣"。

◆被称为"乐府双璧"的是哪两首诗歌?

继《诗经》和《楚辞》之后，在汉魏六朝文学史上出现一种能够配乐歌唱的新诗体，称为"乐府"。宋朝郭茂倩编的《乐府诗集》是最完备的一部乐府歌辞总集，其中的民歌生动地反映了当时的社会生活和风土人情，分南歌、北歌两大部分。南歌，即南朝民歌，注重抒情，语言浮华，用词细腻，风格委婉。北歌，即北朝民歌，题材广泛，格调热烈质朴。

北朝民歌中的《木兰诗》(又名《木兰辞》)与汉乐府民歌中的《孔雀东南飞》(又名《古诗为焦仲卿妻作》)合称长篇叙事诗的"乐府双璧"。

《木兰诗》记述了木兰女扮男装替父从军，征战沙场凯旋回朝，建功受封辞官还乡的故事，充满传奇色彩。约作于北魏迁都洛阳以后。《孔雀东南飞》则叙述的是刘兰芝和焦仲卿之间荡气回肠的生死之恋。善良而勤劳的刘兰芝与焦仲卿结婚后，夫妻俩互敬互爱，焦母却看儿媳不顺眼，威逼焦仲卿将她驱逐。焦仲卿迫于母命，无奈只得劝说兰芝暂避娘家。谁知兰芝回到娘家后，哥哥逼她改嫁太守的儿子。最后二人双双履行"黄泉下相见"之约，为爱殉情而死。

◆赋这种文学体裁有几种基本样式?

除了诗、词、曲之外，历史上还存在过一种具有诗歌特点的文体，这就是赋。最初的诗、词、曲都能歌唱，而赋却不能歌唱，只能朗诵。它外形似散文，内部又有诗的韵律，是一种介于诗歌和散文之间的文体。通常认为，赋有骚体和散体两种基本样式。

（1）骚体赋。直接由楚辞发展而来。它采用骚体句式，不用主客问答的形式，以抒情为主，因而更接近于诗；它的结尾往往有"乱""讯""歌"等更富于音乐性的部分，显示了它原来的音乐背景。

（2）散体赋。由隐语和战国散文演变而成。它采用主客问答的形式，句式灵活，韵散相间；它以描写为主，也有说理性作品；在段落开头常用"于是乎""尔乃""若夫"等标志性词语，显示出它的散文化特点。上述特征又决定了它在表现手段和审美方面的特征，如长于铺陈，文辞华美，篇末寄讽等，但这只是其次要的特征，不是判断文体的标志。

◆《离骚》为何又被称作《离骚赋》?

据《汉书·艺文志》记载："传曰：'不歌而诵谓之赋，登高能赋可以为大夫。'"这里所说的赋，就是先秦典籍中谈到的赋诗。所谓不歌而诵，就是不配乐歌唱的口头诵读形式。所诵之诗赋，可以是即兴创作的作品，也可以是《诗经》中现成的诗篇。

西汉的司马迁之所以有“屈原放逐，乃赋《离骚》”的说法，是因为如果单从语言形式上看，《离骚》和楚歌没有什么区别，但楚歌是唱的，所以称作“歌”；而《离骚》是用来诵读的，因此称作“辞”或“赋”，而不称作“歌”。再有，屈原的《离骚》和《九章》等作品在汉朝都被称作赋，汉初贾谊模仿楚辞而凭吊屈原，名之为《吊屈原赋》。后来还有不少汉朝人也采用这种形式写赋。由于这些作品与《楚辞》(《离骚》是《楚辞》的代表作）有渊源关系，因此被称作骚体赋。

◆《楚辞》是一部什么样的书？

楚辞，又称“楚词”，是战国时期的伟大诗人屈原创造的一种诗体。作品运用楚地（今两湖一带）的文学样式、方言声韵，叙写楚地的山川人物、历史风情，具有浓厚的地方特色。

西汉刘向把战国楚人屈原、宋玉的作品和王褒、东方朔、唐勒、景差、贾谊、淮南小山、严忌等人“承袭屈赋”的作品，及刘向自己的作品《九叹》编辑成集，名为《楚辞》。东汉王逸作章句，并增入《九思》。刘向编定的《楚辞》16卷久已亡佚，只有王逸的17卷本《楚辞章句》流传至今。后世称这种诗体为“骚体”或“楚辞体”。

《楚辞》是继《诗经》后对中国文学具有深远影响的一部诗歌总集，并且是中国第一部浪漫主义诗歌总集。现存的《楚辞》总集中，主要是屈原及宋玉的作品。其他人的作品大都未能流传下来。

◆汉魏六朝的《搜神记》属于哪种体裁？

《搜神记》是直承《穆天子传》《山海经》影响而出现的一部记录古代民间传说中神奇怪异故事的小说集。书中搜集了古代的神异故事共四百一十多篇，开创了中国古代神话小说的先河。虽然大部分故事带有迷信成分，但在一定程度上反映了古代人民的思想感情。

从体裁上讲，东晋初年干宝的《搜神记》属于志怪小说。所谓志怪小说是指汉魏六朝时期带有神怪色彩的小说，它们多数来源于巫和方士的奇谈怪论。汉代以后，道教和佛教逐渐盛行，鬼神迷信的说教广为流布，所以志怪的书特别多。六朝作品中就有不少以“志怪”命名的，《搜神记》便是志怪小说的代表之作。

◆“文章西汉两司马”分别指的是谁？

西汉文坛的文学形式主要是散文和赋，当时散文以司马迁成就为最高，赋以司马相如成就为最高，故后人有“文章西汉两司马”一说，以此表达二人在文学史上的杰出成就。

晚清名臣左宗棠在《题卧龙岗诸葛草庐》一诗中这样写道：“文章西汉两司马，经济南阳一卧龙。”意思是说，文章写得最好的要算西汉的司马迁与司马相如，而经邦济世的人才就当首推南阳的诸葛亮了。再有，鲁迅在《汉文学史纲要》中也列“司马相如和司马迁”为一篇，并说：“武帝时文人，赋莫若司马相如，文莫若司马迁。”

◆文学史上“建安风骨”有什么内涵？

建安风骨（又称“魏晋风骨”），指汉魏之际曹氏父子、建安七子等人诗文的俊爽刚健风格。汉末建安时期文坛巨匠“三曹”（曹操、曹丕、曹植）、“七子”（孔融、陈琳、王粲、徐干、阮瑀、应玚、刘桢）继承了汉乐府民歌的现实主义传统，普遍采用五言形式，以风骨遒劲而著称，并具有慷慨悲凉的阳刚之气，形成了文学史上“建安风骨”的独特风格，掀起一个诗歌高潮，被后人尊为典范。代表作有曹操的《让县自明本志令》、曹丕的《燕歌行》、曹植的《美女篇》《赠白马王彪》、王粲的《七哀诗》等。

“风骨”是中国文学批评史上的重要概念，自南朝至唐，一直是文学品评的主要标准。“风骨”一词最早大量应用于魏、晋、南朝的人物评论，大体上“风”偏重于指精神气质，“骨”偏重于指骨格形态。后引用到书画理论和文学评论之中。“风”，就是文章的生命力，是一种内在的、能感染人的精神力量，有了风，文章才能鲜明而生动；“骨”指文章的语言应准确、简练、明晰，从而使文章刚健有力。

建安风骨的内涵包含以下几方面：

文风清峻，给人一种利落大家之感；通达脱俗，不拘小节，沉雄激荡；气盛词壮，畅所欲言；华靡。在建安诗作中，华靡之风自曹植始，“七子”滥觞于后。悲凉慷愤之中，亦有命运无常，人生短促的不安心境。

◆为什么宫体诗常被称为亡国之音？

所谓宫体诗，是指南朝梁后期、陈后主时期和隋炀帝时期所流行的一种诗歌流派。其名起于南朝梁简文帝萧纲。宫体诗风格通常流于浮靡轻艳，大多以写宫廷生活闺阁情怀为主要内容，述女性之美，形式工巧，声律严整。

宫体诗虽出现于南朝梁，却源于晋宋以后的吴歌西曲。吴歌西曲颇多艳情之作，而由于播于管弦、流在人口，乃成为一时的流行歌曲。当时的上层贵族和文人耳濡目染，便竟相模拟，竟蔚为风气。轻艳的市井歌曲与浮华放浪的宫廷生活相契合，便产生了宫体诗。

宫体诗的主要作者为萧纲、萧绎以及聚集于他们周围的一些文人，如徐摛、庾肩吾、徐陵等，陈后主陈叔宝及其侍从文人、荒淫享乐的隋炀帝也可归入此类。由于宫体诗流行于三个短命的王朝，而陈后主和隋炀帝又是所谓的亡国之君，故宫体诗也常被称为亡国之音。

◆哪三位作家被称为“北地三才”？

魏至北齐时期，北朝出现了几位比较正统的诗文作家，模仿南朝诗文创作，虽然水平有限，难与南朝相比，但它却标志着北朝文学开始复苏，也迈开了南北文学融合的第一步。其中的佼佼者是温子升、邢邵、魏收，他们号称“北地三才”。从“北地三才”的现存作品来看，其创作明显地表现出模仿南朝文风的共同特点，艺术成就也远不及南朝文人。

◆“初唐四杰”是哪四位诗人的雅称？

从唐高宗到武后初年，中国诗坛上出现了四颗熠熠生辉的新星——王勃、骆宾王、杨炯、卢照邻。世称

"初唐四杰"。《旧唐书·杨炯传》有云："炯与王勃、卢照邻、骆宾王以文诗齐名，海内称为王杨卢骆，亦号为'四杰'。""四杰"是初唐文坛上新旧过渡时期的人物，是唐诗史上勇于改革齐梁浮艳诗风的先驱。

唐太宗喜欢宫体诗，写的诗多为风花雪月之作，齐梁宫体诗色彩非常浓厚。大臣上官仪亦秉承陈隋遗风，诗作风靡一时，致使士大夫们争相效法，世号"上官体"。在齐梁形式主义诗风在唐朝诗坛占据统治地位时，王勃首先挺身而出，反对这种不正之风，接着其余三人纷纷响应，并肩反对"上官体"的创作活动，并试图用自己的创作实践改变齐梁时遗下的不正诗风。"四杰"的诗文虽未脱齐梁以来绮丽余习，但已初步扭转文学风气。他们的诗歌，从宫廷走向人生，题材较为广泛，风格也较清俊。

王勃：代表作五律《送杜少府之任蜀州》、名文《滕王阁序》。渡海省亲，溺水受惊而死，从而结束了他年轻的生命。

卢照邻：代表作《长安古意》《五悲文》。居太白山中，服丹药中毒，手足残废，徙居阳翟县茨山下，买园筑坟，终因政治上的失意和病痛折磨，身投颍水而死。

骆宾王：代表作《在狱咏蝉》、《代李敬业传檄天下文》（即《讨武后檄文》）。檄文采用抑扬手法，很有战斗力和号召力。传被声讨的武则天读此文亦大加赞赏。

杨炯：代表作《从军行》。四杰中，他的诗存量最少。

◆什么是古体诗?《蜀道难》是古体诗吗?

古体诗是近体诗形成前，除楚辞外的各种诗歌体裁。古体诗形式比较自由，不拘对仗、平仄，押韵较宽，篇幅长短不限。从诗句字数看，有四言、五言、七言和杂言诗。

四言诗。《诗经》中收集的上古诗歌以四言诗为主。两汉、魏、晋仍有人写四言诗，曹操的《观沧海》、陶潜的《停云》都属于四言诗。

五言和七言古体诗作较多，简称五古、七古。五古最早产生于汉朝。《古诗十九首》都是五言古诗。汉朝以后，写五言古诗的人很多。南北朝时的诗大都是五言的，唐朝及其以后的古体诗中五言的也较多。到了唐朝，七古大量出现，唐人又称七古为长句。

杂言诗是古体诗所独有的。诗句长短不齐，有一字至十字以上，一般为三、四、五、七言相杂，而以七言为主，故习惯上归入七古一类。《诗经》和汉乐府民歌中杂言诗较多。汉魏以来乐府诗配合音乐，有歌、行、曲、辞等。唐人乐府诗多不合乐。唐宋时代的杂言诗形式多种多样：有七言中杂五言的，如李白的《行路难》；有七言中杂三言的，如张耒的《牧牛儿》；有七言中杂三、五言的，如李白的《将进酒》；有七言中杂二、三、四、五言至十言以上的，如杜甫的《茅屋为秋风所破歌》；有以四、六、八言为主杂以五、七言的，如李白的《蜀道难》。

◆什么是近体诗？律诗和绝句是近体诗吗？

近体诗，指唐朝形成的格律诗体，又称今体诗或格律诗。为有别于古体诗而有近体诗之名。这种诗体可分为律诗和绝句两类。律诗和绝句中又各包括五言和七言。近体诗规定，律诗是八句，绝句是四句。还有一种“长律”（又称“排律”），以五言为常，一般限制在十二句，不过也有超出此数的。

近体诗除在字数和句数方面有限制外，在平仄、用韵和对仗（绝句不要求对仗）方面也都有严格的规定。

律诗的八句可分为四联。首句与次句合称为首联，第三、四句合称为颔联，第五、六句合称为颈联，第七、八句合称为尾联。每句必须平仄相间，同联的两句必须平仄相对，联与联之间必须平仄相粘，即“句内相间，联内相对，联间相粘”。一韵到底的平声韵。除首尾二联外，必须要对仗。对仗细分的话，有工对（词性词类和句型都相对）、借对（借音、借义相对）、扇面对、流水对等。唐诗中，以杜甫诗最工。

◆除了“诗仙”李白、“诗圣”杜甫外，称号带“诗”的还有谁？

唐朝大诗人李白的诗作，想象丰富奇特，风格雄浑奔放，色彩绚丽，语言清新自然，人称其为“诗仙”；杜甫诗紧密结合时事，思想深厚，境界广阔，人称其为“诗圣”。除此之外，还有一些诗人被誉为“诗骨”“诗杰”“诗狂”……

陈子昂诗诗意激昂，风格高峻，大有“汉魏风骨”，被誉为“诗骨”。

王勃诗流利婉畅，宏放浑厚，独具一格，人称“诗杰”。

贺知章秉性放达，自号“四明狂客”。因其诗豪迈狂放，人称“诗狂”。

王昌龄七绝写得“深情幽怨，音旨微茫”，因而举为“诗家天子”，又称“七绝圣手”。

孟郊作诗苦心孤诣，惨淡经营，元好问（金末元初人）曾称之为“诗囚”。

贾岛一生以作诗为命，好刻意苦吟，人称其为“诗奴”。

刘禹锡诗沉稳凝重，格调自然，格律粗切，白居易赠他“诗豪”的美誉。

王维诗中有佛意，加之王维在唐朝诗坛的崇高地位，被誉为“诗佛”。

白居易写诗刻苦至极，正如他自己所说：“酒狂又引诗魔发，日午悲吟到日西。”过分地诵读和书写，竟到了口舌生疮、手指成胝的地步，所以人称“诗魔”。

李贺诗善熔铸词采，驰骋想象，运用神话传说创造鲜明形象，人称“诗鬼”。

苏轼诗挥洒自如，清新刚健，一帜独树，人称“诗神”。

除上述称号带“诗”的诗人，还有些诗人因作诗特色亦赢得一些有趣的雅称。比如，杜牧曾写过《紫薇花》咏物抒情，借花自誉，人称其为“杜紫薇”；温庭筠才思敏捷，每次入试，八叉手即成八韵，人称之为“温八叉”；崔珏曾赋《鸳鸯诗》，别具一格，人称“崔鸳鸯”。

◆**唐朝有“五言长城”称号的是哪位诗人？**

唐代诗人刘长卿因擅长五言诗，他的五言诗作是全部诗作的十分之七八，号称“五言长城”，意思是说他人难以胜过。刘长卿的五绝，最为著名的是《逢雪宿芙蓉山主人》：“日暮苍山远，天寒白屋贫。柴门闻犬吠，风雪夜归人。”文字省净优美，意境幽远，弥漫着一层难以言说的冷漠、寂寥的情思，透露出浓重的衰飒、索寞之气。

当时有位年长的隐居之人秦系与他关系极好，两人常常以诗相赠答。有一天，一位朋友读了秦系应答刘长卿的五言诗之后，感到他们的诗各有千秋，不相上下，便打趣地说：“长卿自以为是‘五言长城’，坚不可摧，而秦系率部队从侧面发起了进攻。虽然他人老了，但威力不减壮年，还真够长卿抵挡一阵的。”

◆**除高适和岑参外，哪些人还擅长写边塞诗？**

唐朝边塞诗人中，最有代表性的诗人是高适、岑参。前者代表诗作有《别韦参军》《别董大》《燕歌行》等。后者代表诗作有《走马川行奉送出师西征》《轮台歌奉送封大夫出师西征》《白雪歌送武判官归京》等。

除高适和岑参外，王昌龄、王之涣、卢纶、王翰、崔颢、李颀也比较有代表性。

王昌龄被后人称为“七绝圣手”，他的七绝与李白的并称“双璧”。边塞诗有《从军行》《出塞》等。“洛阳亲友如相问，一片冰心在玉壶”诗句出自《芙蓉楼送别辛渐》，为传诵名句。

王之涣的《凉州词》，流露出征人久戍思乡的哀怨。《登鹳雀楼》则暗示出人生哲理。他的“欲穷千里目，更上一层楼”等诗句给人无限启示。

◆**唐代哪八位学者名人被誉为“饮中八仙”？**

“饮中八仙”指唐朝嗜酒的八位学者名人，亦称酒中八仙或醉八仙。《新唐书·李白传》载，李白、贺知章、李适之、汝阳王李琎、崔宗之、苏晋、张旭、焦遂为“酒中八仙人”。

一仙贺知章：知章骑马似乘船，眼花落井水底眠。

二仙汝阳王：汝阳三斗始朝天，道逢麴车口流涎，恨不移封向酒泉。

三仙李适之：左相日兴费万钱，饮如长鲸吸百川，衔杯乐圣称避贤。

四仙崔宗之：宗之潇洒美少年，举觞白眼望青天，皎如玉树临风前。

五仙苏晋：苏晋长斋绣佛前，醉中往往爱逃禅。

六仙李白：李白一斗诗百篇，长安市上酒家眠。天子呼来不上船，自言臣是酒中仙。

七仙张旭：张旭三杯草圣传，脱帽露顶王公前，挥毫落纸如云烟。

八仙焦遂：焦遂五斗方卓然，高谈阔论惊四筵。

◆**白居易、元稹是新乐府运动的主将吗？**

乐府自西汉设置始，就具有多种功能：以诗合乐，以诗观风。“风”通过声诗的乐音感染，实现讽喻目的。

古乐府（唐朝把南北朝以前的乐府诗统称为古乐府）确实都是些讽喻精神强烈的作品，但自六朝以来逐渐消亡。唐朝贞元、元和之际，白居易、元稹等诗人或“寓意古题”，或效法杜甫“即事名篇”，以乐府古诗之体，改进当时民间流行的歌谣，发起“新乐府运动”。

所谓新乐府运动，指的就是唐朝元和年间发生的用通俗化的乐府体写时事和社会生活的诗歌运动。乐府诗的作者主要有白居易、元稹、李绅（《悯农》诗二首）、张籍（有乐府三十三首以及《野老歌》《筑城词》《贾客乐》）和王建（《水夫谣》《田家行》《簇蚕辞》）等人。白居易的代表作为《新乐府五十首》和《秦中吟十首》，元稹的代表作为《田家词》《织妇词》《和李校书新题乐府十二首》。世称二人为“元白”。

白居易，字乐天，号香山居士，下邽（今陕西渭南东北）人，有“诗魔”和“诗王”之称。他在《与元九书》中提出：“文章合为时而著，歌诗合为事而作。”在《新乐府序》中全面提出了新乐府诗歌的创作原则，要求文辞质朴易懂，便于读者理解；说的话要直截了当，切中时弊，使闻者足戒；叙事要有根据，令人信服；还要词句通顺，合于声律，可以入乐。宣称要为君、为臣、为民、为物、为事而作，不为文而作。

元稹，字微之，别字威明。河南洛阳人，为北魏鲜卑族拓跋部后裔。除是新乐府运动的主将外，在诗歌形式上，他还是“次韵相酬”的创始者。元稹诗中最有特色的是艳诗和悼亡诗。此外，元稹所作传奇《莺莺传》（又名《会真记》），叙述的是张生与崔莺莺的爱情悲剧故事。文笔优美，刻画细致，成为唐人传奇中的名篇。

元和十年（815年），白居易遭谤被贬江州，新乐府运动因之受挫。不过，新乐府运动的精神，为晚唐诗人皮日休、聂夷中、杜荀鹤所继承。皮日休的《正乐府十首》和《三羞诗》，聂夷中的《公子行》，以及杜荀鹤的《山中寡妇》《乱后逢村叟》，深刻地揭露了唐朝末年统治者的残暴、腐朽和唐末农民战争前后的社会现实。

◆唐朝“大历十才子”都有谁？

“大历十才子”指的是唐代宗大历年间十位诗人所代表的一个诗歌流派。他们的共同特点是偏重诗歌形式技巧。据姚合《极玄集》和《新唐书》记载：十才子即李端、卢纶、吉中孚、韩翃、钱起、司空曙、苗发、崔洞（一作峒）、耿湋、夏侯审。钱起、卢纶成就较高。

他们大多是失意的中下层士大夫，也多半是权门清客，因而不像前辈的盛唐诗人那样体现兼济天下的宏图大志，而是多投献应制之作（古代臣属奉皇帝之命而作的应酬诗称应制诗）。歌颂升平、吟咏山水、称道隐逸是其诗歌的主旋律。但他们在仕途失意和战乱宦旅生活中，也偶有反映现实和体验真实之作。他们都擅长五言近体，善写自然景物及乡情旅思等，语词优美，音律和谐，但题材风格比较单调。

◆唐宋古文运动是怎么回事？

唐宋古文运动是指唐朝中叶及北宋时期以提倡古文、反对骈文为特点的文体改革运动。

韩愈最先提出“古文”这一概念。他把六朝以来讲求声律及辞藻、排偶的骈文视为俗下文字，认为自己的散文继承了先秦两汉文章的传统，所以称“古文”。韩愈提倡古文，目的在于恢复古代的儒学道统，将改革文风与复兴儒学变为相辅相成的运动。在提倡古文时，倡言以文“载道”“明道”，重视写真情实感，强调要有“务去陈言”和“词必己出”的独创精神。

晚唐时期，古文运动趋于衰落，出现了讲究雕章琢句的不良文风。北宋时期，以欧阳修为代表的一些文人，极力推崇韩、柳，又掀起一次新的古文运动，提倡继承韩愈的道统和文统，强调“文道统一，道先于文”的观点，写了大量平易自然、有血有肉的散文，以扫清绮靡晦涩的文风，使散文走上平易畅达、反映现实生活的道路。

人们把唐朝的韩愈、柳宗元和宋朝的欧阳修、曾巩、王安石、苏洵、苏轼、苏辙合称为“唐宋八大家”，把唐朝和宋朝的两次古文运动称为“唐宋古文运动”。

◆唐宋八大家之首是韩愈，还是欧阳修？

唐宋八大家，是唐宋时期八大散文作家的合称，即唐朝的韩愈、柳宗元和宋朝的苏洵、苏轼、苏辙（苏洵、苏轼、苏辙父子三人称为“三苏”）、欧阳修、王安石、曾巩（曾经拜欧阳修为师）。那么，唐宋八大家的称号是怎么来的呢？话说明朝初期的朱右最初将上述八位作家的散文作品编选在一起刊行《八先生文集》，后唐顺之在《文编》一书中也选录了这八位唐宋作家的作品。明朝中期古文家茅坤在前人基础上加以整理和编选，取名《唐宋八大家文钞》，共160卷，风靡海内。“唐宋八大家”从此得名。

由于韩愈为唐朝古文运动的倡导者，主张学习先秦两汉的散文语言，破骈为散，扩大文言文的表达功能，宋朝苏轼称他“文起八代之衰”，明人推他为唐宋八大家之首，与柳宗元并称“韩柳”，且有“文章巨公”和“百代文宗”之名。在思想上，韩愈是中国“道统”观念的确立者，是尊儒反佛的里程碑式人物。

◆“郊寒岛瘦”中的“寒”和“瘦”怎么理解？

“郊寒岛瘦”指唐朝著名的两位诗人孟郊和贾岛，二人以“苦吟”著称，因其平生际遇大体相当，诗风相似，被后世并称为“郊寒岛瘦”，又作“岛瘦郊寒”。

更明确地说，“郊寒岛瘦”形容的是中唐诗人孟郊和贾岛的诗风。“寒”指清寒枯槁，“瘦”指孤峭瘦硬，两者含义相似。郊、岛之诗风格清奇悲凄，幽峭枯寂，格局狭隘窄小，缺乏韩愈、李贺等人诗作的气势，破碎迫促，且注重苦吟推敲，锤字炼句，往往给人以寒瘦、窘迫之感，故得此称。

早在宋初，欧阳修即曰：“孟郊、贾岛之徒，又得其悲愁郁堙之气。”至苏轼正式提出此评语：“元轻白俗，郊寒岛瘦。”后朱熹则作“岛瘦郊寒”：“君诗高处古无师，岛瘦郊寒讵足差。”

◆《全唐诗》中“以孤篇压倒全唐”的诗人是谁?

唐朝诗人张若虚，扬州人，曾任兖州兵曹。唐中宗神龙年间，与贺知章、贺朝、万齐融、邢巨、包融等俱以文词俊秀驰名于京都，其与贺知章、张旭、包融并称为“吴中四士”。张若虚的诗描写细腻，音节和谐，清丽开宕，富有情韵，在初唐诗风的转变中有重要地位。但受六朝柔靡诗风影响，常露人生无常之感。诗作大都散佚，《全唐诗》仅存两首，其一为《春江花月夜》，乃千古绝唱，是一篇脍炙人口的名作，有“以孤篇压倒全唐”之誉。闻一多称之为:“这是诗中的诗，顶峰上的顶峰。”

◆俗文学“打油诗”的创始者是谁?

打油诗是旧体诗的一种，即俳谐体诗。内容和词句通俗诙谐、不拘于平仄韵律。

相传为唐朝人张打油所创。明杨慎《升庵外集》载，唐朝张打油《雪诗》中有“江上一笼统，井上黑窟窿。黄狗身上白，白狗身上肿”之句。此诗描写雪景，由全貌而及特写，由颜色而及神态，通篇写雪，不着一“雪”字，而雪的形神跃然而出。遣词用字，十分贴切、生动、传神。所用都是俚语，且颇为诙谐。

张打油的《雪诗》一鸣惊人，开创了一个崭新的打油诗体。后人遂将这类用语俚俗，本色拙朴，风致别然，格调诙谐幽默、轻松悦人的诗歌称为“打油诗”。

◆“泰斗”最初称颂的是哪个大唐文人?

泰斗，是“泰山北斗”的简称。泰山，中国五岳名山之首，主峰位于山东省泰安市。北斗，即大熊星座的北斗七星，因七颗恒星排列成斗形(斗，古人舀酒用的一种长柄的勺)，且终年见于北天极，故称为北斗。“泰山北斗”一般用来称颂因其卓越成就、高尚品德、精神修养而为众人敬仰的杰出人物。《新唐书·韩愈传》中，用“泰山北斗”称颂韩愈:“自愈没(死后)，其言大行，学者仰之如泰山北斗云。”

◆骈文是什么文体?它有哪些别称?

骈文也称“骈体文”“骈俪文”或“骈偶文”。唐朝柳宗元在《乞巧文》中形容以四、六字句为主的骈俪文是“骈四俪六，锦心绣口”，而李商隐则称自己的骈文集叫《樊南四六》，这样，骈体文又开始有了“四六文”的名称。

骈体文代表作家有徐陵(《玉台新咏序》)、庾信(《哀江南赋·序》)、谢伋(《四六谈麈》)、王勃(《滕王阁序》)等。发生在魏晋，繁兴于六朝。中唐古文运动以后，稍告衰落。在元明两朝成为绝响。至清初，作者接踵而起，以晚清诗人王运为最后一个骈文作家。

骈文的特点主要有以下几点：全篇以双句(俪句、偶句)为主，讲究对仗的工整和声律的铿锵。因句式两两相对，犹如两马并驾齐驱，故被称为骈体。在声韵上，讲究运用平仄，韵律和谐。凡用骈体写的赋、箴、铭、赞、颂、诔(哀悼死者的文章)词等，一般都是有韵的。在修辞上，注重藻饰和用典。骈体文的作者往往是出于使文章典雅，或炫耀自己读书渊博，而肆意追求多用典故，因此人们读起骈体文来易产生如堕五里雾中之感。

◆中国文学史上第一部诗话的作者是谁?

诗话是评论诗人诗作、发表诗歌理论、批评意见的一种广泛流行的形式。

南朝钟嵘的《诗品》评阮籍诗的特点道:“言在耳目之内，情寄八荒之表”，“自致远大，颇多感慨之词，厥旨渊放，归趣难求”；论《古诗十九首》云:“文温以丽，意悲而远，惊心动魄，可谓几乎一字千金。”这些印象式的品评随意即兴，多真知灼见与真情实感。不过，从严格意义上说，北宋欧阳修的《诗话》才是中国文学史上第一部名副其实的诗话。

因欧阳修晚年自号“六一居士”，后人称其诗话为《六一诗话》《六一居士诗话》《欧公诗话》《欧阳永叔诗话》《欧阳文忠公诗话》等。全书共二十八条，以漫谈随笔形式评论诗歌，记录轶闻趣事和瞬间感想所得，有对诗歌规律、特性的探求，有佳句赏析，有掌故逸事介绍、谬说更正等等。

◆词为何又被称为“诗余”“长短句”?

词最初称为“曲词”或“曲子词”，别称有长短句、诗余、曲子、曲词、乐府、乐章、琴趣。词起于唐与五代，流行于宋，因此词又被称为宋词，历来与唐诗并称双绝。词是配音乐而歌唱的一种诗体，句的长短随歌调而改变，因此又称为“长短句”。后来词跟乐府一样，逐渐与音乐分离，而成为诗的别体，所以词又被称为“诗余”。

文人的词深受律诗的影响，所以词中的律句特别多。词是长短句，但是全篇的字数是一定的。每句的平仄也是一定的。词大致可分为三类：小令，中调，长调。一般认为，五十八字以内为小令，五十九至九十字为中调，九十一字以外为长调。敦煌曲子词中，已经有一些中调和长调。宋初柳永写了一些长调。苏轼、秦观、黄庭坚等人继起，长调就盛行起来了。长调的特点，除了字数较多以外，就是一般用韵较疏。

◆为什么温庭筠被誉为花间派的鼻祖?

花间派是中国晚唐五代词派，也是中国第一个词派。五代后蜀赵崇祚选录唐末五代词人十八家作品500首编成《花间集》，其中除温庭筠、皇甫松、和凝、孙光宪外，其余如韦庄、薛昭蕴、牛峤、张泌、毛文锡、牛希济、欧阳炯、顾敻、魏承班、鹿虔扆、阎选、尹鹗、毛熙震、李珣等，都是集中在蜀地的文人。《花间集》所收录词人的词风大体相近，多歌咏旅愁闺怨、合欢离恨、男女燕婉之私，格调不高，后世因而称之为“花间派”。

温庭筠以浓艳之色彩、华丽之辞藻，构成其“香而软”的风格。他精通音律，在词的格律形式上起了规范化作用，被誉为花间派的鼻祖。据说，温庭筠叉手一吟便成一韵，八叉八韵即告完稿，时人亦称其“温八叉”“温八吟”。他诗词兼工，诗与李商隐齐名，并称“温李”；词与韦庄齐名，并称“温韦”。大概温庭筠长相较为丑怪，所以时人亦称之为“温钟馗”。

◆苏轼是发豪放词之先声的第一人吗？

豪放派是宋词两大流派之一。因其词作的题材、风格、用调及创作手法等与婉约派多不相同，故被视婉约派为正统的词论家称为“异军”“别宗”“别派”。

范仲淹写《渔家傲·塞下秋来风景异》，发豪放词之先声。豪放派代表人物有苏轼、辛弃疾、岳飞、李纲、陈与义、叶梦得、朱敦儒、张元干、张孝祥、陆游、陈亮、刘过等。代表作品有苏轼的《水调歌头·明月几时有》《念奴娇·赤壁怀古》等，辛弃疾的《西江月·夜行黄沙道中》《破阵子·为陈同甫赋壮词以寄之》《永遇乐·京口北固亭怀古》等。

豪放派特点大体是：创作视野较为广阔，气象恢宏雄放，喜用诗文的手法、句法写词，语词宏博，用事较多，不拘守音律，然而有时失之平直，甚至涉于狂怪叫嚣。豪放派虽以豪放为主体风格，却也不乏清秀婉约之作。苏词《贺新郎·夏景》《水龙吟·次韵章质夫杨花词》，辛词《粉蝶儿·和赵晋臣敷文赋落花》《青玉案·元夕》等均是可与婉约词相媲美的名篇。

◆哪几位词人被树为婉约派“旗帜”？

明确提出词分婉约、豪放者，一般认为是明人张綖。词本为合乐而歌，娱宾遣兴，内容不外离愁别绪，闺情绮怨。五代即已形成以《花间集》和李煜词为代表的香软词风。北宋词家柳永、晏殊、欧阳修、秦观、周邦彦、李清照等，承其余绪，虽在内容上有所开拓，运笔更精妙，并各具风韵，自成一家，但仍未脱离宛转柔美之风。故明人以婉约派来形容这一类型的词风。

婉约，顾名思义，即婉转含蓄。其特点主要是内容侧重儿女风情，结构深细缜密，音律婉转和谐，语言圆润清丽，有一种柔婉之美。李清照（别号闺语。其词又被称为“易安体”）、晏殊（别号别恨）、柳永（别号情长）、李煜（别号愁宗）被誉为婉约派四大旗帜。由于长期以来，词多趋于婉转柔美，人们便形成了以“婉约”为正宗的观念。婉约派的代表作品有李清照的《如梦令》《声声慢》、柳永的《雨霖铃》等。

◆江西诗派的成员全都是江西人吗？

宋徽宗时，吕本中作《江西诗社宗派图》，下列陈师道、潘大临、谢逸、洪刍、洪炎、洪朋、饶节、僧祖可、徐俯、林敏修、汪革、李錞、韩驹、李彭、晁冲之、江端本、杨符、谢薖、夏倪、林敏功、潘大观、何颉、王直方、僧善权、高荷，共计二十五人。认为这些诗人与江西诗派的开山之祖黄庭坚是一脉相承的，诗派成员并非都是江西人。后被人归入江西诗派的还有吕本中、曾几、陈与义等。其后曾纮、曾思等人也被补入江西诗派。

江西诗派的诗歌理论强调“夺胎换骨”“点铁成金”，即师承前人之辞意，崇尚瘦硬奇拗之诗风，追求字字有出处。诗派成员多数学杜甫，宋末方回又把杜甫和黄庭坚、陈师道、陈与义称为江西诗派的“一祖三宗”。江西诗派中，除黄庭坚外，以陈师道成就最高。因此，后人将二人并称“黄陈”。

◆北宋初刮起的学白体之风是怎么回事？

“白体”是北宋人的说法，指宋初诗坛流行的学白居易的诗。宋初学“白诗”之风，始于太宗朝而盛于真宗朝，至仁宗朝前期余波尚存，后来“西昆体”渐成诗坛主流，“白体”遂寝。仁宗朝“西昆体”诗人中，杨亿、舒雅、刁衎、张咏、晁迥、李维、李宗谔、张秉等，早年都曾学“白体”。

北宋人所谓学“白体”，其含义主要有三层：一是学白居易作唱和诗，切磋诗艺，休闲解颐。二效“白诗”浅切随意，不求典实的做法。三效其旷放达观、乐天知足的生活态度，以及借诗谈佛、道义理。白体诗的特征是“顺熟”“容易”“浅切”，主要代表人物为李昉、徐铉、王禹偁。其中，李昉主编《太平御览》《太平广记》《文苑英华》(与《册府元龟》合称“宋四大书”)；徐铉与弟徐锴专于篆书，时称“二徐”，校订《说文解字》；王禹偁初写闲适唱和之作，后重讽喻之作，写现实诗篇。

◆为什么说丞相诗人寇准是晚唐体的盟主？

晚唐体是宋初的一个诗歌流派，指的是宋初模仿唐朝贾岛、姚合诗风的一种诗体。由于宋人常常把贾、姚看作是晚唐诗人，因此名之为“晚唐体”。

晚唐体诗人中最恪守贾、姚门径的是“九僧”。据司马光《温公续诗话》载，九僧即希昼、保暹、文兆、行肇、简长、惟凤、宇昭、怀古、惠崇。当时西昆体盛行，九僧不满西昆体的浮艳诗风，崇奉晚唐贾岛、姚合的苦吟精神，互相唱和，作品多描绘深邃清幽的山林景色和枯寂淡泊的隐逸生活。其中惠崇不但能诗，画亦有名，世称“惠崇小景”。

另一个晚唐体诗人群体以潘阆、林逋为代表，他们并不囿于贾、姚一体，学习的对象还包括白居易、韦应物和晚唐诸家。其诗歌主要吟咏湖山胜景和抒写隐居不仕、孤芳自赏的心情。比如，林逋的《秋日西湖闲泛》《小隐自题》。长于五律的林逋，有八首咏西湖孤山梅花的七律，宋人称为“孤山八梅”，其中最有名的是《山园小梅二首》。

晚唐体诗人身份迥异的是官至丞相的寇准。他与上述两个诗人群体都有交往，因此被称为晚唐体的盟主。

◆宗法李商隐的西昆体为何昙花一现？

西昆体是中国北宋初年一种追求辞藻华美、对仗工整的诗体。宋初，杨亿、刘筠、钱惟演曾聚集于皇帝藏书的秘阁，编纂《历代君臣事迹》，诏题《册府元龟》，他们把在编书之余所写的酬唱诗结集为《西昆酬唱集》，“西昆体”由此得名。

《西昆酬唱集》收集了十七位作者的近二百五十首诗，其中杨亿、刘筠、钱惟演的诗作占据五分之四。因此，最能代表西昆体的是杨亿、刘筠、钱惟演。西昆体诗人宗法李商隐，兼学唐彦谦。西昆体诗的内容有反映作者们流连光景、优游岁月生活的，如《别墅》《夜讌》《直夜》；有咏前代帝王和宫廷故事的，如《始皇》《汉宣》《宣曲》；有咏男女爱情的，如《代意》《无题》；更多的是咏物诗，如《鹤》《梨》《柳絮》《萤》。

西昆体诗人多善于在诗作中大量摭拾典故和前人的佳词妙语，以求意旨幽深。然而，由于他们大多社会地位较高，多为酬唱之作，且刻板搬用李商隐的诗题、典故、辞藻，引来不少文人攻击。待欧阳修、梅尧臣等开创新诗风后，西昆体乃告衰歇。

◆何谓“永嘉四灵”？其诗作有何特点？

“永嘉四灵”，指的是南宋四位浙江永嘉籍诗人徐照（字灵晖）、徐玑（号灵渊）、翁卷（字灵舒）、赵师秀（号灵秀）。又由于四人字号中都有一“灵”字，故得“永嘉四灵”之名。这一诗派又称“四灵诗派”，代表南宋后期诗歌创作上的一种倾向。该派写诗专攻近体，尤其是五律，并以晚唐姚合和贾岛的苦吟创作为依据来反对江西诗派“资书以为诗”的做法，在一定程度上纠正了江西诗派“以学问为诗、专在书本上找材料”的风气。

赵师秀在四灵中声望地位最高，被推为四灵之冠。赵师秀与其他三人一样，在炼句炼字上颇下功夫。“独、寒、苦、孤、冷、病”是四灵诗歌中最常用的字。“四灵”的得意之作乃赵师秀的《约客》：“黄梅时节家家雨，青草池塘处处蛙。有约不来过夜半，闲敲棋子落灯花。”不过，“四灵”似这样的佳作不多，大都平淡无奇，但诗中的警句却有不少，从而出现“有句无篇”的通病。

◆正读倒读皆成章句的回文诗是指什么诗？

回文诗，顾名思义，就是能够回还往复，正读、倒读皆成章句的诗篇。它是中国文人墨客卖弄文才的文字游戏，并无重大的艺术价值，但也不失为中国文学中的奇葩。

回文诗有很多种形式，如“通体回文”“就句回文”“双句回文”“本篇回文”“环复回文”等。“通体回文”是指一首诗从末尾一字读至开头一字另成一首新诗。“就句回文”是指一句内完成回复的过程，每句的前半句与后半句互为回文。“双句回文”是指下一句为上一句的回读。“本篇回文”是指一首诗词本身完成一个回复，即后半篇是前半篇的回复。“环复回文”是指先连续至尾，再从尾连续至开头。

那么，文学史上第一个作回文诗的是谁？朱存孝在《回文类聚·序》中指出：“自苏伯玉妻《盘中诗》为肇端，窦滔妻作《璇玑图》而大备。”《盘中诗》是否就是“肇端”，说法尚且不一，但说回文诗因《璇玑图》而“大备”，却是古今文人公认的事实。《璇玑图》从首至尾正读、从尾返首倒读，皆可成诗。摘录如下：

开篷一棹远溪流，
走上烟花踏径游。
来客仙亭闲伴鹤，
泛舟渔浦满飞鸥。
台映碧泉寒井冷，

月明孤寺古林幽。
回望四山观落日，
偎林傍水绿悠悠。

◆词牌名有哪些来源？

关于词牌名的来源，大致有以下几种情况：

（1）源于人名。《念奴娇》，念奴是唐天宝年间的著名歌女，音调高亢悦耳，这个词牌为纪念她而创；《虞美人》，最初为歌咏西楚霸王项羽宠爱的虞姬而创制。

（2）源于地名。据说东汉明帝女儿沁水公主有座园林，名为“沁园”，后来被外戚窦宪仗势夺去，有人作词咏此事，词牌《沁园春》也就产生了。

（3）源于故事。《浣溪沙》，亦作《浣溪纱》，以春秋时西施浣纱的故事为背景而得名。

（4）源于诗词。李白的《苏台览古》诗中有“只今惟有西江月，曾照吴王宫里人”的句子，因而产生了《西江月》这个词牌；《满庭芳》出自晚唐吴融诗“满庭芳草易黄昏”；《如梦令》是出于后唐庄宗所写的“如梦，如梦，残月落花烟重”句子。

（5）源于乐曲名。汉朝乐府有《采桑曲》，唐朝教坊有《采桑》，于是后来有《采桑子》的词牌；在安史之乱中，唐明皇颠沛流离，曾在蜀地栈道中遇雨闻铃声，悼念起杨贵妃，不由悲从心来，作《雨霖铃》曲。后来《雨霖铃》成了词牌名。

（6）直接用词的字数来命名。例如，词《念奴娇》共有一百个字，因而又名《百字令》；《苍梧谣》共有十六个字，故又名《十六字令》。

（7）原来就是词的题目。《浪淘沙》是咏淘金人的劳动生活的，《踏歌词》是一种合着脚步歌唱的曲调，《渔歌子》本来就是吟唱渔夫生活的词，它们后来都成了词牌名。

◆“元曲四大家”中包括王实甫吗？

“元曲四大家”指的是关汉卿、马致远、郑光祖、白朴四位元朝杂剧作家。四者代表了元朝不同时期、不同流派杂剧创作的成就，因此被称为“元曲四大家”，已为历史公认。明朝王世贞、王骥德等人为王实甫未被列入“四大家”而提出非难，王骥德还提出“王实甫、马致远、关汉卿、郑光祖”说。清朝李调元《雨村曲话》则有“马、王、关、乔（乔吉）、郑、白”之说，但未见流行。

近代王国维的《宋元戏曲史》指出：“元代曲家，自明以来，称关、马、郑、白，然以其年代及造诣论之，宁称关、白、马、郑为妥也。关汉卿一空倚傍，字筹伟词，而其言曲尽人情，字字本色，故当为元人第一。”

值得一提的是，元曲四大家与元曲四大悲剧和四大爱情剧的作者并不是一一对应的。元曲四大悲剧是：关汉卿的《窦娥冤》、白朴的《梧桐雨》、马致远的《汉宫秋》、纪君祥的《赵氏孤儿》。元曲四大爱情剧是：关汉卿的《拜月亭》、王实甫的《西厢记》、白朴的《墙头马上》、郑光祖的《倩女离魂》。

◆是七子派倡言“文必秦汉，诗必盛唐”吗？

明朝七子派，又称前后七子。前七子，指李梦阳、何景明、徐祯卿、边贡、康海、王九思和王廷相。以李、何为最著名。明嘉靖、万历年间，外患日益深重，社会矛盾进一步复杂激化，明王朝的统治更是腐败不堪。于是，在文学上又出现了以李攀龙、王世贞、谢榛、宗臣、梁有誉、徐中行、吴国伦为代表的“后七子”。

七子派为扫荡台阁文风，振兴散文诗歌，标榜所谓的“复古”，倡言“文必秦汉，诗必盛唐”，认为写文章要模仿秦汉时期的风格，作诗歌则要遵照盛唐时代的气象。不过，他们的目的并未达成。究其原因，主要有二：一是他们以模拟为创作法门，因此作品缺乏独创的精神与风格；一是前后七子或互相标榜，或互相排挤，把持文坛，目空一切。洁身自好的人士感到不满，甚至表现出厌恶，又因前后七子的作品与古人雷同，缺乏新意，故在公安派、竟陵派的攻击下渐渐失去驾驭当时文坛的能力。

◆明朝公安派提出了哪些文学主张？

公安派是明神宗万历年间以袁宏道（字伯修）及其兄袁宗道（字中郎）、弟袁中道（字小修）三人为代表的文学流派，因三人是湖北公安人而得名。“三袁”中，以宏道最著名。这一派作者还有江盈科、陶望龄、黄辉等。

公安派所持的文学主张与前后七子拟古主义针锋相对，认为文学是随着时代的变化而变化的，有各个不同的时代，即有各种不同的文学。因此，反对贵古贱今，反对模拟古人。他们提出“世道既变，文亦因之”的文学发展观，又提出“性灵说”，要求作品“独抒性灵，不拘格套”，能直抒胸臆，不事雕琢。他们的散文以清新活泼之笔，开拓了中国小品文的新领域。在晚明的诗歌、散文领域，以公安派的声势最为浩大，对清朝文学如郑燮的散文，袁枚的诗和诗论，均有一定的影响。

◆明朝竟陵派有着怎样的创作风格？

竟陵派是明朝后期的文学流派，因为主要人物钟惺、谭元春都是竟陵人，故被称为竟陵派。又称竟陵体或钟谭体。

明朝中叶后，前后七子拟古之风甚烈，“文必秦汉，诗必盛唐”成为评判诗文的准则。“竟陵”“公安”“唐宋”三派均对其给予抵制和抨击，反对拟古之风。此外，由于竟陵派认为公安派作品俚俗、浮浅，因而倡导一种“幽深孤峭”风格加以匡救。他们宣扬文学创作应抒写“性灵”，但他们主张的“性灵”和公安派不同。

竟陵派所谓“性灵”，指的是学习古人诗词中的“精神”，这种“古人精神”，不过是“幽情单绪”和“孤行静寄”。所倡导的“幽深孤峭”风格，指文风求新求奇，不同凡响，刻意追求字意深奥，由此形成竟陵派的创作特点：刻意雕琢字句，求新求奇，语言佶屈，形成艰涩隐晦的风格。

◆清朝诗坛上的“江左三大家”是怎么来的？

诗人钱谦益（号牧斋）、吴伟业（号梅村）、龚鼎孳（号芝麓）三人皆由明臣仕清，籍贯都属旧江左地区。他们诗名并著，故时人称“江左三大家”。所谓的“江左”，便是在地理上靠长江下游左面的一些区域，东晋渡江后一直称这一地区为江左。

钱谦益极口赞誉吴伟业的诗才，曾用“以锦绣为肝肠，以珠玉为咳唾”来形容吴伟业诗歌之风华绮丽。钱谦益、吴伟业当时在文坛影响很大，龚鼎孳成就和影响都不如钱、吴。

钱谦益是万历三十八年（1610年）一甲三名进士，俗称“探花”。吴伟业是崇祯四年（1631年）一甲二名进士，俗称“榜眼”，又是该科会试的第一名贡士，俗称“会元”。龚鼎孳则是崇祯七年（1634年）进士，辈分较后，但官运却最亨通，入清后仕至左都御史、尚书，死后得“端毅”美谥。

小说、史学

◆ **“小说”这一名称是怎么来的?**

“小说”的名称，最早见于《庄子·外篇》:“饰小说以干县令，其于大达亦远矣!”意思是，把小说修饰一番以求得高名和美誉，这与真正的高贵相差太远了。不难看出，这里的“小说”指的是卑微琐屑的言谈，含义与现在所说的“小说”并不相同。

汉朝的班固在《汉书·艺文志》中指出:“小说家者流，盖出于稗官;街谈巷语，道听途说者之所造也。”同时还列出许多他认为是小说的作品，这才与现在所说的小说相近。不过，汉朝的小说作品大都是“残丛小语”。魏晋南北朝时期，小说作品才有了初步的人物性格刻画和情节，结构趋于完整，从而独立于文学之林。小说在唐代叫作“传奇”，此时的小说题材广泛、多样，篇幅加长，故事完整，情节委婉曲折，刻画人物性格细致鲜明。

现在的小说，一般采用第三人称或第一人称的叙述方式，按其篇幅的长短，分为长篇小说、中篇小说、短篇小说等。按其内容的不同，分为社会小说、神话小说、历史小说、科幻小说、侦探小说等。

◆ **唐传奇有哪些代表作?**

传奇本是传述奇闻逸事的意思，唐传奇是指唐朝流行的文言短篇小说。它远继神话传说和史传文学，近承魏晋南北朝志怪和志人小说，发展成为一种以史传笔法写奇闻逸事的小说体式。唐传奇内容更加丰富，题材更为广泛，艺术上也更成熟。唐人“始有意为小说”，标志着中国古代小说创作进入了一个新的创作阶段。

初、盛唐是唐传奇的发轫时期，也是由六朝志怪到成熟的唐传奇的过渡。作品数量较少，现存有王度的《古镜记》、无名氏的《补江总白猿传》、张鷟的《游仙窟》。

中唐是唐传奇的鼎盛时期。这一时期作品颇丰。如陈玄祐的《离魂记》、沈既济的《任氏传》、李朝威的《柳毅传》、元稹的《莺莺传》、白行简的《李娃传》、蒋防的《霍小玉传》、陈鸿的《长恨歌传》等。内容涉及爱情、历史、政治、豪侠、志怪、神仙等。

晚唐是唐传奇的衰落时期。虽然作品数量不少，并出现了专集，如牛僧孺的《玄怪录》、皇甫枚的《三水小牍》、裴铏的《传奇》等，但内容较为单薄，艺术上也较为粗俗。不过，豪侠题材的作品成就较高，如传为杜光庭的《虬髯客传》。

◆ **何谓章回体小说?何时出现首批章回体小说?**

章回体小说是中国古典长篇小说

的主要形式。首批章回体小说出现在明代初年，其中著名的有《三国志通俗演义》《水浒传》等。明代中叶以后，章回体小说的发展更加成熟，出现了《西游记》《金瓶梅》等著作。

章回体小说是由宋元时期的“讲史话本”发展而来的。

“讲史”就是说书的艺人们讲述历代的兴亡和战争的故事。艺人必须分为若干次才能讲完。每讲一次，就等于后来章回体小说中的一回。讲说前，艺人要用题目向听众揭示主要内容，此即章回体小说回目的起源。章回体小说中常见的“话说”和“看官”等字眼，便反映出它与话本的继承关系。

章回体小说的特点是，将全书分为若干章节，称为“回”。每回前用两句对偶的文字标目，称为“回目”，概括本回的故事内容。如《三国演义》第一回正文前标有“宴桃园豪杰三结义，斩黄巾英雄首立功”。每回末有“……如何，且听下文分解”。一回叙述一个较为完整的故事段落，具有相对的独立性，但又承上启下。

◆“三言二拍”包括哪些作品？

“三言二拍”，指的是明朝五本著名传奇短篇小说集及拟话本集的合称。

明朝冯梦龙编的“三言”，是《喻世明言》《警世通言》《醒世恒言》三部小说集的总称。

《喻世明言》亦称《古今小说》，但“古今小说”实为“三言”的通称。“三言”每集40篇，共120篇。笑花主人在《今古奇观序》中曾评价“三言”——极摹人情世态之歧，备写悲欢离合之致。

“三言”是宋元明三代最重要的一部白话短篇小说的总集。它的出现，标志着古代白话短篇小说整理和创作高潮的到来。

其中，为人们所熟悉的篇目有《施润泽滩阙遇友》《蒋兴哥重会珍珠衫》《杜十娘怒沉百宝箱》《卖油郎独占花魁》等。在“三言”的影响下，凌濛初编著了《初刻拍案惊奇》和《二刻拍案惊奇》，各40卷，人称“二拍”。

◆《金瓶梅》是明代四大奇书之一吗？

明代四大奇书是《三国演义》《水浒传》《西游记》《金瓶梅》。所谓“奇”者，不仅指其内容或艺术的新奇，还包含着对它们所取得的创造性成就的肯定。《三国演义》是历史演义的代表；《水浒传》是英雄传奇的代表；《西游记》是神魔小说的代表；《金瓶梅》是世情小说的代表。后文将对前三部奇书做简要介绍，现仅扼要阐述《金瓶梅》。

《金瓶梅》是中国第一部文人独立创作的章回体长篇小说。它的成书大约在明代万历年间，作者署名兰陵笑笑生。《金瓶梅》的题材由《水浒传》“武松杀嫂”一段故事演化而来。全书以土豪恶霸西门庆发迹、淫乱、暴亡为中心情节线，多方面地描绘了上自封建最高统治机构，下至市井无赖所构成的一个鬼蜮世界。遗憾的是，由于小说中淫秽描写太多，使其美学价值受到严重损伤，并对后世的淫秽小说创作开不良之先例。

◆清朝桐城派的代表人物有哪些？

清朝文坛上的桐城派，又称桐城

文派、桐城古文派、桐城散文派。因其代表人物戴名世、方苞、刘大櫆、姚鼐均系清朝安徽桐城人而得名。具体说来，戴名世是桐城派奠基者，方苞、刘大櫆、姚鼐被尊为“桐城三祖”。方苞为“桐城派”散文理论的创始者。姚鼐是桐城派的集大成者。姚门四杰指：梅曾亮、管同、方东树、姚莹。

方苞从“义法”说出发，主张古文当以“雅洁”为尚，反对俚俗和繁芜。刘大櫆提出“因声求气”说，并认为“行文之道，神为主，气辅之”，“神气者，文之最精处也”。姚鼐强调“义理、考证、文章”三者合一，“以能兼者为贵”，被人称为唐宋八大家和清朝桐城派之间的一座桥梁，还被当时的人誉为“今之欧阳修”。

桐城派创作时力求简明达意，故文章一般都清顺通畅，尤其是一些记叙文，如方苞的《狱中杂记》《左忠毅公逸事》，姚鼐的《登泰山记》等，都是著名的代表作品。姚鼐编选《古文辞类纂》，流传甚广。

◆被鲁迅称为“晚清四大谴责小说”的是哪些作品?

清朝末年，清政府在镇压了戊戌变法、出卖了义和团运动后，国势衰微到了极点，民族危机愈加深重，广大民众对腐朽无能的清廷已感到无望。具有改良思想的小说家纷纷通过小说来抨击官府和时弊，提出挽救国家的主张，人们把这一时期出现的小说称为“谴责小说”。

由于李伯元的《官场现形记》、吴趼人的《二十年目睹之怪现状》、刘鹗的《老残游记》、曾朴的《孽海花》代表了这类小说的最高成就，被鲁迅合称为“晚清四大谴责小说”。

◆中国古典四大名著分别是什么样的书?

中国古典四大名著是中国四部著名古典小说的统称。其中,《三国演义》最智;《水浒传》最义;《西游记》最奇;《红楼梦》最情。

(1)《三国演义》。作者罗贯中，明朝人。原名《三国志通俗演义》，也称《三国志演义》，是中国第一部章回体古典小说，也是中国最有代表性的长篇历史演义小说。该书从东汉末年黄巾起义写起，到西晋初年全国统一为止。它反映了三国时代的政治军事斗争和各类社会矛盾的渗透与转化，并塑造了一批叱咤风云的英雄人物。

(2)《水浒传》。作者施耐庵，元末明初人。有一部分学者认为,《水浒传》后三十回为罗贯中所作。又名《忠义水浒传》《江湖豪侠传》。该书通过叙述北宋末年108条好汉聚义梁山泊劫富济贫与腐败官府对抗的故事，塑造了李逵、武松、林冲、鲁智深等身份不同、性情各异的梁山英雄形象。

(3)《西游记》。作者吴承恩，明朝人。又名《西游释厄传》，是中国古典小说中伟大的浪漫主义文学作品。该书以民间传说的唐僧取经的故事和有关话本及杂剧为基础创作而成。西游记前七回叙述孙悟空出世、大闹天宫等故事。之后写孙悟空随唐僧西天取经，一路降妖除魔、战胜困难的故事。书中唐僧、孙悟空、猪八戒、沙僧等形象刻画生动，宣扬了惩恶扬善的古老主题。

（4）《红楼梦》。前八十回由曹雪芹作，后四十回一般认为是由高鹗所作。又名《石头记》《风月宝鉴》《金陵十二钗》《情僧录》《金玉缘》《情界铨》。该书以林黛玉和贾宝玉的爱情故事为线索，叙述了贾、王、史、薛四大家族的衰败过程。《红楼梦》曾被评为中国最具文学成就的古典小说及章回小说的巅峰之作，被认为是“中国古典四大名著”之首。在现代产生了一门以研究红楼梦为主题的学科“红学”。

◆中国古典四大名著的开篇词分别是什么？

接下来，详细介绍一下中国古典四大名著各自的开篇词，它们都精美至极。

（1）《三国演义》：滚滚长江东逝水，浪花淘尽英雄。是非成败转头空。青山依旧在，几度夕阳红。白发渔樵江渚上，惯看秋月春风。一壶浊酒喜相逢。古今多少事，都付笑谈中。

（2）《红楼梦》：满纸荒唐言，一把辛酸泪。都云作者痴，谁解其中味？

（3）《水浒传》：试看书林隐处，几多俊逸儒流。虚名薄利不关愁，裁冰及剪雪，谈笑看吴钩。评议前王并后帝，分真伪，占据中州，七雄扰扰乱春秋。兴亡如脆柳，身世类虚舟。见成名无数，图名无数，更有那逃名无数。霎时新月下长川，江湖变桑田古路。讶求鱼缘木，拟穷猿择木，又恐是伤弓曲木，不如且覆掌中杯，再听取新声曲度。

（4）《西游记》：混沌未分天地乱，茫茫渺渺无人见。自从盘古破鸿蒙，开辟从兹清浊辨。覆载群生仰至仁，发明万物皆成善。欲知造化会元功，须看《西游释厄传》。

◆《红楼梦》的抄本和印本各指什么？

曹雪芹所著《红楼梦》传世最早的抄本“甲戌本”，题作《脂砚斋重评石头记》；“己卯本”，题作《脂砚斋重评石头记己卯冬月定本》；“庚辰本”，题作《脂砚斋重评石头记》。最早的印刷本就是1791年的程甲本和程乙本，都是程伟元印的，书名是《绣像红楼梦》，萃文书屋活木字本。有程伟元序，高鹗跋，扉页题《新镌全部绣像红楼梦》、“萃文书屋”，全书最后页上又有“萃文书屋藏版”字样。保存至今的“程甲本”，有青石山庄影印本流传。印本是经高鹗整理了前八十回，又补写了后四十回的完备本子，故又称为一百二十回本。

◆什么是通史？它可以理解为贯通的历史吗？

连贯地记叙各个时代的史实的史书称为通史，与断代体史正好相反。通史也可以理解为贯通的历史，即一个国家或地区或世界从最早文明到作者生存年代的历史。西汉司马迁的《史记》可称为通史。因为该书记载了上自传说中的黄帝，下至汉武帝时代的历史。北宋司马光的《资治通鉴》也是著名的通史。

清代史学家章学诚认为通史有“六便”和“二长”八个优点。“六便”是：免重复，均类列，便铨配，平是非，去抵牾，详邻事。“二长”是：具翦裁，立家法。但也有“三弊”，就是：无短长，仍原题，忘标目。

◆什么是国别体？具代表性的国别体史书有哪些？

国别史是国别体史书的简称，是分国记载史事的史书，以国家为单位，分别记叙历史事件，也称国别体，是史书的一种体裁。《国语》《战国策》《三国志》都是比较著名的国别体史书。

(1)《国语》。记载了周、鲁、齐、晋、郑、楚、吴、越八个国家的史事，时间上起西周的周穆王，下迄战国初期的鲁悼公。《国语》是中国第一部国别史，大概成书于战国初期，由后人根据当时各国史官的记载整理加工而成。该书的显著特点是以记言为主，往往通过人物的言论（如对话和辩论等）反映历史事件。它和以春秋为纲而记载春秋时期历史的编年体史书《左传》，在内容上互相补充，因此后人将其与《左传》看作姐妹篇，称《左传》为《春秋内传》，《国语》为《春秋外传》。

(2)《战国策》。西汉末刘向编定。全书按东周、西周、秦国、齐国、楚国、赵国、魏国、韩国、燕国、宋国、卫国、中山国依次分国编写，共33卷，约12万字。它实际上是当时纵横家游说之辞的汇编，也是中国古代记载战国时期政治斗争的一部最完整的著作。

(3)《三国志》。晋代陈寿编写的一部主要记载魏、蜀、吴三国鼎立时期的纪传体国别史，详细记载了从汉末黄巾起义到三国结束的历史。该书以曹魏政权为正统，所以将魏志排在第一。与《史记》《汉书》《后汉书》并称前四史。

◆什么是纪传体？中国第一部纪传体史书是哪部作品？

纪传体史书的结构包括本纪、世家、列传、书志、史表和史论等。本纪是全书提纲，以王朝的更替为体，基本上采用编年体，兼述帝王本人事迹。世家，主要是记载诸侯和贵族的历史。列传，是各方面代表人物的传记。书志，是关于典章制度和自然、社会各方面的历史。史表，是用来表示错综复杂的社会情况和无法一一写入列传的众多人物。

西汉司马迁编纂的《史记》是中国第一部纪传体史书。该书从传说中的黄帝写起，直到汉武帝太初年间结束。篇目分别为本纪、表、书、世家、列传。本纪以历代帝王为中心，表为大事年表，书记礼制、官制及经济制度等，世家、列传记各诸侯国以及武帝以前的各类重要历史人物、少数民族、邻近国家的史实。刘向等人认为此书“善序事理，辩而不华，质而不俚”。鲁迅赞其为“史家之绝唱，无韵之离骚”。

◆什么是断代史？为何说《汉书》开断代史先河？

所谓断代史，指的是以朝代为断限的史书，即记述一个朝代历史的史书。

东汉著名的历史学家班固编著的《汉书》（又称《前汉书》），仿照《史记》的体例记事，开创了中国纪传体断代史的先河。在它之后，历代的正史都采用这种体裁，可见它对中国史学的贡献之大。后人常将《汉书》与《史记》并提，称为“史汉”。

西汉司马迁编纂的《史记》，只写到汉武帝太初年间，班固之父班彪，为续补《史记》，曾作《史记后传》六十五篇。班彪死后，班固决心继承父业，在《史记后传》基础上编撰《汉书》。后得到明帝的准许与支持。班固前后经过二十余年勤奋不懈地努力，到章帝建初年间，大体完稿。班固死后，未完成的八表和《天文志》，由其妹班昭续成。该书上起汉高祖元年（前206年），下至王莽地皇四年（23年），从政治、经济、文化、军事、民族等各个方面，比较全面地反映了西汉王朝二百三十年的社会面貌。

◆什么是编年体？中国第一部编年体通史是哪部作品？

编年体以年代为线索，编排有关历史事件。编年体史书以时间为中心，按年、月、日顺序记述史事。因为它以时间为经，以史事为纬，比较容易反映出同一时期各个历史事件的联系。因为编年体是中国最古老的历史体裁，故《隋书·经籍志》称之为“古史”。

中国现存最早的一部编年体史书是《春秋》，为春秋末年孔子依据鲁国史官所记国史加以整理修订而成的。《左传》则是中国第一部较为完备的编年体史书，相传是春秋末期的史官左丘明为解释孔子的《春秋》所著，名为《春秋左氏传》。汉朝以后多称《左传》。它与《公羊传》《穀梁传》合称“春秋三传”。《竹书纪年》也是编年体史书，相传为战国时魏国史官所作，记载自夏商周至战国时期的历史。

《资治通鉴》是北宋司马光所编写的一部长篇编年体史书，也是中国第一部编年体通史，在中国史书中有极重要的地位。全书共294卷，书中记载的历史从公元前403年，也就是周威烈王二十三年写起，一直到公元959年，五代的后周世宗为止。是司马光以“为君亲政，贤明之道”为出发点所编写成的一本巨著。该书编成后两年，司马光逝世。

◆“二十四史”指的是哪二十四种史书？

二十四史是指中国古代各个历史时期由不同的历史学家撰写的而被封建朝廷列入正史的二十四种史书的总称。

三国时期，当时社会上就已有了“三史”之称。三史通常指《史记》《汉书》和东汉刘珍等编撰的《东观汉记》。范晔的《后汉书》出现后，取代《东观汉记》，成为三史之一。三史加上陈寿的《三国志》，就有了“前四史”之说。

唐朝官修南北朝八史和《晋书》，再加上之前的前四史，就出现了“十三代史”之说。到了宋朝，在十三史的基础上，加入《南史》《北史》《新唐书》《新五代史》，就形成了“十七史”之说。明朝又增以《宋史》《辽史》《金史》《元史》，合称“二十一史”。

清朝乾隆初年，刊行《明史》，加上先前的各史，总名为“二十二史”。后来又增加《旧唐书》，成为“二十三史”。在编撰《四库全书》的过程中，学者又从《永乐大典》中辑录出来《旧五代史》，经乾隆皇帝钦定，也被列入正史，合称“钦定二十四史”。乾隆年间，由武英殿刻印的“钦定二十四史”，是中国古代正史最完整的一次大规模汇刻。

二十四史记事上起传说中的黄帝，止于明朝崇祯十七年（1644 年），总计三千二百一十三卷，约四千万字，都是用统一的有本纪、列传的纪传体编写而成的史书。到了民国，人们又把《清史稿》容纳其中，于是，二十四史就又变成了二十五史。

◆《资治通鉴》的书名是怎么来的？

《资治通鉴》是中国古代最大的一部编年体通史，最初书名并不叫《资治通鉴》。

事实上，早在宋英宗治平元年（1064 年），司马光就已把自己编写的史书《历年图》二十五卷呈献给英宗，过了两年又呈上了八卷本的《通志》。英宗看后颇为满意，要他继续写下去，并下诏设置书局，供给费用，增补人员，专门进行编写工作。

宋神宗即位后，认为《通志》比其他的史书更便于阅读，也易于借鉴，就召见司马光，大加赞赏，说该书“鉴于往事，有资于治道”，并亲赐书名为《资治通鉴》，还亲自为书作序。

《资治通鉴》编修期间，宋神宗还将颍邸旧书三千四百卷赏给司马光参考，写书所需的笔墨纸砚以及伙食、住宿等费用都由朝廷供给，这给司马光提供了优厚的著书条件，同时也促进了这部史书的编修工作。到神宗元丰七年（1084 年），《资治通鉴》终于完稿，前后共用了十九年的时间。

◆“春秋”“战国”的名称是怎么来的？

春秋时期，鲁国的史官把当时各国的重大事件，按照年、月、日记载下来，一年按春、夏、秋、冬四季的顺序编写，简括起来就把这部编年史称为《春秋》。孔子根据鲁国史官所编的《春秋》加以整理修订。孔子编订的《春秋》记载了从鲁隐公元年（前 722 年）至鲁哀公十四年（前 481 年）的大事。

由于《春秋》一书所记历史的起止年代与一个客观的历史发展时期大体相当，所以历史学家就把《春秋》这个书名作为这个历史时期的名称。为了叙事方便，春秋时期始于周平王迁都洛邑、东周开始的那一年（前 770 年），止于公元前 476 战国前夕。

春秋以后，齐、楚、燕、韩、赵、魏、秦七大诸侯国连年战争，时人称呼这七大国为“战国”。西汉刘向编辑《战国策》一书时，开始把“战国”作为特定历史时期的名称。战国时期始于公元前 475 年，止于公元前 221 年。

◆我们通常把仅存一本的图书叫什么？

孤本指仅存一本的图书。也包括仅存一份的某书的某种碑刻的旧拓本和未刊刻的手稿等。中国唐代 868 年印刷的《金刚经》卷子，就是孤本，也是世界现存最早的印刷品。

至于珍本与善本的界定，历来

为版本鉴定学者所争论。清末张之洞曾给善本提出了三条标准：一是“足本”，即无缺残无删削之本；二是“精本”，即精校精注本；三是“旧本”，即旧刻旧抄本。张氏“足、精、旧”善本三定义，归纳起来还是两条：无讹脱、传世旧本，与古人关于“善本”的概念并无本质区别。宋效先曾指出：“珍本是比较稀见或比较珍贵之本，善本是凡内容有用，流传稀少，校刻精良，具有文物、学术或艺术价值之本。”

◆中国古代图书的四部分类法指什么？

经、史、子、集是中国古代的图书分类法。称为“四部分类法”，也有称为“甲乙丙丁”四部的。“经部”指的是儒家学说，因为封建社会尊儒，视儒家思想为正统，所以儒家的著作被称为经，如“四书”“五经”“十三经”等。“史部”指的是记载历史兴废治乱和各种人物以及制度沿革等的历史书，如《史记》《汉书》之类。“子部”指的是记录诸子百家及其学说的书籍，如道家的《庄子》、法家的《韩非子》一类。“集部”指的是汇集几个作者或一个作者的诗文集，如《唐五十家诗集》《杜荀鹤诗集》《漱玉集》等等。

经、史、子、集只是四个大的部类，每个部类还有它隶属的若干子目。这种四部分类法自唐初至今已有一千三百多年，作为传统分类法，它在类分中国浩如烟海的古籍书时起了相当大的作用。

◆经、史、子、集有哪些隶属的子目？

如前所述，中国古代经典图书分为四部，即“经、史、子、集”，四部的名称和顺序是在《隋书·经籍志》中最后确定下来的。依照清朝《四库全书》的分类，经、史、子、集分别有以下隶属子目。

“经”是指古代社会中的政教、纲常伦理、道德规范的教条，主要是儒家的典籍，有儒学十三经:《周易》《尚书》《周礼》《礼记》《仪礼》《诗经》《春秋左传》《春秋公羊传》《春秋穀梁传》《论语》《孝经》《尔雅》《孟子》。

“史”是各种体裁历史著作，分为正史、编年、纪事本末、别史、杂史、诏令奏议、传记、史钞、载记、时令、地理、职官、政书、目录、史评十五类。

“子”是诸子百家及释道宗教著作，分为儒家、兵家、法家、农家、医家、天文算法、术数、艺术、谱录、杂家、类书、小说家、释家、道家十四类。

“集”是收历代作家一人或多人的散文、骈文、诗、词、散曲等的集子和文学评论，戏曲等著作，分为楚辞、别集、诗文评、总集、词曲五类。

◆“部首编排法”起源于哪部著作？

《说文解字》，简称《说文》，是中国第一部系统地分析汉字字形和考究字源的字书。作于汉和帝永元年间，成书于安帝建光元年（121年），作者是东汉的经学家、文字学家许慎。该书改变了周、秦到汉字书的编纂方法，将所收字编成四言、七言韵语的形式，开创了部首编排法。

具体说来，许慎根据文字形体，创立540个部首，将9353个字分别归入540部。540部又据形系联归并为14大类。该书正文便按这14大类分为14篇，卷末叙目别为1篇，全书共有15篇。造字法上提出“六书”学说。后文将对“六书”作具体介绍。

◆中国最早的一部解释词义的专著是哪部作品？

《尔雅》是中国最早的一部解释词义的专著，也是第一部按照词义系统和事物分类来编纂的词典。“尔”是“近正”；“雅”是“雅言”，是某一时代官方规定的规范语言。“尔雅”就是使语言接近于官方规定的语言，即以雅正之言解释古语词、方言词，使之近于规范。

《尔雅》全书收词语4300多个，分为2091个条目。这些条目按类别分为“释诂”“释言”“释训”“释亲”“释宫”“释器”“释乐”“释天”“释地”“释丘”“释山”“释水”“释草”“释木”“释虫”“释鱼”“释鸟”“释兽”“释畜”等19篇。《尔雅》前3篇，即“释诂”“释言”“释训”解释的是一般语词，类似后世的语文词典。后16篇，是根据事物的类别来分篇解释各种事物的名称，类似后世的百科名词词典。其中“释亲”“释宫”“释器”“释乐”等4篇解释的是亲属称谓和宫室器物的名称。

◆《说文解字》提及的“六书”是哪些书？

古人将汉字的造字方法归纳为六种，总称“六书”。所谓“六书”，即指事、象形、形声、会意、转注、假借。

至于六书的名称，最早见于战国时的《周礼》。《周礼》云：“保氏掌谏王恶，而养国子以道。乃教之六艺，一曰五礼，二曰六乐，三曰五射，四曰五驭，五曰六书，六曰九数。”六艺是周代教育贵族子弟的六种基本科目。九数是关于算术的知识，六书则是有关汉字的教学，但不一定是后来的六书理论。

东汉班固在《汉书·艺文志》云：“古者八岁入小学，故周官保氏掌养国子，教之六书，谓象形、象事、象意、象声、转注、假借，造字之本也。”这就把六书解释为造字的方法了。比班固稍后的许慎在《说文解字》中，不仅指出了“六书”各书的名称，还给每一书下了定义，举了例子。后世对六书的解说，多以此为核心。

《说文解字》云：“周礼八岁入小学，保氏教国子，先以六书。一曰指事，指事者，视而可识，察而可见，‘上’‘下’是也；二曰象形，象形者，画成其物，随体诘诎，‘日’‘月’是也；三曰形声，形声者，以事为名，取譬相成，‘江’‘河’是也；四曰会意，会意者，比类合谊，以见指㧑，‘武’‘信’是也；五曰转注，转注者，建类一首，同意相受，‘考’‘老’是也；六曰假借，假借者，本无其字，依声托事，‘令’‘长’是也。”

◆“说文四大家”指的是谁？

“说文四大家”指的是清代研究许慎《说文解字》的四位大家：段玉裁、桂馥、王筠和朱骏声。他们的主要著作分别为：段玉裁《说文解字注》、桂馥《说文解字义证》、王筠《说文句读》《说文释例》、朱骏声《说文通训定声》。

◆“小学”是怎样成为文字学的代名词的？

“小学”初见于《大戴礼记·保傅篇》：“及太子少长，知妃色，则入于小学，小学者，所学之宫也。……古者年八岁而就外舍，学小艺焉，履小节焉。”

西周是奴隶社会的全盛时期，人分等级，当时能够接受教育的只有贵族。贵族子弟满八岁，就要入“小学”，学习“小艺”，即六艺，一曰五礼（礼仪），二曰六乐（音乐舞蹈），三曰五射（射箭），四曰五御（驾驭马车），五曰六书（语文），六曰九数（算术）。又“乃教之六仪，一曰祭祀之容，二曰宾客之容，三曰朝廷之容，四曰丧纪之容，五曰军旅之容，六曰车马之容。”换句话说，在周代教育中，“小学”指的是学习小艺（六艺）和小节（六仪）。

到西汉时期，小学含义逐渐缩小至仅指六艺之一的“书”。“书”指的是“六书”，即指事、象形、形声、会意、转注、假借六种造字法。于是，“小学”顺理成章地成了文字学的代名词。

◆古代汉字书写为何偏爱竖行排列呢？

中国古代汉字书写都是竖行排列，这是为什么呢？

我们知道，在中国，最初的汉字书写材料是龟甲、兽骨、木简、竹简等，书写工具是尖锐石器、金属刀具和毛笔，加之汉字又是世界上唯一的方块字。而木简、竹简一般狭窄而长，用从上到下的竖行排列方式书写显得比较方便美观。大凡练过毛笔书法的人，也都感到毛笔从上往下书写方便。因此，古人们从上到下，从右往左，就自然而然地形成了竖行的书写方式。即使在汉朝发明纸张、隋唐雕版印刷术出现，直至宋朝毕昇发明活字印刷术之后，仍然沿用这种书写方式，这大概就是所谓的“积习难改”吧。

◆中国汉字书写是何时“横行”的？

究竟从何时起，中国的汉字排列方式开始由相沿已久的“竖行”改为“横行”呢？答案是清朝末年。当时，一大批留学和学习西洋文化的学者、名流都竭力提倡使用拼音文字，并力主改变中国传统的书写方式，改用已在西方流行很久的从左到右的“横行”排列方式。有资料证明，1909年，中国已经开始用“横行”排版的书籍，它就是当时提倡文字改革的刘世恩所著的《音韵记号》一书。

◆中国是从什么时候开始出现标点符号的？

古时候写文章是没有标点符号的。随着时间的推移，后人渐渐地感到不便和吃力，人们还发现这也是对文义往往产生误解的原因之一，于是到汉朝发明了“句读”符号。语意完整的一小段为“句”；句中语意未完，语气可停顿的更小段落为“读”。宋朝使用“。”“，”来表示句读。元明刻本小说多在句子的末了加圈，也有一律用“、”或用“。”的。有些戏曲和启蒙读物也采取这种方法。此外，明刻本小说还增添了人名号和地名号，前者是在人名右边加一条直线，后者是在地名右边加两条直线。

上述这些就是中国最早的标点符号。“标点”两个字，始见于宋朝。《宋史·何基传》中有：“凡所读，无不加标点，义显意明，有不待论说而自见者。”这里的“标点”，指的是阅读古书时添加的句读符号，即所谓旧式标点。新式标点是模仿西方的书写习惯而借用的，在清代末年才开始使用。翻译家严复的《英文汉诂》是最早应用外国标点于汉语的著述。

◆“春秋三传”指的是哪三部作品？

《春秋左氏传》《春秋公羊传》《春秋穀梁传》，合称“春秋三传”。

《春秋》经文言简义深，如无注释，则无法了解。注释《春秋》的书，有左氏、公羊、穀梁三家，另有邹氏、夹氏二家，早在汉朝即已失传。所以自汉至今，学者只凭借三传研读《春秋》。《春秋》是记事的，后多散佚，仅留下经孔子整理的鲁国的《春秋》，汉代有重新编撰整理的“春秋三传”，即《公羊传》《穀梁传》《左传》，它们都是编年体史书。

晋范宁评“春秋三传”的特色说：“《左氏》艳而富，其失也巫。《穀梁》清而婉，其失也短。《公羊》辩而裁，其失也俗。”当然，这只是一家之言。

第二辑

哲学、思想

易 学

◆《周易》是一本算卦的书吗？

一说到《周易》，很多人的第一反应就是算卦、看风水。如果到大街上走一走，我们就会发现，那些在大街小巷吆喝着给人算卦的人都称自已是用《周易》来给别人算命的。那么，《周易》到底是一本什么样的书？它就是用来算卦的吗？

我们现在所说的《周易》其实包括两部分，一部分是《易经》，一部分是《易传》。这两部分合在一起统称为《周易》。从时间上看，《易经》恐怕是中国最古老的一本书了。从内容上看，这本书显然是用于占卜的。占卜，就是在遇到自已无法克服的困难，对未来的事情无法掌控的时候，通过演卦来预测吉凶，也就是我们今天所说的“算卦”，预测一下自已的运数。《易经》记录了六十四卦的卦象、卦辞和爻辞。传说是伏羲画出了八卦，周文王演为六十四卦。

◆“阴阳八卦”理论最初来源于哪部著作？

八卦源于中国古代对基本的宇宙生成、相应日月的地球自转（阴阳）关系、农业社会和人生哲学互相结合的观念。最原始资料来源于《周易》，内容有六十四卦，但没有图像。

《易传》记录：“易有太极，是生两仪。两仪生四象，四象生八卦。”两仪即阴阳，可在不同时候引申为天地、昼夜、男女等等。四象，即少阴、少阳、太阴、太阳。在不同时候，可分别对应四方、四季、四象。青龙居东，春之气，少阳主之；朱雀居南，夏之气，太阳主之；白虎居西，秋之气，少阴主之；玄武居北，冬之气，太阴主之。四季养生也分别对应为：生、长、收、藏。八卦，即乾、坤、巽、兑、艮、震、离、坎。每卦由三爻组成，以“⚊”为阳，以“⚋”为阴。

◆为什么说“易更三圣”？“三圣”分别指谁？

秦、汉以后，儒家学者一致认定，伏羲氏画出了先天八卦图。周文王总结出《周易》，把八卦演变成了六十四卦。孔子则写《易传》，评论《周易》，注解《周易》，并且把周易上升到了学问的地步，发扬易学精义。所以，后人有“伏羲画八卦，文王演周易，孔子作大传”一说。

由于画卦者伏羲、演卦者文王、传述者孔子，所以又有“易更三圣”之说。事实上，文王演卦而作“卦辞”，他的儿子周公又将文王的思想发扬扩充，著了“爻辞”。可是，三圣之中却不提周公，这是为什么呢？据汉儒的解说，根据古代宗法的观念，父子相从，因此三圣之中便不另外提到周公了。

由伏羲画八卦开始，经过文王、周公、孔子的研究和著述，才建立了《周易》学术思想的系统。因此可知“易更三圣”一语，严格地说，应该是对《周易》一书而言的。

◆相传八卦是由谁创制的？为什么有“画卦”一说？

伏羲，中华民族人文始祖，是中国古籍中记载的最早的王，所处时代约为新石器时代早期。相传，伏羲根据天地间阴阳变化之理，创制了八卦，即以八种简单却喻义深刻的符号来概括天地之间的万事万物。

由于字是写的，卦是画的，所以我们常说伏羲画八卦。人类原始的时候没有文字，中国的原始文字都是图画，像“鸟”字，原来就画成一只鸟的样子，日、月、山、水、鱼等都是图画。卦的图案，每个卦都有三画，我们称为三画卦，卦中的画叫“爻”。“爻者，交也。”为什么“爻”就是交？这是说明卦在告诉我们，宇宙间万事万物，时时都在交流，不停地发生关系，引起变化，所以叫作“爻”。

◆什么是八卦？六十四卦又是怎么来的？

八卦的“卦”，是一个会意字，从圭从卜。圭，指土圭，起初以泥作成土柱测日影。卜，测度之意。立八圭测日影，即从四正四隅上将观测到的日影加以总结和记录，这就形成八卦的图像。

八卦最基本的单位是爻，多是记述日影变化的专门符号。爻有阴阳两类，阳爻表示阳光，阴爻表示月光。每卦又有三爻，代表天、地、人三才。三才的天部，包括整个天体运行和气象变化，这些星象之学，古称天文。地部指观测日影来计算年周期的方法，用地之理了解生、长、收、藏的全过程。人部指把天文、地理和人事结合，以便按照这些规律进行生产和生活。每卦的次序是自下而上的，最下一横叫初爻，中一横叫二爻，上一横叫三爻。

八卦代表八种基本物象：乾为天，坤为地，震为雷，巽为风，艮为山，兑为泽，坎为水，离为火，总称为经卦，由八个经卦中的两个为一组的排列，则构成六十四卦，用来象征各种自然现象和人事现象。

◆八卦的卦象都有哪些具体含义？

卦象推演过程中的两个基本单位一个是“⚊”（代表“阳”），另一个是“⚋”（代表“阴”）。用三个这样的符号组成八种形式，叫作八卦。八卦的卦象并不具体指什么。在不同的场合、不同的时间，会显示不同的含义，正所谓“随时而变，因地而化”。

八卦可以用来指事物：乾代表天，坤代表地，坎代表水，离代表火，震代表雷，艮代表山，巽代表风，兑代表沼泽。

八卦可以用来指抽象的数字：乾一，兑二，离三，震四，巽五，坎六，艮七，坤八。

八卦可以用来指方位：乾指西北，坎指北，艮指东北，震指东，巽指东南，离指南，坤指西南，兑指西。

八卦可以用来指五行：乾、兑表示金，震、巽表示木，坤、艮表示土，离表示火，坎表示水。

八卦可以用来指四季：乾、兑旺于秋，衰于冬；震、巽旺于春，衰于夏；坤、艮旺于四季，衰于秋；离旺于夏，衰于四季；坎旺于冬，衰于春。

◆人们为何把《易传》十篇又称为“十翼”？

《易传》是对《易经》的解释和发挥。《易经》文风比较简朴，专门用来演卦预测吉凶；《易传》的文风就比较抽象，已经不是用来占卜了，而是通过解释《易经》中的卦象来阐发宇宙、社会、人生的道理了。

《易传》共分十篇：《彖》上下、《象》上下、《文言》、《系辞》上下、《说卦》、《序卦》、《杂卦》。《易经》的成书时间比较古老，不容易读懂，只能借助《易传》。如果说《易经》是教科书，《易传》就是这本教材的辅导工具书。所以，《易传》的十篇又称为“十翼”。要想读懂《易经》，必须依靠《易传》提供的这十个“翅膀”。

据说孔子读《易经》，颇有心得，遂将自己的读书笔记汇编成册，定名为《易传》，以区别于《易经》。也有人认为《易传》形成于战国时代，因为从内容风格上看，《易传》和《论语》差太多，很难想象是出自孔子之手。

◆“一阴一阳之谓道”首见于《易经》还是《易传》？

在《易经》中，只有“⚊”“⚋”两爻，通过两爻的合成和重合演变出不同的卦象，然后再从卦象看出吉凶。据说伏羲演八卦的时候，用的是蓍草，根本没有文字，只能靠一双眼睛看。直到文王演六十四卦的时候，才配上文字。

在《易传》中，“阴”“阳”两个字开始出现。别忘了，“阴”和“阳”已经是概念了，而不再是用蓍草编成的“⚊”和“⚋”。这其实已经上升到理论高度，正所谓“观变于阴阳而立卦，发挥于刚柔而生爻”。更进一步的是，《易传》通过对卦象的解释最终得出了“一阴一阳之谓道”的观点，形成了对中国文化有着深远影响的“阴阳观”。翻开《易传》，我们可看到“阴阳”“刚柔”“动静”“盈亏”“进退”这样一些相辅相成的词语。

综上所述，《周易》对后来儒家和道家影响比较大的，是《易传》，而不是《易经》。

◆《周易》里“三才之道”的内涵是什么？

“三才”，即“三材”，在《周易》中是指天、地、人。“三才之道”，在《周易》中专指天道、地道、人道。更明确地说，即阴阳之道、刚柔之道、仁义之道。

《易·说卦传》载："昔者圣人之作《易》也，将以顺性命之理。是以立天之道，曰阴与阳；立地之道，曰柔与刚；立人之道，曰仁与义，兼三才而两之，故《易》六画而成卦。"大意是说，构成天、地、人的都是两种相互对立的因素。卦是《周易》中象征自然现象和人事变化的一系列符号，以阳爻、阴爻相配合而成，三个爻组成一个卦。"兼三才而两之"成卦，即这个意思。

◆"天行健，君子以自强不息"出自哪部著作？

《周易》曰："天行健，君子以自强不息；地势坤，君子以厚德载物。"表面的意思是，天（即自然）的运动刚强劲健，相应于此，君子应刚毅坚卓，发奋图强；大地的气势厚实和顺，君子应增厚美德，容载万物。这句话意在强调，君子应该像天宇一样运行不息，即使颠沛流离，也不屈不挠；如果你是君子，待人接物的度量要像大地一样，没有任何东西不能承载。

◆陈抟创绘的先天太极图隐藏着哪些奥秘？

"先天太极图"，又称"天地自然之图""天地自然河图""卦气图"，简称"先天图""太极图"。据宋明易家考证，此图出自陈抟之手。陈抟的先天图源自《周易参同契》，一说源于西蜀隐者。此图最早载于《六书本义》。其形状如阴阳两鱼互纠在一起，因而又被习称为"阴阳鱼太极图"。

先天太极图由阴阳鱼（阳阴鱼）和鱼目组成。图中黑白两条鱼形，乃阴阳二气环抱之状。阴鱼头在下为浊为降，阳鱼头在上为清为升。黑白两鱼头，左方表示阳起而迫阴，阴避阳，回入中宫；右方表示阴起迎阳，阳避阴，回入中宫。黑白两鱼眼，表示阳中有阴、阴中有阳。黑白两鱼尾，表示阴阳二气初起。

八卦图则是在太极图周边列有八卦图象，有先天和后天之分，中间是S线的是先天八卦，中间是反S线的是后天八卦。

◆太极图中的阴阳交界线为何划成S形？

"太"有"至"的意思；"极"有"极限"之义。"太极"就是至于极限，无有相匹之意。太极阴阳图，由阴阳两部分组成，它们之间既互相对立斗争，又相互滋生依存的关系，正是物质世界的一般律。

阴阳交界线的S形曲线，是由两个搓开的半圆形形成的，"两个半圆形，可以组成一个圆形"。古代认为"天圆地方"，"圆"是象征"天"的符号，而"天"又是"至于极限，无有相匹之"的。所以"两个半圆形"形成的S形（反S形）曲线，暗含"至于极限，无有相匹"的大千世界，有"既互相对立斗争又相互滋生依存的关系"。

◆"形而上者谓之道，形而下者谓之器"如何理解？

从现有的思想与文字资料看，"形而上"与"形而下"之说出自六经之首的《周易》。《周易》曰："形而上者谓之道，形而下者谓之器；化而裁之谓之变，推而行之谓之通；举而措之天下之民，谓之事业。”这段话的意思是说，法则是无形的，称为“形而上”；器用之物是有形的，称为“形而下”。这对概念提出后，在中国哲学史上逐渐被哲学家引申为表述抽象和具体、本质和现象、本原和派生物的范畴。汉唐以后，哲学家曾就形而上与形而下的关系展开过长期的争论。

◆“河图”“洛书”是两本书，还是两幅图？

河图与洛书是中国古代流传下来的两幅神秘图案，历来被认为是河洛文化的滥觞，中华文明的源头，被誉为“宇宙魔方”。邵庸等先哲认为“河图”“洛书”乃上古星图。

相传，上古伏羲氏时，洛阳东北孟津县境内的黄河中浮出龙马，背负“河图”，献给伏羲。伏羲依此而演成八卦，后为《周易》来源。又相传，大禹时，洛阳西洛宁县洛河中浮出神龟，背驮“洛书”，献给大禹。大禹依此治水成功，遂划天下为九州。又依此定九章大法，治理社会，流传下来收入《尚书》中，名《洪范》。《周易》说，“河出图，洛出书，圣人则之”，就是指这两件事。

河图上，排列成数阵的黑点和白点，蕴藏着无穷的奥秘；洛书上，纵、横、斜三条线上的三个数字，其和皆等于 15，十分奇妙。

◆什么是九宫？它和《易》有何关系？

汉代徐岳《术数记遗》载：“九宫算，五行参数，犹如循环。”北周甄鸾注曰：“九宫者，即二四为肩，六八为足，左三右七，戴九履一，五居中央……”由此我们即可得到《九宫算图》。

与此同时，古人还赋予了一至九数的五行和方位属性。一、六为水，七、二为火，九、四为金，三、八为木，五为土。从图中看，一六→七二→九四→三八→五→一六……的确为一数字循环，而且是水克火→火克金→金克木→木克土→土克水的五行相克循环。方位是：水数一居北，水数六居西北，火数七居西，火数二居西南，金数九居南，金数四居东南，木数三居东，木数八居东北，土数五居中央。

也就是说，“九宫术”图，是与八卦相配后，方才与《易》有所关联的。如果仅是《九宫算图》，就只是数字式图像，其含意不过是数与五行、方位的配合，与《周易》搭不上边。

◆如何理解古人的阴阳五行学说？

五行学说认为宇宙万物，都由木、火、土、金、水五种基本物质的运行（运动）和变化所构成。它强调整体概念，描绘了事物的结构关系和运动形式。

五行表述的是事物的五种状态，是从时间意义上对事物的分析。木指事物的萌发、成长阶段；火指事物的鼎盛阶段；金指事物的衰退阶段；水指事物衰退到极点并终归于空无的阶段。根据太极原理，一切事物凡是终点也就必是起始。也就是说水是上一个时期的终结，下一个时期的孕育阶段。土是万物的归宿，又是起点。万物生于土、终归于土。

《易传》说：“一阴一阳之谓道。”

阴阳则是事物的两个方面。有点类似于现在说的矛盾双方，这是从空间意义上对事物的概括。阳代表事物的刚性、外在、向上、运动、简明、积极的一面，阴象征事物的阴柔、内在、低下、静止、细腻、消极的一面。阴阳两方可以表现在同一系统两个相互独立的事物上，也可以共存于同一个事物上。而且阴阳是可以相互转化，也是在不断地运动变化的。以人为例：男为阳、女为阴；一个人身上，前为阳后为阴，上为阳下为阴，外形为阳内部为阴。

如果说阴阳是一种古代的对立统一学说，五行则可以说是一种原始的普通系统论。

◆孔子和《易》有什么不解之缘？

儒家与《易》的关系，可以从孔子和《易》说起。可以说，儒学建构不仅受到了《易》中阴阳之间关系的影响，而且还受到了阴阳相交的运动变法的启发。没有前者，就没有所谓的以“仁”释“礼”的儒学，没有后者，也没有儒家思想的灵魂——中庸之道。

孔子对《易》的重视，有明确的史料记载。子曰：“加我数年，五十以学《易》，可以无大过矣。”从此句看来，孔子是在五十岁以后才开始痴迷《周易》的（有人说，孔子学《易》在六十八岁），可谓相见恨晚。正如孔子所说的，如果能在五十岁的时候学《易》，自己在人格修炼上还能再上一层楼。《史记·孔子世家》也说：“孔子晚而喜《易》，序《彖》《系》《象》《说卦》《文言》。读《易》，韦编三绝。曰：‘假我数年，若是，我于《易》则彬彬矣。’”这些能够相互印证的资料表明：孔子曾对《易》做过精深研究。

◆孔子认为研究《易》有哪三种境界？

孔子研读《易》后发现，“德”和“神灵”是相对立的力量，前者属于人自己，而后者属于人之外的神灵。“德行”的取得要靠人自身的努力，而后者的取得要靠祭祀和祈祷。对外依赖越多，对自己的依靠也就越少。有道是：“德行亡者，神灵之趋；知谋远者，卜筮之繁。”因此，孔子对卜筮持否定态度。

孔子认为卜筮祝巫研究《易》，是为了祈福避难，而自己研究《易》是为了“求其德”。不仅如此，孔子还区分了研究《易》的三种境界：赞、数、德。

（1）赞。仅仅知道按照《易》中的规则演卦预测吉凶。从事这个行当的是“巫”。

（2）数。在研究《易》的过程中，感受到无穷变化，看到数的推衍，领会到演卦作为一种游戏实在高深。能够领会到这一层次是“史”。

（3）德。从微言中悟出大义，领会其中道理的是君子，他们很少祭祀，而是靠德行求福；他们很少卜筮，而是以仁义求吉。

◆孔子称赞哪部书学后“可以无大过”？

对孔子来说，看到《易经》估计很容易。正如李学勤所言：“《周易》经文当时为列国所俱有。”这不难理解，《易经》是一本占卜的书，自然随处可见。而《易象》作为周王室王天下的治国之宝，一向藏之秘府，孔子不得而见，所以才“耿耿于怀”。由于机缘巧合，孔子有幸读到的《易》，是《易象》，并非《易经》。正因如此，孔子才有了“述周公之训”“复周公之礼”的志向。

《论语》载：“子曰：加我数年，五十以学《易》，可以无大过矣。”为什么《易》这样一本占卜的书，孔子却说读了以后不会犯大的错误了呢？这是因为孔子晚年读到的是“演德”的《易象》，而非占卜之《易经》。孔子正是看到了《易象》，才领悟到了如何在不同的境遇下修德，当然也就会“无大过”了。

正因如此，孔子研习《易》理，走的是文王、周公“演德”的路线。

◆《易传》是孔子撰写的吗？

《易传》是一部解释《易经》的著作。然而，《易经》作为一部卜筮之书，在形式上沿袭了夏之《连山》、殷之《归藏》的形式，以卦、爻辞为基础预测人事吉凶祸福，指导人们的思想和行为活动。《易传》则作为一部解经的著作，好似是借助《易经》卦、爻辞符号系统从而有了自己思想体系的哲学著作。在思路上走的是孔子“演德”的路线。在《易传》中，孔子语焉未详的阴阳、刚柔、上下有了明朗的展示。

既然《易传》走的是孔子“演德”的路子，后来也被奉为儒家经典，那么，《易传》是否出自圣人孔子的手笔呢？对此众说纷纭、莫衷一是。我们赞同的是李镜池的说法：“到了秦汉，出现了伪托孔子作的《易传》七种十篇，这是秦始皇焚书坑儒之后，儒生们私相传授之作，打着说《易》的牌子，暗地里批评秦始皇严刑峻法。”《易传》写于秦亡之前，作者们对焚书坑儒心存余悸，不敢透漏真实姓名，后儒不明就里，遂认定为孔子所撰。

儒学

◆什么是儒学？儒学代表人物有哪些？

儒学，即儒家之学。“儒，柔也，术士之称。”早期的儒，称为术士，收入低，且地位低微，做事时要仰人鼻息，所以形成比较柔弱的性格，这就是儒的本意，即柔。据郭沫若考证，“儒”是墨家对孔门的蔑称，后来，相沿成俗，成了孔家门派的学名。

儒学起源于东周春秋时期。西汉武帝起，成为中国社会的正统思想。如果从孔子算起，绵延至今已有两千五百余年的历史了。

儒学主要代表人物有孔子、孟子、荀子、董仲舒、扬雄、王充、王弼、孔冲远、韩愈、柳宗元、王安石、周敦颐、张载、程颐、程颢、朱熹、陆九渊、王守仁、黄宗羲、顾炎武、王夫之、戴震、康有为等。

关于儒家派别的划分有多种。孔子死后，儒家分为八派：有子张之儒、子思之儒、颜氏之儒、孟氏之儒、漆雕氏之儒、仲良氏之儒、孙氏之儒、乐正氏之儒。宋代以后又出现了几派，主要有：以周敦颐为代表的濂学、以张载为代表的关学、以二程为代表的洛学、以朱熹为代表的闽学、以王艮为代表的泰州学派、以东林党为代表的东林学派，以及乾隆到嘉庆年间的乾嘉学派。

◆为什么孔子说“智者乐水，仁者乐山”？

孔子以山、水形容仁者、智者，形象生动而又深刻。《论语》原文是：“子曰：‘知者乐水，仁者乐山；知者动，仁者静；知者乐，仁者寿。’”孔子说：“智者喜爱水，仁者喜爱山；智者好动，仁者好静；智者快乐，仁者长寿。”

“智者”，也就是聪明人。聪明人通过事理，反应敏捷而又思想活跃，性情好动就像水不停地流一样，所以用水来进行比拟。

“仁者”，也就是仁厚的人。仁厚的人安于义理，仁慈宽容而不易冲动，性情好静就像山一样稳重不迁，所以用山来进行比拟。

有道是：“水是眼波横，山是眉峰聚。欲问行人去那边，眉眼盈盈处。”山水各有千秋，仁智都应该成为我们的追求，即使力不能及，也要心向往之，向着仁智双全迈进。

◆“己所不欲，勿施于人”是什么意思？

“己所不欲，勿施于人”是孔子所主张的处世原则，亦是儒家文化精华之处。孔子曾经对他的学生说过，他的所有主张中贯穿着一个基本原则，它是我们终身都应该遵守执行的。其他学生都不理解这个原则是什么，只有曾参理解，曾参说，就是忠诚和宽恕。“己所不欲，勿施于人”，就是宽恕原则的表现之一。

“己所不欲，勿施于人”，指的是自己不想要的东西，切勿强加给别人。与这个原则相伴随，孔子还主张“己欲立而立人，己欲达而达人”。自己想要达到的目标，也要帮助别人达到；不愿意别人以某种方式对待自己，自己就首先不要用这种方式对待别人。

孔子认为“己所不欲，勿施于人”的原则，是实行仁义的重要途径。如果每个人都从这里入手，就有可能成为一个具有仁义道德的人。简单地说，即设身处地地替别人着想。一个人要办什么事，首先要想一想，假如自己处在这样的地位，将会怎么做？

◆孔子是首次区分“和”“同”概念的人吗？

和同之辨是儒家学派关于和谐问题的主张。事实上，早在孔子之前，中国社会便已经出现了关于“和”与“同”的说法。

据《左传·昭公二十年》记载，晏婴回答齐景公问题时指出，“和”与“同”是两个不同的概念。“和”是不同因素的相互协调，好比是调羹，水、火、盐、梅等佐料经厨师调配适度，烹出的鱼肉才好吃。“同”则好比是不断添加同样的调味品，这样做不出好吃的食物。用于君臣关系，所谓“和”，也就是在君主说“是”的时候，臣子就应该指出其中的“非”；当君主说“非”的时候，臣子就应该指出其中的“是”，以补充君主的不足。

儒学继承了这样的主张，将“和”规定为君子的一种美德：“君子和而不同，小人同而不和。”意思是，君子相交，才能互相取长补短，求大同存小异，故“和而不同”。小人相交，必为共同谋利，为卑贱的共同目的而相聚，各怀损他利己之鬼胎，故“同而不合”。

这启示我们，作为君子，要善于与别人和谐相处，善于调和矛盾冲突，但自己要有不同于别人的独立见解，不能随波逐流。而小人呢，由于缺乏主张，容易受别人影响，同流合污，一旦发生利害冲突，便难以融洽相处，自然就是“同而不和”了。

◆“君君、臣臣、父父、子子”是什么意思？

据《论语·颜渊》记载：“齐景公问政于孔子。孔子对曰：‘君君、臣臣、父父、子子。’公曰：‘善哉！信如君不君、臣不臣、父不父、子不子，虽有粟，吾得而食诸？’”

上述记载说的是，齐景公向孔子问政。孔子说：“君像君、臣像臣、父像父、子像子。”齐景公说：“说得好极了！如果君不像君、臣不像臣、父不像父、子不像子，即使粮食再多，我能吃到吗？”“君君、臣臣、父父、子子”，通俗点说，意思就是做君主的要像君主的样子，做臣子的要像臣子的样子……

春秋时期的社会变动，使当时的等级名分受到破坏，弑君父之事屡有发生，孔子认为这是国家动乱的主要原因，所以他告诉齐景公，“君君、臣臣、父父、子子”，恢复这样的等级秩序，国家就可以得到治理。

何谓政治？政者，正也。人人都正其位，安其事，才能叫“正治”。君臣失位，长幼失序，伦理失常，社会自然动荡不安。

◆什么是孔门“十哲”“四科”？

孔门十哲，指的是中国儒家学派早期的十位学者，是孔子门下最优秀的十位学生——子渊、子骞、伯牛、仲弓、子有、子贡、子路、子我、子游、子夏的合称。

孔门四科，指的是“德行”“政事”“言语”“文学”。

《论语·先进》载：“子曰：‘从我于陈蔡者，皆不及门也。德行：颜渊、闵子骞、冉伯牛、仲弓；言语：宰我、子贡；政事：冉有、季路；文学：子游、子夏。’”

◆如何理解“而立”“不惑”“知天命”？

孔子在谈到自己精神修养发展过程时说：“吾十有五而志于学，三十而立，四十而不惑，五十而知天命，六十而耳顺，七十而从心所欲，不逾矩。”

《论语》中孔子说：“志于道。”又说：“朝闻道，夕死可矣。”孔子的志于学，就是志于这个道。孔子还说：“立于礼。”又说：“不知礼，无以立也。”所以孔子说自己“三十而立”，是指他此时懂得了礼，言行得当。

孔子说“四十而不惑”，指自己在这个时候已经成为知者。

孔子一生，到四十岁为止，也许仅认识到道德价值。但是到了五十岁、六十岁，他就认识天命了，并且能够顺乎天命。孔子在做他所做的事情的时候，深信他是在执行天的命令，受到天的支持，他所认识的价值也就高于道德价值。

孔子认为到了七十岁就能从心所欲，而所做的一切似乎自然而然地正确。他的行动用不着有意的指导，也用不着有意的努力。这代表着圣人思想发展的最高阶段。

◆“三戒”“三乐”“三愆”分别指什么？

《论语·季氏》载：“子曰：君子有三戒。少之时，血气未定，戒之在色；及其壮也，血气方刚，戒之在斗；及其老也，血气既衰，戒之在得。”

这段记载的意思是说，作为一位有道德、有学问的君子，应该对三件事情加以警惕和戒备：年轻的时候，身心尚未完全成熟，不能迷恋女色；等到壮年的时候，体魄强壮，精力旺盛，不能争胜好强；老年，身心逐步疲惫衰弱，不能贪得无厌。在这里，孔子提出了按少年、壮年、老年三阶段进行养生的理论。

此外，孔子还有三乐、三愆的观点。子曰：“益者三乐，损者三乐。乐节礼乐，乐道人之善，乐多贤友，益矣。乐骄乐，乐佚游，乐宴乐，损矣。”子曰：“侍于君子有三愆：言未及之而言，谓之躁；言及之而不言，谓之隐；未见颜色而言，谓之瞽。”

◆“三畏”“三友”分别指什么？

子曰：“君子有三畏：畏天命，畏大人，畏圣人之言。小人不知天命而不畏也，狎大人，侮圣人之言。”

据南怀瑾大师阐释，“畏天命”，

即指一个人要有所怕才有所成，一个人若无所怕，是不会成功的。“畏大人”，指的是对父母、长辈、有道德学问的人有所怕，才有成就。这里说的“大人”并不是一定指大官。“畏圣人之言”，说的是要敬畏圣贤之人留下来的言论，它们都是圣贤之人的人生经验的提炼。

此外，孔子还有三友的观点。子曰:“益者三友，损者三友。友直，友谅，友多闻，益矣。友便辟，友善柔，友便佞，损矣。”

◆“男女授受不亲”原意是什么？

《孟子·离娄上》载:“淳于髡曰:‘男女授受不亲，礼与？’孟子曰:‘礼也。’曰:‘嫂溺，则援之以手乎？’曰:‘嫂溺不援，是豺狼也。男女授受不亲，礼也；嫂溺援之以手者，权也。’”

授，给予；受，接受。“男女授受不亲”，旧指男女不能互相亲手递受物品，是儒家礼教之一。但孟子并不拘泥于此，而是对其采取灵活的态度。

有个叫淳于髡的人问孟子:“既然是男女授受不亲，那么如果嫂子掉在水里快淹死了，该怎么办？”孟子回答说:“如果眼看嫂子要淹死了而不救，这真是豺狼了。男女授受不亲，这是‘礼’；嫂溺而援之以手，这是‘权’，两者都是需要的。”

这就是说，孟子虽然主张“男女授受不亲”，可是也认为在特殊情况下可以变通。不过，自汉武帝和董仲舒联袂“独尊儒术”后，这句话就成了禁止男女自由交往的紧箍咒。“男女授受不亲”逐渐演化成了谈性色变。

◆“老吾老以及人之老”是谁最先提出的？

“老吾老以及人之老，幼吾幼以及人之幼”，这句话是孟子评论墨家的“兼爱”“非攻”时说的。出自《孟子·梁惠王上》。

“老吾老以及人之老”一句中，第一个“老”字是动词“赡养”“孝敬”的意思，第二及第三个“老”字是名词“老人”“长辈”的意思；“幼吾幼以及人之幼”一句中，第一个“幼”字是动词“抚养”“教育”的意思，第二及第三个“幼”字是名词“子女”“小辈”的意思。两句中的“及”都有“推己及人”的意思。这两句话的意思是，在赡养、孝敬自己的长辈时，不应忘记其他与自己没有亲缘关系的老人；在抚养、教育自己的小辈时，不应忘记其他与自己没有血缘关系的小孩。

孟子的上述思想与孔子对大同之世的理解“故人不独亲其亲、不独子其子，使老有所终、壮有所用、幼有所长、矜寡孤独废疾者皆有所养”是一脉相承的。

◆“劳心者治人，劳力者治于人”的意思是什么？

孟子曰:“劳心者治人，劳力者治于人；治于人者食人，治人者食于人。”

这句话的语境是，孟子说：治理天下的人能边耕作边治理吗？有官吏们的事，有小民们的事。再说，一个人所需的用品要靠各种工匠来替他制备，如果一定要自己制作而后使用，这会导致天下的人疲于奔走。所以说，有些人动用心思，有些人动用体力。

动用心思的人治理别人，动用体力的人被人治理；被人治理的人养活别人，治理人的人靠别人养活。

联系上文语境，不难发现，孟子“劳力者”和“劳心者”表示的是社会分工的不同。该句重点在于“劳心者”。在孟子看来，为“劳力者”着想的人，才能称其为“劳心者”。如果不能为“劳力者”着想，随便谁都可以做劳心者，那也就必定会有“劳力者”推翻“劳心者”的事情发生。所以，孟子真实的观点是，“为百姓服务的人”才是“劳心者”。

◆“穷则独善其身，达则兼济天下”是谁的思想？

“穷则独善其身，达则兼济天下”出自《孟子·尽心上》，原句为“穷则独善其身，达则兼善天下”。据《孟子·尽心上》记载，一天，孟子对宋勾践说：“你喜欢游说各国的君主吗？我告诉你游说的态度：别人理解也安详自得；别人不理解也安详自得。”宋勾践问：“怎样才能做到安详自得呢？”孟子说：“尊崇道德，喜爱仁义，就可以安详自得了。所以士人穷困时不失去仁义，显达时不背离道德。穷困时不失去仁义，所以安详自得；显达时不背离道德，所以老百姓不失望。古代的人，得志时恩惠施于百姓；不得志时修养自身以显现于世。穷困时独善其身，显达时兼善天下。”

“穷则独善其身，达则兼济天下”，是古代文人最高的政治目标和人生境界。它体现出的入世与出世思想，让我们看到了古代文人在两难选择的十字路口的悲哀与无奈，以及在“进”与“退”的人生旅途中显现的超凡智慧。

◆“人皆可以为尧舜”有什么积极意义？

《孟子·告子下》载：“曹交向曰：人皆可以为尧舜，有诸？’孟子曰：‘然。’……曰：‘……尧舜之道，孝弟而已矣。子服尧之服，诵尧之言，行尧之行，是尧而已矣。子服桀之服，诵桀之言，行禁之行，是桀而已矣。’”意思是说，人人都可以做尧舜。尧舜之道，不过就是孝和悌罢了。你穿尧的衣服，说尧的话，做尧的事，你便是尧了。你穿桀的衣服，说桀的话，做桀的事，你便是桀了。

不难看出，这是一个植根于“性善论”而鼓励人人向善，人人都可以有所作为的命题。无论是君王从政治国，还是个人立身处世，都存在一个“不为”与“不能”的问题。认识到这一点后，就可以树立起我们每个人立志向善的信心，从自己力所能及的事情做起，不断完善自己，最终成为一个有所作为的人。“人皆可以为尧舜”的积极意义在于，它反对人们自惭形秽、妄自菲薄，要求人们自尊自贵。

◆孟子说“君子有三乐”，“三乐”指的是什么？

《孟子·尽心上》载：“君子有三乐，而王天下不与存焉。父母俱存，兄弟无故，一乐也。仰不愧于天，俯不怍于人，二乐也。得天下英才而教育之，三乐也。”

“君子三乐”，就是指君子的三种人生乐趣：父母都健在，兄弟也都没有什么灾病事故，从而得以躬行孝悌，这是第一乐；为人处事合乎道义，上不愧对于天，下不羞对于人，对得起自己的良心，因而获得内心的安宁，这是第二乐；第三乐是君子传道、育人所获得的快乐，即能得到天下的优秀人才并对他们进行教育，从而使君子之道遍传天下、造福社会。

“君子”是儒家的理想人格，孟子认为：“君子所以异于人者，以其存心也。君子以仁存心，以礼存心。”也就是说，君子和常人根本不同的地方在于，君子能够把道德良知存放在自己心里，时刻不忘，而这是常人做不到的。因此，孟子的“君子三乐”是一种较高层次的道德境界上的主体内心体验，也就是说，这是君子才能获得的快乐。

◆如何理解“民为贵，社稷次之，君为轻”？

《孟子·尽心下》载：“民为贵，社稷次之，君为轻。”

所谓“民为贵”，是对天子或将要成为天子的人来说，百姓是他最可宝贵的财富。“得乎丘民（即百姓）而为天子，得乎天子为诸侯，得乎诸侯为大夫”，所以百姓是最可宝贵的。而要得到百姓的信任，必须关心百姓的生活问题，给百姓以应有的生存条件。

在古代，每个诸侯国建立的时候，天子要派遣使者，为诸侯建立社稷神坛。社稷神的责任，是保证风调雨顺，使农业丰收，从而保证国家的安全。因而，社稷也是一个国家的象征。

假如百姓按时祭祀社稷神，并且祭品也很丰盛，但是洪水、旱灾等仍然不断发生，这时，就要毁掉原来的社稷神坛，重新建立。因为百姓是最宝贵的。

“君为轻”中的“君”，主要是指“诸侯”。诸侯的责任，就是保护国家的安宁。假如诸侯不好好履行自己的职责，使国家处于危险之中，危及社稷的安全，那么，就要撤换他们。因为相对于国家、社稷，诸侯只是个别存在。

◆孟子说“三不孝”，具体包括哪些内容？

“不孝有三，无后为大”出自《孟子·离娄上》。原文是：“不孝有三，无后为大，舜不告而娶，为无后也，君子以为犹告也。”

《十三经注疏》中在“无后为大”下面有注云：“于礼有不孝者三事，谓阿意曲从，陷亲不义，一不孝也；家贫亲老，不为禄仕，二不孝也；不娶无子，绝先祖祀，三不孝也。三者之中无后为大。”用白话文解释就是：一味顺从，见父母有过错而不劝说，使他们陷入不义之中，这是第一种不孝；家境贫穷，父母年老，自己却不去当官吃俸禄来供养父母，这是第二种不孝；不娶妻生子，断绝后代，这是第三种不孝。

◆“浩然之气”是什么样的气？

“浩然之气”是孟子提出的概念，指充实于人体之内的浩大、正直之气。

孟子对弟子说他擅长修养自己的浩然之气，并这样解释浩然之气——它难以描述。大致说来，这种气首先最浩大，也最刚强。其次，这种气是用正义和道德积累而成的。如果没有正义和道德存储其中，它也就消退无力了。这种气从人的自身中产生出来，是不能靠伪善或是挂上正义和道德的招牌而获取的。

由此可知，所谓“浩然之气”，就是刚正之气，就是人间正气，是大义大德造就的一身正气。孟子认为，一个人有了浩气长存的精神力量，面对外界一切巨大的诱惑也好，威胁也好，都能处变不惊，镇定自若，达到“不动心”的境界。也就是孟子曾经说过的“富贵不能淫，贫贱不能移，威武不能屈”的高尚情操。孟子还指出，修养浩然之气，要逐渐积累。如果不能逐渐积累，企图一下子就得到它，就是揠苗助长。

◆提出“性恶论”的是荀子，还是孟子？

荀子是战国后期儒家学派的集大成者。在人性问题上，他针对孟子“性善论”提出“性恶论”，认为人性本来是恶的，“其善者伪也”，即经过后天改造才变善。这本身仍是唯心主义的。但他特别强调后天学习的重要性，反对“生而知之”的先验论是具有进步意义的。他认为人的知识、品德不是先天自带的，是后天经过礼义教化、学习改造获得的，主张“积善成德”。

荀子在政治上主张礼治法治并用。一方面仍很重视“王道”，提倡“礼义”；同时主张“法后王”，同意武力兼并天下，用法禁、刑赏治理国家。所以他的一些思想又为法家所汲取。

◆“天行有常，不为尧存，不为桀亡”怎么理解？

荀子在《天论》篇有言：“天行有常，不为尧存，不为桀亡。”这段话的意思是，社会发展有其自然、特定的规律，它不会因为尧的圣明就存在，也不会因为桀的暴虐就不存在。这就彻底否定了“天有意志”的说法，把自然界的客观规律与人类社会的发展状况区分开来。此即“天人相分”。荀子进一步指出：“天不为人之恶寒也辍冬，地不为人之恶辽远也辍广，君子不为小人之匈匈也辍行。天有常道矣，地有常数矣，君子有常体矣。”

在“天人相分”的基础上，荀况大胆地提出“制天命而用之”。荀子认为，与其把天看得非常伟大而仰慕它，不如把天当作一种物来畜养它，控制它。与其顺从天而颂扬它，不如掌握和控制天的变化规律来利用它。与其仰望天时坐等它的恩赐，不如因时制宜，使天时为生产服务。此即荀子“人定胜天”思想精髓之所在。

◆什么是“三纲”“五常”？最早见于哪部著作？

“三纲”即“君为臣纲”“父为子纲”“夫为妻纲”；“五常”是指“仁、义、礼、智、信”。“三纲”“五常”这两个词，来源于西汉董仲舒的《春秋繁露》一书。但作为一种道德原则、规范的内容，它来源于先秦时代的孔子。

孔子曾提出了君君、臣臣、父父、子子和仁义礼智信等伦理道德观念。孟子进而提出“父子有亲，君臣有义，夫妇有别，长幼有序，朋友有信”的“五伦”道德规范。董仲舒按照“贵阳而贱阴”理论，对五伦观念做了进一步的发挥，提出了三纲原理和五常之道。

董仲舒认为，在人伦关系中，君为主、臣为从；父为主，子为从；夫为主，妻为从。亦即所谓的“君为臣纲，父为子纲，夫为妻纲”这三纲。君、父、夫体现了天的“阳”面，臣、子、妻体现了天的“阴”面；阳永远处于主宰、尊贵的地位，阴永远处于服从、卑贱的地位。董仲舒又认为，仁、义、礼、智、信五常之道是处理君臣、父子、夫妻、上下尊卑关系的基本法则，治国者应该给予足够的重视。坚持五常之道，就能维持社会的稳定和人际关系的和谐。从宋代朱熹开始，“三纲”“五常”联用。这是为封建集权制秩序服务的。

◆何谓“仁、义、礼、智、信”？

孔子曾将“智仁勇”称为“三达德”，又将“仁义礼”组成一个系统，曰：“仁者、人也，亲亲为大；义者、宜也，尊贤为大；亲亲之教，尊贤之等，礼所以生也。”仁以爱人为核心，义以尊贤为核心，礼就是对仁和义的具体规定。

孟子在“仁义礼”之外加入“智”，构成四德或四端，曰：“仁之实，事亲是也；义之实，从兄是也；智之实，知斯二者弗去是也；礼之实，节文斯二者是也。”

董仲舒又加入“信”，并将“仁义礼智信”说成是与天地长久的经常法则，号“正常”。曰：“仁义礼智信，五常之道。”

“仁义礼智信”为儒家“五常”。这“五常”贯穿于中华伦理的发展中，成为中国价值体系中最核心的因素。从字面意思来看，能爱人即为仁。义者，人字出头，加一点。在别人有难时出手出头，帮人一把，即为义。敬人即为礼。智者，知道日常的东西也。把平时生活中的东西琢磨透了即为智。信者，人言也。进一步说，仁是仁爱之心；义是处事得宜和合理；礼是人际关系的正常规范，如礼仪、礼制、礼法；智（或作“知”）是明辨是非；信是言无反复、诚实不欺。

◆董仲舒提出的“天人关系模型”是怎样的？

西汉大儒董仲舒提出了著名的“天人关系模型”——天人同类、天人感应，经过天人同类、天人感应，最终实现天人合一。

（1）天人同类：董仲舒认为，天和人同类相通，统一于阴阳二气。天是有意志的，和人一样“有喜怒之气，哀乐之心”。人有四肢，因有四时；人有五脏，因有五行。

（2）天人感应：董仲舒认为，天和人相互感应，天能干预人事，人亦能感应上天。阴阳二气是天人感应的中介。天子违背了天意，不仁不义，天就会出现灾异进行谴责和警告；如果政通人和，天就会降下祥瑞以示鼓励。

（3）天人合一：董仲舒强调“天人之际，合而为一”，认为人如果按照“尽心”“知性”“知天”的模式，能达到“天人合一”。具体说，即人通过内省的途径以及对阴阳五行的观察，就能判断是非，达到对天意、天道的了解。他还认为通过祭祀能与神相沟通，使之能看见一般人所看不见的东西，这样就能知道天命、鬼神了。这是唯心的神学目的论。

◆“公羊三世说”是东汉哪个儒者的历史观?

“三世说”是春秋公羊学派的学说。本来说的只是一个简单的事实，即《春秋》所记公元前722年至公元前481年历史中，有“所见世”“所闻世”“所传闻世”之差。何休注《春秋公羊传》时，将它进一步发挥成“衰乱世”“升平世”“太平世”。

何休，中国东汉时期今文经学家，字邵公。何休为人质朴多智，精研六经，对“三坟五典，阴阳算术，河洛谶纬，莫不成诵”。口讷，不善讲说，门徒有问者，则用书面作答。太傅陈蕃召请他参与政事。党锢事起，陈蕃被杀害，何休也遭禁锢。他闭门不出，用功十余年，著书立说。党禁解除，被召为司徒，拜议郎，再迁谏议大夫。

照何休的解释，春秋的历史，经过了所传的衰乱世、所闻的升平世、所见的太平世这样三个阶段。

◆韩愈是第一个明确提出“性三品说”的吗?

汉董仲舒把人性分为圣人之性、中民之性、斗筲之性。认为“中民之性”可上可下，可善可恶，“性待渐于教训，而后能为善”。这就是“性三品说”的基础。

董仲舒以后，王充明确指出：本性有善有恶，是指一般人的本性；孟子说的“性善”，是上等人的本性；荀子说的“性恶”是下等人的本性，从而更加明确了人性分为三等。

到了唐朝，韩愈作《原性》，明确提出“性三品说”。韩愈认为人的本性（仁、义、礼、智、信）是与生俱来的东西。上品的人，有一条做得很好，其他四条也能做到；中品的人，有一条做得较差，其他四条则勉强可以；下品的人，对其中的一条会完全做不到，其他四条也常常违背。根据这种理论，韩愈提出对上品人用“教”的办法，对下品人用“制”的办法，使之“畏威”。教育可以使中品的人变好，但无法改变下品人的行为。

◆“民胞物与”是哪位大儒的观点?

北宋张载，祖籍大梁，曾居住在现在的陕西省眉县横渠乡，故人称“横渠先生”。在《西铭》中，张载指出：“乾称父，坤称母……民，吾同胞；物，吾与也。”

乾坤是天地的代称，天地是万物和人的父母，天、地、人三者混合，处于宇宙之中，因为三者都是“气”聚而成的物，人的本性同于天地万物的本性，因此，人类是我的同胞，万物是我的朋友，万物与人的本性是一致的。

所以，张载要求爱他人如同爱同胞手足一样，并扩大到“视天下无一物非我”。但张载又认为，天下万物并非绝对平等的，有严格的等级界限，这是先天存在的。所以人应该承认并遵守这种等级和其中涉及的伦理道德。

这也是天经地义的事，命运的安排，任何人都不能逃避这种义务。后来，朱熹使这一思想更加系统化。朱熹死后，这一思想很快在南宋末年被统治者利用，从此，元、明、清一直将其作为统治思想使用，强化了三纲五常为代表的封建伦理道德。

◆如何理解北宋大儒张载的“横渠四句”？

北宋大儒张载在《横渠语录》中有语：“为天地立心，为生民立命，为往圣继绝学，为万世开太平。”这四句名言最能表现出儒者的襟怀，也最能彰显儒者的器识与信念。那么，如何理解这历代流行不衰的“横渠四句”呢？

（1）为天地立心。指为社会建立一套以“仁”“孝”等道德伦理为核心的精神价值系统。天地本无心，只是生生之德的自然流行，并非有意生出这样一个大千世界。无心而有心，是人对天地生生之德的亲切理会，通过这种理会，天地生化万物的心得以显立。

（2）为生民立命。“生民”指百姓，“命”指百姓的命运。这涉及儒家一直关注的“安身立命”问题。有了“安身立命”之道，“百姓日用而不知”，却能潜移默化，加上伦常政教的设施，使生民的生活有了依循，而得以护持生命，此即“为生民立命”。

（3）为往圣继绝学。“往圣”，指历史上的圣人。儒家所谓圣人，其实就是指人格典范和精神领袖。儒家圣人之学，自两汉以下而魏晋，而南北朝，而隋唐，却未能善续先秦儒家的学脉。唐末五代，中国文化之花更是萎缩堕落到极点。北宋初期，中国找不到一个能拿出手的精神领袖。直到理学家问世，“为往圣继绝学”，才复活了先秦儒家的形上智慧，使天道性命（心性义理）之学，内圣成德之教重新彰显，从而将中华民族精神的领导权从佛教手里夺回。

（4）为万世开太平。儒家以“内圣为本质，以外王表功能”。功能之大者，便是开出太平盛世。张载不同凡响之处就在于此。张载不局限于当下的“太平”秩序，而是以更深远的视野展望“万世”的“太平”基业问题。

◆“存天理、灭人欲”是谁的主张？

南宋朱熹是继孔子和董仲舒之后，对中国影响最大的古代思想家。因长居于福建建阳，故其学又称“闽学”。“存天理，灭人欲”是其著名观点之一。

“存天理，灭人欲”属于心性修炼。“天理”是公，是大善，是人的仁爱之心。“人欲”是私，是小恶，是人的自私之情。“存天理”存的是孟子说“人之初，性本善”的“善”，是追寻天理，循道而行；“灭人欲”要灭的是荀子说“人之初，性本恶”的“恶”，就是去恶，克己省身，修身养性。简单说来，“存天理”就是向善；“灭人欲”就是去恶。通俗地理解朱熹的“存天理、灭人欲”，就是要防范个人欲望的过度膨胀，追寻维护社会、道德、政风和民风的和谐与美好。

朱熹说的“存天理，灭人欲”不

是对平民大众说的，不属于平民、世俗文化，而是针对上层统治阶级及立志成为杰出的知经识理的男子提出的。这些人有条件、有可能沉迷于自己的“欲”，而忘了“天理”。

◆“吾心即宇宙，宇宙即吾心”是谁的主张？

陆九渊，字子静，南宋著名的哲学家、教育家，“心即理”的哲学命题使他开创了中国“心学”。陆九渊的哲学以“发明本心”为宗旨，“本心”即是仁义礼智之心，是善。

所谓“心即理”，就是把自然的普遍规律与封建纲常伦理合而为一，认为是人所固有的先验意识。他说：“人皆有是心，心皆具是理，心即理也。”“理”与“心”既然是完全同一的，那么，宇宙万事万物之“理”，就是每个人心中之“理”，所以他说“吾心即宇宙，宇宙即吾心”。

就人而言，人同此“心”，心同此“理”，人们虽然可能有不同意见，但人的先验的道德意识没有差异。他说：“千古圣贤若同堂合席，必无尽合之理。然此心此理，万世一揆也。”与程朱等人把“理”视为自然与社会最高的终极原则不同，陆九渊认为“理”的普遍必然性必须通过人“心”来证明，人心之理是宇宙之理最完满的体现。

◆“此花不在你心外”是谁的名句？

王守仁，号阳明子，世称阳明先生，故又称王阳明。王阳明的著名观点是“心外无理”“心外无物”。

“心外无理”，说的是当我们去探求各种“理”时，不应该从对象上去探求，而应该从自己的内心去考察。至于“心外无物”，王阳明有一段“看花论”：“先生游南镇，一友指岩中花树问曰：‘天下无心外之物：如此花树在深山中自开自落，于我心亦何相关？’先生曰：‘你未看此花时，此花与汝心同归于寂，你来看此花时，则此花颜色一时明白起来，便知此花不在你心外。’”

这段“看花论”，表明花的存在与否，在你去看它之前，与你无关，当你去看的时候，花就和你联系在一起，显出它的存在。由此并不能推导出否认花的存在。这表明王阳明所说的“心外无物”并没有否定外在事物，而只是认为内心已经包含着万事万物（之理），所以在寻求事物之理时不必大费周章地向外物探求，只需回到内心就可以了。

◆“大同”“小康”的社会模式是什么样的？

“大同”一词，最早见于《庄子·在宥》。“大同”谓与天地万物融合为一，是指“养心”应当“忘物”而言的。而用“大同”来描述“天下为公”这一理想社会的，则是在《礼记》中。《礼记》是孔门后学解释《仪礼》时所作的记，附于礼经仪礼各篇之末，阐述仪礼各篇之义理。“大同”思想为孔子首创。

在大同时代，人人都把公共利益放在首位，讲究信誉，和他人友好，“鳏寡孤独者皆有所养”。财物虽然不可以随便浪费，却不一定要属于自己；不为社会贡献自己的力量会感到遗憾。这样的时代，不需要智慧和谋略，也没有偷盗和抢劫，人们不用关锁门窗。

“小康”一词最早源出《诗经·大雅·民劳》：“民亦劳止，汔可小康，惠此中国，以绥四方。”其意是说，老百姓终日劳作不止，也该稍微得到安乐的生活了。“小康”在《礼记·礼运》中得到较系统的阐述，成为仅次于“大同”的理想社会模式。

在小康时代，为政者以礼仪为标准，考察人们的行为，有功者赏，有过者罚，实行仁义，给百姓以行为的规则；不这样做，就被认为是有罪，遭到大家的唾弃。

◆“身体发肤，受之父母”是什么意思?

《孝经》载，子曰：“夫孝，德之本也，教之所由生也……身体发肤，受之父母，不敢毁伤，孝之始也。”孔子指出，孝是道德的根本，人需要教育的原因也在这里。我们的身体、毛发、皮肤，是父母给我们的，我们必须珍惜、爱护，因为健康的身心是做人做事的最基本条件，所以珍惜它，爱护它就是行孝、尽孝的开始。

随后，孔子又指出：“立身行道，扬名于后世，以显父母，孝之终也。夫孝，始于事亲，中于事君，终于立身。”意思是说，让自己健康成长，按正确的原则做人、做事，让自己的名字为后人所景仰，就会让后世知道自己的父母教导有方，培养出了优秀儿女，这是人行孝尽孝的结果。总体来说，行孝尽孝的开始就是要孝顺父母，长大成人就要忠于国家和君主，最终就是要对他人和社会有所贡献，能实现自己应有的人生价值。

◆古代女子的“三从四德”是怎么回事?

《仪礼·丧服·子夏传》载：“妇人有三从之义，无专用之道。故未嫁从父，既嫁从夫，夫死从子。”《周礼·天官九嫔》载：“九嫔掌妇学之法，以九教御：妇德、妇言、妇容、妇功。”

“未嫁从父，既嫁从夫，大死从子”，意思是说，女孩子在未出嫁之前要听从家长的教诲，不要胡乱地反驳长辈的训导，因为长辈们的社会见识丰富，有根本性的指导意义；出嫁之后要礼从夫君，与丈夫一同持家执业、孝敬长辈、教育幼小；如果夫君不幸先己而去，就要坚持好自己的本分，想办法扶养小孩长大成人，并尊重自己子女的生活理念。

“德、言、容、功”，就是说，做女子的，第一要紧是品德，能正身立本，然后是言语（指与人交谈要会随意附义，能理解别人所言，并知道自己该言与不该言的语句）、相貌（指出入要端庄稳重持礼，不要轻浮随便）和治家之道（治家之道包括相夫教子、尊老爱幼、勤俭节约等生活方面的细节）。

◆如何看待“君子重义，小人重利”?

“君子重义，小人重利”是儒学关于正义和利益关系的理论。这里说的“义”，就是“仁义”，而“仁义”则是当时国家和君主的长远利益；“利”，指暂时的、局部的利益。

孟子首先集中论述了这个问题，他劝告梁惠王不要追求怎样对自己有利，而要追求仁义。因为作为君主而去追求利益，臣子和百姓就会照此办理，全国上下都追求自己的利益，必然发生争夺，那样君主的地位就难以保住了。如果追求仁义，大家就会按照仁义的原则，安于自己的地位，臣子们不会想做君主，百姓们也不会发动叛乱，君主的地位就稳固了。因此，追求仁义，才有君主真正的利益。

之后的儒者都主张应该把追求仁义作为目标，而不应该追求利益。遵循天理去做，不追求利益，利益自然就会到来；听从人欲的指导，追求的利益未必得到，危害就已经到来。

◆儒家“十三经”包括哪些著作？

“十三经”是指到南宋逐渐形成的十三部儒家经典。分别指的是《周易》《周礼》《春秋左传》《春秋公羊传》《春秋穀梁传》《孝经》《诗经》《仪礼》《礼记》《尔雅》《尚书》《论语》《孟子》。

“十三经”的形成过程为：汉朝立《诗经》《尚书》《周易》《礼记》《春秋左传》于学官，为“五经”；唐朝加《周礼》《仪礼》《春秋公羊传》《春秋穀梁传》为“九经”，并以此取士；至唐文宗开成年间于国子学刻石，所镌内容除“九经”外，又加《孝经》《论语》《尔雅》为“十二经”；五代时蜀主孟昶刻“十一经”，排除《孝经》《尔雅》，收入《孟子》，《孟子》首次跻身于诸经之列。南宋时期《孟子》获官方认可，正式成经，并恢复《孝经》《尔雅》。至此，儒家的十三部文献确立了经典地位。

◆四书五经包括哪些作品？

四书五经是“四书”和“五经”的合称，是中国儒家经典的书籍，也是明朝后的科举考试的命题范围。

“四书”，是《大学》《中庸》《论语》《孟子》四部书的合称。《大学》和《中庸》原来是《礼记》中的两篇。南宋大儒朱熹对《论语》进行了注释，还从《礼记》中摘出《大学》和《中庸》，再配上《孟子》，写成一本《四书章句集注》，简称《四书集注》。“四书”之名由此流传开来。

至于“五经”，指的是《诗经》《尚书》《礼记》《周易》和《春秋》，简称为《诗》《书》《礼》《易》《春秋》，在之前，还有一本《乐经》，合称《诗》《书》《礼》《乐》《易》《春秋》，这六本书也被称作“六经”，后来《乐经》亡佚了，就只剩下了“五经”。《白虎通·五经》：“五经何谓？谓《诗》《书》《礼》《易》《春秋》也。”

◆“慎独”是一种什么样的功夫？

“慎独”是儒家创造出来的自我修身方法。最先见于《礼记·中庸》：“道也者，不可须臾离也，可离非道也。是故君子戒慎乎其所不睹，恐惧乎其所不闻。莫见乎隐，莫显乎微，故君子慎其独也。”这里强调的“道”是“慎独”得以成立的理论根据。

《大学》：“所谓诚其意者，毋自欺也。如恶恶臭，如好好色，此之谓自谦，故君子必慎其独也。”意思是，心要诚实，就是不欺骗自己。要像厌恶臭气和喜欢美丽的颜色一样，这样才能说自己意念诚实，心安理得。所以有道德修养的人要谨慎对待离群独居的生活。

更明确地说，"慎独"就是人们在个人独自居处的时候，也能自觉地严于律己，谨慎地对待自己的所思所行，防止有违道德的欲念和行为发生。"慎独"是一种道德自律，不完全依赖于外界条件的约束，也不自欺欺人地借修为的幌子而专做给别人看，沽名钓誉。

◆如何理解"忠恕之道"?

据《论语》记载:"樊迟问仁，子曰:'爱人。'"又对子贡说:"夫仁者，己欲立而立人，己欲达而达人。"孔子认为，仁就是推己及人的忠恕之道。所以，曾子指出:"夫子之道，忠恕而已矣。"朱熹注:"尽己之谓忠，推己之谓恕。"

忠恕之道在《大学》里被称作"挈矩之道"。《大学》说:"所恶于上，毋以使下。所恶于下，毋以事上，所恶于前，毋以先后。所恶于后，毋以从前。所恶于右，毋以交于左。所恶于左,毋以交于右。此之谓挈矩之道。"这就是"己所不欲，勿施于人"的忠恕之道。其实质是仁慈博爱，要求人们做到"我不欲人之加诸我也，吾亦欲无加诸人"。

《中庸》继承并发扬了孔子的忠恕之道和《大学》的挈矩之道。进一步提出了"以人治人"，要求人们用爱自己的心去爱他人，用责备他人的心来责备自己，用自己的真诚忠恕去感召人、感化人、塑造人。只要坚持忠恕之道，人们就会相安无事、和平共处，人们就会达到素其位而行、无入而不自得焉、上不怨天、下不尤人的思想境界。

◆"中庸之道"的内涵是什么?

中庸之道，亦即君子之道，是传统儒家修行的法宝。

中庸之道的内涵是什么?有道是"不偏之为中，不易之为庸"。"中庸"之"中"，表征为一个恰切的"度"，是在面对复杂对象时精确把握事情的"分寸"。"中"强调的度既不能过(过分)，又不能不及(达不到)。这一合适的"度"非同小可，不可小看。"中庸"实际上强调的是"凡事有度，过犹不及"的理念，就是说，超过和不足都不可取，什么问题都要在"过"与"不及"之间寻找到平衡点。

那种把中庸之道看作是"和稀泥""折中主义"的观点，其实是错误的。折中主义最大的弊端就是缺乏原则性。孔子的中庸之道则与此不同，"中"还意味着合乎一定的标准或法则。"中庸"是"执两用中，和而不同"，即中和，两方面有不同的意见，应该使它能够中和，保留其对的一面，舍弃其不对的一面。这才是正确的中庸之道。

◆《大学》中"三纲领"指的是什么?

中国古代儒家经典《大学》中提出了"三纲领，八条目"的治国平天下准则。"三纲领"指的是明明德、亲民、至善。具体意义简释如下:

(1)"明明德"是指任何人禀受于天，至灵而无污染的本性，能够与天地相沟通。"明明德"肯定人类与生便有灵明的德行，现在要加以彰明，使之自觉。人之行善避恶，有内在本然的基础。道德实践的价值是由内而发的，人性是向善的。

（2）“亲民”是指在明晓自身本性的善德之后，帮助其他人去除污染心灵的东西，使他们能够达到与自己同样心灵纯洁的境界。觉悟“明明德”此一天生能力之后，就须“亲民”，“亲者新也，日新又新”，使自己无时无刻不在行善之途上前进。

（3）“至善”是指心灵获得最大程度的自由，达到自然与事物发展相统一的境界。明明德和亲民的一切方向是“至善”。以“至善”为方向或目标，等于是永无止境的期许。

◆《大学》中“八条目”指的是什么？

中国古代儒家经典《大学》中提出了“三纲领，八条目”的治国平天下准则，“八条目”指的是格物、致知、诚意、正心、修身、齐家、治国、平天下。具体意义简释如下：

（1）格物，就是要求人们亲历其事，亲操其物，即物穷理，增长见识。在读书中求知，在实践中求知，而后明辨事物，尽事物之理。

（2）致知，就是从推致事物之理中，探明本心之知。所谓知，指道德意识而言，知既至，则能明是非、善恶之辨，闻见所及，胸中了然。物格而后知至。如一面镜子，本来全体通明，只被事物昏蔽，暗淡不清，现在逐渐擦去灰尘，使之恢复光明，获得真知。

（3）诚意，就是要意念诚实。知既尽，则意可得而实，发于心之自然，非有所矫饰，自然能做到不欺人，亦不自欺。“慎独”，严格要求自己，修养德行，知至而后意诚。

（4）正心，就是要除去各种不安的情绪，不为物欲所蔽，保持心灵的安静。意不自欺，则心之本体，物不能动，而无不正。心得其正，则公正诚明，不涉感情，无所偏倚。故意诚而后心正。

（5）修身，就是要不断提高自己的品德修养。只有自身的品德端正，无偏见，无邪念，才能为人民所拥护。修身是“格物、致知、诚意、正心”的落脚点，又是“齐家、治国、平天下”的始发点。心正而后身修，身修而后家齐。

（6）齐家，就是要整齐好自己的家庭，只有教育好自己的家庭成员，才能教化百姓。

（7）治国，就是要为政以德，实行德治，布仁政于国中。君主要像保护初生的小孩那样保护百姓，以至善之德教化百姓，使百姓除旧布新，日新又新。统治者要使“仁、敬、孝、慈、信”的仁爱之风充满全国，国治而后天下平。

（8）平天下，就是要布仁政于天下，使天下太平。平天下最重要的是要求君主具有“以度己之心度人”的崇高品质，作为天下人的榜样。由于平天下是多方面的，这就要求君主尊老兴孝，敬长兴悌，恤孤爱民，布行仁政。君主要实行恕道，坦诚至公，以德为本，举拔贤臣，提倡忠信，开源节流，以义为利，如此则能臻天下太平之境界。

◆为何说《礼记》最能讲述儒家思想？

《周礼》《仪礼》《礼记》合称

“三礼”。

《周礼》又名《周官》，是三礼之首。该书搜集了周王朝及各诸侯国官制与制度，以儒家的政治理想加以增减取舍汇编而成。

《仪礼》一书内容主要是冠、昏、丧、祭、朝、聘等典礼的详细仪式，阐述了春秋战国时期士大夫阶层的礼仪，提倡一种有等差的人伦礼仪。

《礼记》是战国至秦汉年间儒家学者解释说明经书《仪礼》的文章选集，多数篇章可能是孔子的七十二弟子及其学生们的作品，还兼收先秦的其他典籍。主要是记载和论述先秦的礼制、礼意，解释仪礼，记录孔子和弟子等的问答，记述修身做人的准则。这部九万字左右的著作内容涉及政治、法律、道德、哲学、历史、祭祀、文艺、日常生活、历法、地理等诸多方面，几乎包罗万象，集中体现了先秦儒家的政治、哲学和伦理思想。

综上所述，不难看出，在“三礼”中，《礼记》最能讲述儒家思想。

◆儒学属于入世哲学的表述正确吗？

史料记载，孔子 63 岁时，两次被鲁国驱逐。在宋国时，司马桓又砍倒大树恐吓威胁他。后来在卫国时，被错捕入狱。在陈、蔡国之间，又被楚军包围，围困达七日之久。对此，孔子丝毫不计较，“饭疏食饮水，曲肱而枕之，乐亦在其中矣”。

孔子主张“心斋”，即通过意念专一、呼吸细长、耳之不闻、唯心能觉，达到神气合一，进入清静纯一的境界。“心斋”是修身的关键，不但可以使人不出户而知天下，还能延年益寿。也正因为有了这种认识，孔子无论在困境还是顺境中，都能保持宁静豁达的心态。事实上，这种心态正是儒家所提倡的修炼方式的成果。

儒家修炼方式最突出的特点是，将正常的生活、道德修养和练功融为一体，这是为了更积极地入世和更好地治国。《大学》有言：“古之欲明德于天下者，先治其国；欲治其国者，先齐其家；欲齐其家者，先修其身；欲修其身者，先正其心；欲正其心者，先诚其意；欲诚其意者，先致其知。致知在格物，物格而后知至，知至而后意诚，意诚而后心正，心正而后身修，身修而后家齐，家齐而后国治，国治而后天下平。”因此，儒学是一种讲求入世的哲学。

◆哪次会议导致了儒学的迅速衰落？

西汉武帝接受大儒董仲舒的“罢黜百家，独尊儒术”的思想，之后，儒家思想逐渐成为汉朝的统治思想支柱。但由于各家儒学学派传承不同，对于儒家经典的版本、内容多有争议，汉宣帝时曾召开“石渠阁会议”加以统一，但经历王莽新朝的战乱，各家歧异再次抬头。

汉光武帝刘秀于中元元年（56 年），把谶纬之学正式确立为官方的统治思想。为了使儒学与谶纬之学进一步结合起来，章帝建初四年（79 年），召集各地著名儒生于洛阳白虎观，讨论五经异同，这就是历史上有名的“白虎观会议”。

这次会议由章帝亲自主持，参加者有魏应、淳于恭、贾逵、班固、杨终等。会议由五官中郎将魏应秉承皇帝旨意发问，侍中淳于恭代表诸儒作答，章帝亲自裁决。这样考详同异，连月始罢。会后，章帝命班固把讨论结果编成《白虎通义》作为官方典籍公布。这次会议把当时流行的谶纬迷信与儒家经典糅合为一，导致了儒学的迅速衰落。

道家文化

◆什么是道家学派？有哪些代表人物？

道家学派，是在老子思想基础上发展起来的一个学派。因为它推崇老子提出的道，主张一切行为都遵循于道，所以人们称其为道家。不过，用“道”一词来概括由老子开创的这个学派是从汉初开始的。道家也被称为德家。汉代淮南王因谋反而自杀，使用的理论是黄老之学，黄老之学的“无为而治”由此受到严重挑战，道家思想逐渐走向衰落。西汉武帝“罢黜百家，独尊儒术”之后，道家不再是中国主流思想。

道家讲究顺从自然，清静无为，为人处世要顺从时势、遵循物理，要像解牛高手一样，游刃于牛体的空隙之间，让牛体自然解开。虽然自汉武帝“独尊儒术”后，道家作为一个独立的思想流派已没落了，但却产生了经久不衰的影响。“文景之治”“贞观之治”“开元盛世”“康乾盛世”无一不是黄老思想的产物，而两宋时期经济文化的高度繁荣、明末清初的启蒙思潮，均与黄老思想有着密切的联系。

先秦时期的道家思想，以老子、庄子为主要代表。

◆道家三经都包括哪些著作？

《道德经》《南华经》《冲虚经》是道家的三经。其中，《道德经》为大经，《南华经》与《冲虚经》为小经，后来修道的人，把这三经列为做功夫的必读之书。

《道德经》，又称《道德真经》《老子》《五千言》《老子五千文》。传说是春秋时期的老子李耳撰写的。它是中国历史上首部完整的哲学著作，分《道经》《德经》两篇。

《南华经》，本名《庄子》，是战国早期庄子及其门徒所著，到了汉代道教出现以后，便尊之为《南华经》。天宝元年（742年）二月，唐玄宗封庄子为“南华真人”。《汉书·艺文志》载《庄子》五十二篇，今存三十三篇，分为三部分。内篇七，外篇十五，杂篇十一。

《冲虚经》，又名《列子》。据说为列御寇（即列子，后被道教尊奉为“冲虚真人”）所著，大概成书于春秋战国时期。该书按章节分为《天瑞》《黄帝》《周穆王》《仲尼》《汤问》《力命》《杨朱》《说符》八篇，每一篇均由多个寓言故事组成，寓道于事。其中，有“愚公移山”“歧路亡羊”等经典故事。

◆在老子看来，道是如何生出万物的？

“道生一，一生二，二生三，三生万物。万物负阴而抱阳，冲气以为和。”这是老子《道德经》第四十二章首句，是对宇宙起源的一种探索和认识。

在老子看来，“道”实质上是“无”，“一”是代表由精神性的“道”产生具体万物之前的一种混沌未分的物质整体，即阴阳未分的宇宙混沌本体；“二”是指宇宙元气分为阴阳；“三”是阴气、阳气和冲气。三气变化而为天、地、人三才，三才具备，就可以生出万物了。

具体来说，这一论题有两层意思。首先，天下万物是由“道”演变而来的。其二,万物不论如何演化，其中都存有最原始的“道”。换句话说，道是万物存在和运行的根本。

◆“产生万物的道”是可以言说的吗?

老子认为，“道”是产生世界万物的本原，万物都是“道”的派生者。“道”是天地之根，万物之母，万物之宗。他说，“道可道，非常道；名可名，非常名。无名，天地之始，有名，万物之母。”这就是说，万物是可以言说的，而产生万物的道，却是不可言说的。可以言说的道，不是恒常不变的道；万物是可以命名的，给万物命名的道，却是不可以命名的。“天下万物生于有，有生于无。”所以，无名之道，才是产生天地的始基。

不难看出，老子所说的“道”就是“无”，它是不具有任何具体物质属性和形象的。老子说：“道冲而用之或不盈。渊兮似万物之宗。”也就是说，“道”这个东西是空虚无形的，可是它永远也用不尽，非常渊深，貌似是万物的祖宗，是天地产生的总根源。

◆“无为而治”是什么意思?

“无为”是老子提出的政治思想，是相对于政治上的“有为”而言的。

老子指出，“有为”政治带来的祸害十分严重。他说，“天下多忌讳，而民弥贫”“法令滋彰，盗贼多有”，也就是说，防禁越多，百姓越陷入贫困；法令越森严，盗贼越增加。统治者越是强作妄为，百姓越是难以管理。

统治者正确的做法是“无为而无不为”。“无为”指的是，统治者在表面上应该少一点欲望，少一点作为，对百姓顺其自然，这样做，统治才能得到巩固。

老子认为，虚无的东西才是最有用的东西。例如车轮，如果没有中间的圆洞，就不能转动了。茶杯、瓷碗等器皿，如果没有空的地方，就不能装东西。门户如果没有空处，就不能出入。房屋如果没有空处，也不能住人。所以，“无”和“空”才是有用的。我们对待事情，无为正是有所作为。

◆老子是如何阐释“柔弱胜刚强”道理的?

老子主张柔弱，反对刚强。“人之生也柔弱，其死也坚强；万物草木之生也柔脆，其死也枯槁。故坚强者死之徒，柔弱者生之徒。”意思是说，人在世时质体柔弱，死后则变得僵硬。草木欣欣向荣时，质体是柔软的，衰败后就变得僵硬了。然后指出，“刚强”的东西已失去生机，“柔弱”的东西则充满活力。

除此之外，老子还认为，只有“柔弱”的东西才能承受外力，刚强的东西则容易摧折。比如说，高大强壮的树木容易引人砍伐，也很容易被大风摧折，而柔弱的小草却能随风飘摇，永远不会折断。

老子又以水为例说明柔弱的力量。天下最柔弱的水，却能攻击坚强的事物，没有任何东西能战胜它。柔弱战胜坚强，是天下人都知道的事。但是没有一个人甘居柔弱。接下来，老子指出，真正守弱，才能真正强大，告诫人们要学会“以柔弱胜刚强”。因此，如果说孔子是阳刚的进取派，那么老子就是阴柔的进取派。

◆福与祸有着怎样的哲学关系？

《老子》有云：“祸兮，福之所倚；福兮，祸之所伏。”意思是说，祸是造成福的前提，而福又含有祸的因素，它们并不是永恒不变的。在一定条件下，好事和坏事是可以相互转化的。《淮南子》一书中所记载的“塞翁失马”的故事，就很形象地说明了这一道理。

老子认为，事物是相反相成的，并认为物极必反。有和无是彼此相生的，难和易是彼此相成的，长和短只有彼此比较才出现，不同的声音产生谐和，前后相互对立而有了顺序。不过，需要补充说明的是，事物两方面的转化是有条件的，必须经过一系列的中间状态，事物才会向相反的方向转化。

所以，在汲取老子“祸兮福之所倚”的生存智慧时，我们还应该重视人的主观能动性的发挥，不能纯粹以“无为”而等待良好结果的发生，否则无异于守株待兔的愚人之举。

◆“涤除玄览”是老子的认识论吗？

老子认为，认识最高本体的道，必须从复杂多样的耳闻目见的感觉经验中挣脱出来，要站在更高处去认识。这便是“涤除玄览，能无疵乎”的通俗解释。

“玄览”，指在心灵深处，以道镜自鉴自察，除去污垢。“玄览无疵”，就是把内心直观比喻成一面最深妙的镜子，如果能够把这面镜子打扫干净，没有一点灰尘，即人的内心不染外物，保持最大空虚和安静，这样万物就会自然呈现在面前，被人们认识。

老子反对认识客观世界的具体事物，更反对用人的感官接触客观事物，以至取消感性认识。他说：“五色令人目盲，五音令人耳聋，五味令人口爽。”也就是说，人追求物质欲望，享受各种颜色、声音、味道等，会使人眼瞎、耳聋、口味败坏。

老子的这种认识观点，与当时的天文学有密切联系。观察天文，只能用从旁静观的办法，求得天道运行的规律，光靠“观”是不行的，要靠“玄览”，即是用深远的思维去考察。“玄览”是用思想不是用感官去览，是一种神秘的直观。

◆“小国寡民”是怎样的社会环境？

据《老子》记载：“小国寡民。使有什伯之器而不用，使民重死而不远徙。虽有舟舆，无所乘之；虽有甲兵，无所陈之。使民复结绳而用之。甘其食，美其服，安其居，乐其俗。邻国相望，鸡犬之声相闻，民至老死，不相往来。”

大致是说，国家要小，百姓也要少，有了效率高达十倍百倍的机器也不使用。使百姓看重生命，不到处搬迁。即便有船车，却没地方乘列它们。

虽然有武器装备，却没地方陈列它们，使百姓再用结绳的方法来记事。使百姓有吃有穿，能够安居乐业。邻近的国家互相望得见，鸡鸣狗叫的声音互相听得见，而百姓直到老死也不相往来。

由上可知，“小国寡民”是老子理想的社会和国家形态。老子认为，人们欲望的过分，法令的繁多，知识的追求和讲究虚伪的仁义道德等，是社会混乱和争战的根源。要使天下太平，没有争夺，就得取消知识、道德以及新颖的器具和财货。

老子把社会发展分为“道”“德”“仁”“义”“礼”五个阶段。人类社会的最初发展阶段是“道”统治的，一切纯任“自然”，是完全“无为”的。以后的社会分别由德、仁、义、礼统治。每后一阶段与前一阶段相比，离“无为”越远，美的善的东西越少，丑的恶的东西越多，因而离他的“小国寡民”的政治理想就越远。

◆老子为什么反对“为天下先”？

老子认为人应有“居后不争”之心，反对“为天下先”。尝谓：“我有三宝持而保之。一曰慈，二曰俭，三曰不敢为天下先。慈故能勇，俭故能广，不敢为天下先，故能成器长。”只有仁慈、俭朴、谦让不争的人，方能具备道德勇气，进而博施于人，受人尊敬拥护而成大器。

老子以江海为喻，认为江海处于低洼之地，所以能使百川归流。在他看来，“处下”“不争”的人生态度，又称作“守雌”。圣人具有“处下”“不争”的品格，所以能够处于百姓之上，而百姓并不感到负累受害，乐于拥护他而不厌烦他。因为“不争”，所以天下没有人与他争，也不会招来怨恨和罪过。因为不敢居于天下人之前，所以能成为万物的首长。

所以，老子告诫说，人不能自恃聪明，锋芒太露。只有舍弃争先争胜之心，抱持“以退为进”的处世态度，方能达到“夫唯不争，故天下莫能与之争”的境界。

◆“紫气东来，老子出关”的典故是什么？

汉刘向《列仙传》载：“老子西游，关令尹喜望见有紫气浮关，而老子果乘青牛而过也。”

相传，老子很有学问，在周王朝担任主管图书典籍的官职。七十多岁时，天下大乱，诸侯为争夺地盘和权位，战争频发，老子预想将发生更大的战乱，遂辞官不做，骑着一头青牛，离开了洛阳向西走去。

一个清晨，函谷关善观天象的关令尹喜突然看到东方紫气氤氲，知有圣人将至，便出关相迎。不久，果然见一个道骨仙风的老者骑着青牛悠悠而来，这就是老子。尹喜把老子留下来，请他作篇文章再走，老子就写了一篇专门讲“道”和“德”的文章，约五千字，后来人们把这篇文章印成书，书名就叫《老子》，又叫《道德经》。

老子写完文章后，骑着青牛继续向西走，后来不知所终，遂有“紫气东来”之说。在民间，传说骑青牛、御紫气的老子渐渐成为仙人，尊他为“太上老君”。

◆用来泛指多数的“三”与老子有何关系？

在古文中，“三”和“九”有着非常重要的地位。往往不是表示“三”和“九”两个具体的数字，而是泛指多数。为什么常用“三”和“九”来代表多数呢？

春秋时期的老子曾用“道”来说明宇宙万物的本质、构成、变化和本原。老子的《道德经》有云：“一生二，二生三，三生万物。”三就是指天、地、人，它的含义当然非常广大。三又“生万物”，所以，三泛指多数、多次。而“三三得九”，九又属老阳，是最大的阳数，在一到九的基本数中，九是最大的数，是数的终了。因此，“九”代表物之广、阳之极，有“极多”的意思。

清人汪中在《述学·释三九上》中说：“凡一二之所不能尽者，则约之以三，以见其多；三之所不能尽者，则约之以九，以见其极多，此言语之虚数也。”因此，我们在看到古代文献里的“三”和“九”时，还真是要分辨一下它们究竟是指实数还是虚数。

◆与“三”有关的词汇为何多含贬义？

稍加注意，就会发现词语中跟“三”扯上关系的，大都含贬义。比如“朝三暮四”“不三不四”“丢三落四”“推三阻四”“三心二意”“三天打鱼，两天晒网”等等。古人为什么跟“三”过不去？

“三”在汉语里表示数字极限的意思。老子《道德经》云：“一生二，二生三，三生万物。”讲到三就不往下说了，后面就是无穷大。所以坏事、错事做得多了，人们就把“三”摆出来做丑角。

此外，也与古人的“恋双情结”有关。古人喜好成双成对，待客上菜必成双，送礼要送“四合礼”，这是由古人观察世间万物无不“一分为二”、对立统一而来：人分男女，气有阴阳，人体器官眉、眼、耳、鼻孔、手、足、臂、腿，皆左右对称。人们认识到偶数的合理性与美好，而赋予它以吉祥意趣。“三”是奇数，不齐整，不规矩，不饱和。

◆“南华真人”指的是庄子还是老子？

庄子，名周，战国时宋国蒙（今河南商丘东北，一说在今安徽蒙城）人。

庄子的学问与老子有着密切的渊源。如果说老子是道家的开山鼻祖，那庄子则是道家的第二代宗师。庄子接受和发展了老子的学说，创立了一套讲究同一、主张自然的理论。东汉时期出现的道教，尊老子为教祖，在后来的延续中给了老子很多封号，民间流传最广的有“太上老君”，由此庄子也受到了优厚待遇。据《旧唐书·玄宗纪下》记载：“天宝元年二月庄子号为‘南华真人’……所著书改为真经。”唐玄宗封他为“南华真人”，他的书《庄子》也被列为经典，人称《南华真经》。

鲁迅说：“其文则汪洋辟阖，仪态万方，晚周诸子之作，莫能先也。”名篇有《逍遥游》《齐物论》《养生主》等。《养生主》中的“庖丁解牛”尤为后世传诵。

◆“庄周梦蝶”透露出什么样的玄机?

《庄子·齐物论》中有一段妙语:“昔者庄周梦为蝴蝶,栩栩然蝴蝶也,自喻适志与,不知周也。俄然觉,则蘧蘧然周也。不知周之梦为蝴蝶与,蝴蝶之梦为周与?周与蝴蝶则必有分矣。此之谓物化。”

上述记载的大意是说,庄子一天做梦梦见自己变成了蝴蝶,梦醒之后发现自己还是庄子,于是他不知道自己到底是梦到庄子的蝴蝶呢,还是梦到蝴蝶的庄子。这是表现庄子齐物思想的名篇。庄子认为人们如果能打破生死、物我的界限,则无往而不乐。

庄子借“庄周梦蝶”阐明的是关于人类生死的问题。梦境象征死亡。蝴蝶象征死后的庄子。醒时是庄子,那么就只想作为庄子该想的事情,做好作为庄子该做的事情。梦里是蝴蝶,那么就只想作为蝴蝶该想的和该做的事情。引申到生死问题上,就是生和死都是人所必经的不同阶段。没有必要去为另一个阶段的自己操心。活着就安心做好活着的事。至于死后将如何,留到死后再操心吧。

◆庄子为什么在妻子死后“鼓盆而歌”?

庄子妻死,惠子前往吊慰,责怪庄子说:“你妻子死了,你不伤心哭泣也就算了,还敲着瓦缶唱起歌来,太过分了吧!”庄子回答说:“不然。是其始死也,我独何能无慨然!察其始而本无生,非徒无生也,而本无形,非徒无形也,而本无气。杂乎芒芴之间,变而有气,气变而有形,形变而有生,今又变而之死,是相与为春秋冬夏四时行也。人且偃然寝于巨室,而我嗷嗷然随而哭之,自以为不通乎命,故止也。”

庄子认为“道”使得天地万物相通为一,知道它们相通为一,就是得道,得道者不必贪生怕死。因为人的生死乃是气的聚合与流散,犹如四季的更替,所以他在妻子死后仍“鼓盆而歌”,知行合一,顺应人由生至死的自然变化。

◆“髑髅叹”表现出庄子怎样的生死观?

庄子认为,生老病死乃是自然规律,生不足喜,死不足忧,生死如一。庄子提醒人们应该在死亡面前保持平和的心境,正确对待人生的挫折痛苦,正确把握自己的命运,以及人生中的名与利。庄子的这一生死观可以从下面的故事中窥见一斑。

庄子到楚国途中,见到一个髑髅。庄子用马鞭从旁边敲了敲,问:“先生是贪求生命,失却真理而死呢?还是遇到亡国大事,遭受刀斧的砍杀而死呢?还是有了不好的行为,担心给父母妻儿留下耻辱,羞愧而死呢?还是遭受寒冷与饥饿的灾祸而成了这样呢?还是你享尽天年而死成了这样呢?”庄子说完,拿过髑髅,当成枕头睡着了。

半夜,髑髅给庄子显梦说:“你像个能言善辩的人,看你所说的那些话,全属于活人的拘累,其实人死了,就没有你说的那些忧患了。人一旦死了,在上没有国君的统治,在下没有官吏的管辖,也没有四季的操劳,从容安逸地把天地的长久看作是时令的流失,即使是君王的快乐，也不过如此啊。”

庄子认为髑髅在空谈，遂激而言之：“我让主管生命的神恢复你的形体，让你重新长出骨肉肌肤，返回到你所熟知的人群中去，你愿意吗？”髑髅皱着眉头说：“我怎能放弃这君王一般的快乐而重新去承受人世间的劳苦呢？”

“髑髅叹”的故事载于《庄子·至乐》。庄子一连串的对死者死因的追问，似乎表露出庄子评价人生的标准也有世俗的道义成分。其实庄子在这里只是自我设问，意在引出髑髅对“生人之累”的阐释，借此表现出他的生死观。

◆“相濡以沫，不如相忘于江湖”中的“江湖”指的是什么？

在传统文化中，“江”“湖”拆开各自可指地理上的三江五湖。但“江湖”作为一个合成词，最早是由庄子提出的，出自《庄子·大宗师》：“泉涸，鱼相与处于陆，相呴以湿，相濡以沫，不如相忘于江湖。”

庄子这里所说的“江湖”，指的是广阔逍遥的适性之处。

这段记载的大意是：泉水干涸后，两条鱼未能及时离开，终受困于陆地的小洼，为了生存，两条小鱼相互吐沫来润湿对方。这样的情景也许令人感动，但是，这样的生存环境并不是正常的，甚至是无奈的。对于鱼儿而言，最理想的情况是，泉水终于漫上来，两条鱼也终于要回到属于它们自己的天地，最后，它们相忘于江湖。在自己最适宜的地方，快乐地生活，忘记对方，也忘记那段相濡以沫的生活。

◆“子非鱼，安知鱼之乐”说的是什么？

《庄子·秋水》记载，庄子与惠子游于濠梁之上。庄子曰：“鯈鱼出游从容，是鱼之乐也。”惠子曰：“子非鱼，安知鱼之乐？”庄子曰：“子非我，安知我不知鱼之乐？”惠子曰：“我非子，固不知子矣；子固非鱼也，子之不知鱼之乐全矣。”

庄子和惠施濠梁上观鱼。庄子说：“鯈鱼游得从容自在，这是鱼的快乐呀。”惠子说：“你不是鱼，怎么知道鱼的快乐呢？”庄子说：“你不是我，怎么知道我不知道鱼的快乐呢？”惠子说：“我不是你，本来就不知道你快乐。而你也不是鱼，那你肯定不知道鱼的快乐。”

这段对话的结论是，人是不可能知鱼之乐的，事物是不可认识的，最终得出了不可知论的结论。既然事物是不可认识的，那么人们没有必要去自找苦吃，耗费精力去追求知识了。如果一定要去追求无限的知识，就必然使自己陷入无穷的烦恼之中去。

由上可知，庄子看到了人们认识的局限性，却又把这种局限性片面地夸大了。

◆庄子借“沉鱼落雁”意在阐明什么道理？

“沉鱼落雁”典出《庄子·齐物论》，原文如下：“毛嫱、丽姬，人之所美也；鱼见之深入，鸟见之高飞，麋鹿见之决骤，四者孰知天下之正色哉？”

这段话的意思是，毛嫱和丽姬是

战国时代众人欣赏的大美女，可是鱼儿见了她们却深深地潜入水底，鸟儿见了她们却高高地飞向天空，麋鹿见了她们却撒开四蹄飞快地逃离了，这是为什么呢？它们谁知道天下真正的美色是什么呢？

鱼见了美女潜入水底，不是因为羞愧，而是因为害怕；鸟见了美女高飞，不是因为内疚，也是因为害怕；麋鹿见了美女逃跑，同样是因为害怕。鱼儿、鸟儿和麋鹿不仅不会欣赏人类的美丽，还害怕被人伤害，所以它们都逃跑了。

庄子的故事其实是说，美是相对的，人与动物的审美观迥异，人与人之间的审美观也不尽相同。依照庄子的原意，人人都可以导致“沉鱼落雁”。庄子通过“沉鱼落雁”的寓言故事，意在阐明“一切事物都是相对的，世上并无真正的是非美丑”。

◆庄子为什么“宁做自由之龟”？

庄子看透了功名利禄，与其受累于功名，还不如以平民的自由之身遨游江湖哩。

一天，庄子正在涡水垂钓。楚威王专门派两位大夫前来，想用千金俸禄请他做楚国的宰相。“大王久闻先生贤名，欲以国事相累。望先生欣然出山，上为君王分忧，下为黎民谋福。”

庄子持竿不顾，淡然地对使者说：“我听说楚国有只神龟，被杀死时已三千岁了。楚王珍藏之以竹箱，覆之以锦缎，供奉在庙堂之上。请问两位大夫，此龟是宁愿死后留骨而贵，还是宁愿生时在泥水中潜行曳尾呢？”

两位大夫道：“自然是愿活着在泥水中摇尾而行啦。”

庄子说：“拿千金让我去当相国，与披锦绣系彩带让我去做牺牲牛，二者并没有什么区别。两位大夫快走吧！不要再玷污我了。我宁愿自由自在地在污泥中摇曳，也不愿意做一个牺牲牛去披锦挂彩。”

庄子认为人生应追求自由。

◆庄子的“逍遥游”是一种什么样的境界？

《庄子·逍遥游》一文中，运用许多著名的寓言故事，阐明庄子所提倡的人生境界——自由自在地遨游，不受任何约束和任何条件的限制。

庄子以“鲲鹏变化”的寓言加以说明。说是北冥有条大鱼，名叫鲲，个子大得不知道有几千里。它一变而成为鸟，叫作鹏，鹏的背也不知道有几千里大。鹏奋起飞翔，趁着海水震荡飞往南海，先用翅膀激起三千里宽的海浪，掀起旋风，然后盘旋而上，飞到九万里的高空，六个月后才在南海下落。小雀听后嘲笑大鹏：“飞那么远干吗？我向上飞腾不过几丈高就落下，在蓬草香蒿中间愉快地翱翔，这已达到飞翔的顶点，还要飞到哪去呢？”

庄子认为，小雀、大鹏的飞腾只是高低远近之别，到头来均要受空间所限。所以，它们的自由也是有所限制的，这就是“有所待”。

还有一个叫列子的人，能驾着风飞行，一直飞行十五天才返回来。但在庄子看来，列子虽然不必用脚走路，却仍要凭借风力，也是“有所待”。

庄子理想中的最高境界是“无

待”，即一种绝对自由的境界——逍遥游。庄子认为，只有那种顺着自然的本性，能够驾驭天地间的阴、阳、风、雨、晦、明六种气的变化，能不受时间、空间的限制而任意遨游的人，才是“无所待”的。

◆“白驹过隙，忽然而已”反映出怎样的人生观？

《庄子》载：“人生天地之间，若白驹之过隙，忽然而已。”这反映了庄子的人生观和生死观。

这句话大致意思是说，人活在天地之间，像是骏马飞奔、越过缝隙，一眨眼的时间就过去了。世间万物（包括人），没有一个不是蓬勃地出生，没有一个不是萧条地死去。有生命的东西为此而哀伤，有情感的人类为此而悲痛。与其如此，还不如解开那自然造成的束缚，随物旋转，魂魄游到哪里，自己就随之到哪里，不要过于执着。此即人和万物的最终归宿。

这段言论主要包含以下几层意思：

（1）人生十分短暂，只是大道变化的瞬间而已。大道流变就像骏马飞奔，人生在世就像飞马过隙。

（2）生死是大道流变的自然过程、生物变化的自然程序，人皆如此，在世的人没有谁能够避免死亡。

（3）人皆有生死，人们应从对死亡的哀伤和悲痛中解脱出来，顺随生物的自然变化，生而不喜，死而不悲，生死不动于心，始终保持内心的平静。唯有如此，才能到达至理，回归大道，达到完美人生。

（4）达于至理、回归大道的人，将生死来去视为一体，将有形无形划为同一。

◆“庖丁解牛”蕴含什么样的养生和处世之道？

《庄子·养生主》中讲述了一个“庖丁解牛”的寓言故事。

庖丁为文惠君宰牛。站在一旁的文惠君赞扬道：“宰牛的技艺竟能如此精湛啊！”

庖丁放下刀回答说：“我所追求的是宰牛的道理啊，道理要比技艺更高一筹。一个好的庖丁，一年换一把刀，因为他用刀去割肉，时间长了刀就钝了。一个普通的庖丁，一个月要换一把刀，因为要用刀砍骨头，用不了多久就钝了。而我这把刀，已经用了十九年了，所解的牛已有数千头，可刀刃却像是新磨的一样。要知道，牛的骨节中间是有空隙的，而刀刃却是没有厚度的。拿没有厚度的刀刃刺入有空隙的骨间，游走那刀刃，一定是大有余地可行的。正因为这样，所以十九年了，我的刀刃还像新磨的一样。”

文惠君听后感叹道：“善哉，吾闻庖丁之言，得养生焉！”

庖丁讲述解牛的道理，文惠君却说懂得了养生之法。因为养生与解牛有相似性——忌做危害己身的事。刀刃要保持长久的锋利，就不要去碰牛体的硬骨；人的身体要想长存，就不能触及那些有伤于己的硬东西。再有，庖丁顺着自然的纹理去解剖筋骨盘结的牛，指出世事、世物之复杂，但只要能顺乎事物的自然组织去做，便可迎刃而解。这说明了处世之道——勿强行、勿妄为。

◆“螳螂在前，大鸟在后”表现了什么样的生存智慧？

“螳螂在前，大鸟在后”的典故集中表现出庄子在利益面前的生存智慧。

一天，庄子在栗子园外游玩，突然飞来一只奇特的大鸟——翅膀有七尺长，眼睛有一寸大，落在栗林中。庄子加快脚步，进入栗子林中，拿出弹弓，准备把它打下来。到了跟前，庄子明白了。大鸟之所以到此，之所以没看见他，原来是为了捕捉一只螳螂。栗林中有一只蝉，正在树荫下休息，忘了处境的危险，结果被后面的一只螳螂捉住。捉住蝉的螳螂自鸣得意，没有看见一只大鸟俯冲下来要啄食它。而这只大鸟一心要啄食螳螂，所以没看见庄子。当庄子要用弹弓打它时，它仍然不知道处境的危险。

庄子感慨这些小动物为了一点蝇头小利而忘了自己的生命。由此，庄子联想到物欲对生命的危害。这时，庄子忽然想到自己也可能正被当作猎物呢。于是，他赶忙跑出栗子园。果然不出所料，那守庄园的人把他当偷栗子的人，正要抓他！

庄子借此示意：无私是人的立身之本。人有了私欲，就会利欲熏心；利欲熏心就会迷惑自己的心志；心志一旦被迷惑住了，连自己的生命都难保住，更别提什么事业了！

◆庄子用“河伯见北海若”的故事意在阐明什么观点？

秋天来临时，水流汇集到一处，河流变得更加宽阔，河中的神灵河伯开始自大起来，觉得自己伟大至极，无与伦比。可是，当他顺流而下，到达北海时，面对无边无际、烟波浩渺的大海，河伯惘然若失。这时，北海神灵北海若说：“我和你比较起来，的确大得无可比拟，但若和无限的宇宙比起来，我就像大山中的小石子、小树苗。”

这段故事见于《庄子·秋水》。该文展现了一幅秋水应时而降的景象，河伯见而自喜。后来，河伯见到浩瀚的北海景象，自识其丑。北海若以自然之广大、宇宙之无穷开导河伯，使之开阔眼界，不敢自满。与宇宙相比，北海也微不足道，故自己也不敢自满。

庄子通过河伯（代表庄子思想的对立面）与北海若（代表庄子思想）这两个虚构人物的对话展开说理，意在阐明，在无限广大的宇宙中，个人的认识和作为都要受到主客观条件的制约，因而是非常有限的。人的认识既然是有限的，就不能囿于个人有限的见闻而自满自足，而应保持虚心的态度，不断开阔眼界，不断学习。

◆庄子是如何阐释“只可意会，不可言传”的？

在庄子看来，语言和思想是两回事，很多时候只可意会，不可言传。因为语言是僵死的。庄子把语言与思想意识加以分割，完全忽视了语言作为达意工具的效用。不过，庄子的高明在于，他发现了语言作为中介工具的有限性。庄子所主张的言和意之间的关系，可通过下面这段齐桓公与老木匠的对话体现出来。该对话载于《庄子·天道》。

一天，齐桓公在堂上看古代经典，

一个名叫轮扁的老木匠在堂下干活，他看见齐桓公专心致志地读书，便走上前来问：“请问，大王您读的是什么书啊？”齐桓公回答说：“我读的是圣人写的书。”

轮扁问：“写这些书的圣人现在还活在世上吗？”齐桓公回答说：“他们早就死了。”

轮扁笑道：“既然写这些书的圣人早就死了，那么您现在所读的只是些古人的糟粕罢了，哪里值得这样专心致志呢？”齐桓公气愤地说：“我读古代圣人的书，你一个做车轮子的木匠有什么资格评论！今天你要是能够说出些道理来就罢了。否则，你难逃死罪。”

轮扁赶忙解释说：“大王息怒，我是用我自己做车轮子的经验来类比的。做车轮子是一件细致、微妙的活儿，砍木头时慢了，做出来的车轮就会松软而不坚固；快了，又会滞涩而难以嵌入。要做到恰到好处，即不慢不快，得心应手，这其中自有奥妙。但这种奥妙只可意会，不可言传，我没办法把这样的绝技传授给我的儿子，我的儿子也没有办法从我这里学到这样的绝技，所以，我现在都70岁了，由于找不到接班人，只好还在这里为大王做车轮子。由此类推，古代的圣人死了，他们高妙的思想因为不可言传而随着圣人一起消失了，因此，您现在所读的经书，只不过是圣人的糟粕罢了！”

◆庄子所说的“心斋”是什么意思？

《庄子·内篇》载：“回曰：敢问心斋？仲尼曰：若一志，无听之以耳，而听之以心；无听之以心，而听之以气。听止于耳，心止于符。气也者，虚而待物者也，唯道集虚。虚者，心斋也。”颜回请教孔子“心斋”的道理，孔子告诉颜回，人应该把心中的注意力集中在一起，不要胡思乱想。等到注意力集中起来之后，就可以用“听”字法诀，但又不是用耳朵去听，而是用心去听；这还是粗浅的说法，再深一层来讲，也不是用心去听，而是用“气”去听。到了这样的境界，耳听的作用早已停止了，心也与气合而为一，没有后天知觉了。“气”的本质是虚的，正因“虚”所以才能容纳物体；只有“道”才能把“虚”集合在一起。如果能做到心同太虚，也就到达“心斋”之境了。

孔子和颜回的这段谈话完全出自假托，表达的其实是庄子的“心斋”思想。庄子认为，人只有放弃心耳口鼻的执着，进入凝寂虚空的境界，才是真正的斋，即心斋。

◆如何理解庄子的“坐忘”思想？

在《庄子·大宗师》篇里，庄子假托孔子与颜回的对话，谈及“坐忘”的问题。颜回去见孔子，说自己达到了“坐忘”的境界。孔子蹴然曰：“何谓坐忘？”颜回曰：“堕肢体，黜聪明，离形去知，同于大通，此谓‘坐忘’。”意思是说，不知四肢形体的存在，弃却耳聪和目明，分离身形，去掉智慧，和同于大通之道，便是坐忘之境。孔子大为赞叹。

由此可知，“坐忘”并不仅仅指静坐的姿态，也不仅仅指所谓“忘”的状态，更不是一种自我陶醉或麻醉，它应该是一种用身心求证到的实有的生命状态，是一种超越了现实世界的种种规则之后，心无挂碍的状态。“坐忘”的深层内涵，在于通过“坐”的沉思默想，进入“忘”的境界，达到“解心释神”与“致道”的终极目标。所谓“解心释神”，即要求世人从自我的内心深处自觉地解脱与自然本性无关的诸多精神上的烦恼；而“致道”则是怀着一颗透明澄澈的心，以求道德上的升华，最终达到“逍遥”的至高境界。

一言以蔽之，坐忘是否成功，悟道与否是最好的衡量标准。

◆庄子认为“贫穷”和“潦倒”是一码事吗？

庄子能言善辩，尤其善用寓言和小故事来表达自己的观点，嘲弄那些追名逐利的小人。《庄子·山木》中记载了庄子一段关于“贫穷，但不潦倒”的言论，其间充满了尖酸刻薄的讽刺和挖苦，令人瞠目结舌，却又拍案叫绝。

一次，庄子身穿粗布补丁衣服，脚着草绳系住的破鞋，去拜访魏王。

魏王见到庄子，说：“先生怎如此潦倒啊？”

庄子纠正道：“是贫穷，不是潦倒。士有道德而不能体现，才是潦倒；衣破鞋烂，是贫穷，不是潦倒，此所谓生不逢时也！大王您难道没见过那腾跃的猿猴吗？如在高大的楠木、樟树上，它们则攀缘其枝而往来其上，逍遥自在，即使善射的后羿、逢蒙再世，也无可奈何。可要是在荆棘丛中，它们则只能危行侧视，怵惧而过了，这并非其筋骨变得僵硬不柔灵了，乃是处势不便，未足以逞其能也。现在我处在昏君乱相之间而欲不潦倒，怎么可能呢！”

◆庄子的经典语录有哪些？

“吾生也有涯，而知也无涯。以有涯随无涯，殆已；已而为知者，殆而已矣！”

——我们的生命是有限的，而知识却是无限的。要想用有限的生命去追求无限的知识，便会感到很疲倦；明知如此还要不停地去追求知识，便会弄得更加疲困不堪！

“名也者，相轧也；知也者，争之器也。二者凶器，非所以尽行也。”

——名是相互倾轧的原因；智是相互斗争的手段。两者是凶器，是不可以尽行的。

“天下有道，圣人成焉；天下无道，圣人生焉。方今之时，仅免刑焉。福轻乎羽，莫之知载；祸重乎地，莫之知避。”

——天下有道，圣人可以成就事业；天下无道，圣人只能保全生命。现在这个时代，仅仅可以避开刑戮。幸福不过像羽毛那样轻，不知怎样才可以去承受；祸患重得像大地一样，不知怎样才能避免。

“人皆知有用之用，而莫知无用之用也。”

——人们都知道有用的用处，但不懂得无用的更大用处。

“夫大块载我以形，劳我以生，佚我以老，息我以死。故善生者，乃所以善死也。”

——大自然给我形体，用生使我

操劳，用老使我清闲，用死使我安息。所以称善我生存的，也同样称善我的死亡。

“故跖之徒问于跖曰：‘盗亦有道乎？’跖曰：‘何适而无道邪？夫妄意室中之藏，圣也；入先，勇也；出后，义也；知可否，知也；分均，仁也。五者不备，而能成大盗者，天下未之有也。’”

——因此盗跖的门徒问盗跖说：“做大盗的也有法则吗？”盗跖回答说：“无论哪个地方怎么会没有法则呢？凭空猜想屋里储藏着多少财物，这就是聪明；带头先进入屋里的，就是勇；最后退出屋子的，就是义；酌情判断是否动手的，就是智；分赃均等的，就是仁。这五种不具备而成为大盗的，天下是决不会有的。”

“故绝圣弃知，大盗乃止。”

——抛弃仁圣知识，才不会出现窃国大盗。同理：“圣人不死，大盗不止！”所谓“圣人”，就是为世间立下行为规范、成为人类楷模的人。

此外，庄子的经典语录还有“彼窃钩者诛，窃国者为诸侯。”“吾以天地为棺椁，以日月为连璧，星辰为珠玑，万物为赍送。吾葬具岂不备邪？”“巧者劳而知者忧，无能者无所求。饱食而遨游，泛若不系之舟，虚而遨游者也。”

◆什么是“玄学”？主要有哪些代表人物？

所谓“玄学”，即中国魏晋时期出现的一种崇尚老庄的思潮，通常特指魏晋玄学。

“玄”最早见于《老子》：“玄之又玄，众妙之门。”玄学理论的奠基人王弼在《老子指略》一书中指出：“玄，谓之深者也。”玄学即是研究幽深玄远问题的学说。魏晋人注重《老子》《庄子》《易经》，称之为“三玄”。

魏晋玄学的主要代表人物有何晏、王弼、阮籍、嵇康、向秀、郭象等。

魏晋玄学的产生有其深刻的社会背景和思想文化背景。简而言之，它是在汉代儒学衰落的基础上，为弥补儒学之不足而产生的，是由汉代道家思想、黄老之学演变发展而来的，是汉末魏初的清谈直接演化的产物。

◆魏晋玄学的基本特点有哪些？

大致说来，魏晋玄学的基本特点有以下几个方面：

（1）以“三玄”为主要研究对象，并以《老子》《庄子》注解《易经》。

（2）以辩证“有无”问题为中心。以何晏、王弼为代表的玄学贵无派把“无”作为世界的根本和世界统一性的基础；崇有派裴頠则认为“有”是自生的，自生之物以有为体。

（3）以探究世界本体为基本内容。贵无派把“无”视为“有”的存在根据，并提出“以无为本”的本体论思想；郭象则主张“独化说”，认为“有”是独自存在的，不需要“无”作为自己的本体。

（4）以解决名教与自然的关系问题为目的。王弼用“以老解儒”的方法注《易经》和《论语》，把儒、道调和起来，认为名教是“末”，自然是“本”，名教是自然的必然表现，两者是本末体用的关系。郭象则提出了“名教即自然”的理论，认为道家的自然与儒家的名教是一致的。阮籍、嵇康提出“越名教而任自然”的主张，表现出反儒的倾向。

（5）以“得意忘言”为方法。针对汉儒支离烦琐的解释方法，王弼、郭象等强调在论证问题时应注意把握义理，反对执着言、象，提出“得意忘言”“寄言出意”的方法。

（6）以“辨名析理”为思维形式。玄学家重名理之辨，善作概念的分析与推理，辨析名理是其思维形式的基本特征之一。

◆玄学贵无派的代表王弼有哪些主张？

王弼，三国魏名士、玄学家，字辅嗣，山阳高平（今山东济宁微山）人。他抛弃了两汉以来烦琐的经学和谶纬迷信，采用思辨哲学的形式，以探讨宇宙本体问题作为其思想体系的核心。王弼认为万有统一于一个共同的最高本体——“道”或“无”。

王弼把老子“有生于无”的思想引向“以无为体”“以有为用”的本体论，认为在自然界之上，有一个非物质性的实体，这个实体是宇宙万物存在的根据，由此建立起“以无为本”的唯心主义本体论学说，又称“贵无论”。

在自然与名教的关系上，主张以自然为本，名教为末。根据“自然”“无为”的原则对待名教，只要符合这个原则，名教则完全是必要的，表现出调和自然与名教的倾向。

王弼的“圣人有情”说则认为，圣人能体现自然之道，以“无”为体，但圣人五情与众人同，故不能没有哀乐的感情。圣人与众人的区别仅在于“应物而无累于物”。

王弼的主要著作有《周易注》《周易略例》《老子注》《老子指略》《论语释疑》等。

◆如何理解郭象的“独化”“玄冥之境”？

郭象，中国西晋时的玄学家，字子玄，河南洛阳人。官至黄门侍郎、太傅主簿。好老庄，善清谈。著《庄子注》，流传至今。

郭象哲学有两个重要独特的名词，一个是“独化”，一个是“玄冥之境”。

（1）独化论。他认为天地万物都是独自生成变化的，没有统一的根据。

（2）“玄冥”一词语出《庄子·大宗师》：“于讴闻之玄冥，玄冥闻之参寥。”郭象在《庄子·大宗师》注中进一步解释说：“玄冥者，所以名无而非无。”意思是说，“玄冥”是指一种“无”的状态，但尚未超出言表而至于无名、无始。他进一步提出“玄冥之境”的概念，并将其作为万物“独化”的场所和境界。

郭象在《庄子·齐物论》注中明确指出：“是以涉有物之域，虽复罔两，未有不独化于玄冥之境者也。”作为“独化”的场所，“玄冥之境”是“物各自造”“自化”的场所；作为一种精神境界，“玄冥之境”又表现为“内放其身而外冥于物，与众玄同”。所以，是一种抹杀差别，取消是非，不分彼此，自满自足的境界。

◆魏晋玄学崇有派的领袖是谁？

裴頠，中国西晋哲学家，字逸民，河东闻喜（今属山西）人。他曾任散骑常侍，国子祭酒兼右军将军、尚书左仆射之职，是司马昭政权的幕僚。

裴頠反对王弼、何晏的“贵无论”，提出“崇有论”。在裴頠看来，万有的整体是最根本的“道”，万有不是由“无”产生的，而是“自生”的，“自生而必体有”。他还认为万物生化有其规律。从“崇有论”出发，他重视现实存在的事物，对轻视事功的放达风气极为不满，试图论证封建等级制的合理性。

裴頠在当时影响很大，被认为是崇有派的领袖。著有《崇有论》，《晋书》将其完全载入裴頠的传中。黄玉顺写有《咏裴頠》：“裴頠逸民称谈薮，何王贵无我崇有。无为乃是君王事，臣子安得拱其手！”

◆竹林七贤都包括谁？又因何而得名？

“竹林七贤”是中国魏晋时期七位名士的合称，即嵇康、阮籍、山涛、向秀、刘伶、王戎和阮咸。他们常聚在当时的山阳县（今河南修武一带）竹林，肆意酣畅，因此，世人称他们为“竹林七贤”。他们大都“弃经典而尚老庄，蔑礼法而崇放达”。

在文章创作上，以阮籍、嵇康为代表。阮籍的《咏怀》诗八十二首，多以比兴、寄托、象征等手法，隐晦曲折地揭露最高统治集团的罪恶，讽刺虚伪的礼法之士，表现了诗人在政治恐怖下的苦闷情绪。嵇康的《与山巨源绝交书》，以老庄崇尚自然的论点，公开表明了自己不与司马氏合作的政治态度。阮籍的《大人先生传》，刘伶的《酒德颂》，向秀的《思旧赋》等，也是可读之作。《隋书·经籍志》著录山涛有集五卷，已佚。

在政治上，嵇康、阮籍、刘伶对司马氏集团均持不合作态度，嵇康因此被杀。山涛、王戎等先后投靠司马氏，成为司马氏政权的心腹。竹林七贤最后各散东西。

◆阮籍的“青白眼”是怎么回事？

阮籍十分鄙视礼法之士，所谓“礼法之士”，主要指的是投靠司马氏父子的人物，这些人多是文人，他们仰承司马氏父子的意旨，鼓吹“唯法是修，唯礼是克”。阮籍对付这些礼法之士，最有名的就是他的青白眼。

所谓“青白眼”，指的是社会生活中常见的两种不同的看人眼光。“青眼”，指的是以黑眼珠对人，表现出对人的正视与尊重。“白眼”，指的是把黑眼珠翻上去只以白眼珠对人，表示对人不屑一顾。

《魏春秋氏》记载：“裴楷往吊之，籍散发箕踞，醉而直视……及嵇喜来吊，籍作白眼，喜不怿而退。喜弟康闻之，乃赍酒挟琴造焉，籍大悦，乃见青眼。”说的是阮籍的母亲去世后，嵇康的哥哥嵇喜来致哀，但因为嵇喜是在朝为官的人，也就是阮籍眼中的“礼法之士”，于是他也不管守丧期间应有的礼节，就给嵇喜一个大白眼。后来，嵇康带着酒、夹着琴来，他便大喜，马上由白眼转为青眼。

后世遂以青眼表示对人尊重，白眼表示对人轻视。

◆道教创建于何时？经历了哪些流变？

学术界通常认为，《太平经》是道教的第一部正式经典。因为它完成于东汉，故将东汉视为道教的创建时期。道教正式有道教实体活动是在东汉末年太平道和五斗米道的出现，而《太平经》《周易参同契》《老子想尔注》三书是道教信仰和理论形成的标志。

东汉末年，张角成立太平道，后率“黄巾”起事失败，太平道走向没落。与此同时出现的“五斗米道”（后更名为天师道，即正一道）却发展起来。

南北朝时期，北朝道教经寇谦之的改造，南朝道教经葛洪、陆修静、陶弘景的改造，并得到了皇帝的支持，有了较大发展。其中，以陶弘景为代表的上清派是这一时期的著名道派。

隋唐时期，道教发展出众多小道派，修炼方式由修炼外丹向修炼内丹转化。

金元时期，道教又产生了一个较大教派——全真教。此后，各派之间逐渐融合。

明清时期，正一道成为符箓派的代表，全真道则成为丹鼎派的代表。

◆张陵创立的五斗米道指什么？

五斗米道又称正一道、天师道、正一盟威之道，是道教最早的一个派别。据史书记载，在东汉顺帝时期，宦官外戚专权，朝野黑暗，百姓灾难深重，反抗情绪激烈，于是沛国丰邑（今江苏丰县）人张陵（又称张道陵）弃官入川，学道于鹤鸣山（今成都大邑县北），并结合民间原始宗教信仰，著作道书，馥革当地民族原有的巫道，开创五斗米道。因其最初主要以道术祷祝和赳鬼，并以符水为人治病，故被称为道教符箓派。

据《后汉书》《三国志》记载，凡入道者须出五斗米，故得此名，因又称为“米巫”“米贼”“米道”。另外，也有人认为，这个名称也可能和崇拜五方星斗和斗姆有关，五斗米就是“五斗姆”（另一说法是由五斗崇拜和蜀地的弥教结合而成，即“五斗弥”教）。因教徒尊张道陵为天师，又称“天师道”。

五斗米道以老子为教主，基本经典是《道德经》和张陵编写的《老子想尔注》。其承袭古代天官（天帝）赐福，地官（地祇）赦罪，水官（水神）解厄的神话传说，用天、地、水三官手书来治病，以长生成仙为最高目标。其道术主要是通过章表、符咒招神驱鬼，以及行气、导引等。主要活动在成都周围。

◆道教属于一神教还是多神教？

道教，或以“道”名教，或言老庄学说，或言内外修炼，或言符箓方术，其教义就是以“道”或“道德”为核心，认为天地万物都由“道”而生，有道是“一生二，二生三，三生万物”，人与社会都应法“道”而行，最终回归自然。具体地说，道教是从“天”“地”“人”“鬼”四个方面展开教义系统的。

（1）天：既指现实的宇宙，又指

神仙所居之所。天界号称有三十六天，天堂有天门，内有琼楼玉宇，居有天神、天尊、天帝，骑有天马，饮有天河，侍奉有天兵、天将、天女。其奉行者为天道。

（2）地：既指现实的地球和万物，又指鬼魂受难之地狱。其运行受之于地道。

（3）人：既指总称之人类，也指局限之个人。人之一言一行当奉行人道、人德。

（4）鬼：指人之所归。人能修善德，即可阴中超脱，脱离苦海，姓氏不录于鬼关，是名鬼仙。除“天”“地”“人”“鬼”外，神仙也是道教教义思想的偶像体现。

不难看出，道教是一种多神教，沿袭了中国古代对于日月星辰、河海山岳以及祖先亡灵奉祖的信仰习俗，构成了一个包括天神、地祇和人鬼的复杂的神灵系统。

◆道教的“三元大帝”是怎么回事?

三官大帝，即天官、地官、水官，亦称“三官”，又称“三元”，为道教早期供祀的神灵。一说天官为唐尧，地官为虞舜，水官为大禹。道经称：天官赐福，地官赦罪，水官解厄。在道教神系中，有几位出现时间比三清尊神还早，且神阶很高的尊神，天、地、水三官就是其中之一，其是道教最早敬奉的神灵，亦称“三元大帝”“三官大帝”“三官帝君”。

三元大帝的信仰源于中国古代先民对天、地、水的自然崇拜。在原始社会，天、地、水是人们生产、生活的必要条件，没有它们，人类无法生存生活，因此人们常怀敬畏之心，顶礼膜拜。

◆玉皇大帝是道教神还是佛教神?

道教称天界最高主宰之神为“玉皇大帝”，认为其总管三界（天上、地下、空间），十方（四方、四维、上下），四生（胎生、卵生、湿生、化生），六道（天、人、魔、地狱、畜生、饿鬼）的一切阴阳祸福。通俗地说，就是玉皇大帝犹如人间的皇帝，上掌三十六天，下握七十二地，掌管一切神、佛、仙、圣、人间、地府之事。

玉皇大帝亦称为天公、天公祖、玉帝、玉天大帝、玉皇、玉皇上帝。究其由来，据《玉皇本行集》记载，光明妙乐国王子舍弃王位，在晋明香严山中学道修真，辅国救民，渡化众生，历亿万劫，终为玉帝。

每年腊月廿五，玉皇都要亲自下界，巡视察看各方情况。依据众生道俗赏善罚恶。正月初九为玉皇圣诞，俗称“玉皇会”，传言天上地下的各路神仙在这一天都要隆重庆贺，玉皇在其诞辰日的下午回鸾返回天宫，是时道教宫观内均要举行隆重的庆贺科仪。

◆城隍庙中供奉的城隍爷是何方神圣?

在中国，可以看到许多城隍庙，里面供着城隍老爷。每年，人们还会在特定的几个时间内祭拜城隍爷，赶庙会。那么城隍爷究竟是什么人呢?它是怎样逐渐发展而来的呢?

古代传说守护城池的神称为城隍，它是神鬼世界中的一城之主，它的职权范围相当于人世间的县官老爷。道教把城隍当作“剪恶除凶，护国保邦”之神，说它能应人所请，旱时降雨，涝时放晴，保谷丰民。

据史料文献记载，早在三国时，即公元239年芜湖就有了城隍庙，其他地方并没有。后来，城隍庙才逐渐遍布全国各地。

城隍虽属道教之神，但历代帝王却多重视它的作用，屡次给以加封。后唐末帝李从珂封之为王，元文宗又封及其夫人。

城隍本无姓名，自宋代后多以殉国而死的忠烈封为本城城隍。《宋史·苏缄传》记载：“缄殉节于邕州，交州人呼为苏城隍。”

◆道教徒分几类人？道教有哪些仪式？

道教徒大致有两种，分别是神职教徒和一般教徒。

（1）神职教徒。即“道士”。据《太霄琅书经》记载：“人行大道，号为道士。身心顺理，唯道是从，从道为事，故称道士。”道士按地域可分为茅山道士、庐山道士等；从师承可分为正一道士、全真道士等；按宫观中教务可分为“当家”“殿主”“知客”等。

（2）一般教徒。一般教徒通常被称为“居士”或“信徒”。即信奉道教的俗家信众。

“宫观”是道士修道、祀神和举行仪式的场所。道教另有一些经济组织（如素食部、茶厂等）、教育组织（道学班、道教经学班等）、慈善组织（安老院、施诊给药部等）。

至于道教仪式，除了日常的早晚功课，还有大型的功德法事，统称“斋醮”。“斋”就是祭祀前，整洁身心；“醮”就是设坛修建祈禳法事。道教斋醮又可分为黄箓、金箓、玉箓三类。其中，黄箓专用于超度亡录；金箓除超度外，还包含延寿受生；玉箓专用于消灾祈福，祈求国泰民安。

◆道士通常有哪些修行方术？

道士的自身修行称为道术。通常认为，道术有外丹、内丹、服食等内容。

外丹：指用丹炉或鼎烧炼铅汞等矿石，制作服后能“长生不死”的丹药。李唐时盛行炼丹之风，唐以后渐被内丹术所代替。据唐朝《通幽诀》载：“气能存生，内丹也；药能固形，外丹也。”炼丹炉无意中成了中国原始的化学反应炉，在炼制丹药的过程中，道士们记录了详细的化学知识，同时对医学的贡献也相当大。

内丹：为行气、导引、呼吸吐纳之类的总称，指用人体作炉鼎，使精、气、神在体内凝结成丹而达到长生不死的目的。“修炼内丹者，谓人身即丹鼎，以身中之精气为药物，以神为运用，在自己身中烧炼，使精、气、神不散而成‘圣胎’（即内丹）。”内丹之术自金元以后逐渐盛行，成为道教炼养功夫的核心，其渊源上溯至战国时期。

服食：指用服食药物求得长生。

道教还有诸如内观、守静、存思、辟谷等多种道术。

占卜也是道术的一部分，包括卜卦、抽签、测字等。道教很有特色的是使用符、箓。符是用朱砂画在黄纸上的一些符号，道教认为可以用来治病，而箓则被认为可以驱使天神。另外，道教认为口念禁咒可以治病驱使鬼神，赶走野兽。

其他诸子之学

◆**历史上的“百家争鸣”是怎么回事?**

百家争鸣的局面发生在战国时期。“家”，指一种学说或是一个学术派别；“百家争鸣”，是说诸学派各抒己见、相互辩驳。据载，至汉代初期，以著作形式表述自己学术观点的有189家。汉史学家将其分门别类，归为11家。

（1）儒家。代表人物：孔子、孟子、荀子。作品:《论语》《孟子》《荀子》。

（2）道家。代表人物：老子、庄子、杨朱。作品:《道德经》《庄子》。

（3）墨家。代表人物：墨子。作品:《墨子》。

（4）法家。代表人物：韩非、李斯、商鞅。作品:《韩非子》。

（5）兵家。代表人物：孙武、孙膑。作品:《孙子兵法》《孙膑兵法》。

（6）名家。代表人物：邓析、惠施、公孙龙、桓团。作品:《公孙龙子》。

（7）阴阳家。代表人物：邹衍。

（8）纵横家。代表人物：苏秦、张仪。主要言论传于《战国策》。

（9）杂家。代表人物：吕不韦。作品:《吕氏春秋》。因“兼儒墨、合名法”，“于百家之道，无不贯综”而得名。

（10）农家。代表人物：许行。因注重农业生产而得名。此派出自上古管理农业生产的官吏。认为农业是衣食之本，应放在一切工作的首位。

（11）小说家。乃采集民间传说议论，借以考察民情风俗。《汉书·艺文志》云：“小说家者流，盖出于稗官。街谈巷语，道听途说者之所造也。”

◆**墨子为何不热衷于恢复周礼?**

孔子主张恢复“周礼”，是因为他生活在春秋末年，出身于没落贵族家庭，所以才对“周礼”有着那么一种“斩不断、理还乱”的回忆和追念。

墨子则是出生在宋国一个以木工为谋生手段的手工业者家庭。当时的社会是一个“处工就官府”的社会，即工匠处于官府的严格控制之下，隶属和服务于官府，社会地位十分低下，经常被人称作“布衣之人”或“贱人”。

墨子的出身不可能与孔子相比，所以他考虑问题的出发点并不是“改造人性、恢复周礼”这些似乎是只有吃饱了饭无事可做以后才会思考的问题，而是更多地关注现实生活中人民的苦难，考虑的更多的是如何吃饱肚子的事情。墨子讲究实用主义，以对现实是有用还是无用、有利还是无利，作为考虑问题的出发点，并认为，一切不能落实到现实操作上的都是空谈。

◆**怎么理解“兼相爱、交相利”的主张?**

在墨家代表人墨子的救世方略中，

除了先进的军事防御术，最引人注目的莫过于他提出的“兼相爱、交相利”的思想主张了。

什么是“兼相爱、交相利”呢？墨子曰：“视人之国，若视其国；视人之家，若视其家；视人之身，若视其身。是故诸侯相爱，则不野战；家主相爱，则不相篡；人与人相爱，则不相贼；君臣相爱，则惠忠；父子相爱，则慈孝；兄弟相爱，则和调。天下之人皆相爱，强不执弱，众不劫寡，富不侮贫，贵不傲贱，诈不欺愚，凡天下祸篡怨恨，可使毋起者，以相爱生也，是以仁者誉之。”

墨子认为，先秦社会之所以失范，在于人与人之间不相爱，“是故诸侯不相爱则必野战，家主不相爱则必相篡，人与人不相爱则必相贼，君臣不相爱则不惠忠，父子不相爱则不慈孝，兄弟不相爱则不和调。”与此相伴，自私自利亦是乱世之因，如“亏父而自利”“亏子而自利”“亏兄而自利”“亏弟而自利”“亏君而自利”“亏臣而自利”“乱异家以利其家”“攻异国以利其国”皆为自私自利之结果。

一言以蔽之，违反“兼爱互利”，“强必执弱、富必侮贫、贵必傲贱、诈必欺愚”。

◆墨学为何没落了？

墨子标示的思想路线（墨学）及其追随者聚合而成的学派（墨家），在先秦诸子中可谓气势夺人、不同凡响，成为与孔孟儒学比肩而立的两大思想流派，号称“显学”，红极一时。“其在九流之中，唯儒足与之相抗，自余诸子，皆非其比。”然而，自秦汉以来，墨学日渐衰微。究其原因，主要有以下几个方面：

墨学“尚贤”，主张平等，不分贵贱，唯才是举。墨家这种选天子及各级官员的思想彻底打破了封建帝王家族世袭的体制，倘若任其发展下去，将会对封建统治者的权力地位造成致命的威胁。加上墨家主张“兼爱、非攻”，坚决反对战争，因此，墨家集团成为秦王嬴政“并六国、王天下”过程中首先要消灭的对象。

西汉武帝采纳董仲舒的建议，“罢黜百家，独尊儒术”，使得儒家思想渐渐成为主导，墨学式微。后来，墨学子弟又参加了当时的七国之乱，汉武帝震怒之下，三次镇压墨家，由此墨家逐渐衰落，直至消失。

◆如何理解申不害的“藏于无事，示天下无为”？

申不害，亦称申子，战国时期郑国京邑（今河南荥阳）人，法家思想的代表人物之一。韩国灭掉郑国后，韩昭侯重用他为丞相，在韩国主持改革，十五年间便使韩国强盛起来。申不害以“术”著称于世，最典型的就是“藏于无事，示天下无为”。这是具体的驾驭大臣的权术。要求君主装听不见，装看不见，装不知道事情真相，避免暴露自己，使大臣摸不清君主的底细，没办法投其所好，也就没法掩盖他们自己的缺陷。而君主则可以看得明白，辨别出忠臣和奸佞小人。韩非认为，“术”是必要的，但只讲“术”而忽视“法”，会导致法令前后矛盾，给人可利用的机会。所以，韩非批评申不害是只懂得“术”而无

“法”，所以改革成效不大。

◆谁提出了“不法古，不循今”的主张？

“不法古，不循今”是商鞅的变法理论，代表了法家思想，要求反对保守的复古思想，主张锐意改革。法家人士认为，历史是向前发展的，一切的法律和制度都要随历史的发展而发展，既不能复古倒退，也不能因循守旧。于是，商鞅明确地提出“不法古，不循今”的主张，认为“治世不一道，便国不必法古”，意思是，治国之道，只要对国家有利，不一定拘守古法。并举例说，“汤、武不循古而王；夏、殷不易礼而亡”。说得秦孝公颔首称善，决心变法。韩非子则更进一步发展了商鞅的主张，提出“时移而治不易者乱”，并把守旧的儒家嘲讽为守株待兔的愚蠢之人。

◆“民一于君，事断于法”是谁的思想？

“民一于君，事断于法”，意思是说，百姓、百官听从于君主的政令，而君主做事必须完全依法行事。这是慎到的思想。慎到还认为，立法权也要集中于君主之手，各级的官吏只能严格地遵守法律和执行法律，即“以死守法”。百姓则要接受法令的规定，按法做事，即“以力役法”。只有这样才能实行法治，并取得功效。

慎到，战国时期赵国人，是从道家中分出来的法家代表人物。他反对儒、墨的尊贤、尚贤，认为“多贤不可以多君，无贤不可以无君”；主张“君立则贤者不尊”，“立君而尊贤，是贤与君争，其乱甚于无君”。慎到著有《慎子》。该书不仅讲“势”，而且讲“法”，书中虽未提出“术”的概念，但有部分内容是论“术”的。法家思想“法”“术”“势”初具规模，为后期法家之源。遗憾的是，现存《慎子》只有七篇，即《威德》《因循》《民杂》《德立》《君人》，《群书治要》里有《知忠》《君臣》。

◆“法、术、势相结合”是什么意思？

春秋末年的“三晋之学”，是法家思想的滥觞。韩非以前的法家有三派：

其一重“术”，以在战国中期相韩昭侯的“郑之贱臣”申不害为宗。“术”，即人主操纵臣下的阴谋，那些声色不露而辨别忠奸，赏罚莫测而切中事实的妙算。

其二重“法”，以商鞅为宗。他的特殊政略是以严刑厚赏来推行法令，使凡奉法遵令的人无或缺赏，凡犯法违令的人无所逃罚。

其三重“势”，以赵人慎到为宗。“势”，即是威权。这一派要把官府的威权尽量扩大而且集中在人主手里，使他形成可怕的形象，好镇压臣下。

韩非继承“三晋之学”，又把老师荀子的“礼”改造成“法”，整合上述三种观点，建立了“法”“术”“势”相结合的法家体系，从而成为集大成者。明君如天，执法公正，这是“法”；君王驾驭人时，神出鬼没，令人无法捉摸，这是“术”；君王拥有威严，令出如山，这是“势”。法、术、势三者“不可一无，皆帝王之具也”。

◆如何理解名家邓析的“两可之说”？

名家代表人物之一的邓析的诡

辩论，又被称为“两可之说”。意思就是说，正着说有道理，反着说也有道理。

据《吕氏春秋·离谓》载，郑国一个富翁被淹死了，他的尸体被别人打捞去。富翁家人要赎之，但价格不合，便去找邓析。邓析说：“别急，他若不卖给你，还能卖给谁呢？”捞到尸体的人也去找邓析帮忙，邓析说：“别急，他若不找你买，还能找谁呢？”这个“两可”的故事实际上包含着一个无法付诸实施的悖论。

实际上，死者家属和得尸者都只看到对自己不利的一面，而邓析却只看到了对他们有利的一面。双方的“着急”与“不着急”都是相对的。由于得尸者急于出卖死者的尸体，所以，死者家属就可以“不急”；同时，因为死者家属急于赎回尸体，所以，得尸者又可以“不急”。因此，在“着急”与“不着急”之间实际上存在着一个奇异的逻辑循环。这种奇异的逻辑循环，正是邓析构建悖论式论证的认识论基础。

◆“天与地卑，山与泽平”是谁的思想？

惠施是继邓析之后名家最有代表性的人物，他与庄子是很要好的朋友。

惠施也像其他名家一样努力钻研世界万物构成的原因。据传说，南方有个奇人叫黄缭，曾向惠子询问“天地不塌不陷落以及风雨雷霆发生的原因”，惠施不假思索立刻应对，所说的就是他的核心思想“遍为万物说”，但“遍为万物说”的具体内容已不可考。

惠施的著作《惠子》一书已失，只有在《庄子·天下》中保存有他的十个主要命题，称为“十事”。这“十事”是：

一、至大无外，谓之大一；至小无内，谓之小一。

二、无厚不可积也，其大千里。

三、天与地卑，山与泽平。

四、日方中方睨，物方生方死。

五、人同而与小同异；此之谓小同异。万物毕同毕异；此之谓大同异。

六、南方无穷而有穷。

七、今日话越而昔来。

八、连环可解也。

九、我知天下之中央，燕之北、越之南也。

十、泛爱万物，天地一体也。

◆“白马非马”是谁说的？

春秋战国时期的名家代表人之一的公孙龙有许多有趣的诡论，尤以“白马非马”论突出。典籍记载，有一天，公孙龙骑着一匹白马要进城，该城门的看守官说，依照规定马不可以进城。于是公孙龙就开始他的论证“白马非马”——“马”指的是马的形态；“白马”指的是马的颜色，而形态不等于颜色，所以白马不是马（白马非马）。最后成功说服守城官，骑着他的“非马”的“白马”进城去了。

公孙龙的论证利用“歧义”来混淆事实。所谓“歧义”是说，一个词可以有两个或两个以上的意义，在一个讨论中，若某个字的两个不同意义同时被使用，则可能会造成这种类型的谬误。

“是”字可以被用来表达“属于”

的关系，例如，白羊是羊。“是”字亦可被用来表达“等于”的关系，例如，孔子是至圣先师。守门官的意思是：“马不可进城，白马是马，所以白马不可以进城。”在这里，“是”表达的是“属于”关系。当公孙龙论证“白马不是马”时，“是”被用来表达“等于”的关系。也就是说，二人谈论的并非同一件事。

◆中国的兵家鼻祖是谁？

姜太公，姓姜，名尚，字子牙。综观太公一生的建树，无论是军事、政治、经济思想等，都有卓越贡献，其中尤以军事最高，西汉司马迁在《史记·齐太公世家》中称：“后世之言兵及周之阴权，皆宗太公为本谋。”姜尚堪称兵家之鼻祖，军事之渊薮。

唐太宗即位后，为了达到“安人理国”的目的，自称他是姜太公的化身，并在磻溪建立太公庙；唐玄宗时，敕令天下诸州各建一所太公庙。并要求以张良配享，在春秋、仲秋月上戊日祭祀。每当发兵出师或各将领及文武举人应诏，都要先去太公庙拜谒。后又追谥姜太公为“武成王”，成为与孔子文圣并列的武圣人。明万历年间，许仲琳创作《封神演义》小说，从此，姜太公由人变成了神，并且为民间广为信奉，尊为“神上神”。

除此之外，儒、道、法、纵横诸家皆追他为本家人物，被尊为“百家宗师”。据考证，有一百多姓氏出自姜太公，为齐国姜氏后裔，因此，姜太公又被尊为“百姓之祖”。

◆兵家的“奇正相生”是什么意思？

诸子百家之一的兵家，其代表人物有春秋时期的孙武、司马穰苴，战国时期的孙膑、吴起、尉缭、公孙鞅、赵奢、白起，汉初张良、韩信等。今有兵家著作《孙子兵法》《孙膑兵法》《吴子》《六韬》《尉缭子》等。

《孙子兵法》有云：“凡战者，以正合，以奇胜。故善出奇者，无穷如天地，不竭如江海。”“奇正相生，如循环之无端，孰能穷之哉？”又云：“乱生于治，怯生于勇，弱生于强。”

上述言论的意思是：“大凡作战，一般是以正兵挡敌，以奇兵取胜。善于出奇制胜的统帅，其战法如天地般变化无穷，如江河般奔流不竭。”“奇正之间相互依存、转化，其变化却不可穷尽。”“在一定条件下，乱治、勇怯、强弱之间可以相互转化，即是说优势可转化为劣势，劣势也可转化为优势。”因而在战术上要“顺势而为”。

◆纵横家从事什么活动？鬼谷子是纵横家吗？

“纵横”，即合纵连横。所谓“纵横家”，指战国时以从事政治外交活动为主的一派，是诸子百家之一。鬼谷子，姓王名诩，春秋时人。因隐居清溪之鬼谷，故自称鬼谷先生，为纵横家之鼻祖。

纵横家杰出代表人物有：苏代、姚贾、苏秦、张仪、公孙衍。《汉书·艺文志》将其列为“九流”之一。据《韩非子》载：“纵者，合众弱以攻一强也；横者，事一强以攻众弱也。”纵横家们朝秦暮楚，事无定主，反复无常，出谋划策多从主观的政治要求出发。

合纵派的主要代表是苏秦，连横派的主要代表是张仪。二人均从师于鬼谷子。苏秦为赵国相位，“合纵抗秦”，并兼六国相印，威风八面。但好景不长，其“合纵”即刻瓦解，苏秦死于齐闵王车裂极刑。张仪受苏秦“提携”，做了秦国大夫。苏秦死后，立刻推行他的“连横”术，使苏秦的合纵术顷刻瓦解，为秦国最后统一六国奠定了理论基础。

◆阴阳家邹衍“五德终始说”的思想是什么？

邹衍，也作驺衍，号“谈天衍”。齐国人。战国末期的哲学家、阴阳家。建立于阴阳五行基础上的“五德终始”说是他学说的核心所在。

邹衍认为，人类社会是按照五德（即五行之德）转移的次序进行循环的。而五德转移是仿照自然界的五行相克，即土克水、木克土、金克木、火克金、水克火的规律进行的。人类社会的历史变化同自然界一样，也是受土、木、金、火、水五种物质元素支配的，历史上每一王朝的出现都体现了一种必然性。

《文选·魏都赋》李善注引《七略》曰：“邹子有终始五德，从所不胜，木德继之，金德次之，火德次之，水德次之。”邹衍的“五德终始”论，即水德克火德，火德克金德，金德克木德，木德克土德，土德克水德，实际上是一种循环论和命定论。

◆《吕氏春秋》的“杂家”称谓是怎么来的？

《吕氏春秋》是战国末年秦国丞相吕不韦组织属下门客们集体编撰而成的，又名《吕览》。共分为十二纪、八览、六论，共二十六卷，一百六十篇，二十余万字。该书内容驳杂，有儒、道、墨、法、兵、农、纵横、阴阳家等各家思想，所以《汉书·艺文志》等将其列入杂家。

该书对先秦诸子的思想进行了总结性的批判。《不二》篇中说：“老聃贵柔，孔子贵仁，墨翟贵兼，关尹贵清，列子贵虚，陈骈贵齐，阳生贵己，孙膑贵势，王廖贵先，倪良贵后。”并认为，这不同的思想应当统一起来，“一则治，异则乱；一则安，异则危。”《用众》篇指出：“天下无粹白之狐，而有粹白之裘，取之众白也。”可知，该书编著目的是集各家之精华，成一家之思想。

杂家的特点是“采儒墨之善，撮名法之要”。

◆著有《淮南子》的杂家刘安是何许人也？

杂家刘安曾“招致宾客方术之士数千人”，集体编写了《鸿烈》（后称该书为《淮南鸿烈》或《淮南子》）一书，该书包罗万象，兼具史学和文学价值。《汉书·艺文志》把《淮南子》列入杂家，大概是因为《淮南子》和《吕氏春秋》一样，成于众人之手。

刘安，乃汉高祖刘邦之孙，淮南厉王刘长之子。公元前 174 年，刘长图谋造反，事情败露被拘。文帝废其王号，谪徙蜀郡严道邛邮，途中不食而死。公元前 164 年，文帝把原来的淮南国一分为三，封给刘安兄弟三人，十六岁的刘安以长子身份袭封为淮南王。

刘安聪颖好学，善于文辞，乐于鼓琴。后来，奉汉武帝之命著有《离骚体》，是中国最早对屈原及其《离骚》作高度评价的著作。刘安素有政治野心。元狩元年（前122年），有人告发刘安图谋叛乱。汉武帝交丞相公孙弘和廷尉审理。刘安恐阴谋败露，决定先发制人，但被谋士告发。刘安自杀，淮南王国被废，改置九江郡。

◆为何说“男左女右”的习俗源于古代的阴阳观？

“男左女右”是一种习俗，比如在结婚照上，总是新郎在左，新娘在右。中医为病人把脉时，也是“男左女右”的规则：男患者先搭左手，取其气脉。女患者先搭右手，取其血脉。大夫们说如果不遵循这一规则，就出现了“阴差阳错”的现象。

“男左女右”的习俗和古代人的哲学观关系非常紧密。中国古代有阴阳观念。“阴阳”最初指物体对日光的方向。朝着太阳的一面叫阳；背着太阳的一面叫阴。宇宙的一切是相互对立又相互消长的。他们认为自然界的一切物体都可以用阴阳来解释。比如天与地、日与月、山的两侧、水的两岸。

抽象地讲，大小、长短、上下、左右，都在阴阳之数，其中大、长、上、左为阳；小、短、下、右为阴。从男女两性性情来说，一般男性的性格刚烈，被定为阳，排左。而女性性情比较温柔，则定为阴，排右。久而久之，形成了“男左女右”的习俗。

◆被誉为“小说家之祖”的虞初有哪些作品？

据《汉书·艺文志》载：“小说家者流，盖出于稗官；街谈巷语，道听途说者之所造也。”意思是说，小说家所做的事以记录民间街谈巷语，并呈报上级等为主，然而小说家虽然自成一家，但被视为不入流者，刘歆列九流十家，唯小说家不在九流之列，影响甚小。但由于小说家反映了古代平民思想的侧面，是其他九流学派无法代替的，故有九流十家之说。

虞初，西汉小说家，作有《周说》。据东汉人应劭说，“其说以《周书》为本”，意指虞初是根据《周书》写成小说《周说》的。东汉末仲长统主张《百家》杂说，请用从火，要把小说全部烧掉。这时的小说接近民间文学，与上层文士不相容，当然也就会遭到憎恨，虞初的小说《周说》也不例外，最终被“从火”了。

虞初所作的《周说》失传，但其对中国古代小说创作的影响是不可磨灭的。后世称虞初为小说创作的鼻祖。《西京赋》中张衡云：“小说九百，本自虞初。”后人有以虞初为小说命名的，如《虞初志》《续虞初志》《虞初新志》等。

◆“贤者与民并耕而食，饔飧而治”是谁的主张？

许行，与孟子同时代，战国时期楚国人，为诸子百家之一的农家代表人物。他依托远古神农氏“教民而耕”之言，主张“种粟而后食”“贤者与民并耕而食，饔飧而治”。贤君要身体力行，为民办事。许行的主要言行记述于《孟子·滕文公》等著作中。

据《孟子·滕文公》载，孟子在滕国时，许行偕弟子数十人亦自楚至滕。他与孟子不同，不求高官厚禄，只要求滕文公给一块土地，从事耕种。滕文公允诺，许行便与其弟子数十人，穿着麻布衣服，靠打草鞋、编席子为生。儒家陈良之徒陈相与其弟陈辛自宋来到滕，“见许行而大悦，尽弃其学而学焉”。可见许行倡导的农家学说，在当时有很大的社会影响，其徒众多，连儒家门徒也弃儒而改拜许行为师。

在许行看来，像滕君那样“仓廪府库”“厉民而自养”，靠残酷剥削的手段压榨百姓，养肥自己的国君算不上“贤君”，是百姓所反对的。这是一种朴素的原始农业思想，保存了远古神农氏学说的精神，故许行号称为“有为神农之言者”。西汉武帝独尊儒术后，农家思想成为非主流思想。

第三辑
姓氏、称谓

姓氏字号

◆姓和氏究竟有什么区别?

谈到姓，人们很容易就想到氏。大家都觉得姓和氏是一回事。其实，在中国先秦时期，姓和氏有严格的区别，不能混淆。

姓是代表有共同血缘关系的族号，是氏族的标记，它标志着一个人由哪个氏族生出。《说文解字》说:“姓，人所生也。”我们看姓字从“生”、从“女”，表明了出生血缘关系，清楚地说明同姓的人都是一位女性祖先的子孙，这正是远古母系社会制度的反映。

氏是由姓衍生出来的分支，在古代同一姓族的人，由于人口繁衍，迁居到各地，加上身份职业的变化，同一祖先的后代子孙，便逐渐分成一些支派，每支又用一个特殊的号来做标志，这就是“氏”。

随着封建宗法制度的崩溃，氏族贵族日趋瓦解，一个具体表现就是战国时期姓氏制度发生混乱。秦的统一，基本结束了西周封建宗法制度，旧的氏族及姓氏制度也被清除殆尽，姓和氏开始合二为一。西汉司马迁作《史记》时，干脆把姓氏混为一谈。《本纪》于秦始皇则曰“姓赵氏”，于汉高祖则曰“姓刘氏”。

◆古人怎么起名和字？有何讲究?

现在的人，大多数有“名”无“字”，所以当我们说到“名字”的时候，通常指的仅仅是人的名，或姓名。可是，在古代，多数人，尤其是做官的和文人既有“名”又有“字”，有些人名、字之外还有“号”。它们之间有何差别?

“名”，是社会上个人的特称，即个人在社会上所使用的符号。“字”往往是名的解释和补充，是与“名”相表里的，所以又称“表字”。名与字可意义相近。如，诸葛亮字孔明，明与亮都有光线充足之意。名与字也可意义相反。如，吕蒙字子明，蒙与明意思相反，蒙为不明。古人常自称其名以表示谦称，称人之字以表示对人的尊称，名字连称亦是对人尊称。

《疏》云:“始生三月而始加名，

故云幼名，年二十有为父之道，朋友等类不可复呼其名，故冠而加字。”由此可知，“名”是幼时起的，供长辈呼唤。男子到了二十岁行冠礼，取字。女子长大后也要离开母家而许嫁，未许嫁的叫“未字”，亦可叫“待字”，故有“待字闺中”之说。十五岁时，举行笄礼，也要取字，供朋友呼唤。

◆古人的号是怎么来的？

古人的名字中除了姓、氏、名、字外，还经常有个“号”。

“号”也叫别称、别字、别号，可分为自号和赠号。称别人的号是为了表示尊敬，自己称号一般只用于自己的作品中。命号之风至唐宋间尤为盛行。

自己命号主要有三种情况。

（1）以居住地环境自号。如，李白，自幼生活在四川青莲乡，故自号青莲居士。

（2）以旨趣抱负自号。如，欧阳修晚年自号“六一居士”，指的是他家中的六样物品，即一万卷书，一千卷古金石文，一张琴，一局棋，一壶酒，一老翁；南宋画家郑思肖在南宋亡后自号木穴国人，表示不忘故国。

（3）以生辰年龄、文学意境、形貌特征等自号。如，辛弃疾自号六十一上人；赵孟頫为甲寅年生，自号甲寅人；唐寅自号江南第一风流才子。

别人赠号主要有三种情况。

（1）以其轶事特征为号。如，李白，人称谪仙人。宋代贺铸因写了“一川烟柳、梅子黄时雨”的好词句，人称贺梅子。

（2）以官职、任所或出生地为号。如，王安石称王临川，杜甫称杜工部。

（3）以封爵、谥号为号。诸葛亮封武乡侯，人称武侯；岳飞谥号武穆，人称岳武穆。

◆中国姓氏来源大致有哪些情况？

中国是世界上最早使用姓的国家，大约在五千年前，姓就被定为世袭，由父系传递。至于姓氏的来历，几千年来变化很多，说法不一，但归纳起来大概有以下几方面：

（1）在母系氏族社会，以母亲为姓。传说上古时代神农氏的母亲叫女登，所以那时许多姓都是女字旁，如：姬、姜、妫、姒等。

（2）以出生地、居住地为姓。春秋时代齐国公族大夫分别住在东郭、南郭、西郭、北郭，便以东郭、南郭等为姓；关大夫住在西门，便以西门为姓。

（3）以古国名为姓。商朝在泾渭之间有个阮国，其后代便姓阮。

（4）以封地为姓。周昭王的庶子被封于翁地，因而姓翁。

（5）以官职为姓。古代有五官，即司徒、司马、司空、司士、司寇，他们的后代便以这些官职为姓。

（6）天子赐谥，以谥号（古时在人死后按其生前事迹评定褒贬给予的称号）为姓。如周穆王死了一个宠姬，为了表示哀痛，赐她的后代姓痛。

（7）以祖辈的字为姓。如郑国公子偃，字子游，其子孙便姓游。

（8）以神话传说为姓。传说舜时有纳言（即负责宣达帝命的官）是天上龙的后代，其子孙便以龙为姓。

（9）因避讳或某种原因改姓。战国时期的田齐襄王法章的后代本姓田，齐国被秦灭了，其子孙不敢姓田而改为姓法。汉明帝讳“庄”字，凡姓庄的都改姓“严”。

（10）以技艺为姓氏。如巫、卜、陶、匠、屠等。

（11）随着历史的发展，民族复杂化，有些姓则是民族语言的译音。匈奴首领单于的子孙就有不少姓单于。

◆**中国最古老的“风”姓是怎么来的？**

伏羲之后，以风为氏。据《帝王世纪》云：“伏羲氏，风姓也。”又《竹书纪年》曰：“太昊伏羲氏，以木德王，为风姓。”《三坟》曰：“伏羲氏，燧人子也，因风而生，故为风姓。”因此，“风”姓是中华第一个姓。

伏羲氏是中国上古时期著名的部族首领。史载，伏羲生于成纪（今甘肃天水），建都于陈，死后亦葬于陈。淮阳自古就称“太昊之墟”，就是传说中的陈都。可以说中华万姓同根，根在伏羲氏，而羲皇故都淮阳，正是中华姓氏的发源地。

伏羲氏贡献颇多，但他最重要的贡献是：“正姓氏，通媒妁，制嫁娶。”在原始社会之初，人们群居杂婚，难免有近亲婚育的弊端，伏羲氏认识到这种危害，制定了一套“同姓不婚”的嫁娶礼仪制度，从而避免了血亲通婚，实现优生繁衍。

姓作为“远禽兽，别婚姻”的符号，是中华民族文明进步的重要标记。至今中国历史上使用过的姓氏已有两万多种，其中有些已退出历史舞台，但绝大部分代代相传，成为中华民族生生不息的血缘纽带。

◆**古时哭长城的“孟姜女”姓“孟”吗？**

孟姜女并不姓孟，“孟”为兄弟姐妹中排行老大的意思；“姜”才是其姓氏。“孟姜女”实际指的是“姜家的大女儿”，而且，孟姜女不是单指一个人，而是一类人的通称。据毛传“孟姜，齐之长女”，陈奂传疏“孟姜，世族之妻”等文献记载，先秦时期，“孟姜”一般指齐国国君之长女，亦通指世族妇女。也就是说，当时很多齐国公室的贵族妇女，都可称“孟姜”。此点除文献证据外，有文物桓子孟姜壶为证（此壶为春秋时期齐庄公姜光的大女儿姜蕾和丈夫田桓子无宇共铸，以悼念田桓子无宇的父亲田须无）。

◆**古时女子姓前为何冠以“伯、仲、叔、季”？**

在先秦时期，姓不但是女子能否与男方婚配的重要标志，而且还具有区别女子结婚与否的重要作用。因为那时的女子虽有名字，但限于周礼“男女非有行媒不相知名”的规定，于是女子的姓担负了社会通用的名的作用。未婚姑娘为了加以区别，一般在姓前冠以孟（伯）、仲、叔、季，用以表示老大、老二、老三、老幺这种排行。如古书所记孟梁、仲子、叔姬、季某，意即梁家的大女儿，子家的二女儿，姬家的三姑娘，某家的幺姑。

女子嫁出去以后，一般用丈夫的姓和娘家的姓并列称某某氏，如一位姬姓女子嫁给卫国大夫孔圉做妻子后，就叫孔姬氏；若是孙姓女子嫁给李姓男子，婚后只能称为“李孙氏”或

"李氏"，这种称叫方式在当今某些农村依旧保留。

根据《国语辞典》记载："孟、仲、叔、季，兄弟姊妹长幼之别字也。"同时，伯、仲、叔、季，也是指兄弟长幼的次序。辞典的解释为："兄弟排行的次序，长兄为伯，次为仲，又次为叔，最幼为季。若兄弟三人，则称孟、仲、季。"

◆古人在什么情况下会出现改姓现象？

中国有句俗语："行不更名，坐不改姓。"貌似古人是不轻易改姓的，但事实并非如此，追溯中国的姓氏史，常可发现一些改姓的情况。大致说来，主要有以下几种：

（1）有意回避。在古代，触犯尊长的名讳是绝对不允许的。当某个姓与帝王、长辈、名人的姓重合时，就必须换掉。如东汉明帝叫刘庄，为避圣讳，姓庄的就改姓严（严、庄同义）。还有的人为躲避仇家追杀而改姓。如明代燕王朱棣在靖难之役中处死黄子澄，黄氏子孙只好改姓田，用以避难。

（2）化繁为简。这较多发生在少数民族进入中原后，为了和汉族更好地融合，改原姓为汉姓。如北魏迁都洛阳，拓跋氏改姓元，唐代大作家元德秀、元稹等都是拓跋氏的后代。还有一些姓氏在读音不变的前提下，改为更简便的字。如鄖姓改为云姓。

（3）赐姓。帝王为奖励臣子，有时赐另一个尊贵的姓（通常为皇姓）给他们。如汉高祖因项伯鸿门宴有救命之功，因赐姓刘。反之，如果某人犯了罪，帝王会迫使其姓一个凶姓或带侮辱性质的姓。如刘诞因反抗朝廷被宋武帝所杀，刘诞及其家族"贬姓留"。

（4）因事、因封地改姓。古人会因事改姓。汉武帝时有位丞相叫田千秋，因劳苦功高，年事已迈，汉武帝特别恩准他乘车出入宫禁，人称"车丞相"。田千秋为感谢皇恩，干脆就改姓车了。也有因封地而改姓的。如战国时期的公孙鞅，曾因功被封于商，号商君，故又称商鞅。他的后代就以封地商为姓氏。

（5）因迁徙而区别他姓改姓。如汉代山东诸县"葛"姓迁到沂水，为了和当地的葛姓区分开，称为"诸葛"。

（6）求富贵吉利、生养等。如南北朝时有祭姓人，认为祭姓不吉利，而訾字有资财之意，表示富有和充裕，便改为訾姓。

古代统治阶级把姓氏作为尊卑屈辱的象征和奖惩的手段，认为姓氏的好坏关系到家族的兴盛衰落、地位的升贬、后世子孙的发展好坏等，正因为如此才会出现上面的改姓的情况。

◆中国古代帝王赐姓大致有哪些情况？

赐姓，即帝王赐给臣民姓氏。大致说来，主要有以下几种情况：

（1）赐国姓。古代姓氏有高低贵贱之分，皇帝的姓最为尊贵，称为国姓。赐国姓是帝王对臣民的最高精神奖励，只有对国家做出重大贡献者才能获此殊荣，获赐者将被附入皇室属籍。赐国姓的主要功能有：安抚降将；笼络羁縻外蕃；褒奖有功；以示恩宠。

（2）赐他姓。除赐国姓外，还有赐予他姓的情况。此外，还有赐以汉字单姓以代替少数民族复姓的情况。如天宝年间，玄宗以外家姓赐宁远国王阿悉烂达干曰“窦”。神龙初，桓彦范“赐姓韦氏，令与皇后同属籍”。以上所赐窦、韦两姓是唐朝外戚之姓，一旦受赐，就与外戚同族。被赐予这些姓，也是很荣耀的事情。

（3）赐恶姓。帝王赐姓并不都是褒扬，还有贬损，那就是赐恶姓，即用恶字赐为姓。这种赐姓常带有强烈的感情色彩和人身攻击意味。赐恶姓是一种极其严厉的处罚，往往与危及统治利益的人和事有关，或是出自帝王的感情好恶。如武则天夺得皇后之位后，将高宗的原皇后王氏和宠妃萧良娣分别改姓为蟒和枭。蟒，意为大毒蛇；枭，意为枭首。

（4）因嫌恶而赐姓。这种情况往往都是帝王觉得臣下的姓不吉利，于是就赐姓改之。如一位叫哀榆的臣子，朝贺时，南唐皇帝嫌“哀”字不祥，于是就赐衷姓。

（5）因特殊技艺而被赐姓。如南唐歙州著名工匠李延珪善于制墨，史称“自宋以来，推为第一”，其本姓奚，被南唐主赐姓为李。

（6）其他种类的赐姓。其一，继嗣赐姓。其二，臣下主动要求赐姓。如唐朝一些节帅藩镇出于种种原因，上表奏请赐姓，而朝廷对他们有所顾忌，一般情况下都会满足他们的请求。其三，追赠赐姓。追赠是在臣下死后追加的荣誉，在唐代，赐姓也被列为追赠的内容之一。如李君羡，贞观被诛，天授中，武则天追尊武姓，诏复官爵。

◆古人将避讳皇帝姓名的现象叫什么？

所谓避讳，就是指人们在说话或者写文章的时候不能乱用乱写，遇到应该忌讳的人物的名字时，必须设法避开，用音同或音近的字来代替，或用其他办法来改说、改写。

由上可知，避讳有两种。一种是说话时，遇有犯忌触讳的事物，不直接说出该事物，而用其他的话来表述。如把“死了”说成“走了”。另外一种避讳，即人物姓名的避讳。具体地说，是避讳帝王、圣人、长官、父母、祖父母以及其他所尊者的名字。

人物姓名的避讳，主要有三种，一种是皇帝的名字，全国的上下臣民都要避讳，这可以叫作“国讳”，也可以叫作“公讳”。另一种是，父母或祖父母的名字，全家后代的人都要避讳，这可以叫作“家讳”，或者叫“私讳”。还有一种是既非皇帝，又非尊亲，而是周公、孔子一类圣人的名字，也要避讳，这可以叫作“圣讳”。

“国讳”要避讳的主要是皇帝本人的名讳。进而，还要避讳皇帝的字，皇后及皇帝的父祖的名讳。推而广之，连皇帝前代的年号、帝后的谥号，皇帝的陵名以及皇帝的生肖和姓氏，也都要避讳。

◆孩子为什么从父姓？有过从母姓的时期吗？

姓氏是人类社会体制赋予的。随着生产力的发展，私有财产也在发展。社会人逐渐分化成阶级，于是产生了财产和权利的传承问题。这样就需要明确血缘关系，子女从父或从母姓成了最直接的手段。

人类社会发展的最初阶段，即原始社会，先后为母系社会和父系社会。在母系社会中，女尊（但男并不卑），多数男性都在家族之外狩猎，在家时间很短。女人在家养牲畜和种粮食，因为工具落后，男人打的猎物往往比女人种养的少，女性是一个家族的传承者，故孩子从母姓。那时，人们“只知其母，不知其父”。后来，随着生产力的发展，先进工具的使用，家庭开始以男人为主，过渡到父系社会。男性是一个家族的传承者，故孩子从父姓。

孩子从父姓，其实是为了规定孩子的权利和义务指向父系家族。孩子的姓氏标明他具有哪个家族遗产的继承权，对哪个家族的事务有责任和义务。古代绝大部分家庭的遗产来自父系，因此绝大部分的孩子都从父姓以标明继承权。女儿将来是要从夫姓的，失去姓氏的同时，也失去了继承权和义务。这就是孩子要从父姓的根本原因。

◆古代人名与地名有何不解之缘？

古时，人们往往在姓名前或后冠以地名。这一文化习俗称为“地望”。如周幽王宠妃“褒姒”，姓“姒”，“褒”是其出生地（国）。可见，在中国历史上，姓、氏、人名与地名，早在西周时期便已结下不解之缘。

汉魏以后，姓与氏合，姓亦称氏。汉末以后受门阀士族制度的影响，有些家庭世居某地，或因人才辈出，或因战功卓著，长期受封加爵，形成当地代代相袭的世家大族，深受众人仰望，人称“郡望”。这时，单以姓氏不足以表示等级，必系以郡望。姓氏、郡望除了作为血缘关系的符号，还有了别长幼、明贵贱、分尊卑的作用，出现了“国姓”“郡姓”“州姓”“县姓”等不同等级。郡望甚至还成了婚嫁的根据。豪门世家非望族不嫁，非望族不娶。否则，便是自掉身价。

唐初五姓，即李、崔、卢、郑、王，“自持郡望，耻与他人为婚”。当时社会仍流行在姓前冠以郡望。诗人韩愈世居颍川，先世郡望自称昌黎人，他总以“昌黎韩愈”自称，诗文题名为《昌黎先生集》。也有人在姓名前冠以故乡地名，或任过官的地名，遂约定俗成。唐诗人柳宗元系河东人，曾任柳州刺史，世称“柳柳州”，亦称“柳河东”。

明清时代，“地望热”减退，但仍有用籍贯代替人名的习俗。如广东南海人康有为，又被称为“南海”。

◆古人的“字”中隐藏着哪层关系的密码？

行辈是中国古代以血缘关系为基础的宗法制度及其观念的产物。行辈起名法，可分为一般的兄弟排列和严格的字辈（族谱）排列两大类。之所以说古人的“字”中藏着兄弟关系的密码，是因为古人以兄弟排行起名主要表现在用字上。

（1）用有排列意义的字取名。古时名以伯、仲、叔、季，表示兄弟为一、二、三、四的排列次序。例如孔丘，字仲尼，即孔家老二。画家唐伯虎，则是家中的老大。后来，又增添了长、元、次、少、幼、稚等形容字。

（2）单名沿用偏旁（或字头）取名。如三国时期刘表的两个儿子，一个叫刘琦，一个叫刘琮，都带“王”字偏旁，以示出身王侯之家。又如著名唐宋八大家中的苏轼、苏辙兄弟，都有“车”字。

（3）双名沿用一字取名。即除姓之外的第二个字相同，或是第三个相同。如毛泽东就同其弟毛泽民、毛泽覃，其堂妹毛泽建共享一“泽”字取名。

◆古人按照辈分取名的习俗是怎么形成的？

按辈分排列取名法，即同族不同辈分的人选用不同的字，并严格固定下来。凡属同一辈的人，都必须按选定的辈分字取名。

晋以后，人们的行辈意识显著加强。如齐武帝的十七个儿子，名都嵌有“子”字，字都用“云”字。如萧子良字云英，萧子卿字云长等。又如武帝之弟萧嶷的六个儿子，名也都嵌“子”字，但字一律用“景”字，以表示与武帝之子同辈不同父，是从兄弟。如萧子廉字景蔼，萧子云字景乔等等。

这种一家一户的行辈意识，逐渐演变成凡是同一祖先的族姓，便共同制定出若干个好的字，排定顺序，依次使用。这样，同族同辈的人都有一个“共名”，即行辈区别字，此外又各有自己的专名，只要一看这个行辈区别字，便可知他是哪一代的人。

比如，孔子家族，在1774年经清乾隆皇帝批准，孔子后裔的三十字辈依次是：希言公彦承，弘闻贞尚衍，兴毓传继广，昭宪庆繁祥，令德惟垂佑，钦绍念显扬。其中，希字是孔子家族的第五十六代。孔繁森，由上可知，是孔子家族的第七十四代。

需补充说明的是，在家族按字辈取名时，有的仅以男性为准则，女子的名字是不入谱的（个别除外）。可见，男尊女卑也反映在取名上。

◆古人起名为何逐渐从单名转向了双名？

《说文解字》有言：“名，自命也。从口从夕。夕者，冥也。冥不相见，故以口自名。”由此可知，起初，人们取名只是一个代号，是为了联系起来方便，并没有寄予什么深刻的内涵。所以，这个时期，人们多为单名。

虽然人们的姓名多是单名，但在命名时仍然要遵循一定的“约定俗成”。《左传》曾记载鲁国大夫申繻所说：“名有五：有信，有义，有象，有假，有类。以名生为信，以德命为义，以类命为象，取于物为假，取于父为类。”申繻又提出了命名的“六不许”，即：“不以国，不以官，不以山川，不以隐疾，不以牲畜，不以器币。”

除了有命名原则的约束外，古人在起单名时还会遇到许多问题。

（1）单名不易表达起名者的思想愿望。单名，如孙权、周瑜等，不如檀道济、王镇恶等双名，能充分表达出一个人的志向、抱负和愿望。

（2）随着社会的发展，人口的增加，命名取字方式越来越复杂，取材越加广泛，如引用经书，使用典故，袭用古人用字，单名不及双名方便。

（3）随着社会的发展，人们想通过名字把血缘和行辈关系表达出来的观念逐渐强化，并且还出现了行辈区别字，另外，需要再选一个代表自己的字。

以上种种，都促使了双名格局的形成。

◆《百家姓》为何以“赵钱孙李”起首？

《百家姓》主要是汉族姓氏总集，载有四百多个姓氏。《百家姓》的排序每句只有最后一个字讲究押韵，朗朗上口，其他姓氏的位置没有特别讲究，但首句“赵钱孙李、周吴郑王”的选择却是有缘故的。

据宋朝学者王明清的研究，《百家姓》是由北宋初年一个“钱塘老儒”所著。钱塘即今浙江杭州，当时属于吴越国。北宋建立以后，吴越国依附了宋朝，得以继续存活了十几年。

（1）首句“赵钱孙李”四姓，宋朝皇帝姓赵，作为当朝国姓的“赵”，理所当然列为首姓。“钱”是吴越国主的姓氏，得以排列第二。“孙”是时任吴越国主钱俶正妃之姓，排第三。“李”既是南唐国主之姓，也是很多江南大族的姓氏，排第四。

（2）次句“周吴郑王”四姓，都是吴越国开国以来历代后妃们的姓氏。

由上不难看出，“赵”姓被冠以首位，乃是出于“尊国姓”的原因。“赵钱孙李、周吴郑王”排为首句，也打上了强烈的权力烙印。

◆为什么中国许多姓氏起源于河南省？

有学者经过考证，得出结论：河南是中国姓氏资源第一大省，海内外华人的祖根大半在河南。河南为何在中华姓氏中占有如此重要的位置呢？

首先，河南是姓氏开始时期人类活动的重要地区。

其二，当今中国120个大姓多数属于黄帝族，少部分属于炎帝族和东夷族，而河南长期是这三族活动的中心，因此，这三族的姓氏也多数是在河南境内形成的。

其三，夏、商时期，从奴隶制兴起到全盛，也是中华姓氏得以发展的时期，而这两个朝代活动的中心地带均在今河南境内。

其四，西周虽建都于镐京（今陕西西安），但在建国初期便营建了洛邑，至平王东迁，洛阳成为东周的统治中心。据初步考证，从周初到战国时期的诸侯国，分布于今河南境内的60多个大小诸侯国国名基本上都演变成为姓氏。

此外，北魏孝文帝拓跋宏于493年率领贵族、文武百官及鲜卑兵迁都河南洛阳后，进行汉化改革，令鲜卑人改姓并自称河南洛阳人等等。改姓数量，仅见于《魏书·官氏志》的即有114个，其中被列入当今120个大姓的就有25个。加上河南自身历史悠久、人口密集、建都频繁，都构成了其成为中华姓氏主要发源地的条件。

◆中国第一大姓是李姓，还是王姓？

中国第六次人口普查从2010年11月1日零时开始，到11月10日结束。此次普查结果显示，前三大姓依次为李、王、张。

下面是全国姓氏人数排行榜前

100名：李、王、张、刘、陈、杨、赵、黄、周、吴、徐、孙、胡、朱、高、林、何、郭、马、罗、梁、宋、郑、谢、韩、唐、冯、于、董、萧、程、曹、袁、邓、许、傅、沈、曾、彭、吕、苏、卢、蒋、蔡、贾、丁、魏、薛、叶、阎、余、潘、杜、戴、夏、钟、汪、田、任、姜、范、方、石、姚、谭、盛、邹、熊、金、陆、郝、孔、白、崔、康、毛、邱、秦、江、史、顾、侯、邵、孟、龙、万、段、章、钱、汤、尹、黎、易、常、武、乔、贺、赖、龚、文。

鲜有人知的是，中国人的三小姓，分别为难、死、山（音“亚”），人数多在千人左右。

◆为何君主大都不用自己的姓氏做国号？

我国历史悠久，朝代更零星纷繁。稍加观察，便不难发现，古代王朝的开国君主大都不用自己的姓氏作为国号。这是为什么呢？

古语有云：“名不正则言不顺。”一个王朝确立了国号就名正了，代表一个新的国朝从此诞生。每个朝代的号都是经过慎重考虑而选择的，同时也是有说法的。据《史记·五帝本纪》载：“自黄帝至舜、禹，皆同姓而异其国号，以章明德。”

事实上，古代王朝也有以自己姓氏作为国号的，只是不多罢了。比如，南北朝时的陈朝，就是以姓氏为国号，开国皇帝是陈霸先。汉献帝曾封曹操为“魏公”“魏王”爵位，曹丕代汉后便称“魏”。因为皇室姓曹，历史上又称“曹魏”。

历代国号更多是采用创建者原有封号、爵位或创建者祖居地或政权统治的区域为号。还有的国号是为了寓意吉祥。比如，隋文帝之父杨忠，曾被北周封为“随国公”。隋文帝认为“随”有“走”的意思，恐不祥，遂改为“隋”。从金、元开始的少数民族朝代则喜欢采用中原文化进行取意，多是从《易经》中取字。

◆国号的由来大致有几种情况？

国号，即国家的称号，或一个朝代的名称。国家或朝代创建者办的第一件事就是确立国号。据《史记·五帝本纪》载：“自黄帝至舜、禹，皆同姓而异其国号。”在奴隶制和封建制时代，国号的由来大致有四种情况。

（1）根据发迹的地名以定国号。如汉是因其创建人刘邦曾受项羽封为汉王，活动在巴、蜀、汉中一带而来；宋是由其创建人赵匡胤在后周时曾为宋州（今河南商丘）节度使而来。

（2）根据所封爵号以定国名。这种国号直接来自创建人的爵号，而爵号又往往和某一地名相一致。隋的国号来自创建人杨坚称帝前曾承袭父杨忠的随国公之爵。

（3）根据发迹地的特产以定国号。契丹人耶律阿保机所建王朝名“辽”，“辽”意为镔铁，因耶律阿保机的发迹地产镔铁，即用以为号，取其坚也，乃象征国家政权如铁之坚。

（4）根据文义以定国号。元朝的国号取《易》中的“大哉乾元”之意。

◆忽必烈为什么将国号“蒙古”改为“大元”？

据《元史》记载，“元”的命名，

是元世祖忽必烈根据中原文人的建议而定的。

蒙古自从成吉思汗建立以来，一直用族名充当国名，称大蒙古国，没有正式建立国号。忽必烈登上蒙古汗位后，建年号为“中统”，仍然没有立国号。随着忽必烈统治日益巩固，他决定在“附会汉法”方面再迈一步。

1271 年 11 月，忽必烈采纳刘秉忠、王鹗等儒臣的建议，从《易经》“大哉乾元”句中，取“元”一字，其意是大、首，是对无始无终、无边无际的浩大的宇宙的赞叹，正式建国号为大元，并颁布《建国诏》。忽必烈建国号大元，明确表示他所统治的国家已经不只属于蒙古一个民族，而是中国历代封建王朝的延续。元朝自成吉思汗起历经十五帝 163 年，自忽必烈定国号起，历经十一帝 98 年。

但也有人认为，“元”与蒙古人的风俗与图腾有关，有人还认为“元”与佛教有关。

◆“朱元璋靠明教起家而定国号为明”是真的吗？

武侠大师金庸在《倚天屠龙记》结尾写到，由于朱元璋靠明教起家，因而国号中不得不带一个“明”字。金庸此说是否有历史依据呢？

据史料记载，明朝开国皇帝朱元璋曾参加元末起义军，是继承郭子兴而发展起来的，郭子兴属于白莲教组织。白莲教宣称“黑暗即将过去，光明将要到来”，借以鼓舞人民反对黑暗的元朝统治，所以又称“光明教”。白莲教的首领韩山童称“明王”（他的儿子韩林儿称“小明王”），都体现其教义宗旨。朱元璋不仅曾经信仰白莲教，而且承认自己是白莲教起义军的一支（他曾为小明王左副元帅）。所以，朱元璋取得政权后，国号称“明”。

登上皇帝宝座的朱元璋，由于深知秘密教派的厉害，便下诏严禁白莲教、明教等教派，并把取缔“左道邪术”写进《明律》，用法律形式固定下来。其后，白莲教以各种支派的形式变换名目继续得到发展，明教却逐渐衰落了。到明清之际，明教在中国完全消失了。

◆皇太极为何把国号“金”改为“清”？

皇太极为何把国号由“金”改为“清”？“清”的意思又是什么？由于皇太极和清史料都没有对此做出解释，因此，学界、清史界便只能根据自己的理解来诠释了。

据说，努尔哈赤当时逃难骑了一匹大青马，他跑得很急，把马累死了，努尔哈赤对马很有感情，就对马说，大青啊，大青啊，你是为我累死的，将来我得了天下，我这个国号就叫大青。“清”跟“青”是谐音。这是传说，不足为信。除此之外，至少有五种诠释。

（1）“清”和“金”在满语里音相近，所以用清。

（2）中国历朝历代都没有用清的，所以用清。

（3）明朝的明，左面为日字，日是火；清左面为三点水，水克火，清要灭明，故用清。

（4）在萨满文化里，清就是青，

且二者同音，青天是通天，吉祥。

（5）皇太极原来用后金，但要进兵中原，中原一提出这个“金”就想起南宋了。一提起金人，就想起岳飞了。为了问鼎中原时减少阻力，舍“金”改用“清”字。

◆洪秀全为何定国号为“太平天国”？

据考，洪秀全“太平天国”名称的来历，一方面是受到中国历代农民起义的影响，尤其是清初“天地会”农民起义的影响，一方面是受到基督教的影响。

“天地会”自创始以来，就一直向往一个“天下太平”的社会。“天地会”的聚会地点叫作“太平圩”，办事公堂称为“太平庄”，开会的地方称为“太平广场”。

洪秀全创立“拜上帝会”，还吸取了基督教《圣经》中的“千载太平”之意。

太平天国的“天”，也是继承了“顺天”这个思想，并糅合了基督教“天父上帝”的教义。至于太平天国中的“国”，则意为代表上帝做人间的天王，居于天下之中。因此，“太平天国”这个名称，反映了广大农民要求建立人间天堂的美好愿望。

◆庙号、谥号、年号的含义是什么？

帝王死后，在太庙立室奉祀，并追尊某祖某宗的名号，称庙号。始于殷商，其后历代封建帝王，都有庙号。庙号的特点是皇帝死后才有，皇帝死后要进太庙，或家庙，奉先殿。庙里放一个木牌位来祭祀他，因而要给他一个称号，即庙号。历代庙号并无严格规定，也并非每位皇帝一定享有庙号，比如唐朝女皇武则天就没有庙号。

一般来说，庙号的选字并不参照谥法，但是通常也选择具有美好意义的字，例如太、世、高、神、圣、仁、睿、明、章等等。从唐朝以后开始，王朝的开国皇帝庙号通常为“太祖”，第二代帝王庙号常常为“太宗”。如果王朝帝系发生变化，则其庙号为“世祖”或“世宗”。《礼记》有：“祖有功而宗有德。”

谥号就是帝王、贵族、大臣、士大夫死后，依其生前事迹给予的称号。即皇帝死了之后要给他一个评价，给他一个称号，叫作谥号。文人可以有谥号，但不能有庙号。谥法中，常选择特定含义之字以表死者之善恶。在称呼时，庙号常常放在谥号之前，同谥号一道构成已死帝王的全号。

年号则是中国古代封建皇帝用以纪年的名号。

◆历史上第一个和最后一个使用年号的皇帝分别是谁？

中国历史上第一个年号出现在西汉汉武帝刘彻时期。此前的帝王只有年数，没有年号。据清朝赵翼的《二十二史札记》考证，年号纪年是汉武帝首创的，汉武帝即位后，定的第一个年号为“建元”。汉武帝一生的年号共有11个。它们依次是建元、元光、元朔、元狩、元鼎、元封、太初、天汉、太始、征和、后元。后元二年（前87年），汉武帝驾崩。

中国历史上最后一个使用年号的皇帝是清末溥仪。他的年号是“宣统”。至于民初袁世凯的洪宪和后来溥仪复辟及担任伪满洲国的年号，不为史学家所承认。

综上所述，中国历史上使用年号的时间为公元前 140 年到公元 1912 年（以溥仪退位的时间计算），共计 2052 年。

◆孔子在历朝历代的封号有哪些？

孔子逝世于公元前 479 年，鲁国哀公亲制诔文悼念孔子，诔文中称孔子为“尼父”。这是有别于封号的尊称。

孔子有封号始于公元元年，汉平帝追封孔子为公爵，称“褒成宣尼公”。北魏孝文帝于太和十六年（492 年）改称孔子为“文圣尼公”。北周静帝于大象二年（580 年）恢复公爵之封，追封孔子为“邹国公”。隋文帝杨坚开皇元年（581 年）尊孔子为“先师尼父”。

唐太宗李世民于贞观二年（628 年）尊孔子为“先圣”，十一年又改称“宣父”。乾封元年（666 年），唐高宗诏赠孔子“太师”封号。天授元年（690 年），武则天执政时恢复公爵，封孔子为“隆道公”，并尊称他为“隆道太师”。开元二十七年（739 年），唐玄宗升孔子为王爵，谥号“文宣”，称“文宣王”。

宋真宗于大中祥符元年（1008 年）加号孔子为“选胜文宣王”，大中祥符五年（1012 年）又改称“至圣文宣王”。

元武宗于大德十一年（1307 年）加封孔子为“至圣先师”。

清顺治二年（1645 年），加号孔子为“大成至圣文宣王”，顺治十四年（1657 年）又复称“至圣先师”。

◆册封与封册是一回事吗？

在中国古代社会中，凡帝王祭告天地宗庙，选立后妃和任命诸王大臣，或向异姓王、宗族、嫔妃授予爵位及名号时，均要举行一套相应的典礼仪式。由此而形成中国古代社会政治生活中的册封制度，或称册命制度。事实上，早在殷商时期，册封制度就已经产生。在殷墟考古中，出土的甲骨卜辞上就有“用再册”的记载。

皇帝授藩属、诸侯、宗族、妃嫔与功臣等以封爵，皆举行一定仪式，对受封者宣读授给封爵名号的诏书，即为册文，简称“册”。宣读后，将册文连同印玺授给被封人，称册封。清立皇后之礼称册立，余称册封，立皇后与封皇贵妃、贵妃、亲王、亲王世子皆金册、金宝（印玺），封郡王及郡王福晋册、印皆银制饰金，封嫔有金册而无印，封郡王长子、贝勒、贝子及郡主、郡君、县主、县君则皆用纸册。由此可见，在册封制度中，因册封的对象地位不同，封册亦有质地材料的区别。

称谓趣考

◆**古代称呼他人有几种方式?**

古代称呼他人时一般有以下几种方式:

(1)直称姓名:自称姓名或名;用于介绍或给别人作传;称所厌恶、轻视之人。

(2)称字:对平辈或尊辈出于礼貌和尊敬,称字。

(3)称号:一般只用于自称,以显示某种志趣或抒发某种情感;对人称号是种敬称。

(4)称谥号:古代王侯将相、高级官吏、著名文士等死后被追加的称号叫谥号。

(5)称斋名:指用斋号或室号来称呼。如称蒲松龄为聊斋先生,称梁启超为饮冰室主人。

(6)称籍贯:如北宋王安石是江西临川人,故称王临川。

(7)称郡望:如韩愈虽系河内河阳人,但因昌黎韩氏为唐代望族,故韩愈常以"昌黎韩愈"自称,世人遂称其为韩昌黎。

(8)称官名:把官名用作人的称谓。如林觉民《与妻书》中:"司马青衫,吾不能学太上之忘情也。""司马"指白居易,他曾任江州司马。

(9)称爵名:如诸葛亮曾封爵武乡侯,故后人以武侯称之。

(10)称官地:指用任官之地的地名来称呼。如贾谊曾被贬为长沙王太傅,世称贾长沙。

◆**古人对自己有哪些谦称?**

古人在说话时非常注意称谓,说自己时用谦恭之词。比如古代君主称孤、朕、寡人、不穀。一般人自称臣、仆、愚、蒙、不佞、不敏、不肖、不才、在下、下走、下官、鄙人、小人、小可、后生、晚生等。女子自称为妾、奴等。对他人称自己的妻子为拙荆、贱内、内人、山荆、荆屋、山妻。大致归纳起来,谦称主要有以下几种:

(1)"家"。用于对别人称自己的辈分高或年纪大的亲戚。如家父、家尊、家严、家君,家母、家慈,家兄,家姐,家叔。

(2)"舍"。用于对别人称自己的辈分低或年纪小的亲戚。如舍弟、舍妹、舍侄。

(3)"小"。谦称自己或与自己有关的人或事物。如小儿、小女、小弟(男性在朋友或熟人之间的谦称自己)、小人(地位低的人自称)、小店(谦称自己的商店)。

(4)"老"。谦称自己或与自己有关的事物。如老粗(谦称自己没有文化)、老朽(老年人谦称自己)、老脸(年老人指自己的面子)、老身(老年妇女谦称自己)。

(5)"敢"。表示冒昧地请求别

人。如敢问（用于问对方问题）、敢请（用于请求对方做某事）、敢烦（用于麻烦对方做某事）。

（6）“愚”。用于自称的谦称。如愚兄（向比自己年轻的人称自己）、愚见（称自己的见解）。也可单独用“愚”谦称自己。

（7）“拙”。用于对别人称自己的东西。如拙笔（谦称自己的文字或书画），拙著、拙作（称自己的文章），拙见（谦称自己的见解）。

（8）“敝”。用于谦称自己或跟自己有关的事物。如敝人（谦称自己）、敝姓（谦称自己的姓）、敝处（谦称自己的房屋、处所）。

（9）“鄙”。用于谦称自己或跟自己有关的事物。如鄙人（谦称自己）、鄙意（谦称自己的意见）、鄙见（谦称自己的见解）。

另外，还有寒舍（谦称自己的家）、犬子（称自己的儿子）、笨鸟先飞（表示自己能力差，恐怕落后，比别人先行一步）。谦称自己的意见主张为“管见”“浅见”，自己的功夫为“三脚猫”。在发言、表演前不忘说“献丑”“抛砖引玉”（谦称用自己粗浅的、不成熟的意见引出别人高明的、成熟的意见）等等。

◆古人对他人有哪些尊称？

尊称和谦称正好相反，多数用美好、高贵、高尚的字眼来表示。

古人在称呼对方父母时为“令堂”“令尊”，对方子女为“令郎”“令爱”，此处“令”是“美好”的意义。称呼兄为“兄台”、称呼弟为“贤弟”。贤，用于称平辈或晚辈，如贤家（称对方）、贤郎（称对方的儿子）。称呼别人的妻子为“尊夫人”，别人的徒弟为“高徒”，别人的家为“府上”“雅舍”。

尊称老师为夫子、师父、师傅、先生、先哲。说别人的意见为“高见”“高论”，别人的文章为“大作”。除此之外，还有尊上（称对方父母），尊公、尊君、尊府（皆称对方父亲），尊堂（对方母亲），尊亲（对方亲戚），尊驾（称对方），尊命（对方的嘱咐），尊意（对方的意思）。称同辈友人中长于自己的人为“仁兄”，称地位高的人为“仁公”等。

古人称对方为“公”、“子”（“子”原为五爵之一，后演变为尊称，如孔子、孟子）、“君”、“足下”、“阁下”。臣子称君王为“陛下”，太子为“殿下”（“陛下”原意是台阶下，“殿下”是“宫殿下”，臣子们称呼皇上、太子时不能直呼，所以用“陛下”“殿下”来代替，以此来表示敬意）。君王称呼臣子为“卿”“爱卿”。

称呼和尚为“大师”“高僧”“圣僧”“法师”“上人”，对住持僧应尊称为“长老”“方丈”“禅师”。对喇嘛庙中的僧人应尊称“喇嘛”。称呼尼姑为“师太”“尼师”等。称呼道士为“道长”、“仙翁”（对老年道士的尊称）、“仙长”（对一般道士的尊称）等。称呼道姑为“仙姑”。对于死者，前面要加上“先”字，如称已死的皇帝为“先帝”，称已死的父亲为“先考”“先父”，称已死的母亲为“先慈”“先妣”，称已死的有才德的人为“先贤”。

◆古人避讳主要有哪些方法?

避讳字，是指中国古代回避君主和尊长的名字而改写的字。避讳的对象通常有四类：帝王、长官、圣贤、长辈。避讳主要有以下几种方法：

（1）用同义字或义近字代替。秦始皇名政，秦代避讳“政”字，便把阴历一月由“政月”改为“正月”；汉高祖名邦，汉代人便以“国”代替“邦”；东汉光武帝名秀，避讳“秀”字，于是把“秀才”改为“茂才”。

（2）用同音字或音近字代替。南朝宋范晔的父亲名泰，故范晔作《后汉书》时改称郭泰为郭太，郑泰为郑太。清圣祖名玄烨，清代人便以“元”代“玄”，以“煜”代“烨”。

（3）缺笔。唐太宗名李世民，唐代人就把“世”（古代写作“丗”）缺笔写作“卅”。

（4）拆字。一个汉字是由几个部件组成的，为了不犯君主的讳，便只取字的某一部分以避开原字。五代晋君主是石敬瑭，姓敬的人便改姓“文”。

（5）删字。有的人是双名，如果其中一字犯了讳，便把它删去变为单名。如南朝齐开国帝王叫萧道成，一个叫萧道渊的人便把名字里的“道”去掉，改为萧渊。

（6）用形似字代替。五代后周君主名郭威，一个叫郭彦威的人用“成”代“威”。

（7）改读。除了写文章时遇到君主或尊亲的名字不能直接写出外，说话时也不能直接说出。孔子名丘，因此，过去读书人便把“丘”读成“某”。

（8）增加偏旁，构成新字。如，为了避孔子的讳，凡是“丘”作地名或姓氏，一律改为“邱”，以与孔子名讳区别。

◆古代对于亲属关系有哪些称谓?

古代将凡血缘相近的同姓本族和异姓外族都称作亲属。具体称谓如下：

祖、王父、祖父：父之父。祖母、王母：父之母。曾祖父、曾祖母：祖之父、祖之母。高祖父、高祖母：曾祖之父、曾祖之母。上五世：即从本位起，上及父、祖、曾祖、高祖。曾孙：孙之子。玄孙：曾孙之子。来孙：玄孙之子。下五世：即从本位起，下至玄孙。

世父、伯父：父之兄。叔父：父之弟。世母、伯母：世父之妻。叔母、婶：叔父之妻。姑、姑母：父之姊妹。姑父：姑之夫。从祖祖父、伯祖父、叔祖父：父之伯叔。从祖祖母、伯祖母、叔祖母：父之伯母、叔母。从祖父、堂伯、堂叔：父之从兄弟。从祖母、堂伯母、堂叔母：父之从兄弟之妻。族曾祖父、族曾王父：祖父的伯叔。族兄弟：族父之子。

嫂：兄之妻。弟妇：弟之妇。从子、侄：兄弟之子。从女、侄女：兄弟之女。从孙：兄弟之孙。甥、外甥：姊妹之子。私姊：妹之夫。女婿、子婿、婿：女之夫。中表、姑表：父之姊妹之子女。外祖父、外王父：母之父。外祖母、外王母：母之母。外曾王父：外祖父之父。外曾王母：外祖父之母。

舅、舅父：母之兄弟。舅母、妗

子：舅之妻。从母、姨母、姨：母之姊妹。姨父：姨母之夫。中表、姨表：姨之子女。从母兄弟、从母姊妹、姑表兄弟姊妹、姨表兄弟姊妹：母之兄弟姊妹的子女。外舅、岳父、岳丈、丈人、泰山、岳翁：妻之父。外姑、岳母、丈母、泰水：妻之母。

姨、姨子：妻之姊妹。妻侄：妻之兄弟之子。舅、嫜、公：夫之父。姑、婆：夫之母。姑嫜、舅姑：即夫之父母（俗称公婆）。伯叔、大伯、大叔子：夫之兄弟。小姑子：夫之妹。娣妇：夫之弟妇。姒姆：夫之嫂。娣姒、妯娌：古之弟妇与嫂的简称。娅、连襟、襟兄、襟弟、两乔：两婿互称。

◆形容朋友关系的称谓有哪些？

人们通常把心意相投、相知很深的朋友叫“神交”。“神交”也指彼此慕名而未见过面的朋友。不同的朋友之间，称谓亦有所差别。

金兰之交：指情意契合、亲如兄弟的朋友。

贫贱之交：指贫贱而地位低下时结交的朋友。

患难之交：指在遇到磨难时结成的朋友。

刎颈之交：指同生死、共患难的朋友。

莫逆之交：指情投意合、友谊深厚的朋友。

竹马之交：指从小一块长大的异性好友。

布衣之交：指以平民身份相交的朋友。

忘年之交：指辈分不同、年龄相差较大的朋友。

车笠之交：指不因贵贱的变化而改变深厚友情的朋友。

君子之交：指在道义上彼此支持的朋友。

◆古人对男子的配偶有哪些称谓？

小君、细君：最早是称诸侯的妻子，后来作为妻子的通称。

皇后：皇帝的妻子。

梓童：皇帝对皇后的称呼。

夫人：古代诸侯的妻子称夫人，明清时一二品官的妻子封夫人，近代用来尊称一般人的妻子。

荆妻：旧时对人谦称自己的妻子，又谦称荆人、荆室、荆妇、拙荆、山荆、贱荆。

娘子：古人对自己妻子的通称。

糟糠：形容贫穷时共患难的妻子。

内人：对他人称自己的妻子。书面语也称内人、内助。尊称别人妻称贤内助。

内掌柜：旧时称生意人的妻子为“内掌柜”，也有称“内当家”的。

太太：旧社会一般称官吏的妻子，或有权有势的富人对人称自己的妻子。

妻子：早期有“妻子”“妻室”，也单称妻，有的人为了表示亲爱，在书信中常称贤妻、爱妻。

继室、续弦：妻死后又另娶的。

旧时对妾的称呼有“侧侄”“偏房”“小星”“加夫人”“妇君”等。

◆男子丧妻再娶称为“续弦”与谁有关？

相传，春秋时期，俞伯牙善鼓琴，其妻很赞赏他的琴技，常让俞伯牙弹给她听。后来俞伯牙的妻子得了重病，俞伯牙请医熬药精心侍奉，但总不见效。俞伯牙常为此忧愁不已，无心弹琴。妻子的病一天比一天重，可有一天，妻子突然感到身体好多了，精神也好了，就让丈夫给她弹琴。

俞伯牙忙取琴调弦，“铮铮淙淙”地弹奏起来，好让病中的妻子从美妙的琴声中得到欢快和慰藉。他不顾劳累，弹了一曲又一曲，当他弹得雅兴正浓时，突然“崩”的一声，琴弦断为两截。就在这当儿，妻子也不呻吟了。俞伯牙丢下拔子，急忙到床前一看，妻子已经咽气了。伯牙抱头痛哭了一阵后，就招呼家人料理后事，从此再不弹琴了。

一年后，有个亲戚从外地给俞伯牙说了一门亲事。俞伯牙本不打算再娶，但经不住众人的劝说，只好勉强答应先去女方家相看后再定。女方一眼就相中了俞伯牙，但她要求亲耳聆听俞伯牙鼓琴，而后再定亲。俞伯牙也看中了女方，虽还在怀念故妻，但他又一想：人死不能复生，便回家把搁放了一年多的琴取来，拆去一直没心思接的断弦，续了一根新弦后，在众人面前弹奏起来。一曲曲悠扬动听的雅韵，大家听得是如痴如呆，琴声停后好一阵才醒转，接着就是一阵喝彩声。这位女子当下就答应了这门婚事。

这个故事很快在民间传开了，后来人们便把妻子死后再娶称作“续弦”。

◆古代男子为何要谦称妻子为“拙荆”?

荆，原为植物名，枝条柔韧，可用来编织篮筐，有牡荆、黄荆、紫荆等种类。荆木制成的荆条，古代用来作为刑杖。在古代，妇女还会将荆枝制成髻钗，称为“荆钗”，是贫家妇女常用的发钗。如唐朝李山甫《贫女》诗：“平生不识绣衣裳，闲把荆钗亦自伤。”而拙荆的由来和“荆钗”就有关联了。

“拙荆”一词的由来，出自《列女传》：“梁鸿妻孟光，荆钗布裙。”意思是说，梁鸿的妻子孟光，以荆枝作钗，粗布为裙，生活俭朴。而“拙”原意是愚笨，此指谦称“自己的”。因此，“拙荆”就被用来谦称自己的妻子，又可称为“拙妻”“拙内”。

◆“糟糠之妻”有什么由来?

汉代曾发生过王莽（实为王郎）赶刘秀的故事。当时，刘秀力量薄弱，被王郎追杀，由北向南日夜奔逃。争斗中，刘秀手下的大将宋弘不幸负伤。当逃到饶阳境内时，宋弘举步维艰，后面追兵又紧，刘秀不得不将宋弘托付给郑庄一户姓郑的人家养伤。

姓郑的这户人家很同情刘秀，而且非常善良，待宋弘亲如家人，端茶送水，好吃好喝，很是周到。特别是郑家女儿，长得虽不很漂亮，但为人正派，聪明大方，待宋弘像亲人一样，煎汤熬药，嘘寒问暖。宋弘非常感动，日久生情。等宋弘伤好后，两人便结为夫妻。

后来宋弘跟随刘秀南征北战，屡立战功，终于帮刘秀得了天下。还先后为汉室推荐和选拔贤能之士三十多人，有的官至相位。光武帝刘秀对他甚为信任和器重。

光武帝的姐姐湖阳公主新寡后，刘秀有意将她嫁给宋弘，便与湖阳公主共论朝臣。湖阳公主说："宋公（指宋弘）威容德器，群臣莫及。"刘秀听后正中下怀，于是召来宋弘。刘秀对宋弘说："谚言贵易交，富易妻，人情乎？"宋弘觉察到皇帝话里有话，便答曰："臣闻贫贱之交不可忘，糟糠之妻不下堂。"意思是：我听说，对贫穷卑贱的知心朋友不可忘，共患难的妻子不可抛弃。刘秀听后，知道宋弘不会休了自己的妻子而另攀高门，于是打消了给自己姐姐说媒的念头。

后人根据这个故事，将与自己生死相依、同甘共苦的妻子称为"糟糠之妻"。

◆为什么元配有"结发夫妻"之称？

在中国古代，不论男女都要蓄留长发。那时男子到二十岁时要行"冠礼"，即把头发盘成发髻，叫作"结发"，再戴上冠（帽子），表示成年了。所以，男子二十岁也称"弱冠"。女子到十五岁行"笄礼"，即把头发盘成发髻，再插上簪子，表示长大成人了。所以女子十五岁也叫"及笄"。可见，"结发"原指男女年轻的时候。

当女子订婚后，即用丝缨束住发辫，表示她已经有了对象，到成婚的当夜，由新郎解下。《仪礼》载："主人入室，亲脱妇之缨。"宋孟元老《东京梦华录》载，"凡娶妇，男女对拜毕，就床，男左女右，留少头发，二家出匹缎、钗子、木梳、头须之类，谓之合髻"。此种礼仪是结发的变种，盛行于唐、宋以后。新婚夫妇，在饮交杯酒前各剪下一绺头发，绾在一起表示同心。

后来，人们就称首次结婚为"结发夫妻"，即原配夫妻。若再婚，男方称续弦。

◆丈夫为什么称妻父为"泰山""岳父"？

古代帝王常临名山绝顶，设坛祭祀大地山川，显示帝王的威仪，史称"封禅"。封禅时，还要封赏公侯百官。据说，将妻父称为"泰山"，与封禅有关。

据《酉阳杂俎》记载，唐玄宗李隆基到泰山封禅，丞相张说担任封禅使，他把女婿郑镒也带去了。按旧例，随皇帝参加封禅者，丞相以下的官吏都可以升一级。郑镒本是九品官，张说却利用职权，把他连升了四级。在宴会上，唐玄宗看到郑镒穿着五品官服走来走去，觉得蹊跷，便去问他。郑镒支支吾吾，一时答不上来。这时，黄旛绰讽刺地说："此泰山之力也！"后人据此称妻父为"泰山"。

由上可知，"泰山"之称大致始自唐代。后来，由于泰山古称东岳，为五岳之首，所以又转而把妻父称作"岳""岳翁""岳父""岳丈"等。据文献记载，这些称谓大致始自宋代。妻母则称作"岳母"，在书面文献中，也有称作"泰水"的。

◆夫妻为什么也叫"两口子"？

在明朝洪武年间，南方某地书生高文敬一日外出，在河中救出一名唤作路春花的女子。两人一见钟情，私订终身。谁知春花被恶少罗大公子抢走纳为小妾。后借丫鬟小玉相助，高、路二人出逃，但却被罗大公子追上，相互撕扯中罗坠崖身亡。罗家势力强大，高、路二人被打入死牢候斩。洪武帝朱元璋得知此事，亲自审问，终于真相大白。于是朱元璋便免除高、路二人的死刑，将二人分别发配到湖北的桃园口和安徽的金山口。虽远隔千里，但二人感情如旧，当地人都很敬重他们，称他们为“两口子”。

另外一个版本则是清朝时的事儿。说的是乾隆年间，山东有一个叫张继贤的才子，偶识本地恶少石万仓的妻子曾素箴。二人一见钟情，遂私下往来。石万仓是个嗜酒成性的人，一次因酗酒过度而一命呜呼。石家人怀疑他是被曾素箴害死的，就告到县衙，说曾素箴因奸杀死亲夫。县官便将张继贤和曾素箴两人判为死罪。乾隆皇帝在阅案时，无意中看到张继贤的供状文笔不凡，十分惊讶，有心救他。因此，乾隆御批将张继贤和曾素箴分别发配到微山湖的卧虎口和黑风口。免于一死，况且发配的两地相距不远，可以互相往来，张、曾二人喜出望外。此后，他们经常来往于“两口”之间，渐渐地就被人们称为“两口子”。

后来，人们就用“两口子”泛指“夫妻俩”了。

◆称丈夫为“老公”始自何时？

在我国民间，夫妻之间常互称“老公”“老婆”。相传此称呼最早出现于唐代，至今已有一千多年了。关于“老公”“老婆”的由来还有一个有趣的故事呢。

唐代有一个名士，名叫麦爱新，他看到自己的妻子年老色衰，便嫌弃老妻，产生了再纳新欢的想法，并写了一副上联放在案头：“荷败莲残，落叶归根成老藕。”他的妻子看到了，从联中读出了丈夫弃老纳新的念头，于是便提笔续了一副下联：“禾黄稻熟，吹糠见米现新粮。”这副下联，以“新粮”对“老藕”，不仅十分工整贴切，新颖通俗，而且，“新粮”与“新娘”谐音，饶有风趣。麦爱新读了妻子的下联，被妻子的才思和拳拳爱心打动，便放弃了弃旧纳新的念头。妻子见丈夫回心转意，不忘旧情，乃挥笔写道：“老公十分公道。”麦爱新也挥笔写道：“老婆一片婆心。”

从此以后，“老公”“老婆”开始广泛传播开来，成为男女对配偶的称呼。

◆姐妹的丈夫之间雅称“连襟”有何讲究？

在我国民间，人们把姐妹们的丈夫俗称为“一担挑”或“一条绳”。在西北地区又称“担子”，而书面语言则雅称为“连襟”。

“一担挑”，挑的当然是女婿。谁来挑呢？挑者只能是老丈人。决定称呼的基点，不是姐妹们自己，而是其男性长辈；再看“一条绳”，决定该称呼的基点表面上看是绳子，而实际上却是姐妹们之间的关系。因此，我们既可以理解为几个男人被一条绳子拴在一起，也可以理解为绳子上拴着几个男人及其各自的妻子。“连襟”既克服了“一担挑”，以父辈拐弯抹角地说女婿之事的“隔”，又不像“一条绳”用绳拴人那样过于“庸俗”，从而产生雅俗共赏之效果。该词还将老丈人与女婿的关系表现得恰到好处，既形象贴切，又含蓄蕴藉。

“连襟”一词最早出现在杜甫《赠

李十五丈别》诗中:“孤陋忝末亲,等级敢比肩。人生意气合,相与襟袂连。”事实上,用衣襟作比说事,古已有之。如古时连襟之间可以互称“襟兄”“襟弟”,古诗词中带“襟”字的丽词佳句也不乏其例,这无形中又给这个称谓增添了一些历史内涵和文化底蕴。

◆嫉妒恋人另寻新欢为何戏称“吃醋”?

在男女两性关系方面如果产生嫉妒的情绪,甚至出现争吵、打架的现象,俗称“吃醋”或“捻酸吃醋”。那么为什么把嫉妒和食醋联系在一起呢?

话说唐朝时期,一天,唐太宗看到重臣房玄龄的脸上有伤痕,随即问起缘由。房无奈之下只好道出真相:是被妻子抓破的。太宗大怒:“天下竟有如此悍妇,伤朕爱卿,罪不可赦。”唐太宗当即召房玄龄之妻上殿,对她说:“爱卿日夜操劳国事,汝不能尽伺候之责,反如此凶悍。朕今赐美女以侍爱卿,汝当领旨。”

房妻表示不能接受。太宗龙颜大为不悦,便说:“若宁不妒而生,宁妒而死?”意思是,若要嫉妒就选择死,并给她准备了一壶“毒酒”。性子刚烈的房妻没有犹豫,面无惧色地接过“毒酒”一饮而尽,以示为维护感情“宁死而妒”。但奇怪的是,毒性却久久没有发作。太宗哈哈大笑,原来杯中盛放的只是醋。以醋来代替毒酒,目的仅在于吓唬房妻而已。由此,“吃醋”一词沿用至今,已成为男女嫉妒对方另觅新欢的代名词。

◆房事称为“云雨”最初来源于哪里?

人们把男女缠绵情爱之事称作“巫山云雨”,最早见于春秋战国时期的楚辞《高唐赋》《神女赋》等古文。这些古文写的是楚襄王和宋玉一起游览云梦台的故事。

楚襄王与宋玉在游览云梦台时,宋玉说:“先王(楚怀王)曾经游览此地,玩累了便睡着了。在梦中见到一位美女。她自称巫山之女,愿意献出自己的枕头、席子给楚王享用。楚王知道弦外有音,非常高兴,立即宠幸了那位巫山美女。巫山女临别之时告诉楚怀王说,如再想臣妾,就来巫山找我,早晨是‘朝云’,晚上是‘行雨’。”

后来,“云雨”一词越来越多地见于各种诗文辞赋。久而久之,“云雨”渐被人们所接受。人们认为用“云雨”一词形容男欢女爱既生动形象,又文雅贴切,于是“云雨”便成为古代小说中描写男女房事的常用词语。

◆人们为什么爱用鸳鸯指称相爱的男女?

我国古代最早是把鸳鸯比作兄弟的。南朝梁萧统编著的《文选》中有“昔为鸳和鸯,今为参与商”“骨肉缘枝叶”等诗句,这是兄弟之间赠别的诗。晋人郑丰在《鸳鸯》序中说:“鸳鸯,美贤也,有贤者二人,双飞东岳。”这里的鸳鸯是比喻陆机、陆远兄弟的。

唐代诗人卢照邻在《长安古意》一诗中,用“愿作鸳鸯不羡仙”赞美了美好的男女爱情,最先用鸳鸯比作夫妻。此后文人竞相仿效。如崔豹在《古今注》中说:“鸳鸯,水鸟,凫类,雌雄未尝相离，人得其一，则一者相思死。”明人李时珍在《本草纲目》中指出，“终日并游”，“雄鸣曰鸳，雌鸣曰鸯”。

于是，在人们心目中，鸳鸯成了永恒爱情的象征，一夫一妻、白头偕老的表率，甚至认为鸳鸯一旦结为配偶，便陪伴终生。一方先亡，另一方会选择孤独凄凉地度过余生。其实这只是文人墨客的美好愿望。鸳鸯在生活中并非总是成对生活的，配偶也非终生不变。

◆为什么未婚少女被称为“黄花闺女”？

南北朝刘宋时，宋武帝有位女儿寿阳公主，生得十分美貌。有一天，她在宫里玩累了，便躺卧于宫殿的檐下，当时正逢梅花盛开，一阵风过去，梅花片片飞落，有几瓣梅花恰巧掉在她的额头。梅花渍染，留下斑斑花痕，寿阳公主被衬得更加娇柔妩媚，宫女们见状，都忍不住惊呼起来。从此，爱美的寿阳公主就常将梅花贴在前额。

寿阳公主这种打扮被人称为“梅花妆”。传到民间，许多富家大户的女儿都争着效仿。但梅花是有季节性的，于是有人想出了法子，设法采集黄色的花粉制成粉料，用以化妆。这种粉料，人们便叫作“花黄”或“额花”。由于梅花妆的粉料是黄色的，加之采用这种妆饰的都是没有出阁的女子，慢慢地，“黄花闺女”一词便成了未婚少女的专有称谓了。

◆“冠盖”为何成了仕官的代称？

在古代，官员佩戴的冠冕是区别官员品级的主要依据之一，官员出行乘坐的“官车”车盖同样体现等级制。

西汉景帝曾于公元前145年颁布官车使用规定：

（1）不同官员驾车马匹数量有差，马匹越多官爵越高。

（2）车厢两旁用以遮蔽尘土的屏障，官品六百石以上至千石的可以将左边漆成红色，两千石以上的可以将两边都漆成红色。车辆上避雨遮阳的车盖，平民乘车只许用青布盖，官吏两百石以下用白布盖，三百石以上用皂布盖，千石以上方可用皂缯覆盖。

就这样，冠服连同车盖合称“冠盖”，成了仕官的代称。

◆“乌纱帽”为什么是官职俸禄的象征？

“乌纱帽”也叫纱帽，其前身是古代男子裹头发用的幞头。东晋皇帝让在宫廷中做事的官员戴用黑纱制成的帽子，叫“乌纱帽”。南朝刘宋时，刘休仁创制了一种用黑纱抽边的帽子，也叫“乌纱帽”，当时无论官民、贫富，均可佩戴这种帽子。

隋朝时“乌纱帽”真正成为等级制度的标志。史料记载，隋朝文武官员的服饰有四种，乌纱帽上的玉饰也按官职大小而定：一品官乌纱帽上面的玉饰有九块，二品官有八块，三品官有七块，四品官有六块，五品官有五块，六品官以下不准装饰玉块。

宋朝对乌纱帽的形状加以改变。宋太祖赵匡胤为防止大臣在朝廷上交头接耳，就下诏在乌纱帽两边各加一个一尺有余的翅，并装饰不同的花纹以示官阶。

明朝以后，乌纱帽正式成为做

官的代称。据《明史·舆服志》记载："洪武三年定，凡常朝视事，以乌纱帽、圆领衫、束带为公服。"从此，乌纱帽变成了当官的"专利"品。官阶越大，纱帽的双翅越窄，反之则越宽。

清初顺治帝入关时，为笼络人心，收服明朝降臣，允许不少地方官员仍穿明朝朝服，戴明朝乌纱帽。等到清室统治巩固，才下令将官员戴的乌纱帽改变为红缨帽。但人们仍沿用"乌纱帽"一词，久而久之，"乌纱帽"便成为官职俸禄的象征了。

◆人们为何常用"领袖"指称最高领导人？

"领袖"一词最早见于《晋书·魏舒传》。西晋魏舒官至司徒，善断大事，持身清素。"文帝深器重之，每朝会坐罢，目送之曰：'魏舒堂堂，人之领袖也。'"魏舒仪表庄严，气度不凡，堂堂正正，晋文帝以"领袖"之词赞赏魏舒为朝臣之表率。后来，"领袖"就成了正在进行或曾经进行某项较为有影响力活动的最高领导人的称谓（一般为褒义）。

人们为何常用"领袖"一词指称最高领导人呢？原因有三：

（1）古人制衣时，领口袖口均单独用料，并镶以金边。因此衣领衣袖处于醒目关键处，含居于首位之意。

（2）衣领衣袖是衣服的提挈处，具有提携拔擢人才的权位。

（3）"领"谐音"引领"之"领"，"袖"谐音"优秀"之"秀"。"领袖"者，顾名思义，就是居于引领地位的特殊优秀的人物。

◆旧时百姓为何尊称州县长官为"父母官"？

"父母官"是旧时老百姓对州、县地方官的尊称。宋初王禹偁《谪居感事》诗中有："万家呼父母。"其自注"民间呼令为父母官"，这便是将地方官比作父母官的最早出处。那么，这一称呼是由何而来的呢？

《汉书·循吏传》载，西汉元帝时，南阳郡太守召信臣为政勤勉，"其治市民如子""好为民兴利"。他亲自指导农耕，经常出没于田间，住宿在农家，鲜有闲暇。因此，南阳郡"百姓归之，户口增倍，盗贼狱讼衰止"，"吏民亲爱信臣"，尊称其为"召父"。时光荏苒，至东汉光武帝刘秀建武七年（32年），南阳郡百姓又幸运地遇到了新太守杜诗。《后汉书·杜诗传》载，杜诗爱民如子，事事替百姓做主，全郡百姓家家粮丰衣足。百姓将他与此前的召信臣相比，说"前有召父，后有杜母"。这时"父母"一词已经有了地方官的含义。

此外，"父母官"也指家乡的地方官。古人为官其先是通过孝廉贤良方正等名目的举荐，后来主要通过科举考试，一旦成为朝廷的命官，出于避嫌的原因，常常是异地为官。这样就离开了家乡父老。而那些朝中的大官，除了本身祖籍就在京城的，大多数人父母都在地方，所以这些人对那些家乡的官也称为"父母官"，这就是我们常说的"家乡父母官"。

◆帝王除了"朕"还有哪些自称？

我国古代君王分为皇帝和国王。皇帝从秦始皇开始，把原先每个人都能自称的“朕”用于皇帝的专称。但有特例，那就是至尊、皇太后也可以自称“朕”。我国古代的国王（主要是秦以前的国王和后来分封的诸侯国王）则自称“孤”“寡”“寡人”“不穀”等等。“孤”，谓自己不能得众；“寡人”即“寡德之人”；“不穀”，穀可以养人，为善物，不穀即不善。这些都是君主的谦称。《老子》曰：“虽贵，必以贱为本，虽高，必以下为基，是以侯王称孤、寡、不穀。”显然，自谦背后，蕴含着笼络人心，以巩固一己统治的色彩。

◆皇帝为何被称为“九五之尊”？

“九”“五”两个数字与封建宫廷生活的各个方面，包括建筑有着密不可分的联系，有着至高无上的象征意义，只有封建帝王才能享有。这是为什么呢？

一种简单的说法为：古代把数字分为阳数和阴数，奇数为阳，偶数为阴。阳数中九为最高，五居正中，因而以“九”和“五”象征帝王的权威，称之为“九五之尊”。

还有一种说法是，九五之尊，原是《易经》中卦爻位名。九，阳爻；五，第五爻。《易经》中有：“九五，飞龙在天，利见大人。”孔颖达疏：“言九五，阳气盛至于天，故云飞龙在天……犹若圣人有龙德，飞腾而居天位。”后因以“九五”指帝位。

◆君主为何有“天子”“万岁”“陛下”等称呼？

古代对帝王称“君主”，又简称“君”。“君”字古体从“群”字，意即“群下之所归心也”。除此之外，君主还有“天子”“万岁”“陛下”等称呼。

（1）天子。“天子”即“天之骄子”，他拥有的权力是上天赋予的，因此“天子”的地位是至高无上的。

（2）万岁。“万岁”一词本是人们于喜庆时的欢呼语。如《战国策·齐策》记冯谖替孟尝君烧掉债券，“民皆呼万岁”。秦汉以后，臣子朝见国君，拜恩庆贺，以呼“万岁”为常，“万岁”一词又契合了君王长生不老的心理，于是，“万岁”成为帝王之代称。

（3）陛下。“陛下”一词本指侍卫在宫殿台阶下的国君近臣或侍卫人员。群臣与天子言，不敢直呼天子，恐有渎圣颜，故呼其身旁侍卫之人以传达。“陛下”遂成为对国君的尊称。与此相适应，用“殿下”称呼皇子、亲王、皇太后、皇后等。

（4）上、上主、皇上。由于皇位高高在上，故以“上”字代替皇帝。上主，指贤明的君主。皇上也是臣下对皇帝的称呼。晋陆机《皇太子宴玄圃宣猷堂有令赋诗》中有：“皇上纂隆，经教弘道。”

（5）圣、圣人、圣上、天王、天辟、人主、至尊，均是对皇帝的尊称。官、官家是对皇帝的敬称。天囚则是对皇帝的蔑称。

◆如何称呼与皇帝有关的事情？

皇帝即位称作“践阼”“践祚”“登极”“登庸”“御极”。

皇帝发出的指示，秦始皇改“命为制，令为诏”，后也称“旨”或“圣旨”“玉音”。

皇帝的文告称“皇榜”。清代

皇帝的批示或文书称“朱批”“朱谕”“上谕”。

臣下谄颂皇帝的诏令为“丝纶”“纶音”。

皇帝的容貌称“龙颜”，戴的帽子称“冕”，穿的衣服称“龙衮”，亦称“龙袍”“龙袍”。

皇帝乘的车称“辇”，外出称“行幸”。

皇帝所作所为与所用之物称“御某某”。

皇帝直接参与或授意的行为称“钦”，所用之印称“玺”。

侍奉皇帝称“尚”，如“尚衣”“尚食”“尚书”。

皇帝死了称“驾崩”，其坟墓称“陵”。

◆何时起，“王”被用作最高统治者的称谓？

古时，“王”是对国家最高统治者的称谓。“王”，在原始社会是“首领”“头目”的意思，所谓“占山为王”就是这个意思。当时，部落的首领就叫“王”。在中国五千年的文明史中，有记载的“王”是从夏王朝开始的。嬴政一统六国建立秦朝后，“王”改称“皇”，以后历朝历代的君王都称为“皇帝”。

◆太后或皇后什么情况下可称为“哀家”？

《三侠五义》第十五回中有：娘娘不觉失声道：“嗳哟！包卿！苦煞哀家了！”“哀家”，是死了丈夫的太后或皇后的自称。需要强调的是，只有在丈夫去世以后，太后或皇后方可自称为“哀家”。比如，咸丰在世之时，慈禧太后是无论如何都不能自称“哀家”的。另外，如果不是贵为太后或皇后，也是无论如何不能称“哀家”的。“哀家”的含义是自称可怜之人，无夫之哀。

◆皇后、太后为何都用“后”来称呼？

在古代宫廷里，皇帝拥有众多妻妾。皇帝的正妻称为“皇后”，也有古籍简称为“后”；而尊称皇帝的母亲为皇太后；皇帝的祖母则尊为太皇太后。这些尊称中为什么都带“后”字呢？“后”又有什么特殊的意义？

“后”最初指母权社会中的女性酋长。进入父权社会后，部族中的最高主宰转变为男性，但仍沿用“后”这个称呼。比如，夏商时期的最高统治者为男性，但仍被称为“夏后”“商后”。周朝以前，天子之妻皆称为“妃”，周朝开始则称为“后”。最高统治者则以“君”“王”“天子”等取代之前的“后”。就这样，“后”这个字转而指女性中地位权力最高者，比如“王后”“太后”“太皇太后”。

◆“老佛爷”是慈禧太后的特称吗？

有些历史小说将慈禧太后称作“太后老佛爷”。实际上，“老佛爷”的称号不是慈禧专用的，清代历届皇帝的特称都叫“老佛爷”。

历史上的帝王除了有“庙号”“谥号”“尊称”以外，有些还有“特称”。如宋代皇帝的“特称”叫“官家”，明代皇帝的“特称”叫“老爷”。

至于清代帝王的“特称”为什么叫“老佛爷”呢？这是因为女真族首领最早特称为“满柱”。“满柱”是佛号“曼珠”的转音，是“佛爷”“吉祥”之意。因此，女真首领历代相传，特称谓“满柱”。后来，有的显赫家族，世居高位的首领，起名就叫“满柱”。所以清代建立以后，将满语“满柱”汉译为“佛爷”，成为清朝历代皇帝的“特称”。慈禧让别人也称她为“老佛爷”，目的就是企图把自己比作皇帝。

◆人们为什么把帝王的女儿称为“公主”?

从战国时期起，帝王的女儿称“公主”。这个称呼是怎么来的呢?

中国古代民间嫁女儿，是由父亲主婚的。但是天子的女儿下嫁时，皇上是不能主婚的。于是找诸侯中同姓的人去代替皇帝主婚，而且只有仅次于帝王的“公”才可以胜任。

到秦汉以后，即由朝廷里的“三公”主管这件事。

这就是人们称呼帝王女儿为“公主”的由来。

◆“太上皇”这一称谓开始于哪个朝代?

汉高祖刘邦尊呼其父为“太上皇”，是这一称呼的开始。之后，“太上皇”的称呼，情况各不相同。有的是老皇帝主动传位其子，如宋高宗传位孝宗，孝宗传位光宗等。有的是儿子称帝，逼迫前皇帝老子引退，如唐肃宗称帝，迫唐玄宗退位。还有老子勉强让位给儿子，心中不愿意也不得不让出帝位，如唐高祖传位唐太宗。

历史上的太上皇们，因授受之际情况不同，各自境遇也有所差异。有的仍操持朝政，有的悠游度日，有的成为阶下之囚。历史上名副其实的有尊位有权势的太上皇，要算清高宗（即乾隆）了。他自恃“天威远震，武功十全”，宣称只做六十年皇帝（因其祖父康熙做了六十一年皇帝，不敢超越），自诩为“十全老人”。晚年兴建宁寿宫，刻“太上皇之宝”玉玺。85岁时，他正式当上了太上皇，但仍然掌握大权。

◆乾隆为何自诩为“十全老人”?

清乾隆帝曾自我总结一生有“十全武功”，因此自诩为“十全老人”。“十全武功”指的是清乾隆时期的十次重大军事行动：两次平定准噶尔之役，平定回部大小和卓之乱，两次金川之役，镇压台湾林爽文起义，缅甸之役，安南之役，两次抗击廓尔喀之役。其中，两平准噶尔及平回部最名副其实，此三役不但铲除自康熙年间就为祸西北的准噶尔部，而且将新疆并入大清版图。

乾隆五十六年（1791年），廓尔喀（今尼泊尔）再次侵入西藏。是年冬，清政府命福康安等率兵入藏，败廓尔喀兵。次年五月，进抵廓尔喀境内，八月逼近阳布（今加德满都）。廓尔喀军受挫，乃请降。当清兵凯旋之际，乾隆帝欣然回忆他即位后五十七年间在边疆地区建立的十大武功，于是作《御制十全记》，令写满、汉、蒙、藏四种文体，建碑勒文，以纪其事。

◆孔子为什么被称为“素王”?

在先秦文献中，“素王”本指远古帝王，还用以指有帝王之德而未居其位的人。

第一次将孔子与“素王”联系起

来是在西汉文帝时期。刘安在《淮南子》中指出，孔子虽然才智出众，勇力过人，但“专行教道，以成素王”。提倡“独尊儒术”的董仲舒则在《天人三策》中说：“孔子作《春秋》，先正王而系万事，见素王之文焉。”并认为孔子是“为汉制法”的“素王”。这一观点得到了西汉儒者的普遍赞同。

西汉大文豪司马迁虽然没有使用“素王”一词，但实际上也是同意董仲舒观点的。这也正是他撰写《史记》时把孔子列入“世家”的关键。再有，西汉刘向在《说苑》中也提到，孔子历七十二君而不遇，于是退而作《春秋》，“明素王之道，以示后人”。

综上所述，不难看出，孔子的“素王”之称，实际上是思想文化领域的无冕之王。

◆孔庙为何被称为文庙？

众所周知，孔庙是祭祀孔子的殿堂。文庙，作为孔庙的另一名称，起源于唐。唐玄宗开元二十七年（739年）封孔子为文宣王，因此，称孔庙为文宣王庙。明永乐年间，因武庙多建于文庙旁，民间就把与武圣人并列的文圣人孔子的庙，称为文庙。除此之外，孔庙还有其他几种名称：至圣庙、宣圣庙、夫子庙、先师庙、鲁司寇庙（孔子的家乡在鲁国，官职司寇）、儒学庙、黉学、学宫等。

学宫作为孔庙的一种别称，最直截了当地表明了这一建筑的实际功能，就是古代的学校。最高级别的学宫——太学，自元、明、清以来是北京孔庙。这是三朝皇帝祭祀孔子的地方，也是封建时代培养官员的最高学府——国子监的所在地。

◆北京的街巷为什么叫“胡同”？

“胡同”一词源于蒙古语，本意为“水井”，其最初的发音为“忽洞”。现在内蒙古地区用“井”做地名的也很多，“赛因忽洞”（好的井）、“哈业忽洞”（双井）。因为城镇居民生活离不开水井，所以有人居住的地方就必有水井，于是“井”便成为人们居住地的代称。蒙古人建立元朝后，也将此语带入中原，于是人们将“忽洞”逐步谐音为“胡同”。

◆人们为何用“鼻祖”称赞创始人？

“鼻祖”指最早的祖先、某领域的创始人。要想解释清楚为何将创始人称为鼻祖，首先得从“鼻”字说起。

“鼻”的本字为“自”字。甲骨文和金文中的“自”字都像人的鼻子的模样。“自”在古文中一般做第一人称代词，即解为自己。既然“自”字做了人称代词了，那么要写“鼻子”的“鼻”时，又该用哪个字呢？为了区分，便又另造了一个形声字“鼻”代替。从此，“自”和“鼻”就有了不同的分工。

自的本义是“鼻子”，人们常常说到自己的时候指着鼻子。还可以引申为介词“从”“自”，再引申为动词“始”。《说文解字》里有“今俗以始生子为鼻子”的说法，就是把生的第一个儿子称“鼻子”。这里的“鼻”字的意思即第一、最初或开始的意思，这个意义正是从“自”而来的。所以最早的祖先、创始的祖先就称“鼻祖”。

◆为什么夸口说大话称作“吹牛”？

人们常把好说大话比作“吹牛”或“吹牛皮”。这是为什么呢？

据传，在很久以前，黄河河套地区，既没有桥，也没有船。人们常用的水上交通工具是筏子。这种筏子大都是用牛皮制成的，人们便称之为“牛皮筏子”。

“牛皮筏子”不是公用物，而是人们日常的家备交通工具。平时不用的时候，收放在家中；需用的时候，才往“牛皮筏子”里吹足气，使它能载人漂流于水面。但是呢，“吹牛皮筏子”是件很费劲的事，一般都得几个人通力合作才能吹胀一只牛皮筏子。因此，当时凡遇说大话的人，总有人以“好大的口气，简直可以吹胀一只牛皮筏子”的话来回敬。这样，“吹牛皮筏子”常常很自然地与“说大话”联系在一起。久而久之，“吹牛皮筏子”居然变成了“说大话”的同义语。

“吹牛皮筏子”常被略称为“吹牛皮”或“吹牛”。显然，“吹牛皮”或“吹牛”说起来更为顺口。这样，“吹牛皮”或“吹牛”就被作为“说大话”的同义语流传至今。

关于吹牛，还有一种有趣的说法，认为它与游牧民族的生活有关。游牧民族逐水草而居，最看重的财产就是牛马。因此，人们聚在一起时总喜欢谈论自己的牛马，其中就难免有夸大的成分。日久天长，“吹牛”之说流传开来，有了说大话的意思。

◆说话不算数为何又称“食言”？

《左传》中记载，春秋时，鲁国大夫孟武伯，说话一贯无信，鲁哀公对他很不满。有一次，鲁哀公举行宴会，孟武伯照例参加。有个名叫郭重的大臣也在座。这郭重长得很肥胖，平时颇受哀公宠爱，因而常遭孟武伯的嫉妒和讥辱。这次孟武伯借着向哀公敬酒的机会，又向郭重道：“你吃了什么东西这样肥胖啊？”鲁哀公听了，想起孟武伯屡次违背诺言、不肯接自己回国的事情，便指桑骂槐地替郭重答道：“食言多也，能无肥乎！”意在讽刺孟武伯惯于说话不算数。孟武伯顿时面红耳赤，在众人面前感到万分难堪。

后来，人们便将说话不算数称为“食言”。《尔雅》有云：“食，言之伪也。……言而不行，如食之消尽，后终不行，前言为伪，故通称伪言为食言。”

◆北方人为何将争吵称为“抬杠”？

“抬杠”是一种借着机灵巧诈的嘴上功夫指责别人，而同时也闪避别人指责的文化习惯。“抬杠”可视作耍嘴皮。人们为何将“争吵”称为“抬杠”呢？这还得从我国北方地区“抬杠会”的习俗说起。

在我国北方地区，每年农历正月十五日元宵节这一天，就会有身强力壮的人抬着竹杠，上面有轿子，一个伶牙俐齿的小丑坐在里面。他们抬着竹杠和轿子在人群里穿梭，围观的人则和那个小丑随机式的比赛斗嘴，甚至用自认花巧的话来对骂。久而久之，人们就把类似斗嘴的对话称为“抬杠”。

这种“抬杠会”在清兵入关后，成了“抬杠”的起源。满族作家文康在所著的通俗小说《儿女英雄传》里即说："只看孟子与告子两个抬了半生的杠，抬到头来，也不过一个道得个'食色，性也'，一个道得个'乃若其性，则可以为愈矣'。"

◆"王八"为什么会成为骂人的话呢？

王八，是乌龟或鳖的俗称，是日常生活中人们经常用来骂人的话，泛指品行极为卑鄙龌龊的坏人，那么，它为什么会成为骂人的话呢？

相传，"王八"最初并不指乌龟或鳖，而是指一个人，就是五代前蜀主王建，因他排行第八，所以人称王八。王建在唐朝末年因镇压农民起义有功，被封为蜀王，后来自己称帝。他年少时是个泼皮无赖，惯于偷盗，专干屠牛盗贩私盐的事，邻里人恨之入骨，称呼他为"贼王八"。这是"王八"被赋予骂人含义的开端，慢慢地就固定成骂人的话了。

还有一说，认为"王八蛋"是"忘八端"的谐音。古时的"八端"指"孝、悌、忠、信、礼、义、廉、耻"，此"八端"为做人之根本，忘记了这"八端"即忘记了做人的根本，那些忘记"八端"的人即被骂为"忘八端"。可能因为"王八蛋"比"忘八端"更为通俗易懂吧，后来，"忘八端"逐渐演变成"王八蛋"，用以骂人。

◆"恭维"为何被称作"戴高帽"？

恭维被称作"戴高帽"，这个典故出自古代笔记体作品《笑林新雅》里的一则趣闻。

《笑林新雅》里有这样一个关于"戴高帽"的笑话：有个人出京去做地方官，去和他的老师告别。老师说："出外做官，很不容易，千万要谨慎小心！"这个人回道："请老师放心，门生已经预备好高帽子一百顶，每人送一顶，管叫地方上人人高兴！"老师发怒道："我们应以忠直之道对待别人，何须如此呢？"这个人装作无可奈何的样子说："天下像老师这样不喜欢戴高帽的人，能有几个呢！"老师听了很高兴地点头说："你讲的也不错！"这个人出来后对朋友说："我的一百顶高帽子，已经只剩下九十九顶了！"

◆"糊涂虫"为何被称为"二百五"？

"二百五"是个感情色彩很浓的贬义词，常用来形容那些脑子缺根弦的糊涂虫。这个典故来源于这样一则趣闻。

战国时期，著名的纵横家苏秦在齐国很受齐王宠爱。齐国大夫中有许多人和苏秦争宠，派人刺杀苏秦未遂。齐愍王（亦称齐闵王）派人到处捉拿凶手，却始终没有捉到。可怜的苏秦，由于受伤过重，自知时日不多，临终前，他对齐愍王说："我马上就要死了，请您在人口集中的街市上把我五马分尸示众，就说'苏秦为了燕国在齐国谋乱'，这样便能抓到刺客。"

苏秦死后，齐愍王便吩咐左右把苏秦的头从尸体上割下来，且悬挂在城门上，然后在下面贴了一道悬赏榜。榜上写道：苏秦乃内奸，杀了他是为我们齐国除了大害，当赏黄金千两，望除奸的壮士前来领赏。结果，榜文一上墙，马上就有四个人前来，声称苏秦是自己亲手所杀，要求齐王明查后赐赏。

闻此，齐愍王大声说道："你们四

位是真正的‘勇士’吗？一千两黄金，你们四个人分，每人分多少呢？”四人不约而同答道：“每人二百五。”话音刚落，便听见齐愍王“啪”的一声拍案，大怒道：“来人，把这四个‘二百五’推出去斩了！”

从此，“二百五”的说法就流传开了，成为一个颇带贬义色彩的流行语。

◆代人作文为何称为“捉刀”？

古人把代人作文称为“捉刀”，这与三国时期的曹操有关。

魏国曹操统一北方后，声威大振，各少数民族部落纷纷依附。北匈奴派使者送来了大批奇珍异宝，使者请求面见曹操。曹操将身姿高扬、眉目疏朗的崔琰召来，命他代为接见使者。接见时，崔琰正中端坐，接受了匈奴使者的拜贺。曹操则扮作侍卫模样，手握钢刀，挺立在坐榻旁边。接见完毕后，曹操派人询问匈奴使者印象如何。使者不假思索地说：“魏王俊美，丰采高雅，而榻侧捉刀的那个人气度威严，非常人可及，是为真英雄也！”

后来，人们便称代他人做事为“捉刀”，而用得最多的是称谓代人作文，如“捉刀代笔”。

◆请人修改作品为什么称“斧正”？

《庄子》载：楚国一郢人和石匠各有一套绝技：郢人在鼻尖上用白粉涂上苍蝇翅膀似的薄薄一层，石匠能用斧子把这层白粉轻轻削去。石匠表演时，态度从容，抡起大斧，顺着郢人的鼻尖削下，只听得斧子在空中“呼”的一声，白粉就完全被削掉。而郢人的鼻子却丝毫不受损伤。郢人也脸不变色。

后人由此引申出“斧正”一词，意思是请人像石匠抡起斧头削白粉那样，帮助自己削删文章。“斧正”，又称“郢正”“郢削”“斧削”“斫鼻”。这是对修改者使用的敬语，以此赞其水平高，修改起来，犹如石匠给郢人用大斧削去白粉般干净利落，恰到好处。

◆史书为何又被称为“汗青”？

南宋文天祥曾有诗云：“人生自古谁无死，留取丹心照汗青。”这里的“汗青”指的是史书。古人用“汗青”指称史书，与古代的书写材料关系密切。我国古代在纸张没有普及之前，人们用于书写的主要材料是竹、木简。书写前，要先将竹、木简放在火上烤，去掉水分，烘烤时，竹木简被烤出了水，像出汗一样，因此将这个程序称为“汗青”。干后的竹、木简，既容易书写而且不易生虫。后来，人们便用书写材料代称书写结果，用“汗青”代称著作，后来特指史册。

人们常将影视作品拍摄完成称作“杀青”，这也与古代书写用的竹、木简有关。古代著书，每一篇文章或一本书的草稿往往先写在青竹的表皮上，青竹的表皮比较光滑，需要修改时，很容易将原来的字迹擦掉。待定稿后，再写在加工好的竹、木简上。“杀”字的意思是削、刮，因此，人们称著作定稿为杀青。后来，又将“杀青”应用到影视剧的拍摄上。

◆没有根据地编造为什么称为“杜撰”？

平常人们常把那些无中生有、凭空捏造出来的故事或文章说成是“杜撰”的，或说是由某某“杜撰”的。那么，为什么要说“杜撰”而不说

“张撰”或“李撰”“赵撰”呢?“杜撰”一词的由来是否与一个姓杜的人有关呢?

说法一:相传,古时候有个叫杜默的人,喜欢作诗。但是,他写的诗,内容空乏,不着边际,毫无真情实感。而且,他的诗不讲韵律,有人说他写的东西,诗不像诗,文不像文,实在是不伦不类。因此,人们每逢看到不像样的诗文就脱口而出:“这是杜默撰写的。”后来这句话逐渐简化为“杜撰”。再后来,“杜撰”就是不真实地、没有根据地编造的意思了。

说法二:道家鼻祖老子作《道德经》。汉代老子被奉为道教教主,尊为太上老君。李唐王朝又认老子(因老子姓李,名耳,字聃)为族祖。这时道教成为国教。然而,佛教已在中国发展壮大,道教若想快速发展就得与佛教相抗衡,而且首先要在经典上占有一定的分量。当时有一个进士出身的人,名叫杜光庭。他依据佛经的义理,曾编写《老子化胡经》。书上说,老子到印度后,摇身一变成了释迦牟尼。显然,这都是胡编乱造的,没有任何根据。后来,人们就把那些没有任何事实根据、信手胡乱编写的著作或胡诌的故事称为“杜撰”。

◆为什么用“桃李”指称老师所培养出的学生?

“桃李满天下”是形容老师教的学生很多,遍布各地,“桃李”是学生的代称。

春秋时期,魏国大臣子质学富五车。由于得罪了魏文侯,就跑到北方一旧相识家里躲避。子质不愿意加重朋友的生活负担,便想开个学馆,收一些学生教读,借以糊口。朋友便腾出两间空房作为教室。子质收学生不分贫富,只要愿学的都可以拜他为师。

凡是来上学的学生都跪在桃李树下认先生。子质指着已结果的两棵树教导学生们说:“你们都要刻苦学习,要像这两棵树一样开花结果。只有学问高,才能做出一番大事业。”在子质的严格管教下,学生们发奋读书,学到不少真本领。后来,这些学生先后成才。他们感念子质的教诲,便在自己住处亲手栽种桃树和李树。待子质到各国游历时,碰到了在各国当官的学生,并看到了学生栽的这两种树,便自豪地说:“我的学生真是桃李满天下啊!一个个都很有作为!”

从此,当先生(老师)的就以“桃李”代指学生,并把学生多称作“桃李满天下”了。

◆古人为什么把故乡常称作“桑梓”?

在中国古代,桑、梓是与人们的生活关系极为密切的两种树。桑树的叶可以用来养蚕,果可以食用和酿酒,树干及枝条可以用来制造器具,皮可以用来造纸,叶、果、枝、根、皮皆可以入药。而梓树的嫩叶可食,皮是一种中药(名为梓白皮),木材轻软耐朽,是制作家具、乐器、棺材的美材。此外,梓树是一种速生树种,在古代还常被作为薪炭用材。正是因为桑树和梓树与人们衣、食、住、用有着如此密切的关系,所以古代的人们经常在自己家的房前屋后植桑栽梓,而且人们对父母先辈所栽植的桑树和梓树也往往心怀敬意。

久而久之，桑树和梓树就成了故乡的象征，“桑梓”也就成了故乡的代称。

◆“黎民”“百姓”最初是指普通大众吗?

当炎帝被蚩尤驱逐，逃到涿鹿，求助轩辕黄帝，并结成部落大联盟，共同攻打蚩尤时，并不是人人都有姓，一个部落往往只是只有几个姓的不同氏族群团，但作为一个部落联盟，其姓也就比较可观了。古人好举成数，以百而言多，故称这种军事大联盟中的人为“百姓”，战败被俘的九黎人，则被称作“黎民”，以与“百姓”相区别。

当时的“百姓”含义不同于后世所说的“百姓”，是有一定社会性地位的贵族的总称，如《国语》载:“民之彻官百。王公之子弟之质，能言能听彻其官者，而物赐之姓，以监其官，是为百姓。”而“黎民”或简称为“民”则是奴隶。随着时间的推移，历史的演变，百姓和黎民的差别越来越小，都成为被统治的平民。于是，终将“黎民”与“百姓”联在一起，统作普通人民的一种称谓了。关于“百姓”的称谓，古代常见的有布衣、黔首、黎民、生民、庶民、黎庶、苍生、黎元、氓等。

◆“五官端正”中的“五官”最初指什么?

相传黄帝战胜蚩尤后，定都涿鹿城，并开始了治世大业。他任人唯贤，量才使用。经过挑选，黄帝封了一些适于办理国家大事的官员，专司其职。他封驯服七种野兽、大败蚩尤的马师皇为牧政官，管理衣食住行和驯服六畜；封在战场上救死扶伤和采集治创良药的炎帝为医政官，管理医药和治疾；封理财有方的嫘祖为财政官，专管国家的经济和出纳；封屡立战功的力牧大将军为军政官；封联系各部落有功的伏羲氏为行政官。

在朝任职的这五位官员都做出了很大的贡献，因而得到黄帝的嘉奖。黄帝指着五位官员说:“多亏了五官的臣子相助，方使得我脸上增了光彩呀!”后来，人们称脸上的口、鼻、眼、眉、耳为“五官”。

◆“六亲不认”指哪六亲?

自古以来，关于“六亲”的说法有好几种。

西汉贾谊在《新书》中指出:“人有六亲，六亲始曰父，父有二子，二子为昆弟；昆弟又有子，子从父而为昆弟，故为从父昆弟；从父昆弟又有子，子从祖而昆弟，故为从祖昆弟；从祖昆弟又有子，子以曾祖而昆弟故为曾祖昆弟；曾祖昆弟又有子，子为族兄弟。务于六，此之谓六亲。”由此得出，“六亲”之始，是“父”，六亲都是一个族内同宗的亲属，一共涉及六代人。

《汉书》中出现过“六亲”这个词语，而且有好几处，不过给这些文字做注解的人，却提供了不同的解释。其中一个说法称，“六亲”包括父、母、兄、弟、妻、子。

◆额前的头发为什么称“刘海”?

人们常把额前垂留的头发叫作“刘海”，各式各样的刘海是千变万化的发型中不可缺少的一部分。据说，额前的头发之所以被称为“刘海”，与神仙刘海有关。

相传，古时有位仙童叫刘海，在民间传说中，他的额前总是垂下一列整齐的短发，显得童稚、可爱。后代画师所画的仙童肖像常以刘海为样。在著名的民俗画《刘海戏金蟾》中，他额前垂发，骑在蟾背上，手舞一串铜钱，显得天真活泼。此后，小孩或妇女额前留的短发，便被称为刘海。古时的刘海一般只有孩童和妇女才留，男子是通常没有刘海的。

此外，还有一种说法，认为刘海原本是“留孩”，即指小孩子所留的头发。由于“刘海”与“留孩”古时发音基本相同，而“留孩”又本为口语俗称，不太雅观，故书面文字就常把它写作“刘海”。

◆黑头发除称为“青丝”，还有哪些别称？

古人把头发称为“青丝”，在古汉语中“青”有“黑”的意思，所以“青丝”有“黑发”的意思。此外，还有“乌丝”之说，与“青丝”意同，“乌”也指“黑”。青黛也可表示黑发，但多用于女性。其中，“青”“黛”都是“黑”的意思。再有，南北朝时期北朝民歌的代表作《木兰诗》曰：“当窗理云鬓，对镜贴花黄。”这里的“云鬓”亦有秀发乌黑之义。其他带有引喻义的还有“三千烦恼丝”。另外，小孩的头发也可用“总角”“垂髫”来形容，但多含有指代年龄的意思。

◆古人为什么把旅费称为盘缠？

我们在前人典籍文字中常见到的“盘缠”一词，大多专指旅费。原因如下：

我国古时大部分的朝代里，民间都是使用中间有孔的铜钱作为货币的。如果要出行，就得多带些铜钱。于是便用细绳把钱穿起来，这种细绳叫“贯”。通常把穿在一起的一千钱叫一贯钱或一吊钱。古时没有旅行支票、信用卡，就算纸币也是后来才有的。于是，人们在出远门办事探亲之时，只能带上笨重的成串铜钱上路。把铜钱盘起来缠绕腰间，既方便携带，又安全，还便于花费时计算，因此，古人将这又“盘”又“缠”的旅费称作“盘缠”。现在当然仍可将旅费说成“盘缠”。

◆怎样的喜事可以被称为“弥月之喜”？

婴儿出生后，满一个月时称为“弥月”。弥月礼俗最重要的有下面三件事：

（1）祭拜祖先。在满月日，准备油饭、鸡酒等丰盛祭品祭拜祖先，并将孩子的出生时辰与姓名告知祖先，求取庇佑。除祭拜祖先外，有的家庭也会宴客大肆地庆祝。

（2）外家礼赠答。满月之日，婴儿的外婆家，会送礼物给外孙，称为送“头尾”。所谓“头尾”，就是礼物需涵盖婴儿“从头到尾”的用品，通常包括帽子、衣裤（外家礼送的衣服，衣领后要有“卍”字）、鞋袜和饰物。此外较讲究的人家，还会加送香蕉、红龟粿、红蜡烛等礼品。婴儿父母则以油饭、米糕、酥饼、团子等回赠。

（3）亲朋好友报喜讯。婴儿父母

通常会准备礼物，常见的有传统的油饭、红蛋。米做的油饭，表示繁殖之意，红蛋除因蛋形象征圆满无缺外，又取“蛋可孵鸡，鸡又生蛋”生生不息之吉祥意味，因此由蛋做成的食物，都是弥月之礼中最重要的表征。

◆办事不成为何叫“黄了”？

为什么办事情没办成，人们往往叹息地说“黄了”呢？这还得从古时做生意说起。过去做生意，开张那天，门外要贴喜报，大红纸上要写“开张大吉”四个字。如果买卖没经营好，或者掌柜的要转行做别的生意，也要贴告示。这时候老板就要用黄纸，写上“收市大吉”四个字，贴在门上。由此，人们就将别人店面关门或生意失败说成“黄了”。久而久之，“黄了”的适用范围更广了，凡是没有办成的事情都说成是“黄了”。

◆男子可分为哪九个年龄阶段？

古人以十年为单元，将男子的一生大致分为九个阶段。分别是“幼”“弱”“壮”“强”“艾”“耆”“老”“耄”“期”。

据《礼记》载：“人生十年曰幼，学。二十曰弱，冠。三十曰壮，有室。四十曰强，而仕。五十曰艾，服官政。六十曰耆，指使。七十曰老，而传。八十、九十曰耄……百年曰期，颐。”

这段记载大致的意思是，男子十岁称幼，开始入学读书。二十岁称弱，举冠礼后，就是成年了。三十岁称壮，可以娶妻生子，成家立业了。四十岁称强，即可踏入社会工作了。五十岁称艾，能入仕做官。六十岁称耆，可发号施令，指挥别人。七十岁称老，此时年岁已高，应把经验传给世人，将家业交付子孙管理了。八十岁、九十岁称耄……百岁称期，到了这个年龄，就该有人侍奉，颐养天年了。

◆成人在古代都有哪些称谓？

冠者：指成年人。

待年、待字：指女子成年待嫁的年岁。

有室、有家：男子娶妻、女子出嫁之年。《孟子》中有：“丈夫生而愿为之有室，女子生而愿为之有家。”朱熹集注：“男以女为室，女以男为家。”

怨女：指年龄大而没有结婚的女子。

旷夫：指年龄大而没有结婚的男子。

◆老人在古代都有哪些称谓？

《礼记》中有：“五十杖于家，六十杖于乡，七十杖于国，八十杖于朝，九十者，天子欲问焉，则就其室，以珍从。”因此，古人以“杖家之年”指称“五十”；以“杖乡之年”指称“六十”；以“杖国之年”指称“七十”；以“杖朝之年”指称“八十”。

斑白：老人。

黄发：指长寿老人。

皓首：白头，指年老。

眉寿：人老了眉毛长，所以称眉寿。

姥：年老的妇人。

暮齿：晚年、暮年。

暖寿：旧俗在过生日的前一天，家里的人和关系较近的亲友来祝寿。

万寿：大寿，高寿之意。

遐龄：指人长寿高龄。

◆儿童在古代都有哪些称谓？

童孺：儿童。

垂髫：指儿童。儿童垂发叫髫。

髫年：童年。

髫龄：童年。

龆年：童年。龆，儿童换牙。

束发：指青少年。

稚：称年龄小的为稚。

膝下：幼年，言子女幼年仅能依附父母的膝下。《孝经》中有：“故亲生之膝下，以养父母日严。”

孺子：儿童。《孟子》中有：“有孺子歌曰：‘沧浪之水清兮，可以濯我缨；沧浪之水浊兮，可以濯我足。’”也用作老人对年轻后生的称呼。

◆主席是如何演变为官位的？

我国古代没有桌椅，人们席地而坐。席地而坐也颇讲究，先铺上房间那么大小的席子叫“筵”，每个人坐的小垫子叫“席”（跟现代的椅垫和蒲团差不多）。现在大家常说的“酒席”“筵席”“酒筵”意思相近，就是从大小不同的筵、席来定名酒宴的。古人进屋，先脱鞋，再走过筵，坐在席上。入席时，客人有客座，主人中的长辈独自坐在正位或主家席位，叫作主席。后来“主席”称谓叫开，慢慢演变成现在的会议主持人，或是国家、团体、公司的领导人的职位名衔了。

第四辑 学制、科举

科举考试

◆两汉时期的征辟制是怎么回事？

征辟制是汉武帝时开始推行的一种自上而下选拔官吏的制度。东汉沿袭西汉，在任官制度上实行察举制、征辟制和任子制。下面，我们着重介绍征辟制。

所谓征辟制，也可以分为“征”和“辟”两类：

（1）朝廷特征士人，为“征召”。比如，《汉书》中写到，汉武帝特征《诗经》专家鲁申公，是“遣使者安车蒲轮，束帛加璧，征鲁申公”。

（2）长官自行辟除士人，为“辟除”。如《汉书》中有：“孙宝字子严，颍川鄢陵人也。以明经为郡吏。御史大夫张忠辟宝为属。”

西汉时期，既有“征召”，也有“辟除”，二者可以合称“征辟”。东汉亦如此。

◆察举制是从哪个皇帝起成为选官常制的？

察举制是中国古代选拔官吏的一种制度，主要特征是由地方长官在辖区内随时考察、选取人才并推荐给上级或朝廷，经过试用考核再任命官职。

汉高祖刘邦首下求贤诏，要求郡国推荐具有治国才能的贤士大夫，开察举制先河。惠帝、吕后诏举“孝悌力田”，察举开始有了科目。严格地说，察举制度是从文帝开始的，他下诏要求“举贤良方正能直言极谏”者，并且定下了“对策”（考试）和等第。武帝时察举制达到完备，有了统一的选才标准和考试办法，成为选官常制。

考试是汉代察举制度的重要环节。被举者经考试后，由朝廷量才录用，这样既保证了选才标准能贯彻实行，选出真正的人才，还能保证竞争的相对公平，令下层人士有进入国家管理层的可能。隋唐以后，发展成延续一千多年的科举制度。

◆哪个朝代的科举制分为常科和特科两类？

汉朝为适应国家统治的需要，建立了一整套选拔官吏的制度，名为察举制。察举是自下而上推选人才的制度，也叫“选举”。

汉代察举科目分为特科和常科（岁科）。特科是不定期的临时由皇帝下诏举行的科目，其中以“贤良方正”为最重要。常科则是定期举行且有具体名额和规定的科目。汉武帝元光元年（前134年），根据董仲舒的建议，“初令郡国举孝廉各一人”。这是中国历史上岁举科目的开始。汉代察举的常科有孝廉、茂才（秀才）、察廉（廉吏）、光禄四行。但实行最为普遍、察举人数最多的还是孝廉科。

汉文帝时要求举贤良方正，汉武帝时要求举孝廉。然而，后来的史实表明，仅仅考察德行，无法公正选拔人才。“举秀才，不知书；察孝廉，父别居。寒素清白浊如泥，高第良将怯如鸡。”这一东汉民谣正是察举制名不副实的生动反映。

◆“秀才”和“孝廉”是什么身份？

“孝廉”之设，始于汉武帝元光元年（前134年）。“孝”是指孝敬父母；“廉”是指清廉勤政。“孝廉”出身的官吏，更被认为是“正途”“清流”，很被看重。

察举岁科之一“秀才”，东汉时为避光武帝刘秀讳，改作茂才。汉武帝元封五年（前106年）下诏，“令州郡察吏民有茂才异等可为将相及使绝国者”，这是此科之始。茂才多为现任官吏。这些现任官吏举“茂才”后，因本身资历高，多起用为县令（千石）。

被举的“廉吏”，最初都是小官，大概他们忠于职守，特别是为官清廉，才被“举主”看中，作为察举的对象。

“光禄四行”的选拔标准则是四种品行：质朴、敦厚、逊让、有行（或作节俭）。

◆以科举取人才始于何时？终于何时？

中国历史上通过考试选拔官员的科举制度，源于汉朝，创始于隋朝，确立于唐朝，完备于宋朝，兴盛于明、清两朝，废除于清朝末年，历经隋、唐、宋、元、明、清。

话说隋文帝杨坚统一天下后，为了使各地的人才脱颖而出，采取了考试的方法。开皇七年（587年），文帝定制，每州每岁贡士三人，州县保荐贡士的标准是文章华美者。开皇十八年（598年），隋文帝又以志行修谨（有德）、清平干济（有才）两科举人。这个制度，到了其子隋炀帝杨广执政时，又有所发展。大业三年（607年）定十科举人，其中有“文才秀美”一科，即进士科，提倡文人以诗赋获取功名。

光绪三十一年（1905年），袁世凯、张之洞奏请立停科举，以便推广学堂，咸趋实学。清政府诏准自1906年开始，所有乡会试一律停止，各省岁科考试亦即停止。倘若从隋朝大业三年（607年）的进士科算起，科举制在存在一千三百年后，退出历史舞台。

◆古代的武举制度起于何时？又废于何时？

在中国古代科举制度中，专门为选拔军事人才而设的武举，始于唐代武则天长安二年（702年）。当时规定，凡是平时习练武艺者，均可参加武举考试。考试项目有射箭、武技（拳术、格斗）、体力（长跑、举重、负重行走）、相貌、身材、应对和辨才（策对）等。兵部将录取者的成绩分为三等，然后量才授官。

明宪宗成化十四年（1478年），始设武科乡试、会试。乡试在各省城举行，录取者称“武举人”，第一名称“武解元”。会试在乡试后的次年春天在京城举行，乡试合格者才能参加，录取者称“武贡生”，第一名称“武会元”。明思宗崇祯四年（1631年），开始举行武科殿试。即由皇帝在京都太和殿亲自主持进行的考试，因此也叫“廷试”，只有会试录取者才能参加。殿试及格者，均称“武进士”，其中第一名称“武状元”。

清代增设武科试，又称“武岁考”。录取者称“武秀才”。分内外场。外场考试科目有马箭、步箭、弓、刀、石等，内场考《武经》，外场合格者才可入内场。清光绪二十七年（1901年）武科举废止。

◆唐代盛行的“投卷”“荐举”是怎么回事？

唐开元二十九年（741年），担任礼部侍郎的韦陟认为，以往科举取士皆以考场中所答试卷优劣来决定录取，难以充分考察一个人的实际才学，从而开创“投卷”之风。唐代有许多著名人物便是通过投卷、荐举等方式参与科举，进入仕途的，诗人王维便是一例。

唐代科举允许人们向主考官推荐优秀的人才，应进士科的考生可以将自己的文学创作择优编成长卷，投献给达官显贵或文坛名人，从而提高自身知名度和及第机会。这就是应试考生的“投卷”。其中，向礼部投献称为“公卷”，向达官贵人投献称为“行卷”。

参加科举的考生为了得到达官贵人的赏识，并由此向知贡举官推荐，便纷纷向他们呈送行卷。大诗人白居易的“离离原上草，一岁一枯荣。野火烧不尽，春风吹又生”诗句便是其向前辈官员顾况的行卷作品。此外，为了加深行卷对于达官显贵、文坛大师的印象，考生往往过了一段时间后再去拜谒，呈送新作。

◆什么是童生试？孔乙己是“老童生”吗？

童生试又称童试，亦称小考、小试，童生试是明清时期读书人取得生员（秀才、相公）资格的考试。只有取得生员资格后，才能参加科举考试。

应试者不分年龄大小都称童生，亦作儒童、文童。鲁迅笔下的孔乙己就一辈子也没有通过童生试，因此被戏称为“老童生”。

童生试包括县试、府（或直隶厅、州）试与院试三个阶段。每三年举行两次。丑、未、辰、戌年为岁考，寅、申、巳、亥年为科考。院试录取者为生员，送入府、县学宫，称入学。岁考、科考则为考核已入学的生员的考试。

◆科举制度中的乡试为何又称秋闱？

秋闱，是对科举制度中乡试（最低级别的考试）的借代性叫法。考试的试场称为贡院。乡试是由南、北直隶和各布政使司举行的地方考试。地点在南、北京府，布政使司驻地。每三年一次，逢子、午、卯、酉年举行，考期多在秋季八月，故又称秋闱。也称乡闱。

每闱三场，分别于八月九日、十二日和十五日进行。每场三昼夜。第一场考的是八股文，是从四书五经里边选择材料来出题的；第二场考的则是官场应用文，分上下往来的公文和根据提供案例来撰写司法判文两种；第三场考策问，涉及的是具体的国计民生问题，要求考生给出对策和办法。由于中间两次换场，因此考试时间实际为九天七夜。开考后号舍就会上锁，其间无论发生什么事，即便是发生火灾烧死考生也不能开锁。

乡试考中的称举人，俗称孝廉，第一名称解元。唐伯虎乡试第一，故称唐解元。乡试中举叫乙榜，又叫乙科，取得参加会试的资格。发榜之时，正值桂花飘香，故又称桂榜。发榜后，由巡抚主持鹿鸣宴，席间唱《鹿鸣》诗，跳魁星舞。

◆从何时起，殿试成为科举考试的必经程序？

殿试是由唐朝女皇武则天创立的，又称“御试”“廷试”，即指皇帝亲自出题考试。殿试虽在唐时就已出现，但在当时并非定制。

开宝六年（973年）的一天，宋太祖赵匡胤在讲武殿接见数十名新科进士。交谈中，太祖发现有两人表现得很是才疏学浅。太祖一怒之下，下令将二人开除，并问责贡举二人的官员。事后，又有落榜士子徐士廉击登闻鼓（古代帝王为彰显亲民纳谏形象，悬鼓于朝堂之外，允许臣民击鼓直接反映问题），投诉考场不公。太祖当即命令整理落选考生名册，表示择日将亲自阅卷。经过重新考试，徐士廉成功翻身，被录为进士。

从此以后，由国君亲自面试考生成为科举考试的必经程序。这道程序被称为殿试。皇帝亲自出题，考核会试中选之人，最后由皇帝钦定排名。这样，既是要区分个人的水平档次，又是要把蒙混过关不学无术之人揪出来。

◆状元、榜眼、探花是殿试后才产生的吗？

殿试，是科举制最高级别的考试，皇帝在殿廷上，对会试录取的贡士亲自策问，以定甲第。录取分三甲：一甲三名，赐“进士门第”的称号，第一名称状元，第二名称榜眼，第三名称探花，合称“三甲鼎”；二甲若干名，赐“进士出身”的称号；三甲若干名，赐“同进士出身”的称号。

◆授予进士三甲官位时有何区别？

从前文中我们知道，在科举考试中，张榜公布进士名单时，分三甲（有时称“甲”为“榜”）。其中第一甲只写前三名，这三人赐进士及第，习惯上称第一名为状元，第二名为榜眼，第三名为探花。第二甲赐进士出身，第三甲赐同进士出身。

以上三甲都算进士，不过在授予官位时有区别，第一甲肯定进翰林院，第二甲好些的可以进翰林院，一般的要么到朝廷各机关当主事，要么在翰林院当庶吉士，再学几年，然后再当官。第三甲大部分就直接派到各地当知县、县丞、教谕了。

◆明代正式科举考试分为哪三级？

明代正式科举考试分为乡试、会试、殿试三级。

乡试是由南、北直隶和各布政使司举行的地方考试。地点在南、北京府，布政使司驻地。每三年一次，逢子、午、卯、酉年举行，又叫乡闱。考试的试场称为贡院。考期在秋季八月，故又称秋闱。凡本省科举生员与监生均可应考。考试分三场，分别于八月九日、十二日和十五日进行。乡试考中的称举人，俗称孝廉，第一名称解元。

会试是由礼部主持的全国考试，又称礼闱。于乡试的第二年即逢辰、戌、未年举行。全国举人在京师会试，考期在春季二月，故称春闱。会试也分三场，分别在二月初九、十二、十五日举行。主考官称总裁，又称座主或座师。考中的称贡士，俗称出贡，别称明经。

殿试在会试后当年举行，时间最初是三月初一。明宪宗成化八年（1472年）起，改为三月十五。应试者为贡士。殿试由皇帝亲自主持，殿试毕，次日读卷，又次日发榜。录取分三甲：一甲三名，赐进士及第，第一名称状元、鼎元，第二名榜眼，第三名探花，合称三鼎甲。二甲赐进士出身，三甲赐同进士出身。二、三甲第一名皆称传胪。一、二、三甲通称进士。

◆“连中三元”的“三元”分别指什么？

“连中三元”一语源于封建社会科举考试制度。科举制度经过长期演变和改革，逐步固定为乡试、会试、殿试三级的形式。乡试是由各省在省城主持的考试，考中的称为“举人”，第一名称为“解元”。会试由礼部在京城主持，考中的称为“贡生”，第一名称为“会元”。殿试由皇帝亲自主持，考中的称为“进士”，第一名称为“状元”，也称“殿元”。

科举考试以名列第一者为元。一个人在乡试、会试、殿试中都获得第一名，便是“连中三元”。据统计，在中国古代科举制度实行的一千三百年中，连中三元的只有十七人。清代长洲人钱棨，在乾隆年间连获乡、会、殿试第一名，乾隆爱才，亲赋“三元诗”致贺。“连中三元”一语由此而来。

◆科举考试中的“甲榜”“乙榜”是怎么回事？

清赵翼《陔余丛考·甲榜乙榜》载：“今世谓进士为甲榜，以其曾经殿试，列名于一二三甲也。举人谓之一榜，后以进士有甲榜之称，遂以一为乙，而以举人为乙榜非也。”明吴应箕《杭州书某孝廉事》中说：“士以制义起家，阅三年有春秋二试，别以乡、会之目，隽于会试者曰甲榜。”

“榜”，考试后揭晓名次的公告。乙榜科举制度中取中举人的别称，亦称“一榜”“乙科”。发榜之时，正值桂花飘香，故又称桂榜。甲榜是科举制度中由举人而考中进士的别称，或称甲科。因举人、进士各为一榜，也叫“两榜”，这是相对于乙榜而言的。进士榜用黄纸书写，故叫黄甲，也称金榜，中进士称“金榜题名”。

乡试中举称“乙榜”，殿试考中

称“甲榜”。凡是通过乙榜中举人，再通过甲榜中进士而做官的人，叫作“两榜出身”。

◆“新郎官”的称谓与科举制有联系吗？

“新郎官”现泛指新婚的男子，与“新娘”相对称，合起来叫“新人”。事实上，“新郎官”最早指的是新科进士。

“郎”，是我国汉代中央官署里侍从官的通称。唐代被用为官阶的一个泛称，六品以下的分别称为某某郎。旧时官贵民贱，这个范围内的官员百姓尊称他们“郎官”或“郎君”。科举选官制度从隋朝开始，到唐代更趋完备。进士科中试的人，就具有做官的资格了。按官阶说，都属于“郎”的范围，所以人称新科进士为“新郎官”或“新郎君”。再有，封建社会男婚女嫁被当作人生的头等大事，男子娶妻看作和考进士得中同样荣耀，美称“小登科”，于是袭用了“新郎官”的称呼。

◆什么是“八股文”？“八股”指的是什么？

八股文是明清时期科举考试的一种文体，也称制艺、制义、时艺、经义、时文，因该文中有四联，两两相对，好比人有两股，故称八股。可能有人觉得“股”字不雅，又称八股文为“八比文”。其体源于宋元的经义，而成于明。

八股文的基本特点，大致有以下几方面：

（1）题目一律用四书五经中的原文；

（2）内容必须以程朱学派的注释为准；

（3）体裁结构有一套固定的格式，首先是破题，其次是承题，再是起讲，最后便是“四比”，即提比、小比、中比、后比，或者说是提比、中比、后比、束比。四比分为八股，就是逐条分析，正面如何、反面如何等等，可以说就是正文。其中，每两股必须成为一副对联，共四联，需要词性相对，平仄相对。文末是收合，收场结束语一般八句之内。

八股文专讲形式，没有内容，段落要死守固定的格式，连字数都有一定的限制，人们只是按照题目的字义敷衍成文。八股文除应付科举外毫无实用价值。清末废八股。

◆唐五代童子科对儿童年龄有何限定？

唐五代的童子科，面向的对象为年幼、聪慧的童子。童子的年龄限定前后有所变化。唐初规定为十岁以下，即“凡童子科，十岁以下，能通一经及《孝经》《论语》，卷诵文十，通者予官；通七，予出身”。大中十年（856年），因诸道所荐送童子多年齿已过，所业常流，故又将年龄限制在十二岁以下，五代后唐应顺元年（934年），童子登科的年龄限制在十五岁以下。

唐五代童子科登第者的入仕情况较为复杂，律令中未见规定。学者根据史料记载推知，唐五代童子登第后，一般都授虚官，也有登第后至弱冠才授官的。童子科是唐五代科举制下常科科目中的一个小科目，虽然与进士、明经等科相比，童子科并不占重要地位，但童子科的设置对童蒙教育和唐五代科举制的繁盛均起了积极作用。

◆进士是什么样的人才?

在我国古代科举制度中，通过最后一级考试者，称为进士。也就是说，进士是古代科举殿试及第者之称，意为“可以进授爵位之人”。此称始见于《礼记》。

隋炀帝大业年间始置进士科目。唐亦设此科，凡应试者谓之举进士，中试者皆称进士。元、明、清时，贡士经殿试后，及第者皆赐出身，称进士。且分为三甲：一甲三人，赐进士及第；二、三甲，分赐进士出身、同进士出身。

据统计，在中国一千三百年的科举制度史上，考中进士的人总数近十万。古代许多著名作家都是进士出身，如唐代的贺知章、王勃、宋之问、王昌龄、王维、岑参、韩愈、刘禹锡、白居易、柳宗元、杜牧等，宋代的范仲淹、欧阳修、司马光、王安石、苏轼等。考中进士，一甲即授官职，其余二甲参加翰林院考试，学习三年再授官职。

◆形容一个人考中进士都有哪些词语?

（1）披宫锦。唐朝进士及第披宫袍，后称中进士为“披宫锦”。如《祭妹文》，“逾三年，予披宫锦还家”，这里“披宫锦”即指中进士。

（2）登科。指科举时代应考人被录取，也特指考中进士，也说“登第”。

（3）登龙门。“鲤鱼跳龙门”，意指龙门之难登，但只要登上龙门，就可成龙，故有“一登龙门，身价十倍”之说。于是，把因得到名流推荐而提高声誉的人称为登龙门。由于唐代科举很倚赖名流推荐，于是人们又把考上进士称为登龙门。

（4）烧尾。依据“鲤鱼跳龙门”的典故，当鲤鱼跳上龙门时，就有“天火自后烧其尾，乃化为龙矣”，所以，唐代的举子考中进士后，吃烧鲤鱼是举行盛宴的必备菜。这种宴会被称为“烧尾宴”。故又有人称中进士是“烧尾”。

（5）折桂。郄诜曾在与晋武帝的一次对答中，用月亮中的桂树枝来比喻出众的人才。后来，白居易写诗祝贺其弟连中三元及第，写道：“折桂一枝先许我，杨穿三叶尽惊人。”就是用折桂比喻中进士。

（6）及第。

◆考中进士是否有资格说“及第”?

“及第”，指科举考试应试中选，因榜上题名有甲乙次第，故名。隋唐只用于考中进士（贡士参加殿试录为三甲都叫进士）。明清两代只用于殿试之一甲三名，即状元及第、榜眼及第、探花及第。与“及第”相对应，应试未中的叫“落第”“下第”。

郑谷有《送举子下第东归》诗作：“夫子道何孤，青云未得途。诗书难舍鲁，山水暂游吴。野绿梅阴重，江春浪势阻。秣陵兵役后，旧业半成芜。”此外，他还写有《送太学顾明经及第东归》：“平楚干戈后，田园失耦耕。艰难登一第，离乱省诸兄。树没春江涨，人繁野渡晴。闲来思学馆，犹梦雪窗明。”这两首诗作虽然针对的情景不同，一为“下第”，一为“及第”，但都将“数年寒窗苦读”的寂寥和艰辛体现得淋漓尽致。

◆应试举人为什么称为“公车”？

早在汉代，中国便有了以公家车马送应试举人赴京的传统。臣民上书和征召也都由公车接待。据《史记》载：“朔初入长安，至公车上书，凡用三千奏牍。”《汉书》中有：“天子思敞攻效，使使者即家所在召敞。……即装，随使者诣公车上书曰……”

满人入主中原后，为笼络士人，在顺治八年（1651年）规定：“举人公车，由布政使给予盘费。”即应试举人的路费由布政使供给，路费的多少，因路程远近而不同。广东琼州府最多，每名三十两白银，山东最少，每名只有一两。其余地区，由三两至二十两不等。另外还规定，云南、贵州和新疆的应试举人除了每人发给白银三两，还发给火牌，凭牌供给驿马一匹，车上插一面“礼部会试”黄布旗。

这样，“公车”就成了应试举人的代称了。后来，也特指入京会试的人上书言事。

◆金榜题名中的“金榜”是怎么来的？

“金榜题名”中的“金榜”是什么意思呢？所谓“金榜”，即科举时代殿试揭晓的黄榜。“题名”，即写上名字。指科举得中。在古代，黄色是帝王的象征，殿试录取之后，朝廷发的进士榜，即用黄纸填写，表里二层，犹如黄灿灿发光的金子，因此，称为“金榜”。封建时代，“金榜题名”是所有读书人的愿望。

清代科举考试的最高规格是殿试，即皇帝亲自主持对贡士的考试。殿试揭晓的榜称为“金榜”，黄纸墨字，以皇帝诏令的形式下达。金榜分大、小两种，大金榜加盖“皇帝之宝”，用于张挂，小金榜不用印，供皇帝御览和举行典礼时宣布名次使用。

“金榜”有名者则高中，用“金榜题名”喻指进士登第再形象不过。

◆明朝的“南北榜”案是怎么回事？

明朱元璋沿袭唐宋科举考试制度。洪武三十年（1397年），发生了“南北榜”的案件，即著名的刘三吾科举案，又称“春夏榜”。

是年春，礼部会试，由翰林学士刘三吾和王府纪善白信蹈等人主考。发榜时，榜中五十一人皆为南方人。北方落第的举人们为此纷纷议论，并向朱元璋告发，说主考官刘三吾是南方人，有意拔擢其乡人。朱元璋闻此大怒，命令侍读张信等十二人复查试卷，但北方人还是没有合格的。这时又有人告发张信等人受刘三吾等人的嘱托，故意将低劣的试卷呈报。朱元璋更加恼怒，将白信蹈、张信等处死。因刘三吾年老，免死充军。六月初一那天，朱元璋命翰林儒臣于下第卷中择文理优长的得六十一人，复廷试。廷对中擢韩克忠等六十一人，皆北方及陕西、四川之人，赐进士、出身有差。时称“春夏榜”，亦称“南北榜”。

事实上，北方经过长期战争破坏，生产水平、教育和文化的发展程度都低于南方。考卷又都是密封的，刘三吾等尽管取的都是南方人，但并不存在南北之见。朱元璋从政治角度出发，因此，将一榜及第的都取为北人，白信蹈、张信等人死得实在冤枉。

◆清朝的县试是怎么回事？

县试，亦称县考。清代由各县县官主持的考试。试期多在二月。要取得入学资格的士子，向本县礼房报名，填写姓名、籍贯、年岁、三代履历，并取得本县廪生保结，保其无冒籍、匿丧、顶替、假捏姓名、身家清白、非优倡皂隶之子孙，方准应考。约试五场，各场分别试四书文（八股文）、试帖诗、经论、律赋等。事实上第一场录取后即具备参加上级府试的资格。以下各场续考与否，听凭自愿。

商衍鎏《清代科举考试述录》中有言："顺治时，县、府试取额有定，照入学名数，县考取二倍、府考取一倍，以送院考。康熙三十九年，令府、州、县考取童生不必限数，倘滥送由学政参覆。"

◆"倒楣"与科举有何关系？

"倒楣"一词本是江浙一带的方言，指事不顺利或运气坏。此语产生的时间算来不长，大约在明朝末年。那时候，由于"八股取士"的科举制度严重地限制了广大士子聪明才智的发挥，加之考场舞弊之风甚盛，所以一般的读书人要想中举是极不容易的。为了求个吉利，举子们在临考之前一般都要在自家门前竖起一根旗杆，当地人称之为"楣"。考中了，旗杆照竖不误，考不中就把旗杆撤去，叫作"倒楣"。后来，这个词被愈来愈多的人用于口语和书面，直到现在。值得一提的是，在运用这个词语的过程中，人们常把这两个字写作"倒眉"或"倒霉"，这当然是由于不懂得它的来源的缘故。

◆科举考试时士子为何怀揣泥塑魁星？

魁星原为古代天文学中二十八宿之一"奎星"的俗称，指北斗七星的前四星，即天枢、天璇、天玑、天权。此四星除合称"魁星"外，亦称"斗魁"。

因有"奎主文章"一说，后世附会为神，建奎星阁并塑神像以崇祀之，视为主文章兴衰之神，科举考试则奉为主中试之神，并改"奎星"为"魁星"。由于"魁"又有"首""第一"的意思。在科举考试盛行的时代，魁星崇拜对于科考士子们意义非凡。尽管它是一种迷信思想，却极受读书人推崇，有些人在考试时，在座右贴上魁星像。有的还在怀里揣上泥塑的小魁星，以求神明保佑，文运亨通。

主管功名科举的魁星形象，面目狰狞，金身青面，赤发环眼，头上还有两只角，整个仿佛是鬼的造型。右手握大毛笔，称朱笔，意为用笔点定中试人的姓名，左手持一只墨斗，右脚金鸡独立，脚下踩着海中的一条大鳌鱼（一种大龟）的头部，意为"独占鳌头"，左脚摆出扬起后踢的样子，以求在造型上呼应"魁"字右下的一笔大弯勾，脚上是北斗七星，见图如见字。

◆读书人参加科考的当天为何吃枣粽？

粽子的传统形式为三角形，一般根据内瓤命名，包糯米的叫米粽，米中掺小豆的叫小豆粽，掺红枣的叫枣粽。枣粽谐音为“早中”，所以吃枣粽的最多，意在读书的孩子吃了可以早中状元。过去读书人参加科举考试的当天，早晨都要吃枣粽。

◆历史上第一位和最后一位状元分别是谁?

中国历史上第一个状元为唐高祖武德五年（622 年）壬午科状元孙伏伽。最后一个状元为清光绪三十年（1904 年）甲辰科的刘春霖。

孙伏伽，生年不详，贝州武城人。早年在隋朝时考中进士，隋炀帝大业末年任大理寺史。隋亡后，入唐做官。武德五年（622 年），孙伏伽因上疏而被免官。当时科举制度尚未完备，故孙伏伽能以免官之身应进士科考试，取中第一，官授刑部郎中。贞观十四年（640 年）拜大理寺卿，成为朝廷重臣。显庆三年（658 年）病逝于家。

刘春霖，1872 年出生于直隶肃宁县。1903 年刘春霖意外落榜。科举取士一般为三年一科，次年适逢慈禧太后七十大寿，特加甲辰科，并称之为甲辰恩科。1904 年 7 月 4 日，刘春霖再度参加殿试，得中状元。1905 年慈禧迫于压力，宣布停止科举。科举制度的废除，使刘春霖成为中国历史上最后一个状元，所谓“第一人中最后人”。卒于 1942 年心脏病突发。

◆女状元的由来是怎样的?

在历代封建王朝中，妇女从无资格参加科举考试，当然不会有女状元产生，直至太平天国开科考选妇女，才有傅善祥考中女状元一事。事实上，远在太平天国之前，便已有“女状元”一词流传了。

早在五代十国时，蜀国邛州有一司户参军，名叫黄崇嘏，邛州刺史周庠见他丰采英俊，办事干练，爱他才貌出众，要把自己的爱女嫁给他为妻。黄崇嘏作了一首七律，献给周庠，后四句云:“立身卓尔青松操，挺志坚然白壁姿。幕府若容为坦腹，愿天速变作男儿。”周庠见诗，大为惊讶，立即把黄崇嘏传来询问，才知道她是黄使君的女儿。因她献诗时，自称为“乡贡进士”，所以世俗便讹传为“女状元”了。

◆谁是历史上唯一的女状元?

我国有副歌咏傅氏历史名人的对联:“学士科举列榜首，巾帼鼎甲第一名。”上联指清代密书院大学士傅以渐，他曾在顺治年间考取进士第一名。下联指清代太平天国恩赏丞相傅善祥。傅善祥是我国历史上第一位，也是唯一的女状元。

傅善祥，清末金陵人，自幼熟读经史。1853 年，太平天国定都南京后，洪秀全颁布诏书，开甲取士，同时打破常规，破例增加“女科”。由洪秀全之妹洪宣娇做主考官。洪宣娇为抨击男尊女卑，以经义题《唯女子与小人难养也》，考才女的胆识和学识。

在应试的 300 多名女子中，唯金陵妙龄才女傅善祥才思敏捷，引古论今，列举历代巾帼英雄的丰功伟绩，有力地批驳了“女子难养”的谬论。这份卓有见识的试卷，博得洪氏兄妹的称赞。经评议，傅善祥成为太平天国，也是我国历史上第一位女状元。考上后，傅善祥在东王杨秀清府里供职。1856年，天京陷落后，傅善祥香消玉殒。

◆状元为什么手持魁斗站在鳌头亮相？

传说，古代有个秀才，才高八斗、出口成章，可就是奇丑无比，还长了满脸麻子，一只脚还瘸了。由于文笔斐然，终于被乡试、会试录取，一次次高中榜首。

等到殿试时，皇帝问："你的脸怎么了？"他回答："回圣上，这是'麻面映天象，捧摘星斗。'"皇帝又问："你的瘸腿呢？"他又回答："回圣上，这是'一脚跳龙门，独占鳌头'。"皇帝又问："你如实回答朕，今天下谁的文章写得最好？"他想了想说："天下文章属吾县，吾县文章属吾乡，吾乡文章属舍弟，舍弟请我改文章。"

皇帝大喜，阅读完他的文章后，更是拍案叫绝："不愧天下第一！"于是钦点他为状元。这个丑文人的才学、智慧和勤奋，使他后来升天成为魁星，主管功名禄位。"魁"字拆开来，一半是"鬼"，应魁星的面目丑陋，一半是"斗"，应魁星才高八斗，也应北斗星座。

唐宋时期，皇宫正殿台阶正中的石板上雕有龙和鳌图案，一只魁斗放在旁边，殿试完毕发榜时，应试者都聚到皇宫门前，进士们站在台阶下迎榜，状元则一手持魁斗，一脚站在鳌头上亮相，表示"一举夺魁""独占鳌头"。

◆科举考试有哪些防弊措施？

明清统治者在科举考试中主要采取以下一些防弊措施：

（1）锁院制度。即一经任命为知贡举（即考官）的官员必须立即入住贡院，断绝与外界的一切来往，直到发榜为止。在大约五十天的锁院期间，不得回家，不准见亲友或与院外臣僚交往。后来，负责各类发解试的考官也需与知贡举一样锁宿。

（2）实行具保连坐制度。考生在考试前要填写姓名、籍贯、三代家世及自己的体貌特征等基本信息。乡试以前都要五人连坐同保，派廪生具保。考生五人中有违者，五人连坐，廪保黜革治罪。

（3）实行考官回避制度。唐宋时期对考官亲属实行"别头试"制度。清朝规定，入场的官员必须对其子弟、同族、姻亲等采取回避。"匿报查出，本官革职。"

（4）严肃考场纪律。据余秋雨《十万进士》描述，清朝考生进入考场后，考场即封号栅，须等三天考完之后才打开。三天之中，考生吃喝拉撒，全在两平方米左右的号房内解决。天热之际，号房（即考场）内屎尿泗流，臭气熏天。

（5）实行程序化的试卷校阅制度。具体程序是：经过外帘官的纳卷（受卷）、弥封、誊录和对读，再交由内帘同考官及主考官校阅。内外帘官彼此处于隔绝状态。

（6）实行复试、磨勘等复查制度。唐宋时，磨勘制度主要用于考核官员升迁，后用在科举考试中。顺治二年（1645年）规定，磨勘首严弊幸，次检瑕疵。字句偶庇者贷之。字句可疑，文体不正，举人除名。

◆科举考试也实行封卷吗?

科举考试中，为防止考官作弊，凡试卷皆糊其姓名，即把考卷上的考生姓名、籍贯等糊封隐没，使试官不知某卷为某人所作。此即“糊名考校法”，古代又称作“糊名”“弥封”“封弥”，最早始于武则天当政之时。

据《新唐书》载:“武后以吏部选人多不实，乃令试日自糊其名，暗考以定等第。”但这时的糊名，还只是用于吏部考查官吏，尚未适用于礼部选士（即各级的科举考试）的全过程。且由于遭到一些世族主司的反对，不久即罢之。

到了宋太宗赵光义淳化三年（992年)，“始令糊名考校，第其优劣，以分等级”，“苏易简知贡举，受诏即贡院，仍糊名考校，遂为例”。但那时的考试糊名，还只限于殿试，尚未普及至礼部省试及各府州县的科举考试。宋真宗赵恒咸平二年（999年)，又下诏令进士科礼部省试采用密封制。

◆古代考试选拔人才有惩罚措施吗?

史载，北齐朝廷曾下过命令，在考试时对“成绩滥劣者”要罚喝墨水。喝多少，按滥劣的程度决定。梁武帝时规定“差谬者罚饮墨汁一斗”。《隋书》里也规定，士人应试时，凡书迹滥劣的要罚饮墨水一升，甚至当秀才、孝廉等在会试时，监考官发现有文理孟浪，书写滥劣的，也要叫他到专设的房间里去喝墨水一升。

喝墨水的荒唐法规沿袭了几个朝代，后来虽不实行了，但用“喝墨水”多少来形容知识的多少，却在词汇世界中得以保留。现实生活中，稍加注意，便会听到一些人用“我这人可没喝过多少墨水”的语句，表示自谦。

◆“帖经”主要考的是什么题型?

帖经是古代科举考试的内容，于隋、唐、宋三个朝代均有出现。隋炀帝时的科举分明经科和进士科。明经科的主要考试内容包括“帖经”和“墨义”（关于经文的问答)。进士科的考试主要是要求考生就特定的题目创作诗、赋，有时也会加入帖经。

《旧唐书》载:“其进士举宜先试帖经，并略问大义，取经义精通者放及第。”《通典》载:“帖经者，以所习经，掩其两端，中间开唯一行，裁纸为帖。凡帖三字，随时增损，可否不一，或得四、得五、得六者为通。”

由此可知，“帖经”专注重记忆，类似于今天语文考试的填充题，试题一般是摘录经书的一句并遮去几个字，考生需填充缺去的字词。由于应试者越来越多，又必须加以淘汰，所以“帖经”法越来越偏，为应付考试，便于记忆，遂创造出“帖括”之法，即把难记偏僻的经文概括成诗赋歌诀的形式。

教育学校

◆启蒙读物《千字文》的编纂者是谁?

《梁史》载:“上以王羲之书千字,使兴嗣韵为文,奏之,称善,加赐金帛。”故事说的是,南朝梁武帝时期,员外散骑侍郎周兴嗣奉皇命从王羲之书法作品中选取1000个字,编纂成有内容的韵文,是为《千字文》。梁武帝最初是为了教诸王书法。文中1000字本来不得重复,但周兴嗣在编纂文章时,重复了“洁”字(洁、絜为同义异体字)。因此,《千字文》实际只运用了999字。唐人笔记小说《尚书故实》述,周兴嗣用了一夜时间编完千字文,累得须发皆白。该书实为消遣之作,不足为信。

周兴嗣编纂的《千字文》以儒学理论为纲、穿插诸多常识,用四字韵语写出,很适于儿童诵读。宋明以后直至清末,《千字文》与《三字经》《百家姓》一起,构成了中国人民最基础的“三、百、千”启蒙读物。《千字文》是中国古代教育史上最成功的启蒙教材,已被公认为世界教育史上流传最久、影响最大的识字课本。

◆有史记载的首个进行胎教的人是谁?

据《史记》记载,中国古代第一个对孩子进行胎教的是周文王的母亲太任,效果还不错,周文王出生后很是聪明伶俐。文王的孙子周成王也是接受过胎教之后而生,长大后亦智力超常。到了汉朝,各种书籍中出现了大量胎教的内容,初步形成了胎教学说。宋代名医陈自明在《妇人大全良方》中就有专篇胎教论。贾谊《新书》也有专门的胎教篇。《颜氏家训》也记载了相关的内容:皇后怀孩子三个月时,就要搬出皇宫,让她住在别宫里,眼不看不该看的东西,耳不听不该听的东西,所听音乐和所嗜口味等,都要按礼仪进行节制。到了明代,胎教学说更进一步完善和全面。清代陈梦雷等人把历代胎教学说汇集一起,立为小儿未生胎养门。古人曾总结道:“训子须从胎教始,端蒙必自小学初。”

◆汉代蒙学称“书馆”还是“经馆”?

汉代私学可分为蒙养教学与经师讲学两级。

(1)蒙养教学。它相当于现在的中小学。蒙学又称“书馆”,教师称为“书师”,专职、兼职均有。蒙学教学一般分为两段(也有分三段的)。第一段为“蒙学”,以识字为主,使用的教材是字书。第二段学习《论语》《孝经》,接受封建道德教育。前一段学生8岁入学,相当现在的小学教育,后一段有的人认为是小学教育,有的人认为是中学教育。蒙学结束后,学生便可“得试为吏”,或进入更高层次的阶段学习。

（2）经师讲学。它是私学的高层次——大学教育阶段。该学又称“经馆”。学生人数远远超过了官学——太学。究其原因，首先是官学数量有限，入学资格审查较严；其二私人办学比官学既灵活又认真；其三是社会动荡不安，政治斗争复杂，名儒不愿为仕而退为授徒，著书立说；其四是教学内容与官学一致，学成后照样有入仕资格。

◆“及门弟子”“著录弟子”是什么意思？

汉代的“经馆”“精舍”“精庐”等多属于专经研习阶段的私学，这类私学，有的设在经师家里，也有经师带领弟子在外教授的。有些私学经师的名气很大，很多人慕名欲拜为师，但又难于亲往门下直接接受教育，便只能在经师门下著录上自己的名字，这些人就是“著录弟子”。亲自前往经师门下接受教育的称为“及门弟子”。

一些著名的经师弟子数量颇多，为了便于教授，遂采取先由自己教给先来的高足弟子，再由高足弟子分头去教其他弟子的方式。如此一来，就可以二传、三传乃至更多，是为“次相授受”或“转相传授”。西汉大儒董仲舒即最早采取此法者。

“次相授受”法可以使一个教师通过逐次相传的方式教授众多弟子，大大扩展了教育范围和成效。不足之处在于弟子难以直接得到教师教诲，有的弟子甚至长期见不到教师一面，传授的内容也难免走样。

◆家教读物《弟子规》是何人所作？

《弟子规》原名《训蒙文》，原作者李毓秀是清朝康熙年间的秀才。以《论语》“弟子入则孝，出则弟，谨而信，泛爱众，而亲仁，行有余力，则以学文”为中心分为五个部分，具体列述弟子在家、出外、待人、接物与学习上应该恪守的守则规范。后来清朝贾存仁修订改编《训蒙文》，并改名《弟子规》，是启蒙养正，教育子弟敦伦、尽分、防邪、存诚，养成忠厚家风的最佳读物。

“弟子”是指一切圣贤人的弟子，“规”，取“夫见”之意，指的是大丈夫的见解。所以它是每一个学习圣贤经典，效仿圣贤的人都应该学的。《弟子规》没做到，学习别的经典就很难得到真智慧。《弟子规》共360句（1080字），以精练的语言对儿童进行早期启蒙教育，灌输儒家文化的精髓。该书在古代影响之大，读诵之广，仅次于《三字经》。

◆史上是何时开始设立“五经博士”的？

“博士”最早是一种官名，始见于战国时期，负责保管文献档案，编撰著述，掌通古今，传授学问，培养人才。秦朝时，博士官掌管全国古今史事以及书籍典章。

西汉武帝设立五经博士。从春秋战国到西汉，几百年间，语言文字发生了很大的变化，一般人已经不大看得懂古书，需要有专门的学者来讲解。而汉统治者力图用儒家的经典来巩固统治，于是尊《诗》《书》《礼》《易》《春秋》为五经，每经置一博士。

由此，博士成为专门传授儒家经学的学官。

到了唐朝，设置国子、太学、四门等博士。

另外，把对某一种职业有专门精通的人也称为“博士”，如律学博士、书写博士、算学博士，府学、州学、县学博士之称，均为教授官，而非中央官学传授儒经学官的专称。

宋朝则对服务性行业的服务员也称为“博士”。比如，孟元老《东京梦华录》中载：“凡店内卖下酒厨子，谓之茶饭量酒博士。”这种情况，多见于江浙一带。

◆宋朝三舍积分制怎样评定学生成绩?

在太学三舍创设的积分制，是宋代学校教育中最具特色的一项制度。神宗熙宁四年（1071 年）十月，立太学三舍法。太学生分为上舍、内舍、外舍三个等级。

元丰二年（1079 年），又订《学令》,其外舍生,每月考核“行”“艺”。所谓“行”主要指遵法守纪的品行。所谓“艺”主要指每月由学官出题考试（即私试）的成绩。各个学生的考试成绩记为学分，连同品行表现按月登记。到季度末进行检查，学分积累较多又没有严重违反纪律的学生可以获得“季选”(季度评定)。到年终，综合学生的季选，选出积累学分最多的100人，予以“校定”(年度评定)。

朝廷每年派官员到太学出题考试外舍生一次，称为“公试”。公试成绩列第一、第二等并获得校定者，可升入内舍。内舍生每月考核“行”“艺”，每季进行“季选”，每年给予30名积分最多的内舍生“校定”，分为“优”“平”两等。朝廷每两年派官员到太学为内舍生举行一次“公试”，合格者亦分为“优”“平”两等。如果公试优等、校定亦获优等者，即可升为“上舍上等”，立即释褐授官，称为“两优释褐”；如果公试成绩与校定一优一平者，即可升为“上舍中等”，继续学习，待科举考试时，免解试及省试，直赴殿试；如果公试成绩和校定均为平等或一优一否者，即可升为“上舍下等”，继续学习，待科举考试时，免解试，直赴省试。

宋代这种以积分的方法对太学的学生进行综合成绩评定的制度，实际上就是学分制。由于能比较客观全面的对学生的成绩进行考核而被后世延用。

◆称教师为“西席”与哪位皇帝有关?

西席，即“老师”。古人除了尊称老师为“夫子”“先生”“恩师”等外，何以还经常尊称为“西席”呢?这与汉明帝刘庄有关。

据《称谓录》记载：“汉明帝尊桓荣以师礼，尝幸太常府，令荣坐东面，设几。故师曰西席。”汉明帝是光武帝刘秀的继承人，他当太子时就拜桓荣为老师，登上皇位后，对桓荣仍十分尊敬。他常常到桓荣住的太常府内，请桓荣坐向东的位子，并替桓荣摆好桌案和手杖，亲自手拿经书听桓荣讲解经文。

汉明帝为何让老师“向东”坐呢?原来，汉代室内的座次是以靠西而坐——即面向东方为最尊。“西席”，就是“坐西面东”的座次。明帝这样安排是表示对老师的尊敬。由于皇帝安排老师坐西席，于是人们就把家庭教师，甚至所有老师尊称为“西席”了。

◆“师范”的古今词义有差别吗？

“师”的名称，在夏、商、周时就有了。而“师”字最早出现在甲骨文中。甲骨文中有“文师”之称。以后，西汉的董仲舒用了“师”一词。司马迁用了“师表”一词，他们都强调了“师”的表率作用。

西汉末年，思想家、文学家扬雄在他的言论集《法言》中说：“师者，人之模范也。”这是第一次将“师”和“范”联系起来，明确强调了教师负有塑造教育对象的重大责任。

南朝范晔《后汉书·赵壹传》云：“君学成师范，缙绅归慕。仰高希骥，历年滋多。”这是第一次关于“师范”的使用。

南朝刘勰《文心雕龙》则曰：“相如好书，师范屈宋。”意思是说司马相如以屈原、宋玉为师范——学习的榜样。

现代“师范”学校，成为培养教师的学校，尽管名称不同，级别有异，意义仍是指培养“堪为人师而模范之”的人才的。由此可见，“师范”一词的深义，古今无异。

◆“先生”还有其他指称吗？

历史上各个时期，对“先生”这个称呼是针对不同对象的。用“先生”称呼教学者，始见于《曲礼》：“从于先生，不越路而与人言。”郑玄注：“先生，老人教学者。”今称教学者，即教师为“先生”，本此。

《论语》中有：“有酒食，先生馔。”注解说：“先生，父兄也。”意思是有酒肴，就孝敬了父兄。到了战国时期，《国策》中“先生坐，何至于此”，是称呼有德行的长辈。汉代，“先生”前加上一个“老”字。清初，称相国为老先生，到了乾隆以后，官场中已少用“老先生”这个称呼了。辛亥革命后，“老先生”这个称呼又盛行起来。交际场中，彼此见面，对老成的人，都一律称呼为“老先生”。

现在，妻子多称呼丈夫为“先生”。有时候，德高望重的女性也被称为“先生”，如“宋庆龄先生”“冰心先生”。在有些地方，医生也被称为“先生”。

◆除了“师”的尊称，教师还有哪些称呼？

师：老师的通称，自先秦至清末。

师傅：先秦时。

师资：先秦时对老师的敬辞。

师保：古代担任教导贵族的学官。

师父：宋朝时对教师的尊称。

夫子：古代对老师的一种尊称，尤其流行于旧时私塾。

老师、教师：古时称年辈最尊的学者为老师；宋元称教授歌曲、戏剧武书技艺的人为教师。

祭酒：汉代始作官学中老师之称谓。

司业：古代教音乐的老师。

助教：国子监的老师。

先生：先秦时的国学老师。多用于对“门馆”“私塾”老师中年长者的尊称。

门馆先生：宋元时对家塾老师的称谓。

门客：宋元时对家塾老师的另一个称谓。

教谕：宋代京师设立的小学教师。

教习：明朝入选翰林院的进士之师称教习，到清末，学堂兴起后，教师仍用其名。

教职：原是周礼小宰六职之一，清代时沿用为教师之称。

学官、学政：分别为汉代和宋代太学的教师。

学正：宋元明清国子监的教师。

监学：清中学堂以上设监学，管学生功课及考勤之事。

监丞：明清时期，对太学中国子监教师的称谓。

讲郎：东汉太学的老师。

讲师：讲授武事或讲解经籍的教师谓“讲师”。

外傅：古代对教师的特称。

训导：明清时府设教授，州设学正，县设教谕，掌教育生员。其副职皆称训导。

◆“有教无类”“因材施教”是谁最先提出来的？

孔子之前，“学在官府”，只有贵族子弟有权受教育，有资格当官。孔子体会到平民百姓子弟接受教育的难处，遂开设私塾，广招平民子弟进行教育。在教育的对象问题上，孔子明确提出了“有教无类”的思想。“有教无类”的本义是，不分贵族与平民，不分国界与华夷，只要有心向学，都可以入学受教。

“有教无类”思想的理论基础是孔子“性相近也，习相远也”的人性论。“性相近”说明了人皆有成才成德的可能性，而“习相远”又说明了实施教育的重要性。正是基于“人皆可以通过教育成才成德”的认识，孔子才做出了“有教无类”的决断。

孔子的“因材施教”，是针对学生的不同情况采取灵活多变的教育方法。在这一点上，孔子的教育也是分类的。孔子曰：“中人以上，可以语上也；中人以下，不可以语上也。”体现出孔子分层次教学的思想。

◆正式设立国子监的是晋武帝还是隋炀帝？

严格地说，国子监是中国隋代以后的中央官学，为中国古代教育体系中的最高学府。

国子监学生，等于秀才，分文武两种，文称文生，武称武生。凡依照惯例缴纳一定数额的钱给朝廷，即可称为“例监生”。他们有资格去见县官，但并无实权。

西晋武帝咸宁四年（278年），始立国子学，设国子祭酒和博士各一员，掌教导诸生。北齐改名国子寺。隋文帝时，改寺为学。不久，废国子学，唯立太学一所。

隋炀帝即位，改为国子监。

唐朝国子监有六学：国子学、太学、四门学、律学、书学和算学。

到了宋朝，国子监成为掌管全国学校的总机构，还设书库，刻印经史书籍，供朝廷索取、赐予以及本监出售之用。国子监所印书籍称“监本”，一般刻印精美，居全国之冠。

至清代，国子监变为只管考试，

不管教育的考试机构；到清末则成为卖官机构。

◆国学大师王国维治学的“三境界”指什么？

在《人间词话》中，国学大师王国维以哲学家的顿悟，串联了晏殊、柳永、辛弃疾中的诗词，自成“王氏三境界”。王国维认为，古今之成大事业、大学问者，必须经三种境界。

第一境界：昨夜西风凋碧树，独上高楼，望尽天涯路。

第二境界：衣带渐宽终不悔，为伊消得人憔悴。

第三境界：众里寻他千百度，蓦然回首，那人却在灯火阑珊处。

王国维所引之诗词，本是描写相思之句，但王国维却用以表现“悬思—苦索—顿悟”的治学三重境界。王国维巧妙运用三句中蕴含的哲理意蕴，把诗句由爱情领域延伸至治学领域，从而赋予诗词以崭新的内涵。

◆谁首倡“鸿儒”作为教育的最高目标？

唐朝诗人刘禹锡在《陋室铭》中有云：“谈笑有鸿儒，往来无白丁。”那么，什么样的人算是“鸿儒”呢？“鸿儒”一词最早见于东汉王充的《论衡》。王充认为，鸿儒是“超而又超”的最高级、最理想的有识之士，是“世之金玉”。

王充将学经之士分为“儒生”“通人”“文人”“鸿儒”四种。能够解说一本经书的，即“儒生”；能够解说两本以上经书，又博通古今的儒士，即“通人”；不仅通古达今，熟悉经传，而且能够研究现实问题，提出自己的看法和建议的人，即“文人”；能够深入思考古今各种问题，做出系统概括，提出自己的理论体系，写成高水平专著的，即“鸿儒”。

王充把鸿儒当成教育培养的最高目标，反对经学教育所培养的“章句之生”。在他看来，孔子、董仲舒、周长生都属于鸿儒。鸿儒的特点就是能够“立义创意”，“眇思自出于胸中”，是能著书立说，在理论上有所创见者。王充还认为，“儒生过俗人，通人胜儒生，文人逾通人，鸿儒超文人”。

◆近代教育家蔡元培首倡的“美育”是什么意思？

我国近代著名教育家蔡元培先生在我国首倡“美育”，并在1912年他的《对于新教育之意见》中，首次将美育定为基本教育方针。蔡元培明确指出：“美育者，应用美学之理论于教育，以陶养感情为目的者也。”

蔡元培还认为：“吾国古代教育，用礼、乐、射、御、书、数之六艺。乐为纯粹美育；书以记述，亦尚美观，射御在技术之熟练，而亦态度之娴雅；礼之本义在守规则，而其作用又在远鄙俗；盖自数之外，无不含有美育成分者。其后若汉魏之文苑、晋之清谈、南北朝以后之书画与雕刻、唐之诗、五代以后之词、元以后之小说与剧本，以及历代著名之建筑与各种美术工艺品，殆无不在于非正式教育中行其美育之作用。”

陈望道在《美学纲要》言：“中国之有美学，实以蔡元培先生提倡为最早。中国人素讲智、德、体三育；近人更倡群育、美育，而并称为五育。美育即蔡元培先生所主倡。”

◆古代品德高尚博学多才者是学士还是硕士？

（1）学士：最早出现在周代，是指那些在学校读书的贵族子弟，后来逐渐变成官名，指有学问的人以及久入学者的泛称。魏晋以后，学士才正式成为以久学技艺供奉朝廷的官吏。唐时学士地位大大提高，甚至能参与朝政。其中翰林学士为众学士之首，是皇帝亲信的顾问和秘书官，有“内相”之称。宋朝时，一经授翰林学士，即有当宰相之望。清朝的大学士地位显赫，官阶为正一品，为文职官吏之首。

（2）硕士：名称起源于五代，《五代史》记载：“前后左右者日益亲，则忠臣、硕士日益疏。”宋代散文家曾巩在《与杜相公书》中说：“当今内自京师，外至岩野，宿师硕士，杰立相望。”硕士，古代指品德高尚、学问渊博者。但一直不是官职。古人曰：“硕者，大也。”古代常用与硕士含义相似的是“硕老”“硕儒”。

◆古代一般都怎么称呼“学校”？

中国早在四千年前就有了学校，那时学校的名字叫“庠”。高一级的大学叫“上庠”，低一级的小学叫“下庠”。夏朝时的学校按级别分别为：“学”“东序”“西序”“校”。殷商时期，又把这四种学校的名字称为：“学”“右学”“左学”“序”。后来的朝代还有在王府里设立的学校，叫“辟雍”“成均”等。

在汉代，最高一级的学校称作“太学”，下面分别称作“东学”“西学”“南学”“北学”。再后来把“太学”前前后后改为“国子学”“国子寺”“国子监”。汉代的学校分为官学与私学两种。其中私学的“书馆”，亦称“蒙学”，系私塾性质，相当于小学。

至明清时期，“国子监”已经不是学校的性质了，而成为国家专门管理教育的机构。这时候一般的学校称为“书院”“书堂”“私塾”等。

◆孔子果真是开办私学的第一人吗？

西周以前，“学在官府”，奴隶主贵族垄断文化教育。后来出现“学术下移”现象，一些文人以个人身份授徒讲学，这就是中国历史上最初出现的私学。

人们通常认为，孔子是第一个打破学在官府局面的私立学校的创办者。但有学者经考证，明确指出在孔子以前以及与孔子同时从事私人讲学的，还有少正卯、王骀、壶丘子林、邓析、詹何、老子、列子、柳下惠等人。

史料记载，公元前675年，周王朝亲王之间发生争夺王位的事件，掌握文史资料典籍的官员跟着亲王奔波，造成大量资料流出周王室，分散到诸侯各国。由于文史资料和文史人员的大扩散，出现了“官学失守”，诸侯各自为学、为教的局面，即“私学”出现。换句话说，早在孔子诞生前一百年左右，中国就有“私学”了。孔子到处求官不行，才开始以私学为生。说孔子“首创”私学，是不符合历史实情的。

◆**最早的专科学校出现于何时？**

东汉灵帝光和元年（178 年）二月，“鸿都门学”创立。它是中国最早的专科学校。因校址设在洛阳鸿都门而得名。

鸿都门学是统治阶级内部斗争的产物，即宦官派为了培养拥护自己的士人而与士族势力占据地盘的太学相抗衡的产物。他们借汉灵帝酷爱辞、赋、书、画的缘由，创办而成。因此，鸿都门学所招收的学生和教学内容都与太学相反。学生由州、郡三公择优选送，多数是士族看不起的社会地位不高的平民子弟。鸿都门学开设辞赋、小说、尺牍、字画等课程，在“独尊儒术”的汉代，打破了专习儒家经典的惯例。

除鸿都门学外，至明清时期，中国曾设立过律学、医学、武学、阴阳学、算学、书学、画学、玄学、音乐学校、工艺学校等各种专科学校。这些学校培养出不少专业人才，对发展中国的自然科学、法学、文艺等起过很大的作用。

◆**古代有专收孤寒儿童的免费学校吗？**

义塾，也叫义学，多属小学办学形式，由公产或私人捐赠兴办，为古代含慈善性质的地方教育场所，专收无力缴纳学费进私塾的孤寒儿童入学。始于北宋，盛行于元明清。

北宋名臣范仲淹在家乡创办义学，自己招聘名儒，在乡梓兴学施教，培养家庭及乡里子弟。《义学记》称：“范文正公尝建义宅，置义田义庄，以收其宗族，又设义学以教，教养咸备，意最近古。”当年建在苏州天平山的范氏义学，后来被各地官员、士人群起仿效，成为宋代教苑的一枝奇葩。

义学有的是官员、地主出资在家乡开办，有的是以祠堂地租或私人捐款而设。学生年龄为 6~11 岁，学习读书写字。康熙二十二年（1683 年）知县樊际盛捐俸 103 两及乡绅助捐，购田 6 段，年收租谷 119 石，创义学于梅了岭下，内设讲堂、学舍、亭台及义仓。康熙五十一年（1712 年），康熙下诏，“令各省府州县多立义学，聚集孤寒，延师教读”。

◆**中国四大书院指的是哪些书院？**

岳麓书院、白鹿洞书院、嵩阳书院、应天书院，合称中国古代四大书院。

（1）岳麓书院。于北宋开宝九年（976 年）创办，1926 年更名为湖南大学，历史已逾千年。从古老的书院到湖南大学，一脉相承，弦歌不绝，被当世学者誉为罕见的“千年学府”。大门前悬挂有一副楹联，上曰“惟楚有材，于斯为盛”。

（2）白鹿洞书院。唐贞元年间，李渤在此读书，并养一白鹿。该鹿通人性，常跟随左右，故时人称李渤为白鹿先生，其所居为白鹿洞。李渤任江州刺史后，在读书台旧址创建台榭。南唐升元中，在此办起学校，称“庐山国学”，此即白鹿洞书院的前身。

（3）嵩阳书院。此院因坐落在嵩山之阳而得名，是重要的儒学传播圣地，在历史上以理学著称。北宋理学大师程颢、程颐在此聚众讲学，使书院名声大振。北宋名儒司马光、范仲淹、韩维、李刚、朱熹、吕诲等也曾在此讲学。

（4）应天书院。又名睢阳书院、南京书院，前身是后晋时杨悫（què）所办的私学。1009 年，宋真宗正式将该书院赐额为“应天府书院”。宋仁宗时又更名为南京国子监，使之成为北宋的最高学府之一。范仲淹就曾在此任教。

第五辑
礼制、民俗

拜祭礼制

◆作揖因对象不同而分为哪些揖礼？

作揖，是汉族传统礼仪中的一种相见礼。根据史料记载，根据双方的地位和关系，早在周代，作揖就已有土揖、时揖、天揖、特揖、旅揖、旁三揖之分。

具体说来，土揖是拱手前伸而稍向下；时揖是拱手向前平伸；天揖是拱手前伸而稍上举；特揖是一个一个地作揖；旅揖是按等级分别作揖；旁三揖是对众人一次作揖三下。重礼可作揖后鞠躬。相见第一句话，多问："食味。"用现在的话来说，就是"吃了吗"。

此外，还有长揖和高揖。长揖，即拱手高举，自上而下向人行礼；高揖，即手抱拳高举过头作揖。长揖和高揖无须弯腰俯身，古代多作为平辈间辞别时的礼节。

这许多作揖也有共同之处，即两手相握向前举。宋代陆游《老学庵笔记》中有言："古所谓揖，但举手而已。"清人阎若璩在注释《论语·述而》时说道："古之揖，今之拱手。"可见作揖其实到清朝已简化，所谓"拱手"是也。真是既讲究礼貌，又方便易行。

◆拱手抱拳之礼是怎么一回事？

拱手，又称捧手。行礼时，双腿站直，两手抱拳稍拱，以示敬意。《礼记》有："遭先生于道，趋而进，正立拱手。"《论语》有："子路拱而立。"

有学者指出，拱手抱拳的姿势，由模仿戴手枷的奴隶而来，以此表示自谦，表明自己愿意为对方做奴仆，供其驱使。古人自谦中有一个"仆"，意思就是"奴仆、奴隶"。似乎是对这种说法的一个佐证。

在古时，路遇不相识之人而问路，直接询问显得不太礼貌，因而拱手示敬，然后发问。因为不相识，估计对方与自己的身份地位不相上下，只要行这种拱手礼略表敬意就可以了。街头卖艺者，为了表示对围观者的尊敬，希望众位多多关照，也多行拱手礼。

再有，习武之人比试之前，"先

礼而后兵”，有互相拱手行礼的习俗，略表礼意然后开打。《儿女英雄传》中讲述，清代“讲那打拳的规矩，各自站了地步，必是彼此把手一拱，先道一个‘请’字，招呼一声。那拱手的时节，左手拢着右手，是让人先打进来，右手拢着左手，是自己要先打出去。”

◆“左手为掌，右手为拳”的抱拳礼是吉拜吗？

抱拳，以左手抱右手，自然抱合，松紧适度，拱手，自然于胸前微微晃动，不宜过烈、过高。抱拳不能乱抱，男子尚左，也就是男子用左手握右手，这称作“吉拜”，相反则是不尊重对方的“凶拜”，多用于吊丧。见面作揖抱拳弄错了方向，是极其不礼貌的。比如，在过年时，给人来上一个右手握左手的礼，就是触人霉头了。

行礼的具体方法是：并步站立，左手四指并拢伸直成掌，拇指屈拢；右手成拳，左掌心掩贴右拳面，左指尖与下颏平齐。右拳眼斜对胸窝，置于胸前屈臂成圆，肘尖略下垂，拳掌与胸相距20~30厘米。头正，身直，目视受礼者，面容举止自然大方。

◆“三叩九拜”是叩拜九次吗？

古代行礼有“九拜”之说。据《周礼》载，九拜分为稽首、顿首、空首、振动、吉拜、凶拜、奇拜、褒拜、肃拜。最初是祭祀鬼神时的礼节，后来演变为君臣、长幼、尊卑间的礼节，并非指连续叩拜九次或长时间跪拜。

稽首是跪下后，两手着地，拜头至地，停留一段时间，是拜礼中最重者。顿首即稽颡、叩颡，也单称颡，是引头至地，稍顿即起，为拜礼中次重者。空首是两手拱地，引头至手而不着地，是拜礼中较轻者。这三拜是正拜。

振动，是两手相击，振动其身而拜。吉拜，是先拜（男左手在外，女右手在外）而后稽颡，即将额头触地。凶拜，是先稽颡而后再拜（男右手在外，女左手在外），头触地时表情严肃。奇拜，先屈一膝而拜，又称雅拜，是军礼，军人身披甲胄，不便俯首跪拜，故用奇拜。褒拜，是行拜礼后为回报他人行礼的再拜，也称“报拜”。肃拜也称手拜，是妇人的常拜礼，跪而微低其头，拱手向下，头虽低但不到手，手虽下但不至地。这几种拜礼都是正拜的变通。

◆“折腰”“顶礼膜拜”分别是什么样的礼仪？

现在，人们常常用“顶礼膜拜”形容对某人崇拜得五体投地。那么，“膜拜”是一种怎样的拜礼呢？所谓“膜拜”，即行礼时，两手放在额上，长时间下跪叩头。原专指礼拜神佛时的一种敬礼，后泛指表示极端恭敬或畏服的行礼方式。

折腰，即拜揖。鞠躬下拜，表示屈辱之意。《晋书》载，陶渊明曾为彭泽县令，州郡派督邮巡视至县，县吏劝陶束带迎见，他感叹地说：“吾不能为五斗米折腰，拳拳事乡里小人邪！”唐朝大诗人李白的《梦游天姥吟留别》诗作中有：“安能摧眉折腰事权贵，使我不得开心颜？”后来，“折腰”这一拜礼，引申为倾倒、崇拜。如毛泽东《沁园春·雪》：“江山如此多娇，引无数英雄竞折腰。”

◆古人结婚“三拜礼”是哪“三拜”？

古时候新人结婚有“拜堂”的习俗。拜堂，又称“三拜礼”，即一拜天地、二拜月老、三拜高堂和夫妻对拜。三拜礼是从古代祭天、祭地的仪式发展演变而来的。

中国古代思想家把世界上的事物概括为天、地、人三类。天和地是人类生存的自然环境，对于自身的繁衍和社会发展至关重要。人在天地间生存，要依靠天地化生的万物。自然环境好，风调雨顺，土地肥沃，物产丰富，空气清新，河水纯净，没有任何污染。在这样的天地环境中生存，能得到大自然的恩赐，干事创业也容易成功，生儿育女也容易顺利。

月老、父母和夫妻包含在“人”的因素中。“无媒不成婚”，月老是证婚之人，是婚姻建立的纽带；结婚是男子长大成年的标志，父母有养育之恩，且传统文化又极其重视尊长和孝道；夫妻是建立新的家庭的基本要素，提倡夫妻互敬互爱。因此拜月老、父母和夫妻对拜也就自然是结婚礼仪中的重要部分了。

◆古人出门拜谒先投“刺”，何谓“刺”？

拜谒，即“拜访”的古称。拜谒又细分为请谒（请托求见）、干谒（有所求而请见）。

遵照古代的社交往来规则和礼俗的要求，求见或拜谒某人得先投“刺”。大历十才子之一的司空曙有诗云：“莫使祢生刺，空留怀袖中。”这祢生就是祢衡，这两句诗表露了希冀名片送进，便能受到对方接见的心情。

刺，又称“名刺”“求楮”，因为最早是用木片削制而成的，故称。清朝赵翼所著《陔余丛考》引刘冯《事始》说：“古昔削木以书姓名，故谓之刺；后世以纸书，谓之名帖。”除在“刺”上书姓名外，也有书写衔名者。

清代，民间多称“名刺”为“拜帖”“飞帖”。当时还流行一种“拜盒”，就是将红色硬纸片制成的拜帖放入锦盒中送给对方以示隆重。后来，逐渐出现了便于接受名帖的“门簿”，又叫“接福”或“代仆”，颇似现代家门的信箱。造访者将拜帖投入门簿之后，主人便会知道有客造访，视情况届时在家等候与否。

◆拜访他人的“见面礼”，古时称什么？

见面礼，古称“执贽”。依照古人拜谒的礼节，是不能没有见面礼的。见面礼，除了表示社交礼貌外，还有一个非常重要的功能——表明个人身份。

据《汉书》记载，汉高祖刘邦在做泗上亭长的时候，听说善相面的吕公宿于沛县县令家，便分文不带前往拜贺，而主事的萧何，却宣布“贺不满千钱，坐之堂下”，刘邦在“谒”上写上“贺钱万”，吕公大惊，亲自迎出门来。

这里所说的“贺钱万”，就是古代拜谒时，送出的见面礼。为什么吕公如此吃惊呢？因为一万钱是个天文数字。吕公亲自出门迎接，显然把刘邦看得很重。

拜访他人时，必带见面礼，即所

谓的“执贽”。主家回拜时，也应送还客人之所执。如果有来无往，就会被看成是一件很失礼的表现。但回拜时是禁忌将原物送还的。只有在拒绝收受对方馈赠时才如此处理。

◆“八拜之交”究竟是哪八拜？

我们常听闻“某某和某某是八拜之交”。古时拜把子、认兄弟要行八拜之礼，一般人都认为八拜之交是行八次下拜（冲着八个方位磕头：东、南、西、北以及东南、东北、西南、西北）之礼，但其实这八拜，拜的也是八份感天动地的友情。

头一拜：伯牙子期知音之交；

第二拜：廉颇相如刎颈之交；

第三拜：陈重雷义胶漆之交；

第四拜，元伯巨卿鸡黍之交；

第五拜：角哀伯桃舍命之交；

第六拜：刘关张生死之交；

第七拜：夷吾叔牙管鲍之交；

第八拜：孔融祢衡忘年之交。

不过，有人认为感人的友情还应包括：刘备诸葛亮鱼水之交；介子推重耳（晋文公）切肤之交；以宋江为代表的梁山一百单八将忠义之交；以秦叔保罗成为代表的贾柳楼四十六友合志之交。但不管指哪几份友情，都是因为感动，才值得去拜，并以之为榜样。

◆“八拜之交”是结拜兄弟的礼仪吗？

据《紫钗记》载：“俺二人以八拜之交，同三军之事。”又《冻苏秦》载：“你不知这张仪和我是八拜交有朋友。”可以看出，八拜之交是结拜兄弟最重要的礼仪。

关于“八拜”，邵伯温在《邵氏闻见录》中记载有这样一个故事。

文彦博听说国子博士出身的李稷待人甚是傲慢，心中不悦，并对人说：“李稷的父亲曾是我的门人，按辈分他应该是我的晚辈，他如此傲慢，我非得教训他不可。”一天，文彦博任北京守备，李稷听说后，便上门来拜谒。文彦博故意让李稷在客厅坐等。过了好久，才出来会见他。文彦博见了李稷后，说：“你父亲是我的朋友，你就对我拜八拜吧。”李稷因辈分低，只得向文彦博拜了八拜。文彦博以长辈的身份挫了李稷的傲气。

旧时人称异姓结拜（如桃园三结义的刘备、关羽、张飞）的兄弟是八拜之交。文彦博事件后，人们也常用“八拜之交”表示世代有交情的两家弟子拜谒对方长辈时的礼节。

◆叩手礼相传与哪位皇帝有关？

中国的叩手礼，具体说来，即将一只手的大拇指、食指和中指略微弯曲，指尖撮合在一起，轻轻叩打桌面几下，即代表古代最隆重的“三跪九叩首”之礼。

叩手礼是从叩头礼演变简化而来的。

传说，乾隆皇帝下江南，因着微服察访，扮作贫民模样，随从人员朝见或请旨问安时，不便施行“三跪九叩首”的礼节，否则，就会暴露身份，惹来不必要的麻烦。然而，在封建社会中，君臣乃人生之大伦，岂可废弃？正在束手无措之际，一个聪明的臣子，想出妙法，以“手”代“首”。二者同音，这样，“叩首”为“叩手”所代，三个指头弯曲即表示“三跪”；

指头轻叩九下，表示“九叩首”。

这个意见被采纳，且逐渐流传到民间。至今还有不少地方，每当主人给客人斟茶时，客人便以叩手礼表示诚意。

◆古人学艺前为何先行拜师礼？

据《宋史》载，杨时、游酢相约拜师于程颐，因“天公作美”，而成就一段“程门立雪”的佳话。为何古人学艺之前，要先行拜师呢？

古人云：“古之学者必有师。师者，所以传道授业解惑也。”传统的师徒关系仅次于父子关系，即俗谚所谓“生我者父母，教我者师傅”“投师如投胎”。有的行业，一入师门，全由师傅管教，父母无权干预，甚至不能见面。建立如此重大的关系，自然需要隆重的风俗礼仪加以确认和保护。所以，旧时行拜师礼，是司空见惯的事情。

一般拜师礼分成以下几个程序：

（1）拜祖师、拜行业保护神。表示对本行业敬重，表示从业的虔诚，同时也是祈求祖师爷“保佑”，使自己学业有成。

（2）行拜师礼。一般是师傅、师母坐上座，学徒行三叩首之礼，然后跪献投师帖等。

（3）师傅训话，宣布门规及赐名等。训话一般是教育徒弟尊祖守规，勉励徒弟做人要清白，学艺要刻苦等。

◆华夏传统礼仪具体可分为哪五礼？

传统的说法把礼仪划分为吉礼、凶礼、军礼、宾礼、嘉礼五类，称为五礼，其说源于《周礼》，后来为历代礼学家所沿用。另外，还指五种等级的礼，即天子、诸侯、卿大夫、士、庶民五等之礼。

吉礼是五礼之冠，主要是对天神、地祇、人鬼的祭祀典礼。主要内容有：（1）祀天神：昊天上帝；祀日月星辰；祀司中、司命、雨师。（2）祭地祇：祭社稷、五帝、五岳；祭山林川泽；祭四方百物，即诸小神。（3）祭人鬼：祭先王、先祖；禘祭先王、先祖；春祠、秋尝、享祭先王、先祖。

嘉礼是关于人际关系、沟通、联络感情的礼仪。嘉礼主要内容有：饮食之礼，婚、冠之礼，宾射之礼，飨燕之礼，脤膰之礼，贺庆之礼。

宾礼就是天子、诸侯接待宾客的礼仪，其名目繁多，主要有“春见曰朝，夏见曰宗，秋见曰觐，冬见曰遇”“时见曰会”“殷见曰同”。

军礼是师旅操演、征伐之礼。包括大师之礼、大均之礼、大田之礼、大役之礼、大封之礼等。

凶礼是哀悯吊唁忧患之礼。凶礼的内容有：以丧礼哀死亡，以荒礼哀凶札，以吊礼哀祸灾，以禬礼哀围败，以恤礼哀寇乱。

◆祭祀中的“三牲”具体指什么？

三牲，从最早的含义开始，就是指三个不同的活牲畜，并没有特指具体为“哪三个”。古代的牲畜都有应用等级，两两不同，所以，也可以理解为组合祭祀、大型组合宴会中的“三个不同等级使用的牲畜”，“一神”或者“一人”肯定只占一个等级，不可能“一神”或“一人”纵跨多个等级，因此，古代“一神对应一畜”“一人对应一畜”，三牲，就意味着，为

“三个等级”或者“泛指多个等级”的组合准备“多种活的牲畜”。

最早的三牲是马、牛、羊。其中，马、牛、羊的具体要求是：

第一等：马为騨驹，即二岁的黑鬃黑尾红马。

第二等：牛为黄牛，即三岁的土黄色公黄牛。

第三等：羊为羝羊，即三岁的黑色公绵羊。

此乃汉朝典籍记录的，先秦东周时期祭祀五方上帝之一的白帝的礼节。

后来，三牲一指古代用于祭祀的牛、羊、猪。也有称鸡、鱼、猪为三牲。一指夏、商、周三代所用牺牲（古代祭祀或祭拜用品。色纯为“牺”，体全为“畜牲”）的总称。

在道家文化中，以獐、鹿、麂为玉署三牲。

◆祭祀用品“太牢”“少牢”区别在哪里？

古代帝王祭祀社稷时，牛、羊、豕（猪）全备为“太牢”。《礼记》中太牢指“大牢”。

“少牢”只有羊、豕，没有牛。

由于祭祀者和祭祀对象不同，所用牺牲的规格也有所区别：天子祭祀社稷用太牢，诸侯祭祀用少牢。《大戴礼记》载：“士之祭，牲特豕，曰馈食。”

由于在周建立时，牛还是从雅利安人那里引入的新鲜物种，比较珍稀，故用作祭品时表示最高礼节。羊当时亦为从藏族人处引进的新物种，数目亦较少，故次之；豕（猪）为华夏族人最先驯养，是最普通的家畜，故为最下。

古代祭祀所用牺牲，行祭前需先饲养于“牢”，故这类牺牲称为“牢”；又根据牺牲搭配的种类不同而有“太牢”“少牢”之分。

◆五祀的户、灶、门、行、中溜分别代表什么？

“五祀”指五种小祀，即户、灶、门、行、中溜等家居之神，祭之以报出入饮食之德。《周礼》中有大祭、中祭、小祭之说，郑司农注谓，大祭指天地，中祭指宗庙，小祭指五祀。“五祀”的常祭，在春、夏、秋、冬四季的孟月举行，与五行之神相配；而“五祀”的散祭，则是平时出入饮食，随事而祭，没有固定的时间。

所谓“五祀”，《礼记》中“祭五祀”，郑玄注云：“户、灶、中溜、门、行也。”五祀即祭户神、灶神、土神（中溜）、门神、行神。所谓“路头”，即五祀中之行祀；五路，指东、西、南、北、中也。意为出门五路，皆可得财。

◆逢年过节为什么要祭拜祖先？

我国远古存在祖先崇拜观念，逢年过节总要祭拜死去的先人，供奉食物或鲜花以表心意。祭祖的形式或许会出于种种原因而不同，但纪念祖先的意义却是相同的。大致说来，祭拜祖先有六个目的：一是慎终追远；二是奉行孝道；三是感恩报德；四是维系亲属团结；五是求祖先赐福；六是怕祖先降灾。

这种讲仁义、情谊，重视家庭关系的祭祀文化，体现了“身体发肤，受之父母”“父母养育之恩，浩荡无极”的古老孝道理念。按照民间的观念，自己的祖先和天、地、神、佛一样是应该顶礼膜拜的。因为列祖列宗的“在天之灵”，时时刻刻在关心和注视着后代的子孙们，尘世的人要通过祭祀来祈求和报答先人的庇佑。

春节也不例外，必须祭祖，缅怀先人，但各地习俗不一。有在年夜饭之前祭拜的；有在除夕夜子时前后祭拜的；有在初一早上开家门前祭拜的；台湾地区则是在除夕午后，进行一年中最后一次祭祖。有的地方初一在家里祭拜后，还要去祠堂祭祖。也有上坟祭祖的，俗称墓祭，主要是在坟地烧香、上供、叩拜。

◆用来祭祖的灵位牌有何来历？

在古装影视剧中，我们常常看到剧中人物家中供奉着亡亲的灵位牌。它是怎么来的呢？

据传，丁兰“少丧考妣，不及供养，乃刻木为人，仿佛亲形，事之若生”。相传东汉时期有个叫丁兰的人，是个不孝子，平常对母亲的态度甚为恶劣。一天，他在山上砍柴，看见羊儿跪着吃母奶，大受感动，并对自己的不孝行为深感后悔，决心洗心革面，做个孝子。那天他母亲照常送午餐到山上给他，他远远看见母亲，为了不让母亲辛苦爬上山，便飞奔下山去接她。

平时，母亲给丁兰送饭，早到、晚到都会被儿子骂。母亲看到丁兰不知何故冲下山来，甚为恐惧，想到有如此不孝儿，伤心欲绝，便跳湖自尽了。丁兰见状赶至湖边，要抢救已来不及了，且连母亲的尸体也没找到。丁兰伤心之余，从湖里捡了一块木头回家，刻上母亲的名字，以木为母，日夜祭拜。

丁兰这一孝举流传民间，亦形成日后人们通过“灵位牌”祭祖之习俗。

◆古代帝王的封禅祭祀活动是怎么回事？

封禅，作为宗教祭祀的专有名词，特指中国古代帝王为祭拜天地而举行的活动。

“封”，就是天子登上泰山筑坛祭天；“禅”是在泰山下的小丘除地祭地（一般都是在社首山和梁父山），向天地宣告人间太平。史料记载：“此泰山顶上筑坛以祭天，报天之功，故曰封……此泰山下小山上除地，报地之功，故曰禅。”为何一定要到泰山封禅，原因并不复杂，“天高不可及，于泰山上立封禅而祭之，冀近神灵也”。

战国时齐鲁有些儒士认为，五岳中泰山最高，帝王应到泰山祭祀。秦始皇、汉武帝等都曾举行过封禅大典。《五经通义》云：“易姓而王，致太平，必封泰山，禅梁父，荷天命以为王，使理群生，告太平于天，报群神之功。”故封禅活动实质上是强调君权神授的手段。

民国初期疑古派的史家认为，封禅纯粹是战国至秦汉间，齐儒凭空杜撰，并为好大喜功的君主利用来巩固政权、夸侈政绩的活动。但从近年考古资料看来，其起源或可追溯到新石器时代先民筑坛祭祀的习俗。

◆古代帝王的封禅祭祀活动起源于什么？

相传，黄帝出巡泰山时，大象

驾辕，六龙拉车，蚩尤在前开路，虎狼在后护卫，群鬼列侍保驾，众神簇拥陪行，风伯扫除，雨师洒道，蟒蛇伏地，凤凰覆上。黄帝登临泰山之巅，诏鬼神议国事。定大位、划疆域、祭天神，并作清角之音，似两凤双鸣，如二龙齐吟。玉皇大悦，天女起舞。

这则传说从侧面反映了原始社会时期的祭山活动。封禅祭祀起源于夏、商、周时的郊祀活动。有史记载："自郊祀天地而下，复有所谓名山大山之祭。"那时，帝王在都城近郊祭天，在地神祠祭地。天地是直接影响人类生存的重要自然条件，悠悠苍天、广博后土，让人觉得神秘莫测，这就产生了对大地自然神的崇拜。高山大川由于生云化雨，猛兽出没，物产丰富，继而出现了崇拜山神、河伯的活动。

自夏代至战国时期，泰山的祭祀活动频繁，形式多样。公元前219年，秦始皇封禅于泰山，从而成为有史记载的泰山封禅的首位帝王。

◆哪些皇帝到过泰山封禅祭祀?

泰山是历代帝王封禅祭祀的圣地。相传上古时期就有七十二代君王曾封禅泰山。自秦至清，史籍上确切记载的到泰山封禅祭祀的皇帝共有十二位。

秦始皇嬴政（前219年）；二世胡亥（前209年）；西汉武帝刘彻（前110—前89年，前后八次祭祀泰山）；东汉光武帝刘秀（56年）；章帝刘炟（85年）；安帝刘祜（124年）；隋文帝杨坚（595年）；唐高宗李治（666年）；玄宗李隆基（725年）；宋真宗赵恒（1008年）；清圣祖玄烨（1684年、1703年，两次祭祀泰山）；高宗弘历（1748—1790年，前后十次祭祀泰山）。

残暴的秦二世胡亥，妄图通过封禅亲身体验父亲当年的威风，挽回王朝的颓势，结果还是因自身无道，成为亡国之君。相比之下，唐太宗李世民虽然出于种种原因未能到泰山封禅，却照样能够成为"治世之君"。其实，真正的有德之帝是不需要这种劳民伤财的"噱头"的。

◆释奠礼是用来祭祀什么的?

中国古代的祭祀对象，最引人注目的有两类，一类是天地、日月等，属于自然崇拜；另一类是血缘亲属，属于祖先崇拜。但还有一类，既非自然神祇，也非血缘亲属，而是文明的先驱，如对先农、先蚕、先医、先师的祭祀。

释奠礼，原是古人对有德行的先师的一种纪念仪式。根据《礼记》的记载，早在周朝时，学校每年都要按四季释奠于"先圣""先师"，来表示尊师重道之意。释、奠都有陈设、呈献的意思，指的是在祭典中，陈设音乐、舞蹈，并且呈献牲、酒等祭品。到了隋朝，孔子被尊称为"先师"。之后，释奠便成为祭孔典礼的专属名称了。

释奠的祭器有樽（酒樽，绘有牛的图案的为牺樽，绘有象的图案为象樽）、爵（供奉酒的器皿）、簠（用于供奉大米、糯米糕）、簋（用于供奉大米、糯米糕）、笾（用于供奉鲷鱼）、豆（用于供奉白菜、萝卜等蔬菜）、俎（用于供奉牛肉、鲤鱼）。

◆一年有几次祭孔？祭孔分哪些程序？

最初祭孔每年只有秋季一次，后增为春秋二次。后来，在农历八月二十七日举行大祭。参加祭孔的人员，最初只限于孔氏直系子孙。后来，祭孔被当作国家大典，但“家祭”仍照常进行。国祭多由皇帝专门指定的大臣、地方官或皇帝自已亲至曲阜阙里孔庙致祭。

从晋明帝太宁三年（325 年）开始，一年始有四大祭。以后历代加增，每年的祭孔活动大小五十多次。主要有“四大丁”，在每年春、夏、秋、冬的丁日举行；“四仲丁”，在大丁后的第十日举行；“八小祭”，在清明、端阳、中秋、除夕、六月初一、十月初一、生日、忌日举行。此外，每月初一、十五有祭拜，一年二十四节气还有二十四祭。但在所有祭孔活动中，历来以春秋两次大祭为主，尤以秋祭为重。后来将每年的大祭定在农历八月二十七日孔子诞辰日举行，再后来改为公历的 9 月 28 日。

传统的“释奠礼”祭孔仪式，祭祀程序有条不紊，非常严格。分为瘗毛血、迎神、奠帛、初献、亚献、终献、撤馔、饮福受胙、送神、望燎（秋冬为“望瘗”）。整个仪式有礼、有乐、有舞。

◆开帝王祭孔先河的是哪位皇帝？

公元前 478 年，即孔子死后第二年，鲁哀公下令在曲阜阙里孔子的旧宅立庙，将孔子生前使用的衣、冠、车、琴、书册等保存起来，并且按岁时祭祀。这是诸侯祭孔的开始。

公元前 195 年，汉高祖经过鲁国，以太牢祭祀孔子。这是帝王祭孔的开始。

汉元帝时期，汉元帝征召孔子第十三代孙孔霸为帝师，封阙内侯，号褒成君，赐食邑八百户，以税收按时祭祀孔子。这是封孔子子孙为侯，以奉祀孔子的开始。

公元 29 年，汉光武帝派遣大司空宋宏到曲阜阙里祭祀孔子。这是帝王派遣特使祭孔的开始。

在此以前，所有祭孔典礼都在曲阜孔庙举行，直到公元 59 年，即汉明帝永平二年，于太学及郡县学祭祀周公、孔子。从此，中央政权所在地及各地方官府也都在学校中祭孔，祭孔成为全国性的重要活动。

公元 72 年，汉明帝赴曲阜，祭祀孔子及七十二弟子。这是祭孔有配享的开始。祭祀孔子的礼仪称正献礼，祭祀配享者的礼仪称分献礼。

◆乾隆何以成为祭孔次数最多的皇帝？

从西汉武帝“罢黜百家，独尊儒术”以来，直至清朝，先后有多名皇帝亲临曲阜祭祀孔子。唯独清乾隆帝到曲阜祭孔次数最多。这是为什么呢？有人指出，除发扬儒学，以更好地维护统治外，还有一个重要原因，即乾隆的女儿嫁予孔府。

据说，乾隆有一女儿，为孝贤皇后所生。乾隆甚是宠爱此女，不料她脸上长有黑痣。相术上说这块黑痣主灾，破灾的唯一方法是公主嫁给比王公大臣更显贵的人家。那就只有山东曲阜的孔家了。因为只有衍圣公可以在皇宫的御道上与皇帝并行，而皇帝到曲阜后，也要向衍圣公的祖先孔子行“三跪九叩头”之大礼，这是别的王公贵族都无法企及的。

乾隆鉴于清王朝“满汉不能通婚”的规定，便将女儿寄养在一个叫于敏中的汉族大臣家中。女儿长大后，便以于家闺秀之名嫁给了第七十二代衍圣人孔宪培。这位公主被孔府后人称为于夫人。于敏中一家亦随之搬入孔府居住，并世世代代居住于此。

需强调指出的是，乾隆与孔府的这层“姻亲”关系，未见正史记载。

◆民间为何有“男不拜月，女不祭灶”的讲究？

（1）男不拜月

农历七月初七，相传是牛郎与织女在银河相会的日子，俗称“女儿节”，又称“乞巧节”。这天晚上，女性们都要竞相在阳台、庭院，陈设果品糕点，点燃香烛，向月祷拜。这是妇女的节日，男人当然不应参与。

还有人认为，“男不拜月”与中国传统的阴阳五行之说有关。古人认为，月神嫦娥、月兔都是主阴，女属阴，男属阳，故女拜男不拜。

（2）女不祭灶

腊月二十三，又称“小年”，是民间祭灶的日子。灶要生火，灶神管火为阳。因女人属阴相克，因此祭灶王爷，只限于属阳的男人能给灶王爷烧香磕头，女的不能拜。灶王爷神像边的对联是“上天言好事”“回宫降吉祥”，横批是“一家之主”。灶王爷是一家之主，所以只有“一家之主”的男人才有资格拜。

另有一说，相传灶王爷长得像个小白脸，怕女的祭灶，有“男女之嫌”。

◆“打牙祭”是哪个地方的祭祀习俗？

“打牙祭”指的就是吃肉，反映的是四川人的祭祀习俗。此词在四川等地使用十分广泛，究其来源，主要有三种说法：

（1）旧时厨师供的祖师爷是易牙，每逢初一、十五，要用肉向易牙祈祷，称为“祷牙祭”，后来讹传为“打牙祭”。

（2）旧时祭神、祭祖次日，衙门供职人员可分吃祭肉，故称祭肉为“牙（衙）祭肉”。

（3）“牙祭”本是古时军营中的一种制度。古时主将、主帅所居住的营帐前，往往竖有以象牙作为装饰的大旗，称为“牙旗”。每逢农历的初二、十六，便要杀牲畜来祭牙旗，称为“牙祭”。而祭牙旗的牲畜肉（又称为牙祭肉），不可白白扔掉，往往是将士们分而食之，称为“吃牙祭肉”。

◆三月三祭拜盘古是哪里的习俗？

南阳市的桐柏山中有座名山叫盘古山。山上建有盘古庙。庙内有盘古爷与盘古奶塑像。盘古头生双角，方面大耳，身披兽皮，腰缠槲叶，赤脚坐在神坛上。

传说，人类的祖先盘古大神就在此山上休息。盘古开天辟地之时，砍开了飘来飘去的大气包，气包下沉变成了大山。玉帝的三闺女下凡和盘古结为兄妹，打猎捕鱼，构木为巢，共同生活。后来，洪水泛滥，天塌地陷，盘古兄妹被石狮子搭救得以生存。兄妹俩共同补好天上的漏洞，又由石狮子做媒，滚石磨磨盘相合而结为夫妻，繁衍子孙，是为人类之始。

至今，每年农历的三月三，为盘古会，持续五天。盘古山一带人们都要祭祀盘古。人们会以唢呐作为向导，抬着整猪整羊等祭品，焚香燃表，齐聚山顶盘古寺进行祭祀活动。

◆祭虎的习俗可追溯到什么时候?

在汉族的传统文化中，被人们尊奉为“百兽之王”的虎，常被视作威仪与力量的象征。自古以来，人们便对虎怀有敬畏之感。虎亦居“四方神”（东青龙、西白虎、南朱雀、北玄武）之列，被古人奉为祭拜的神灵对象之一。

早在周期，年终大祭万物时就包括祭祀老虎。《礼记》中已出现这样的记载：“迎虎，为其食田豕也。”先民认为，虎是农业生产的保护神，祭祀老虎是因为它能吃祸害庄稼的野猪。除此之外，民间还有在门上画虎、给小孩子穿虎鞋、戴虎帽等习俗。因为虎是百兽之长，能吃鬼魅，镇邪避祟。

1957年在安徽阜南县出土了一件商朝青铜器，名叫龙虎尊。龙虎尊的肩部饰以三条蜿蜒向前的龙。腹部纹饰为一个虎头两个虎身，虎口下有一人形，人头衔在虎口中。有学者指出，龙虎尊“虎口衔人”的纹饰应是巫师作法的情景纪实。张开的虎口在古代是分割生死两界的象征，虎口下的人很可能就是巫师，巫师在祭祀中通过老虎的帮助而表现出一种能够通天地、感鬼神的能力。虎在先人祭祀活动中的作用，由此可见一斑。

婚葬礼制

◆谁创立了男女对偶的婚配制度？

伏羲是我国男女对偶的婚配制度的开启人。

人类社会步入父系社会，位居三皇之首、百王之先的太昊伏羲率部落由甘肃成纪沿黄河东下，定居于宛丘之墟。随后，伏羲以其圣德团结统一了华夏各个部落，并取蟒蛇的身，鳄鱼的头，雄鹿的角，猛虎的眼，红鲤的鳞，巨蜥的腿，苍鹰的爪，白鲨的尾，长须鲸的须，创立了中华民族的统一图腾——龙。伏羲还画八卦、取火种、造书契、创乐器、兴嫁娶，开启了中华文明。

随着部落人口增多，投奔的人越来越多，男女混居。伏羲发现，总是有畸形儿出生。伏羲找到根源后，便“正姓氏、制嫁娶”，创立了男女对偶的婚配制度，最终使人类的体质和智力有了一个质的飞跃，极大地促进了社会的进步。

◆古时男女议婚为何要看属相八字？

属相之说远古已有，认为十二生肖之间相生相克。相生者，可以白头偕老；相克的就不易结成连理枝了。有一个流传甚广的俗语口诀：“白马怕青牛，羊鼠一旦休，蛇虎如刀割，龙兔泪交流，金鸡怕玉犬，猪猴不到头。”还有相反的，如：鼠配牛、虎配猪、龙配鸡、蛇配猴、马配羊、兔配狗都是上等婚姻。又如，“蛇盘兔，必定富”等俗语。至于结婚具体日期又多依双方属相，如鸡兔相宜正月、七月嫁娶；蛇猪相宜六月、腊月嫁娶。

古时男女两家议婚时要交换生辰八字。八字不合，生时相克，不可通婚。据五行说，木生火，火生土，土生金，金生水，水生木；水克火，火克金，金克木，木克土，土克水。

看属相，看八字都是从周期婚礼中的“问名”演变而来的，尽管方式已非占卜，同属于“婚姻天定”观念。

◆古代女子许嫁、出嫁前行什么礼仪？

古代女子订婚（许嫁）之后，出嫁之前所行的礼，称为“笄礼”，俗称“上头”“上头礼”。笄，即簪子。

自周代起，规定贵族女子年过十五（女子年十五岁，称“及笄”），如已许嫁，便得举行笄礼，将发辫盘至头顶，用簪子插住，以示成年及身有所属。如年过二十而未许嫁，也得举行笄礼。笄礼作为女孩子的成人礼，是表示成人的一种仪式。

所谓“受笄”，即在行笄礼时改变幼年的发式，将头发绾成一个髻，然后用一块黑布将发髻包住，随即以簪插定发髻。主行笄礼者为女性家长，由约请的女宾为少女受笄（加笄），表示女子成年可以结婚。

女子受笄后，一般要在公宫或宗

室接受成人教育，授以“妇德、妇言、妇容、妇功”等，作为媳妇必须具备的待人接物及侍奉舅姑的品德礼貌与女红劳作等技巧本领。后世改为由少女之母申以戒辞，教之以礼，称为“教茶”。

◆新娘为什么要蒙上红盖头？

古时候举行婚礼时，新娘头上都会蒙着一块别致的大红绸缎，被称为红盖头，这块盖头要入洞房后由新郎揭开。

最早的盖头约出现在南北朝时的齐代，当时是妇女避风御寒使用的，仅仅盖住头顶。到唐朝初期，便演变成一种从头披到肩的帷帽，用以遮羞。

据传，唐朝开元天宝年间，唐明皇李隆基为了标新立异，有意突破旧习，指令宫女以“透额罗”罩头，也就是妇女在唐初的帷帽上再盖一块薄纱遮住面额，作为一种装饰物。

从后晋到元朝，盖头在民间流行不废，并成为新娘不可缺少的喜庆装饰。

为了表示喜庆，新娘的盖头都选用红色的。

◆新娘出嫁蒙红盖头与谁有关？

据唐朝李亢的《独异志》载，传说在宇宙初开的时候，天下只有女娲兄妹二人。为了繁衍人类，兄妹俩商议，要配为夫妻。但他俩又觉得害羞。于是兄妹俩上到山顶，向天祷告：“天若同意我兄妹二人为夫妻，就让空中的几个云团聚合起来；若不让，就叫它们散开吧。”话音一落，那几个云团冉冉近移，终于聚合为一。于是，女娲就与兄成婚。女娲为了遮盖羞颜，乃结草为扇以障其面。扇与苫同音。苫者，盖也。而以扇遮面，终不如丝织物轻柔、简便、美观。因此，执扇遮面就逐渐被盖头蒙头代替了。新娘蒙红盖头只是由其演变过来的。

◆挑起新娘红盖头的器具是什么？

新娘的红盖头多由娘家人给蒙在头上，到婆家拜天地、入洞房后挑去。挑盖头者以新郎为多。挑红盖头使用的物品，通常称为“喜秤”，其实就是秤杆。

新郎用秤杆挑去新娘的红盖头，取意“称（秤）心如意”。也有的地方习俗是由公公用秤挑盖头，取“公平”之意，表示儿媳对公婆、公婆对儿媳都要公平；挑盖头时也不忘将盖头揣进婆婆的怀里，以表示希望婆媳一条心。

新娘的“盖头”何以要用秤杆来挑，还有另外一种含义：秤杆在传统中象征“龙”，而新娘佩戴的凤冠霞帔则是“凤”，所以挑红盖头意思就是“鸾凤和鸣”“龙凤呈祥”。

除此之外，据说秤杆上标明斤两的星星，由天干地支配合而成，南斗六星，北斗七星，再加上福、禄、寿三星，恰合十六之数（旧制十六两为一斤），用以挑盖头是大吉大利。

◆婚礼时为什么会张贴“囍”？

“囍”字是贴在门窗上、房间内的喜庆用字。“囍”源于如下传说：

北宋政治家、文学家、思想家王安石，23岁那年赶考路过马家镇，偶见马员外家挂的走马灯上闪出“走马灯，灯马走，灯熄马停步”的对子，显然在等人对出下联。次日，王安石在考场交了头卷，主考官见他聪明，指着厅前的飞虎旗说："飞虎旗，旗虎飞，旗卷虎藏身。"王安石信口对出："走马灯，灯马走，灯熄马停步。"主考官对他大加赞赏。

王安石离开考场，想起"走马灯"对他的帮助，便又回马员外家。员外让他对下联，王安石随口对出："飞虎旗，旗虎飞，旗卷虎藏身。"员外见他才华出众，便将女儿许给他，原来，"走马灯"的上联是马小姐为选婿而出的。

成婚之日，正当一对新人拜堂时，传来"王大人金榜题名"的喜讯。马员外重开酒宴，王安石喜上加喜，在红纸上大书一个"囍"字贴在门上。

从此，"囍"字被贴在千家万户办喜事之家的门上。

◆交杯酒在古代有什么名称？

"交杯酒"，是中国婚礼程序中的传统仪式之一。在古代又称作"合卺"。合卺，就是指新婚夫妻在洞房之内共饮合欢酒。"卺"是"瓠"之意，把一个匏瓜剖成两个瓢，新郎、新娘各拿一个，用以饮酒，就叫"合卺"。

合卺始于周代，后代合卺用匏，而匏是苦不可食之物，用来盛酒必是苦酒。所以，夫妻共饮合卺酒，不但象征夫妻合二为一，自此已结永好，而且也有新娘新郎同甘共苦之意。

到了唐代，已经有"交杯酒"这一名称。

宋代以后，合卺之礼演变为新婚夫妻共饮交杯酒。在礼仪上，盛行用彩绸或彩纸将两只酒杯相连，并绾成同心结之类的彩结，夫妻互饮一盏，或夫妻传饮，象征此后夫妻便连成一体，合体为一。饮过之后把杯子掷于床下，以卜和谐与否，如果酒杯恰好一仰一合，它象征男俯女仰，美满交欢，天覆地载，这阴阳和谐之事，显然是大吉大利的了。

◆民间婚嫁时为何在新房里放置石榴？

石榴为多籽果实，古人把它当作生殖繁衍、子孙昌盛的象征物。古人称石榴"千房同膜，千子如一"。民间婚嫁之时，常于新房案头或他处置放切开果皮、露出浆果的石榴。

据史书记载，北齐文宣帝高洋很宠爱自己的侄子安德王高延宗。高延宗娶李祖收之女为妃。皇帝来到李妃的娘家，李妃母亲呈献两个石榴。文宣帝不解其意，这时皇子的老师魏收说："石榴房中多子，王新婚，妃母欲子孙众多。"皇帝听了很高兴，并赐给李母美锦。

此外，民间还有以石榴图案祝子孙繁盛的习俗。人们常用"连着枝叶，切开一角，露出累累果实的石榴"的图案，以象征多子多孙，谓之"榴开百子"，是新婚时窗花、帐幔、枕头等新房陈设中常见的图案。"榴开百子"还有一种图案是一群婴孩嬉戏于石榴树旁。

◆如何理解婚俗中的"结发""合髻"？

"结发"与"合髻"是中国古代婚礼中的两个重要仪式。两者都是以新婚男女的头发作为婚姻结合的信物，只是在处理形式上有差别。

"结发"，就是在婚礼上将新郎、

新娘的头发依男左女右扎在一起；或者将新郎左前额头发剪下一绺，扎在新娘的头发中；还有的将新郎、新娘的头发各剪下一绺，打成一个同心结，然后烧成灰搅在一起。“与君初婚时，结发恩义重”“结发为君妻，席不暖君床”之类的诗句，说的就是这种“结发”婚仪。

“合髻”则是新婚男女各自剪下一绺头发，绾在一起，作为信物。此外，《曲礼》云：“女子许嫁，缨。”“缨”，是一种丝绳。女子许配人家以后，便用它来束发，以此表示她有了对象。直到她成婚时，那条丝绳才由新郎亲手从她的头发上解下。

◆民间“媒婆”“红娘”是怎么来的？

中国婚姻文化中自古就有“天上无云不下雨，地下无媒不成婚”的说法。周秦以来，大多男女之间是通过介绍人缔结姻缘的。由于婚姻介绍人促成男女结合，故被赋予古老的雅称“媒”。“媒”古代有“谋略”之解，故在“三教九流”中享有一席之地。

《诗经》有：“匪我愆期，了无良媒”，由此引出另一称呼“媒妁”。《淮南子》：“媒妁誉人，而莫之德也。”“妁”古代作“酌义”解。“媒妁”统称为对两姓两家从中谋和，斟酌，促其合成“两姓之好”。“媒婆”，指以做媒为职业，专门包办婚姻的妇女，也有将之嬉称“红媒”。

“红娘”之称始于明朝。“红娘”一词出于《西厢记》，是促成张生与崔莺莺婚事侍女的称谓，如今用作帮助别人结成美满婚姻者的代称。暗中为男女双方撮合的人也被称作“牵线人”。

◆“洞房”这一美称是怎么来的？

古时候人们习惯把新人完婚的新房称作“洞房”。这一美称是怎么来的呢？

相传，远古时期，陶唐氏尧称王不久，很关心放牧人的生活。一天，他亲临牧区，忽然传来一阵幽香，远处有位美女手执火种飘然而来。尧王急忙问牧民才知是鹿仙女。从此，尧王食不甘味，一心惦着仙女，决计下山寻仙。

尧王带领四个大臣访仙于晋南“仙洞沟”，久觅不得。忽见一俏丽梅花鹿悠然从姑射仙洞走来，尧王知是仙女，便迎上前去，正要接见时，一条大蟒突然蹿出，尧王措手不及。只见鹿仙女用手一指，大蟒顿时颤抖不已，仓皇而逃。

尧王身材高大魁梧，玉树临风；仙女则楚楚动人。两人一见钟情，一段美好的神话佳缘从此喜结成了。他们在姑射仙洞完婚，一时祥云缭绕，百鸟和鸣。傍晚结鸾时，一簇神火突然燃于洞顶，耀眼夺目，光彩照人。

从此，人世间也就有了把新娘的房子称作洞房，把新婚之夜称作洞房花烛夜的习俗了。

◆闹洞房的习俗是怎么来的？

关于闹洞房习俗的由来，中国民间有两种说法。

说法一：源于驱邪避灾。相传，很早以前，紫微星一日下凡，在路上遇到一个披麻戴孝的女子，尾随在一伙迎亲队伍后。他看出这是魔鬼想伺机作恶，遂跟踪到新郎家。只见那女子已先到了，并躲进洞房。当新人拜完天地要进入洞房时，紫微星守着门不让进，说里面藏着魔鬼。他建议说："魔鬼最怕人多，人多势众，魔鬼就不敢行凶作恶了。"于是，新郎请客人们在洞房里嬉戏说笑，用笑声驱走邪鬼。五更时分，魔鬼逃遁。

说法二：闹房首先在北方出现，而且开始时主要是新郎，有学者认为，这大概与北方民族的生活习性有关。他们以狩猎和游牧为生，使得男子非常剽悍。在新婚时忍受棒打可以证明一个男人是合格的大丈夫。世界上有些落后的民族以自残和被虐来表明男人资格，甚至拿猎取到的人头作为信物求偶，恐怕同出一义。古时的闹洞房保留了这一原始习俗。

◆冥婚是针对什么样的男女而言的?

冥婚，古称"婚殇""幽婚"，俗称"结阴亲""鬼攀亲"。

凡男女生前未婚而死，或已经订婚而未婚夭亡，多由两家父母、亲友通过"鬼媒人"撮合定亲，为亡子亡女举行婚礼，使死者在阴间结为夫妻，建立家室，称为"冥婚"。

古时以二十岁为成年，故凡年十九以下而死者为"殇"，所以夭殇之男女成婚谓之"嫁殇"。凡生时非夫妇，死后迁其骸骨而葬于同墓，使在阴间成亲者谓之"迁葬"或"配骨"。

后代冥婚有两种情况，一种是少男少女死后，由双方父母家人做主，为其合葬，结成鬼夫妻；另一种是少男或少女死后，父母为其寻找某一活着的少年做其"亡妻"或"亡夫"。

冥婚之俗，周代之前即已流行，自周以后历代朝廷明令禁止，但因统治者带头违反，故长期以来屡禁不止，相沿成习。这种冥婚习俗，现今已基本革除。

◆三国时曹操为哪个儿子办过冥婚?

历史上比较有名的一起冥婚，是曹操为其早死的儿子曹冲操办的。

据《三国志》载，曹冲"年十三，建安十三年疾病，太祖亲为请命。及亡，哀甚。文帝宽喻太祖，太祖曰：'此我之不幸，而汝曹之幸也。'言则流涕，为聘甄氏亡女与合葬，赠骑都尉印绶"。这里，曹操是聘了一名甄姓早死女子给其当作媳妇。

曹冲五六岁时，孙权送了一头大象给曹操，曹操想知道大象有多重，但问了好多大臣都想不出称量的法子。曹冲说："置象大船之上，而刻其水痕所至，称物以载之，则校可知矣。"如此天资聪颖的儿子，难怪曹操会为他的死悲痛万分，还要为他操办冥婚。

冥婚的兴起，便与曹操这样溺爱子女的心情有关。但在民间还有一种说法，不给死去的未婚者"成亲"，家中会闹鬼，家人不宁。在迷信盛行的古代，冥婚普遍为民间认可，成为"合法婚姻"，墓主两家还成为"亲家"。

◆结婚习俗"三书六礼"中的"三书"是哪"三书"?

"三书六礼"，是中国的传统婚姻习俗礼仪。"三书"指在"六礼"过程中所用的文书，包括聘书、礼书和迎书。

结婚过程中所用的"三书"，可

以说是古时保障婚姻的有效文字记录。分述如下：

聘书：即定亲之文书。是在纳吉（男女订立婚约）时，男家交给女家的书柬。

礼书：即在过大礼时所用的文书，列明过大礼的物品和数量。

迎书：即迎娶新娘之文书。是迎接新娘过门时，男方送给女方的文书。

◆结婚习俗“三书六礼”中的“六礼”是哪“六礼”？

《五礼通考》曾指出，自后齐以来，不管天子、庶民，婚礼“一曰纳采，二曰问名，三曰纳吉，四曰纳征，五曰请期，六曰亲迎”。这就是古代婚礼所分的六个阶段，俗称“六礼”。分述如下：

纳采：男方派人送礼品到女方家，表示愿和女家结亲。女方如不同意，便拒绝收礼。

问名：男方托媒人或修书予女家，询问女方的生辰年月。

纳吉：男方将探询的结果，卜问于祖先祖神。如得凶签，便止婚。

纳征：亦称纳币，如果卜的是吉兆，男方便遣使者带财币去女方家订立婚约。这项成婚礼又俗称完聘或大聘、过大礼等。聘礼的多少及物品数目取双忌单。

请期：男方确定婚期后，就将日期写在帖上，备上礼物通知女家。女家若收下礼物，说明女家同意这个婚期，若不收，婚期只好另择。

亲迎：即男方亲往女家迎娶的仪式。结婚日男方先去女家。女方父亲在门外迎接，带女婿去祠庙拜祭祖先。车或花轿停在大门外。女方来到车（轿）旁。男方长揖，请女方上车（轿）与之同归。亲迎以后，整套婚仪便告结束。

◆古代“七出”是指哪“七出”？

“七出”是中国古代法律、礼制和习俗中，规定夫妻离婚时需具备的七种条件，当妻子符合其中一条时，丈夫及其家族便可要求休妻（即离婚）。

“七出”一词要到唐代以后才正式出现，但其内容则完全源自汉代记载于《大戴礼记》的“七去”，又称作“七弃”。内容如下：“妇有七去：不顺父母去，无子去，淫去，妒去，有恶疾去，多言去，窃盗去。不顺父母去，为其逆德也；无子，为其绝世也；淫，为其乱族也；妒，为其乱家也；有恶疾，为其不可与共粢盛也；口多言，为其离亲也；窃盗，为其反义也。”唐代将“七出”规条入律，顺序改变为“无子、淫、不事舅姑（公婆）、口舌、盗窃、妒忌、恶疾”。后清律改为：“无子、不事舅姑、淫、嫉妒、恶疾、多言舌、盗窃”。

◆历代对寡妇改嫁都持鄙视态度吗？

寡妇改嫁，又称“再醮”，意思是再举行一次酒宴，初无禁忌之意。历史上寡妇改嫁的事例也不少，不论宫廷还是民间，还是允许寡妇改嫁的。据说隋文帝时，曾立禁，命九品以上妻妾不得再醮。事实上，官民皆不受此约制，直至五代北宋，犹是如此。只是程、朱理学之后，民间始有“饿死事小，失节事大”的忌讳。“从一而终”“烈女不嫁二男”的“贞节”观念逐渐得到强化，遂以为寡妇改嫁为大逆不道。

所以，民间在寡妇改嫁时，有许多特殊的禁忌，并在风俗习惯方面明显区别于正常的婚姻嫁娶。比如，有一些地方，寡妇改嫁，必走偏门、后门或从墙壁上凿洞钻出，不能走正门、大门。嫁时还要在夜晚，不能用鼓乐。假如被人看见，人们便以为是不祥之兆，有的还要唾骂几声，以为破解。

亡夫为寡。民间还认为，寡妇的丈夫之魂常随妇身，有娶之者，会受到亡夫的干扰和作祟。又以为娶寡妇，到阴间将要与原夫争夺其身。所以娶寡妇成为一大忌讳。只有男子丧妻续弦，不忌寡妇，以为条件对等，命运相同。

◆兄长死后弟弟娶嫂子为妻属于什么婚俗？

公元前31年，匈奴呼韩邪单于亡故。王昭君按照匈奴“父死，妻其后母”（意思是父亲死后，儿子以后母作为自己妻子）的婚俗，嫁给呼韩邪的长子复株累单于雕陶莫皋。这种婚俗叫作“收继婚”。

收继婚，又叫“寡妇内嫁制”。概括地讲，收继婚是在长辈或平辈兄长死后，家庭和家族内的男性有权将其妻妾收继为己妻。以血缘远近为顺序，最近者优先，严禁收禁生母。大致说来，收继婚可分三种类型：

（1）平辈兄弟之间互相收纳死者之妻。可以是平辈兄弟互相收继其寡妻，可以是弟接兄嫂，也可以是兄纳弟妇，但弟不得妻长嫂。

（2）平辈兄弟之间收纳死者之妻，还有收娶继母、伯母、婶娘的权利与义务。

（3）平辈兄弟之间、父辈与子侄辈之间均可相继收继死者之妻。

与收继婚类似的，还有转房婚、续婚、换亲等。1631年，清皇太极力矫此陋俗，谕令：凡娶继母、伯母、叔母、兄嫂、弟妇，永行禁止。

◆抛绣球选夫婿是哪个民族的婚俗？

抛绣球选夫婿实际上是壮族的婚俗。这一婚俗，宋、元时代就已有之，最早记载于二千年前绘制的花山壁画上，但当时用以甩投的是青铜铸制的古兵器“飞砣”，并且多在狩猎中应用。后来，人们将飞砣改制成绣花布囊，互相抛接娱乐。

到了宋朝，逐渐演变成壮族男女青年表达爱情的方式。盛况如日中天，甚为流行。

据宋代诗人朱辅《溪蛮丛笑》中记载：“土俗岁极日，野外男女分两朋，各以五色彩囊、豆粟往来抛接，名‘飞砣’。”用古兵器“飞砣”命名的五色彩囊，便是后来的“绣球”了。

现在，“抛绣球”的婚俗仍在广西百色、柳州、南宁、河池等地区广泛流传，其中尤以靖西等南壮县份最为著名。

◆古代婚姻有哪些形式？

古代婚姻形式有：抢夺婚、买卖婚、交换婚、服役婚、聘娶婚、选婚与罚婚、赠婚与赐婚、收继与续嫁、招赘婚、养息婚、指腹婚、小女婿婚、荒婚、招夫婚、典妻婚、雇妻婚、虚合婚、转房婚、表亲婚、频度婚、共妻婚、阿注婚、实验婚、自愿婚、私奔等。

◆传统婚嫁有哪六大禁忌？

（1）安床后到新婚夜前，要找一个未成年的男童和新郎一起睡在床上，因为传统认为空铺是不吉的凶兆。

（2）结婚成亲之日，新娘出门时嫂嫂不能相送，因为“嫂”与“扫帚星”的“扫”字同音，不吉利。

（3）成亲日，新娘离开娘家时，大家要哭得越痛快越好，因为哭发哭发，不哭不发，若是不哭的话，反而犯了禁忌。

（4）新娘的衣服忌有口袋，以免带走娘家的财运。

（5）由于鲜花容易凋谢，故婚事避讳，只有连招花和石榴花不禁。因为前者的红色花瓣开自叶心，其状可以意喻闺女出嫁，诚待丈夫，后者则意喻多子多孙。

（6）结婚后第三天，新婚夫妇携带礼品相偕同至女方家，即所谓的归宁，但切记必须在当天日落之前赶回夫家，不能留在娘家过夜。万一有特殊原因以致无法回家，夫妻就要分开睡，以免新娘子蜜月里的血光冲撞了娘家人。

◆生男生女有特别的称谓吗？

古时，把生男孩子叫“弄璋之喜”，生女孩子叫“弄瓦之喜”。“弄璋”“弄瓦”典出《诗经》，“乃生男子，载寝之床，载衣之裳，载弄之璋。……乃生女子，载寝之地，载衣之裼，载弄之瓦”。璋是好的玉石；瓦是纺车上的零件。唐孔颖达《疏》中说：“瓦，纺砖，妇人所用。”《辞源》“纺砖”条，引清人王应奎《柳南随笔》，对“纺砖”之用，做了具体解释。朱熹《诗集传》解“瓦”用意：“弄之瓦，习其所有事也。”即从小就教女孩知道纺线一类的事，“养舅姑、缝衣裳”，乃闺内本分。

◆“丧事”为何称作“白事”？

在中国传统文化中，白色是枯竭而无血色、无生命的表现，象征着死亡与凶兆。古人信奉阴阳五行学说，西方为白虎，属于刑天杀神，主肃杀之秋，因此古人常在秋季征伐不义、处死犯人，以顺应天时。白色也因此成为古代的颜色禁忌。这些便是古人在服丧期间要穿白色孝服，“丧事”被婉转地称作“白事”的关键所在。此外，主家还要设白色灵堂，吃“白饭”（米饭），出殡时打白幡、洒白钱。

如此一来，和白色有关的词组，也带有了不吉利的意味，比如，将带来厄运的女人叫作“白虎星”，骂人智力低下为“白痴”。甚至白色还象征奸邪、阴险，如戏剧中奸邪之人一般扮为“白脸”，曹操就是这类典型。

◆丧服制度中的“五服”指哪五服？

“五服”制度是中国礼制中为死去的亲属服丧的制度。它规定，血缘关系亲疏不同的亲属间，服丧的服制不同。亲属由亲至疏依次是：斩衰、齐衰、大功、小功、缌麻。

（1）斩衰：“衰”就是指不缝缉的意思。凡诸侯为天子、臣为君、男子及未嫁女为父母、媳对公婆、重孙对祖父母、妻对夫，都要穿斩衰，是最重的孝服。

（2）齐衰：是用本色粗生麻布制成的。自此制以下的孝衣，凡剪断处均可以收边；下摆贴边都在砸边际。孙子、孙女为其祖父、祖母穿孝服；重子、重女为其曾祖父、曾祖母穿孝服；为高祖父、高祖母穿孝服均遵“齐衰”的礼制。

（3）大功：是用熟麻布制作的。为伯叔父母，为堂兄弟，未嫁的堂姐妹，已嫁的姑、姐妹，以及已嫁女为母亲、伯叔父、兄弟服丧都要穿这种“大功”丧服。

（4）小功：是用较细的熟麻布制作的。这种丧服是为从祖父母、堂伯叔父母、未嫁祖姑、堂姑、已嫁堂姐妹、兄弟之妻、从堂兄弟、未嫁从堂姐妹，和为外祖父母、母舅、母姨等服丧而穿的。

（5）缌麻：是用稍细的熟布做成的。现多用漂白的布，称为“漂孝”。凡为曾祖父母、族伯父母、族兄弟姐妹、未嫁族姐妹，和外姓中为表兄弟、岳父母穿孝都用这个档次。

五服之外，古代还有一种叫“袒免”的服丧方式。史料记载：朋友之间，如果在他乡，“袒免”即可。袒，是袒露左肩；免，指不戴冠，用布带缚髻。

◆“做七”的祭奠习俗是怎样的？

“做七”，亦称“烧七”“斋七”“理七”“七七斋”等，是民间常见的祭奠习俗。

关于“做七”的内容，大致是：人死后，亲属每七天设斋会奠祭（或称追荐）一次，前后七次，共七七四十九天。民间习俗对此尚有种种讲究。一七称头七，由儿子为亡父（母）设木主焚纸钱，延请和尚诵经；二七则请道士还受生经；三七、四七俗称“散七”，可由外甥、侄辈来做；五七倍受重视，另有“回煞”仪式；六七由女儿备酒饭，无女则由侄女；七七称“断七”，由丧家供奉酒菜祭奠，并诵经除灵等。

有关“做七”习俗的来源及其信仰内涵等问题，至今众说纷纭，并无定论。民间相传，“做七”习俗始于唐初。据说，李世民临终前嘱咐太子：死后每隔七天须由亲人为其摆一次荐宴，烧一回纸钱，前后共七次，至七七四十九天止，使其灵魂得以顺利超度。李世民死后，太子遵旨照办。后来，公卿百姓纷纷仿效，由此形成“做七”习俗。

◆给死人烧纸钱的风俗是怎么来的？

每逢清明，或其他一些逝者的纪念日，人们总要为已故的亲朋好友烧纸钱。那么，烧纸钱的风俗是怎么来的呢？

相传，东汉时期的蔡伦改良造纸术后，生意兴隆。嫂嫂慧娘便让蔡莫向弟弟讨教造纸术。由于蔡莫浅尝辄止，以致造出的纸质恶劣。慧娘急中生智，佯装暴死，让蔡莫当着邻居的面，在自己的棺前边哭诉，边烧纸。

烧着烧着，人们听到棺材里有响声。后来，又听到慧娘喊：“快开门，我回来了。”当众人鼓起勇气打开棺盖时，慧娘就跳了出来。她说阎王让她在阴间推磨受苦。由于蔡莫烧给她纸钱，所以小鬼们都争着为她推磨。她又把钱交给阎王，阎王就放她回来了。还说在阴间是以纸当钱的！蔡莫听后，马上就去抱了两大捆的纸来烧，说是让阴间的爹娘少受点苦。邻居见状，发觉纸钱有这么大的用处，便纷纷掏出钱来买蔡莫造的纸。

由于慧娘还阳的这天是农历七月十五，因此每逢这一天，人们都会给祖先焚香烧纸。这习俗一直流传至今。

◆安葬亲人时为何要披麻戴孝？

以前，人们安葬逝去的老者时，总要最亲的人三步一跪，五步一拜。送葬的人也得穿一身黑衣，再用一只麻袋弄成披风样式，从头顶披到腰间。为什么要这么打扮呢？

相传，有个老婆婆对不孝敬的两个儿子说："我死了，你们用破草席把我一卷扔了就行。不过你们要看看槐树上的乌鸦和山树林里的猫头鹰是怎样过日子的。"后来，兄弟俩注意到乌鸦与猫头鹰都是细心喂养孩子。小乌鸦长大后，老乌鸦飞不动了，小乌鸦就衔来吃的喂妈妈。而小猫头鹰等妈妈老得不中用了，就把妈妈吃掉了。

兄弟俩通过观看乌鸦与猫头鹰的善恶孝逆，改变了对老娘的态度。没过多久，老婆婆就死了。兄弟俩后悔莫及。安葬那天，他们模仿乌鸦羽毛的颜色，穿一身黑衣，模仿猫头鹰毛色，披一件麻衣，并下跪拜路。

此后，这个风俗就逐渐流传开来。有的地方百姓比较穷，买不起黑布，于是就裁一条黑布戴在胳膊上。

◆居丧期间，需要遵守哪些制度？

在居丧期间，除了要穿丧服，按时祭祀以外，还要遵守一些制度，称为"守制"。主要遵守以下内容：

（1）在家守孝。做官的要解除官职（即"丁忧"），一般人也要谢绝应酬。在外地工作的都要赶回家中奔丧守孝。按照古礼，除父母之丧外，祖父母、叔伯父母、兄弟姐妹之丧也要奔丧。后世改为只限子女为父母，承重孙为祖父母奔丧守制。官员因为怕解除职务而隐匿亲丧，则会被认为是大不孝，要受到严厉的惩罚。

（2）禁止婚娶。居丧期间婚娶是违背礼制的。唐代裴庭裕《东观奏记》记载，唐宣宗时有位进士杨仁赡，在居丧期间办理其妹的婚事，被"宪司纠论，贬康州参军，弛驿发遣"。

（3）禁止饮宴。《史记》记载，丞相武安侯对灌夫说：我想同你一起去拜访魏其侯，赶上你正有丧服在身，怎么办？可见灌夫在服丧期间，依礼是不能赴宴的。

（4）禁止赴考。科举制度兴起以后，居丧期间不得赴考。

虽然历代统治者都大力推行居丧制度，有的朝代为此还制定了严格的法律，但是从宋代以后，居丧非礼的现象变得日益严重了。

◆白居易"丁母忧去职"是什么丧俗？

唐朝诗人白居易在长安做校书郎时，"丁母忧去职"，在长安附近的渭村住了四年。"丁母忧去职"，说的是白居易的母亲去世了，按照古礼，三年内不为官，在家守孝。

据《尔雅》言："丁，当也。"是遭逢、遇到的意思。据《尚书》言："忧，居丧也。"因此，古代的"丁忧"，就是遭逢居丧的意思。"遭逢居丧"时，儿女们会忧伤，会居丧，会遵循一定的民俗和规定“守制”。

严格地说，丁忧（又叫丁艰、守孝）期限三年，其间要吃、住、睡在父母坟前，不喝酒、不洗澡、不剃头、不更衣，并停止一切娱乐活动。丁忧为何期限三年？因为小孩初生，三年不离父母，时刻都要父母护料，因此父母亡故后，孩子也应还报三年。

依照古礼，官员的父母死去，官员必须停职。丁忧期间，丁忧的人不准为官，如无特殊原因，朝廷也不可以强招丁忧的人为官，因特殊原因朝廷强招丁忧的人为官，叫作“夺情”，又叫“起复”。这说明居丧是有权变的，居丧期间，家礼要服从国事。

◆灵柩与棺材是一码事吗？

中原地区土壤肥沃，人们以农耕为业，把土地视为生命之本，并由此形成“生命从泥土中来，然后回到泥土中去”的观念。因此，人死后，葬入土中，有“入土为安”一说。

旧时民间有一个关于土葬起源的传说。据说，殷周之际，中原盛行野葬，尸体被抛掷野外，任由鸟兽自然啄食干净。姜子牙徒弟武吉之母死后，武吉照老规矩把老母背到了野外，然后哭着来见师父。姜子牙问他怎么了。他说，想到老母将被野兽撕食，所以伤心。姜子牙想了片刻，说：“人活着要食土，死了也该入土啊！为何不挖坑将老母埋入土中呢？”武吉忙拜谢师父的点拨，返回去把母亲埋了。从此，人们用土葬方式处置亲人的遗体。

后来，人们为了使逝者安心地走上黄泉路，在另一个世界过得更好，又创制出棺材。古文中有“虚者为棺，实者为柩”的说法。棺材，是将用来盛载死尸的空匣子。灵柩，是有尸体的棺材。由此可知，棺材和灵柩并非一码事。

◆为什么人们喜欢在墓地周围种柏树？

诸葛亮死后，后主刘禅亲自下诏，在他的陵园里种了54株柏树，象征着诸葛亮终年54岁，以志不朽。这些古柏，现存22棵，但仍树干高大，挺拔苍翠，为诸葛亮的墓地增添了肃穆的气氛。

人们为什么喜欢在墓地前面种植柏树呢？

古人讲究死后如生，松柏是常绿植物，象征万古长青，精神不死。另外，松柏的寿命极长，也代表了死者子孙绵延的好兆头。

此外，还有这样一种传说。古代有一种恶兽，名叫魍魉，性喜盗食尸体和肝脏，每到夜间，就出来挖掘坟墓取食尸体。此兽灵活，行迹神速，神出鬼没，令人防不胜防，但其性畏虎怕柏，所以古人为避这种恶兽，常在墓地立石虎、植柏树。

古人之所以认为柏树可以避邪，是树崇拜的结果。上古有所谓“柏王”，“柏王”上有神灵存在。《后汉书》说，曹操修宫殿时，砍伐了“濯龙”树，这棵树被砍时，流了很多血。不久，曹操病死。神树不能亵渎，否则人会遭到恶报。

◆君王的坟墓是否一开始就称作“陵”？

“陵”原为大土山之意。据《左

传》载："殽有二陵焉。"就是说，殽有两座大山。《周礼》有言："墓大夫掌凡邦墓之地域为之图，令国民族葬。"在周朝以前，君王的坟墓都称"墓"，不称"陵"。墓大夫则专职管理全国墓地，并将坟墓形势画成图。

据《史记》载，我国帝王的坟墓开始称为"陵"，大约从战国中期以后，首先出现于赵、楚、秦等大国。君王将"墓"称作"陵"是当时王权不断增强的结果。为表现最高统治者至高无上的权威，其坟墓不仅占地广阔，封土之高如同山陵。因此帝王的坟墓又称"陵"。

依规定，帝王的墓可建九丈高，但一般帝王陵总是超过这个高度。而到了汉代及其以后，皇帝坟墓称为"陵"在实际上成为定制。另外，还有生前没有当过皇帝，但其子孙做了皇帝，死后被追尊为帝的，其坟墓也被称为"陵"。如晋武帝司马炎因篡魏政权当了皇帝，追谥他的父亲司马昭为太祖文皇帝，坟墓称为崇阳陵。

而妃子之墓，称为园寝；官宦的墓地，称封堆，又称九源；民间的坟墓，称为穴、坟、冢、茔。

◆武则天为什么要给自己立"无字碑"?

自古以来，树碑是为了立传。可唐代女皇武则天却出人意料地为自己立了一块"无字碑"。

位于陕西乾县的乾陵是唐代第三个皇帝高宗李治和武则天的合葬墓，墓道上并列着武则天碑和唐高宗碑。西面的一块碑文歌颂了唐高宗的文治武功，东面的就是武则天的"无字碑"。

有人认为，武则天立"无字碑"是为了夸耀自己的功德，因为她在位时政通人和，国富民强，对外号称"大周帝国"。说明她的功绩不是文字所能表达的。

有人认为，武则天立"无字碑"是自知罪孽太大，明智的做法还是不写碑文。

有人认为，武则天立"无字碑"是个聪明的做法，功过是非让后人去评说。

还有少数人认为，武则天立"无字碑"是因为她觉得死后与唐高宗合葬，称呼自己是皇帝还是皇后，都难落笔，因为不管这种想法是出于骄傲抑或谦虚，自己曾君临天下是不可回避的事实，权衡之后，还是以"无字碑"更为恰当。

◆中国最后实行人殉的是哪个朝代?

所谓人殉，简单地说就是以活人作为死者殉葬品的葬俗（葬制），以卑者殉尊者为常见。古代帝王贵族死后，人殉比较普遍，大多将其妻妾、侍仆或奴隶等随同埋葬。

我国龙山文化时期就已出现人殉，商朝男女贵族墓葬有大量的人殉，但没有夫妻合葬、妻妇殉夫的现象。到晚商时期，贵族和商王的大型墓葬的殉人可达百人之多。秦汉时期有所收敛，往往代之以木俑、陶俑。汉朝以后，人殉恶俗慢慢消失。至唐朝则已非常罕见。

明太祖朱元璋恢复人殉。天顺八年（1464年）明英宗朱祁镇遗言，废除人殉。其继任皇帝宪宗临终亦强调不要殉葬，以表达对先帝决定的尊重，从而给明初以来的人殉画上了句号。

17世纪代明而起的满人入关前仍实行人祭、人殉制。清朝摄政王多尔衮的生母大妃纳喇氏，就是在清太祖努尔哈赤死后被逼殉而死的。但清入关统治全国后，人殉即被废除。因此，严格说来，明朝是中国历史上最后实行人殉的朝代。

◆古人关于“死”有哪些称谓？

古人对“死”有许多称谓，主要的有：

（1）天子、太后、公卿王侯之死称薨、崩、百岁、千秋、晏驾、山陵崩、升霞等。称大夫之死为“卒”。称士人之死为“不得”。

（2）父母之死称见背、孤露、弃养等。“失怙”是自言父亲之死。“失恃”是自言母亲之死。

（3）佛道徒之死称涅槃、圆寂、坐化、羽化、仙游、仙逝等。“仙逝”现也用于称被人尊敬的人物的死。

（4）一般人的死称亡故、长眠、长逝、过世、谢世、寿终（“寿终正寝”称成年男子，特别是老年男子的正常死亡。“寿终内寝”是称成年女子，特别是老年妇女的正常死亡）、殒命、捐生、就木、作古、溘逝、长逝、老、故、逝、终等。

此外，“见阎王”“上西天”，谓做过坏事的人之死，含贬义；称因被迫害或发生意外而死亡者为“遇难”；称亲朋好友之死为“永别”。

◆“翘辫子”与“死”有何联系？

江浙一带的方言中，常用“翘辫子”指“死亡”。它们之间是怎么联系起来的呢？

原来，清朝时，国人都留一条长长的大辫子。这辫子在人活着时是下垂的，而死后则要编结起来，置于头部上方，末端竖起。再有，清朝时处决犯人，为行刑方便，在处刑之前用胶水把犯人的辫子粘结成一根棍儿，干后直挺挺地向上翘着。因此，“翘辫子”就成了“死”的同义词。砍下的脑袋又经常是用辫子绑着，系挂在城门口示众，这整个过程中，辫子都是上翘的。这便是那里的人们用“翘辫子”指“死亡”的由来。

节日风俗

◆汉族传统的四大节日是哪些？

我国汉族的四大传统节日分别指：春节、清明节、端午节、中秋节。

（1）春节。从阴历腊月二十三过小年开始，经过除夕、春节，到正月十五元宵节结束。主要节日活动有：操办年货、制作新衣、掸尘、祭灶、祭祖、吃团圆饭、守岁、贴春联、挂年画等，还有互相拜年、放爆竹、吃年糕（饺子、元宵）、舞狮子、扭秧歌、玩花灯等。

（2）清明节：阴历三月间，即阳历4月5日前后。主要节日活动有扫墓、插柳、踏青、射柳、放风筝、荡秋千等。

（3）端午节：阴历五月初五。主要有赛龙舟、吃粽子、挂钟馗像、挂香袋、饮雄黄酒、插菖蒲、采药等活动。

（4）中秋节：阴历八月十五。主要有祭月、赏月、吃月饼、吃团圆饭及舞龙灯等活动。

◆元宵节这天为什么要吃汤圆？

正月是农历的元月，古人称夜为“宵”，所以称正月十五为元宵节。吃元宵，是元宵节最主要的活动之一。古时候，人们把元宵这种食品叫汤圆、汤团或团子。

为什么元宵节要吃元宵呢？因为元宵节这天定在正月十五，是阴历年第一个月圆的日子，元宵的形状是圆形，又含着一个“圆”字的同音字，象征着团圆、美满、吉祥、和睦，所以人们多取其意，要吃元宵。还有一种说法，相传与汉武帝有关。

汉武帝时宫中有一位宫女，名叫“元宵”，长年幽于宫中，思念父母，终日以泪洗面。大臣东方朔见后，决心帮助她。于是，东方朔对汉武帝谎称，火神奉玉帝之命于正月十五火烧长安，要逃过劫难，唯一的办法是让“元宵”姑娘在正月十五做很多火神爱吃的汤圆，并由全体臣民张灯供奉。武帝准奏。

正月十五这天，长安城里张灯结彩，游人众多。宫女元宵的父母也带着妹妹进城观灯。当他们看到写有“元宵”的大宫灯时，高喊：“元宵！”元宵终于和家人团聚。如此热闹了一夜，长安城果然平安无事。汉武帝大喜，便下令以后每到正月十五都做汤圆供火神君，照样全城挂灯放烟火。因为元宵做的汤圆最好，人们就把汤圆叫元宵。

◆元宵节燃灯赏灯的习俗是怎么来的？

关于元宵节燃灯、赏灯习俗的由来，大致有以下几种说法：

说法一：始于东汉明帝时期。明帝提倡佛教，听说佛教有正月十五日僧人观佛舍利、点灯敬佛的做法，就命令这一天夜晚在皇宫和寺庙里点灯敬佛，令士族庶民都挂灯。此后这种佛教礼仪节日逐渐形成民间盛大的节日。

说法二：源于道教的“三元说”：正月十五为上元节，七月十五为中元节，十月十五为下元节。主管上、中、下三元的分别为天、地、人三官，天官喜乐，故上元节要燃灯。

说法三：汉文帝时为纪念“平吕”而设。汉高祖刘邦死后，吕后大权独揽。朝中老臣、刘氏宗室深感愤慨，但都敢怒不敢言。吕后病死后，诸吕在上将军吕禄家中密谋作乱，以便夺取江山。齐王刘囊为保刘氏江山，起兵讨伐诸吕，最终平定“诸吕之乱”。平乱之后，刘邦的第二个儿子刘恒登基，称汉文帝。文帝深感太平盛世来之不易，便把平息“诸吕之乱”的正月十五，定为与民同乐日，京城里家家张灯结彩，普天同庆。

◆正月初七是什么节日？有何风俗？

农历正月初七，是汉族传统节日之人日节。人日节亦称“人胜节”“人庆节”“人口日”“人七日”等。相传女娲创世之初，在造出了鸡、狗、猪、牛、马等动物后，在第七日造出了人，因此，这一天是人类的生日。

汉朝开始有人日节俗，魏晋后开始重视。古代人日节有戴“人胜”的习俗，人胜是一种头饰，又叫彩胜、华胜，从晋朝开始有剪彩为花、剪彩为人，或镂金箔为人来贴屏风，也戴在头发上。此外还有登高赋诗的习俗。唐代之后，更重视这个节日。每至人日节，皇帝赐群臣彩缕人胜，又登高大宴群臣。如果正月初七天气晴朗，则主一年人口平安，出入顺利。

◆“龙抬头”为什么定在二月二？

民间“二月二，龙抬头”的说法，与我国的节令有关。二月初一前后为“惊蛰”。青蛙、蛇、蚯蚓等动物，一到冬天，便进入冬眠状态，这便是“入蛰”。到了转年农历二月前后，天气回暖，冬眠的动物们会陆续出来活动。由于传说中的龙是先人在蛇、蚯蚓等的基础上想象加工出来的，因而人们又称蛇为“小龙”。二月二日前后，蛇、蚯蚓等结束冬眠，开始活动，故曰“二月二，龙抬头”。

由于国人喜欢双数，如五月五吃粽子、七月七鹊桥会。二月二正为双数，因此人们取名为“二月二，龙抬头”。至于抬头的为何是龙，又为何只与“二月二”有关，说法和故事就多了。民间认为，龙系吉祥之物，主管云雨，而“二月二”则是龙欲升天开始活动的日子。“二月二，龙抬头；大仓满，小仓流。”龙抬头，意味着风调雨顺、五谷丰登。

据《易经》的说法，农历二月初二前，虽然已属春天，但还蛰伏着，称之为“潜龙在渊”。这一天之后，阳气上升，春意隐约可见，故曰“见龙在田”。顾名思义，龙出现了，一切都开始崭露头角。到了这一天，北方的迎春花开始露出笑脸，告诉人们：春天真的来了。

农历二月初二“龙抬头”，民间有“剃龙头”的说法。这一天，理发店生意很火。

◆二月二炒豆与武则天有什么关系？

二月二，又叫“春龙节”。在我国北方民间流传着这样一个神话故事。

据说，女皇武则天自立周朝，面南称帝，惹怒了玉帝。玉帝降旨给龙王，三年不许周界有雨。龙王不忍见生灵受苦，降下大雨。气愤的玉皇将龙王压在山下治罪。山上立碑：“龙王降雨犯天规，当受人间千秋罪；要想重登灵霄阁，除非金豆开花时。”

人们为了拯救龙王，到处寻找开花的金豆。到了第二年二月初二，人们正在翻晒金黄的玉米种子，突然想到这玉米就像金豆，炒开了花，不就是金豆开花吗？于是家家户户爆玉米花，并在院里设案焚香，供上“开花的金豆”，专让龙王和玉帝看见。龙王知道这是百姓在救它，就大声向玉帝喊道：“金豆开花了，放我出去！”玉帝一看人间家家户户院里金豆花开放，只好传谕让龙王回到天庭，继续给人间兴云布雨。

从此以后，民间形成了习惯，每到二月二这一天，人们就爆玉米花，也有炒豆的。有的地方在院子里用灶灰撒成一个个大圆圈，将五谷杂粮放于中间，称作“打囤”或“填仓”。其意是预祝当年五谷丰登，仓囤盈满。

◆农历三月初三是什么节日？

农历三月三在古时称为“上巳节”（又称“女儿节”）。“上巳”最早出现在汉初的文献中。在《周礼》“衅浴”一词下，郑玄注道：“岁时祓除，如今三月上巳如水上之类，衅浴谓以香薰草药沐浴之。”据记载，春秋时期上巳节已在流行。上巳节是古代举行“祓除衅浴”活动中最重要的节日。

相传三月三是王母娘娘开蟠桃会的日子，还是黄帝的诞辰，中国自古有“二月二，龙抬头；三月三，生轩辕”的说法。古代帝王在这天会组织人员行祭天、祭祖之事。

民间百姓也喜好把荠菜花铺在灶上及坐、睡之处，认为可除蚂蚁等虫害；把荠菜花、桐花藏在毛衣内，认为衣服可以不蛀；妇女把荠菜花戴在头上，认为可以不犯头痛病，晚上睡得特别香甜。人们还会举行流杯、流卵、流枣、乞子和戴柳圈、探春、踏青、吃清精饭以及歌会等活动。此外，还发展为河畔嬉戏、男女相会、插柳赏花等民俗活动，也有吃地（荠）菜煮鸡蛋的习俗。

◆古时的花朝节是几月几日？

花朝节，简称花朝，俗称“花神节”“百花生日”“花神生日”“挑菜节”。在我国古代，花朝节是一个非常重要的民间岁时节日。

花朝节，是为了纪念百花的生日，因为古时候又有“花王掌管人间生育”的说法，故又是生殖崇拜的节日。由于中国古代的农耕、渔猎全靠人力完成，人数越多，才越能显出生产力的强盛，所以在古代，人们是希望子孙繁衍，人口众多的。

花朝节的节期因地而异。中原和西南地区以夏历二月初二为花朝；江南和东北地区以二月十五为花朝，据说这是与八月十五中秋节相应，称“花朝”对“月夕”。此外，还有一些地区以二月十二或十八为花朝节。这种现象可能与各地的气候以及花信的早迟有关。节日期间，人们结伴到郊外游览赏花，姑娘们剪五色彩纸粘在花枝上。各地还有“装狮花”“放花神灯”等风俗。

◆花朝节盛行于哪个朝代？

花朝节在全国盛行，据传始于唐朝武则天执政时期。

武则天嗜花成癖，每到夏历二月十五花朝节这一天，她总要令宫女采集百花，和米一起捣碎，蒸制成糕，用花糕来赏赐群臣。上行下效，从官府到民间就流行花朝节活动。在那时，正月十五的元宵节、二月十五的花朝节、八月十五的中秋节，这三个“月半”被视为同等重要的传统佳节。但到了宋代，花朝节的日期又被提前到二月十二或二月初二。

据《广群芳谱·天时谱二》引《诚斋诗话》说：“东京（即今开封）二月十二日为花朝，为扑蝶会。”又引《翰墨记》说：“洛阳风俗，以二月二日为花朝节。士庶游玩，又为挑菜节。”可见花朝节日期还因地而异。到清代，一般北方以二月十五为花朝，而南方则以二月十二为百花生日。中国南北气候条件不同，南方比北方提早几天为节日是合理的。

◆清明节墓祭的习俗是怎么形成的？

清明节作为二十四节气之一，现在成了人们祭扫墓地、追远怀人的重要节日。经研究，清明节最早与墓祭无关。

这是因为在中国古代，只有贵族有墓，老百姓并没有墓。秦汉时期，老百姓葬后开始有墓地，那时贵族的墓地称“墓”，有碑。平民的墓地叫“坟”，只是一个土包。开始时，墓祭是贵族活动，百姓不举行墓祭，只举行家祭。墓祭分春秋两祭，有春祈秋报之义。到汉代以后，墓祭逐渐形成风俗。

专家判断，“寒食墓祭”大约在南北朝时形成习俗。据《旧唐书》记载，寒食节上墓拜扫礼经无文，但近代相沿，积久成俗，士庶之家，每逢寒食节无不祭扫。鉴于此俗已久，唐玄宗就于开元二十年（734年）下诏：“士庶之家，宜许上墓，编入五礼，永为常式。”寒食墓祭于是作为国家礼俗确定下来。

后来，寒食与清明合一，清明节祭祀遂成习俗。如果清明节不祭扫先人墓地，就会被认为是“断后”。因此人们不管多穷，这天都要到祖坟上去压一张黄表纸。

◆哪三大节日并称为中国的鬼节？

中国有三大鬼节：清明、中元、寒衣。

中元节。中元（七月十五）本是民间祭祖的日子，后定为地宫圣诞，而地宫掌管地狱之门，这一天地宫打开地狱之门，也是地狱开门之日，已故祖先可回家团圆，因此又是鬼节，是中国三大冥节中最重要的一个，设有道场，放馒头给孤魂野鬼吃，这一天要祭祖、上坟、点荷灯为亡者照回家之路。道观举行盛大法会祈福吉祥道场，内容是为死者的灵魂超度。

寒衣节。每年农历十月初一，谓之“十月朝”，又称“祭祖节”。为送寒衣节，亦称冥阴节。这一天，特别注重祭奠先亡之人，谓之送寒衣。

为免先人们在阴曹地府挨冷受冻，这一天，人们要焚烧五色纸，为其送去御寒的衣物，并连带着给孤魂野鬼送温暖。十月一，烧寒衣，寄托着今人对故人的怀念，承载着生者对逝者的悲悯。

◆为什么寒食节禁止生火？

春秋时期，晋文公在国外流亡十九年，历尽艰辛回国即位后，重赏跟他一起流亡的随从、大臣。因一时疏忽，把赤胆忠心的介子推忘了。介子推不愿争功请赏，就背着老母到绵山隐居。后来晋文公要封赏介子推做官，但绵山郁郁苍苍，不知介子推在山中何处，便试图放火烧山逼出介子推。结果，大火烧了三天三夜，仍不见介子推出山。当人们发现母子二人时，他们已经被火烧死了。

晋文公为了永远不忘介子推，把绵山所在县改为介休县，并令人砍下一段未烧焦的柳木带回宫中，做成木屐。一穿上木屐，就想起介子推，叹息:“悲哉足下！”“足下”一词传开后，成了下级对上级或同辈之间相互尊敬的称呼，后来又演变成称呼朋友的敬辞。

介子推死的时候，正值四月清明节的前一天。因为他是被火烧死的，晋国人为了纪念他，就在他逝世那天家家户户都不生火做饭，只进冷食，称为“寒食”。后来，人们干脆把它定为“寒食节”。到了唐朝，寒食节与清明节合并，寒食禁火习俗逐渐消失。

◆端午节的来历大致有哪些说法？

关于端午节的来历，归纳起来，大致有以下几种说法：

（1）纪念屈原说。此说最早出自南朝梁代吴均《续齐谐记》和北周宗懔《荆楚岁时记》的记载。据说，屈原于五月初五自投汨罗江，死后为蛟龙所困，世人哀之，每于此日投五色丝粽子于水中，以驱蛟龙。

（2）纪念伍子胥说。春秋时吴国忠臣伍子胥含冤而死后，吴王夫差令人取子胥之尸体装在皮革里于五月五日投入大江。世人哀而祭之，故有端午节。

（3）纪念孝女曹娥说。此说出自东汉《曹娥碑》。曹娥是东汉上虞人，父亲溺于江中，数日不见尸体，当时孝女曹娥年仅十四岁，昼夜沿江号哭。过了十七天，在五月五日也投江，五日后抱出父尸。

（4）龙的节日。五月初五是古代吴越地区“龙”的部落举行图腾祭祀的日子。

（5）恶日。古代普遍认为五月是个毒月，五日是恶日。在不吉祥之日插菖蒲、艾叶以驱鬼，薰苍术、白芷和喝雄黄酒以避疫，就是顺理成章的事。

◆端午节中的“端午”是什么意思？

端午亦称端五，是中国最大的传统节日之一。“端”的意思和“初”相同，称“端五”也就如称“初五”；端五的“五”字又与“午”相通，按地支顺序推算，五月正是“午”月。由于午时为“阳辰”，所以，端五也叫“端阳”。五月五日，月、日都是五，因此又有“重五”“重午”的称呼。

还有一种说法是，五月是毒月，五日是毒日，五日的中午又是毒时，居三毒之端。因此，端午节又叫“五月端”。五月是整个热天的开端，五毒蛇开始活跃，魑魅魍魉也会猖獗，这些都会给人，尤其是会给无所顾忌又无抵抗能力的孩子带来灾难，必须在五月端这天集中为孩童消灾防毒，因此，人们又把五月端午节说成是“小孩节”或“娃娃节”。

◆端午节民间都有哪些习俗？

端午节比较普遍的习俗主要有以下几种：

（1）赛龙舟。赛龙舟的风俗，相传起源于古时楚国人因舍不得贤臣屈原投江死去，许多人划船追赶拯救。他们争先恐后，追至洞庭湖时不见踪迹。之后每年五月五日划龙舟以纪念之。借划龙舟驱散江中之鱼，以免鱼吃掉屈原的身体。

（2）吃粽子。据记载，早在春秋时期，就有吃粽子的习俗了。当时用菰叶（茭白叶）包黍米成牛角状，称“角黍”；用竹筒装米密封烤熟，称“筒粽”。晋期，粽子被正式定为端午节食品。

（3）佩香囊。端午节小孩佩香囊，传说有避邪驱瘟之意，实际是用于襟头点缀装饰。

（4）悬挂艾叶、菖蒲。民谚说：“清明插柳，端午插艾。”在端午节，家家都洒扫庭院，挂艾枝，悬菖蒲，洒雄黄水，饮雄黄酒，激浊除腐，杀菌防病。端午节也是“卫生节”。

（5）悬钟馗像。悬钟馗像，用以镇宅驱邪。

（6）躲五。古时称五月为“恶月”，并认为五月初五日是不吉利的日子。这一天父母要将未满周岁的儿童带到外婆家躲藏，以避不吉。

（7）送时。中原地区端阳节到来之际，凡新嫁姑娘之娘家，在节前或节日里要给男方送草帽、雨伞、扇子、凉席等物以备防热防雨，故端阳节又称作“送时节”。

（8）驱五毒。在门上贴纸剪的蝎子、蜈蚣、毒蛇、虾蟆、壁虎五毒图像，以避其毒。

除此之外，端午节的风俗还有挂荷包、拴五色丝线、煮大蒜（艾、菖蒲和蒜被称为“端午三友”，主要用于驱鬼）、剪彩葫芦（用彩色纸剪成葫芦状，于端阳节倒贴于门首，取将毒气倒出之意）、饮雄黄酒等。

◆称六月六为“回娘家节”有何来历？

“六月六”，又称回娘家节、天贶节、姑姑节等。节日活动主要是藏井水、晒衣和晒经书，妇女回娘家，人畜洗浴，祈求晴天等活动。

关于“回娘家”，汉族有一个传说：春秋战国时期，晋国卿狐偃骄傲自大，气死了亲家赵衰。有一年晋国遭受灾害，狐偃出京城放粮，他的女婿、赵衰的儿子想乘他过生日之时，为父亲报仇，杀死他。他的女儿知道后，星夜赶回娘家报信，让父亲有个准备。狐偃放粮回城，深知自己办了坏事，悔恨不已。他不仅不怪女婿，还改正了自己的毛病。事后，每年农历六月六日，狐偃都把女婿、女儿接回家里，合家团聚。后来传到民间，逐渐成了妇女回娘家的节日。

淮安民间旧时有晒红绿的习俗。相传此俗源于唐代。玄奘从西天（印度）取佛经回国，过海时，经文被海水浸湿，于六月初六将经文取出晒干，后此日变成吉利的日子。一开始，皇宫内于此日为皇帝晒龙袍，后来又从宫中传向民间，家家户户都于这日在大门前曝晒衣服，以后此举成俗。

◆七夕为什么又称为“乞巧节”？

农历七月初七是乞巧节，相传这天为牛郎、织女双星相会之日，故亦称“双星节”“情人节”。这一传说虽在《诗经》中就已肇其端，但当时并无七夕渡河的记载。汉代《淮南子》中始有“乌鹊填河而渡织女”之说，《风俗通义》亦记有“织女七夕当渡河，使鹊为桥”。

七夕作为节日当始于汉代，节俗是晒经书及衣裳，向双星乞愿和穿针乞巧。东汉崔寔《四民月令》记载，七月七日，曝经书，设酒脯时果，散香粉于筵上，祈请于河鼓、织女。言此二星神当会，守夜者咸怀私愿。原本属在白昼举行的曝衣、曝书等节俗淡化了，守夜乞愿、穿针乞巧成为七月七晚上的民俗景观。

晋代周处《风土记》中记述乞愿有乞富、乞寿、乞子等内容，此后才以乞子和乞巧为主，故又称为“巧节”“乞巧节”“女儿节”等。唐五代时，北方民间多以七月六为夕，宋太宗曾颁布诏令恢复古制，但至今仍有在七月六过节的。

◆为什么在中秋节赏月、吃月饼？

据史书记载，我国古代帝王就有“春天祭日，秋天祭月”的礼制。并将农历每季中每个月的十五日，分别称为“孟”“仲”“季”。八月十五日，属于秋季的正中，古文称为“仲秋节”或“中秋节”。

古时候，由于人们对宇宙缺乏科学的了解，便将“月缺月圆”作为“悲欢离合”的象征。由此幻想到月宫里，一定有什么神仙关怀他们，保佑他们；同时，也由于人们对美满生活的向往，常将自己美好的理想寄托于天上月亮中的月神，以求其降赐幸福，这就有了“嫦娥奔月”“吴刚伐桂”“白兔捣药”“广寒宫玉蟾”以及“唐明皇游月宫”等传说故事。

所以，在民间就逐渐地形成了祭月、拜月的仪式和赏月吃月饼的风俗习惯。中秋节从此成为我国最重要的传统节日之一。

◆九九重阳节的由来有哪些说法？

每年农历九月初九，是我国传统的重阳节。关于重阳节的来历，大致有三种说法。

说法一：据《续齐谐记》载：汉代桓景随《易》学大师费长房游学多年。一天，费大师对徒弟讲，九月九日那天他家中会遭灾，应系茱萸登高。桓景及家人因听从师言幸免于难，而未及撤离的家畜全部患瘟疫而死。故每年九月九日外出登高，躲避灾难，相沿成习。

说法二：源于汉代的道学。道家奉为经典的《易经》中，把奇数视为阳数，偶数视为阴数，阳数中“九”又被视为“极阳”，九月九日是两个“极阳”相遇，所以称作“重阳”。阳又表示刚，重阳是“二刚相逢”而相克，所以被视为厄日，登高和系茱萸，是为了“解厄”，重阳习俗由此而来。

说法三：源于春秋战国时期的齐景公。九月初九这天齐景公带了很多人登高山，爬城垣，感到秋高气爽，心旷神怡，于是认定是个吉日。此后，每年这天他都要外出登高，后人仿之，形成习俗。

◆重阳节人们为什么要插茱萸？

在九九重阳节这天，按照中国民间风俗，人们除登高望远、畅饮菊花酒外，还要身插茱萸或佩戴茱萸香囊。重阳节与茱萸的关系，最早见于梁人吴均的《续齐谐记》：汝南人桓景随费长房学道。一日，费长房对桓景说，九月九那天，你家将有大灾，破解办法是叫家人各做一个彩色的袋子，里面装上茱萸，缠在臂上，登高山，饮菊酒。九月初九这天，桓景一家人照此而行，傍晚回家一看，果然家中的鸡犬牛羊都已死亡，而全家人因外出而安然无恙。于是，茱萸“辟邪”便流传下来。

重阳佩“辟邪翁”茱萸的习俗在唐代很盛行。除了王维《九月九日忆山东兄弟》中有“遥知兄弟登高处，遍插茱萸少一人”外，杜甫亦有《九日蓝田崔氏庄》诗作，其中有：“明年此会知谁健？醉把茱萸仔细看。”人们认为在重阳节插茱萸能避难消灾，因此或佩戴茱萸于臂，或做茱萸囊佩带，还有插在头上的。大多是妇女、儿童佩带，有些地方，男子也佩带。

◆腊八节为什么要煮腊八粥？

为什么人们在农历腊月初八这天，喜好煮腊八粥呢？民间流传着两种说法。

说法一：明太祖朱元璋小时候家里穷，靠给地主放牛为生。一天，饥肠辘辘的他在一间小屋内发现一个老鼠洞。于是，伸手去掏，居然掏出大米、豆子、粟米、红枣等。他把这些粮食煮了一锅粥，喝下去感觉回味无穷。后来，朱元璋当了皇帝。一天，他想起从老鼠洞掏粮食煮粥的事来，便传命御厨以各色五谷杂粮进食。这一天正是腊月初八，朱元璋吃后大悦，因此，就将粥赠名为“腊八粥”。

说法二：佛教的创始人释迦牟尼入山修行，寻求人生真谛。有一天，他又累又饿，倒在河边，有个牧女看见后，将一碗用各种谷米混煮成的粥给他，释迦牟尼喝完后，顿觉精神焕发，沐浴后，打了一会儿盹，终于大彻大悟，得道成佛了。这一天是十二月初八。从此以后，每逢腊八，寺院都要举行仪式，熬腊八粥敬佛。

◆祭灶节有哪些习俗？

腊月二十三日（或二十四日），民间称为过小年，是祭祀灶君的节日。

灶君，在夏朝就已经成了民间尊崇的一位大神。《论语》云：“与其媚于奥，宁媚与灶。”先秦时期，祭灶位列“五祀”之一。祭灶时要设立神主，用丰盛的酒食作为祭品。要陈列鼎俎，设置笾豆，迎尸等等。带有很明显的原始拜物教的痕迹。

灶君本人，早期有炎帝、祝融之说。后来，既有灶君爷爷，又有灶君奶奶。

灶君神像，贴在锅灶旁边正对风匣的墙上。两边配联多为“上天言好事，下界保平安”，下联也有写成“回宫降吉祥”的。中间是灶君夫妇神像。神像旁边往往画两匹马作为坐骑。祭灶时要陈设供品，供品中最突出的是糖瓜（特黏），现在统称麻糖。该食品既甜又黏。取意灶君顾了吃，顾不了说话，上天后嘴被黏住，免生是非。

◆除夕夜民间有哪些习俗？

除夕夜，是指每年农历腊月最后一天的晚上，它与春节（正月初一）首尾相连。“除”，是“去、易、交替”的意思；“除夕”，即“月穷岁尽”。届时，人们要除旧迎新，有旧岁至此而除，来年另换新岁的意思。

除夕的习俗糅合了祭祀、驱邪、喜庆等内容。南方有吃馄饨习俗，是取其开初之意。传说世界生成以前是混沌状态，盘古开天辟地，才有了宇宙四方。在北方主要活动有贴年画、贴春联、贴福字、贴挂签、贴门神、点蜡烛、祭祖、守岁、包饺子、放鞭炮、吃年夜饭等。此日贴门神和对联，须等家人都回来齐了，在申时之前贴好。

值得一提的是，除夕夜，幼辈要给长辈叩头拜年，连磕三个头，跪着等待长辈给“压岁钱”，不能站起，给了之后再磕一头起来。再有，子时一到，燃放鞭炮；还会吃煮饺（谐音“主角”）。除夕夜包饺子时放几个硬币，谁吃到了预示着要发财。家人常常先让老人与孩子吃到象征吉祥的饺子，举家欢乐。

◆为什么“福”这个字要倒过来贴？

春节，人们好在门窗上倒贴“福”字。“福”字倒贴还有两个有意思的传说呢。

传说一：明太祖朱元璋当年用“福”字作暗记准备杀人。马皇后为消除灾祸，下令家家户户贴“福”上门。有户人家不识字，把“福”字贴倒了。次日，皇帝派人查看，发现家家都贴了“福”字，还有一家把“福”字贴倒了。皇帝听后大怒，立即命人把那家满门抄斩。马皇后说：“他们知道您今日派人来访，故意把福字贴倒了，意思是‘福到’了。”皇帝听了觉得有道理，便放了人。从此，人们便将“福”字倒贴起来，求个吉利。

传说二：“福”字倒贴的习俗来自清代恭亲王府。一年春节前夕，大管家照例写了许多个“福”字让人贴于库房和王府大门上，有个家丁因不识字，误将大门上的“福”字贴倒了。恭亲王福晋很恼火，大管家求饶说：“奴才常听人说，恭亲王寿高福大造化大，如今大福真的到（倒）了，乃吉庆之兆。”福晋听罢心想，吉语说千遍，金银增万贯，还重赏了管家和那个贴倒福的家丁。

◆“春联”和“桃符”是怎么扯上关系的？

据史料记载，春联的原始形式是“桃符”。

在我国古代神话中，相传有一个鬼蜮的世界，当中有座山，山上有一棵覆盖三千里的大桃树，树梢上有一只金鸡。每当清晨金鸡长鸣的时候，夜晚出去游荡的鬼魂必赶回鬼蜮。鬼蜮的大门坐落在桃树的东北，门边站着两个神人，名叫神荼、郁垒。如果鬼魂在夜间干了伤天害理的事情，神荼、郁垒就会立即发现并将它捉住，用芒苇做的绳子把它捆起来，送去喂虎。因而天下的鬼都畏惧神荼、郁垒。

于是，民间就用桃木刻成他们的模样，放在自家门口，以避邪防害。后来，人们干脆在桃木板上刻上神荼、郁垒的名字，以镇邪去恶。这种桃木板后来就被叫作“桃符”。到了宋代，人们便开始在桃木板上写对联，一则不失桃木镇邪的意义，二则表达自己的美好心愿，三则装饰门户，以求美观。后来，又发展成在红纸（象征喜气吉祥）上写对联，新春之际贴在门窗两边，用以表达人们祈求来年福运的良好心愿。

◆中国文献记载的第一副春联是什么？

对联，也叫对子、喜子、联句等，可以写在纸上、布上、竹子上、木板上，也可以刻在木头上、石头上。总之，只要是成双的，对仗工整的，都可以作为对联。

对联是由五代时期后蜀国君孟昶开创的。据《宋史》记载，公元964年除夕，后蜀主孟昶令学士辛寅逊题卧室门上的桃木板，“以其非工，自命笔题云：‘新年纳余庆，嘉节号长春’”。这便是有文献记载的中国第一副春联，由此开启了每逢新春佳节，家家户户在家门两旁张贴节庆祝福祝词的习俗。

到了宋朝，春联广泛应用。北宋王安石《元日》描绘了当时百姓张贴春联的情景：“爆竹声中一岁除，春风送暖入屠苏。千门万户曈曈日，总把新桃换旧符。”由此可知，直到宋代，春联仍称“桃符”。

宋元朝时期，宫廷、宦门、寺庙等也出现了镌刻于木柱上的对联，后人称之为楹联（楹就是柱子）。同时应酬的寿联、挽联等也开始产生了。

明代，桃符改称“春联”。

◆过年为什么要贴门神？

《礼记》中有，王为群姓立七祀，诸侯为国立五祀，大夫立三祀，适士立二祀，皆有“门”。庶士、庶人立一祀，或立户，或立灶。不难看出，自先秦以来，上自天子，下至庶人，皆崇拜门神。

门神源于远古时期的庶物崇拜，殷商天子祭五祀，门即为其一，周代祭五祀于宫“门”。每日每时必经之处，自然加以重视，祭祀对于门神以形象化及人格化。相传神荼、郁垒为天神，奉皇帝之命统辖人间鬼怪。故逢农历十二月三十晚，用桃木雕二神置大门两边，以御鬼怪，消灾难。后画两神像于门上，遂为门神。

门神在汉朝时有三位，即成庆、神荼、郁垒。唐太宗时，秦叔宝、尉迟恭成为宫门门神，而民间取为镇邪之用。宋元之后，民间的门神更是变化多端。其中较为流行的有秦叔宝和尉迟恭、温峤、岳飞、赵云、孙膑、庞涓等古代忠臣名将。武将战绩显赫，更能镇鬼驱邪，无法越过门栏，家户更加安全。也有天官（喜神）、刘海（小财神）等。

◆春节“红包”为何又叫“压岁钱”？

每到除夕之夜，小孩子就会得到长辈给的压岁钱。为什么过春节的时候要给孩子压岁钱呢？这里有一个流传很广的故事。

传说，古时候有个叫“祟”的小妖，年三十夜里，会用手摸熟睡的孩子头部，孩子就会发烧。等退烧后，就变成傻子了。人们怕祟来害孩子，就点灯团坐不睡，称为“守祟”。

有一户姓管的人家，年三十夜晚，怕祟害孩子，就逼着孩子玩。孩子用红纸包了八枚铜钱，拆开包上，包上又拆开，一直玩到睡下，将包着的八枚铜钱就放到枕头边。夫妻俩挨着孩子守祟。半夜里，大风吹开房门，吹灭灯火，祟用它的白手摸孩子的头时，孩子的枕边迸裂出一道亮光，祟急忙缩回手尖叫着逃跑了。

管氏夫妇把用红纸包八枚铜钱吓退祟的事告诉了大家，大家也都学着在年夜饭后用红纸包上八枚铜钱交给孩子放在枕边，果然以后祟就再也不敢来害小孩子了。原来，这八枚铜钱是由八仙变的，在暗中帮助孩子把祟吓退。因而，人们把这钱叫“压祟钱”，又因“祟”与“岁”谐音，后来就称其为“压岁钱”了。

◆节日放爆竹的习俗是怎么形成的？

我国民间有“开门爆竹”一说。即在新的一年到来之际，家家户户开门的第一件事就是燃放爆竹，以噼噼啪啪的爆竹声除旧迎新。爆竹为中国特产，亦称爆仗、炮仗、鞭炮。

据北周宗懔《荆楚岁时记》载：“正月一日，是三元之日也，《春秋》谓之端日，鸡鸣而起，先于庭前爆竹以辟山魈恶鬼。”这段记载说明爆竹在古代是一种驱瘟逐邪的音响工具。

据《神异经》说，古时候，人们途经深山露宿，晚上要点篝火，一为煮食取暖，二为防止野兽侵袭。可是，山中有一种叫“山魈”的动物，经常趁人不备偷食东西。人们遂在火中燃爆竹，用竹子的爆裂声将其吓走。这样即驱逐瘟邪，得吉利平安。

到了唐初，瘟疫四起，李田把硝石装在竹筒里，点燃后使其发出更大的声响和更浓烈的烟雾，驱散了山岚瘴气，制止了疫病流行。这便是装硝爆竹的最早雏形。火药出现后，人们将硝石、硫黄和木炭等填充在竹筒内燃烧，产生了“爆仗”。到了宋代，民间开始普遍用纸筒和麻茎裹火药编成串做成“编炮”（即鞭炮）。

衣食住行

◆“红得发紫”与古时的朝服有何关系?

封建时代官职品级不同，衣服颜色也各异。这种制度就是“品色衣”制度。“品色衣”制度起始于北周，形成于唐朝。

唐朝时，官分九品，三品以上穿紫衣，四品深红，五品浅红，六品深绿，七品浅绿，八品深青，九品浅青。那些穿红着紫的达官贵人可以经常出入朝廷。于是，人们便以颜色作为发达的标志，而达到紫色则是位居三品以上的高官了。所以，通常情况下，人们用“红得发紫”来比喻那些官运亨通、仕途畅达的人。

◆“黄袍”成为皇权的象征源自何时?

黄袍，往往被看作古代帝王服色的象征，它作为帝王专用衣着始自唐朝。

黄色服饰在中国古代一直比较流行，唐朝以后，皇帝已不乐意自己和一般人同着黄袍了，唐高祖时就曾“禁士庶不得以赤黄为衣服”。唐高宗时又重申“一切不许着黄”。但这时的规定并不严格，一般百姓着黄衣仍然较多见。

到了北宋时期，北汉与契丹南侵，赵匡胤率兵北征，公元960年，到陈桥驿时，众军士以黄袍加其身，拥立其为帝，旋回兵汴京，正式登基，从而使黄袍正式成为皇权的象征。宋仁宗时还规定：一般人士衣着不许以黄袍为底或配制花样。从此，不仅黄袍为皇帝所独有，连黄色亦为皇帝专用。

◆龙袍上绣的九条龙分别在什么位置?

龙袍上的九条龙，有四条正龙绣在前胸、后背及两肩，前后衣襟则各绣有两条行龙。不过算一算，这样前后才只有八条龙，另一条龙呢?原来这一条龙是绣在衣襟里面，除非掀开外面的衣襟才看得到，所以龙袍上共有九条龙，正好符合象征至尊的九五之数。

龙袍上除绣有九条主龙外，在云领、腰部、袖口上也绣有体态较小的龙纹。而龙袍下摆斜排着弯曲的许多线条，则称为“水脚”，在水脚上还绣有许多翻滚的波浪，及挺立的山石宝物，称为“海水江涯”，蕴含着“福山寿海”“绵延不绝”“江山一统”“万世升平”之意。

龙袍上的图纹主要是龙纹，还有凤纹、富贵牡丹纹、八宝纹等，在龙纹间也绣有五彩云纹、红色蝙蝠纹、十二章纹等象征祥瑞的图纹。当然这些图纹也都富有深意，五彩云纹是龙袍上常用的装饰纹样，有陪衬作用和象征吉祥；红色蝙蝠纹就是红蝠，取其谐音“洪福”，也是龙袍上不可或缺的装饰纹样。

◆蟒袍和龙袍是一回事儿吗?

蟒袍是文武官员最常用的礼服，因袍上绣有蟒纹而得名。关于蟒、龙的区别，历来没有明确的答案。一般根据《万历野获编》“蟒衣为象龙之服，与至尊（即皇帝）所御（龙）袍相肖，但减一爪”及《大清会典》中“凡五爪龙缎立龙缎团补服官民不得穿用。若颁赐五爪龙缎立龙缎，应挑去一爪穿用”的禁例，得出五爪为龙，四爪为蟒的结论。不过这也不全对，因为人们在各个时期对蟒和龙的概念并不是固定的。

龙不完全是五爪，蟒也不完全是四爪。到了清代，尽管在名称上将龙、蟒划分得十分清楚，但在图像的反映上往往是一致的。地位高的官吏照样可穿“五爪之蟒”，而一些贵戚得到特赏也可穿着“四爪之龙”。至于何时为龙，何时为蟒，就要看穿着的人是谁了。主要是当时的社会等级制度比较严格，龙被视为帝王的化身，除帝后及贵戚外，其他人不得“僭用”，所以同样是一件五爪龙纹袍服，用于皇帝的可称为龙袍，而用于普通官吏时，只能叫蟒袍。在颜色上，只有皇族可用明黄、金黄及杏黄，普通人一般为蓝色及石青色。

◆“衣冠禽兽”最初是哪朝官员的服饰?

“衣冠禽兽”最初来源于明朝官员的服饰。

据史料记载，明朝规定，文官官服绣禽，武官官服绘兽。品级不同，所绣的禽和兽也不同，“衣冠禽兽”的具体规定如下：文官一品绣仙鹤，二品绣锦鸡，三品绣孔雀，四品绣云雁，五品绣白鹇，六品绣鹭鸶，七品绣鸳鸯，八品绣黄鹂，九品绣鹌鹑；武官一品、二品绘狮子，三品绘虎，四品绘豹，五品绘熊，六品、七品绘彪，八品绘犀牛，九品绘海马。文武官员一品至四品穿红袍，五品至七品穿青袍，八品和九品穿绿袍。

因此，当时“衣冠禽兽”是赞语，颇有一番令人艳羡的味道。到了明朝中晚期，由于宦官专权、政治腐败。文官爱钱，武将怕死，欺压百姓，作恶多端，老百姓视其为匪盗瘟神，于是，“衣冠禽兽”就演变成蕴含为非作歹、如同牲畜之意的贬义词。

◆唐装是唐朝人所穿的服装吗?

现在流行的唐装，其实并不是唐代的服装，基本上是清末的中式着装。

“唐装”的称谓，其实源于海外。唐代是中国古代辉煌的盛世王朝，声誉远及海外，因此此后海外各国称中国人为“唐人”。《明史》记载:“唐人者，诸番（外国人）呼华人之称也，凡海外诸国尽然。”美国、东南亚乃至欧洲的华人居住区，都被称为“唐人街”，所以外国人把住唐人街的华人穿的中国传统风格的服装称为“唐装”。

如今，“唐装”已经成为国际公认的中国人的服装称号。20世纪初，在当时的社会大背景下，粤、港、澳同胞就是以“唐装”“西装”来区别中西打扮的。

◆旗袍是根据哪个民族的服装改制的？

旗袍是从满族古老的服装演变而来的。旗袍，满语称“衣介”。古时泛指满洲、蒙古、汉军八旗男女穿的衣袍。

清初衣袍式样的特点是：无领、箭袖、左衽、四开衩、束腰。箭袖，是窄袖口，上加一块半圆形袖头，形似马蹄，又称“马蹄袖”。马蹄袖平日绾起，出猎作战时则放下，覆盖手背，冬季可御寒。四开衩，即袍下摆前后左右，开衩至膝。左衽和束腰，紧身保暖，腰带一束，行猎时，可将干粮、用具装进前襟。男子的长袍多是蓝、灰、青色，女子的旗装多为白色。满族旗袍还有一个特点，就是在旗袍外套上坎肩。坎肩有对襟、捻襟、琵琶襟、一字襟等。穿上坎肩骑马驰骋显得非常精干利索。

清世祖入关，迁都北京，旗袍开始在中原流行。清统一中国后，发起“薙发易服”的浪潮，律令之严性命攸关，以致传统的冠戴衣裳几乎全被禁止，相传千年的上衣下裳的服饰形制只被保留在汉族女子家居时的着装中。庆典场合不分男女都要着袍。后来，旗袍被汉族妇女吸收，并不断进行革新。辛亥革命的风云，使旗袍流行全国。

◆中国传统的裙子是谁的发明？

中国传统裙子的发明要归功于武则天。

武则天的腿偏于肥胖，再穿上绫罗绸缎的裤子，走起路来，很容易擦来擦去，蹭得裤子“哧哧”作响，使得旁人会不由自主地去寻找发声源。这种事无法怪罪别人，她觉得很难堪。一天，武则天瞧着过于肥胖的双腿，再不忍心看下去了，干脆用一块缎子遮挡住。如此一来，反而让武则天开窍了。武则天拿了块缎子在镜子前上下左右比画起来，后来干脆用缎子前后一裹，把双腿全围起来了。

孰料，武则天试着走起路来，既飘逸潇洒又好看，该叫它什么名字呢？武则天左思右想，认为平时人们穿上的各种衣服，都有个“衣”字偏旁，自己是一国之君，干脆给“君”字加个“衣”字旁，叫“裙子”好了，这也可以说明“裙子”是女皇帝自己发明的。

◆古代女子青睐的石榴裙是什么样的？

在唐代，石榴裙是年轻女子极为青睐的一种服装款式。这种裙子色如石榴之红，不染其他颜色，往往使穿着它的女子俏丽动人。唐人万楚在《五月观妓》中说：“眉黛夺将萱草色，红裙妒杀石榴花。”韦庄也唱道：“莫恨红裙破，休嫌白屋低”。白居易在《琵琶行》中，曾描写了那位弹琵琶的女子色艺惊人：“曲罢曾教善才服，妆成每被秋娘妒……钿头银篦击节碎，血色罗裙翻酒污。”这“血色罗裙”即是石榴裙。

石榴裙流传的时间很久远，明代唐寅在《梅妃嗅香》一诗中写道：“梅花香满石榴裙。”虽写的是唐朝之事，也可看出当时现实生活中，此种款式的裙子仍为年轻女子所珍爱。石榴裙经久不衰，从俗语说男人被美色征服为“拜倒在石榴裙下”中，可见一斑。

◆女子缠足的习俗起源于什么时候？

关于缠足的起源，众说纷纭，莫衷一是。

一说始于夏商时期的禹妻、妲己。传说大禹治水时，曾娶涂山氏女为妻，生子启。而涂山氏女是狐精，其足小；又说殷末纣王的妃子妲己也是狐精所变，但她的脚没变好，就用布帛裹了起来。由于妲己受宠，宫中女子便纷纷效仿。

一说始于隋朝。相传隋炀帝选美，一个名叫吴月娘的女子被选中。她痛恨炀帝暴虐，便让做铁匠的父亲打制了一把长三寸、宽一寸的莲瓣小刀，并用长布把刀裹在脚底下，尽量把脚裹小。又在鞋底上刻一朵莲花，走路时印出莲花。隋炀帝见后，召她想玩赏一下小脚。吴月娘慢慢解开裹脚布，突然抽出莲瓣刀向隋炀帝刺去，但行刺失败，月娘随后投河自尽。民间女子为纪念月娘而纷纷缠足。

还有一说是始于五代。南唐李后主的嫔妃窅娘（一说睿娘），能歌善舞，李后主专门制作了高六尺的金莲，用珠宝绸带缨络装饰，命窅娘以帛缠足，使脚纤小屈做新月状，再穿上素袜在莲花台上翩翩起舞，从而使舞姿更加优美。后民间纷纷效仿。

◆“对镜贴花黄”中的“花黄”是什么装饰？

花黄是古代流行的一种女性额饰，又称额黄、鹅黄、鸭黄、约黄等。旧时女子根据自己的爱好，把黄金色的纸剪成各式装饰图样贴在额上或脸颊上，或是在额间涂画上各种黄色花纹。这种梳妆打扮的方式起源于南北朝，当时佛教的盛行，爱美求新的女性从涂金的佛像上受到启发，将额头涂成黄色，渐成风习。

南朝梁简文帝萧纲《美女篇》云：“约黄能效月，裁金巧作星。”约黄，指的就是额黄。唐朝时期，额黄愈加盛行。如卢照邻诗：“片片行云着蝉鬓，纤纤初月上鸦黄。”皮日休诗：“半垂金粉如何似，静婉临溪照额黄。”郑史诗：“最爱铅华薄薄妆，更兼衣着又鹅黄。”经过五代到宋代时，额黄还在流行，如宋彭汝砺诗：“有女夭夭称细娘，真珠络鬓面涂黄。”

除花黄外，古时还有过一阵由额黄发展而成的佛妆，张芸叟《使辽录》中所说：“胡妇以黄物涂面如金，谓之佛妆。”不过，并未在汉地大范围地流行。

◆“巾帼不让须眉”中的“巾帼”指的是什么？

据史料记载，古时候的贵族妇女，常在举行祭祀大典时戴一种用丝织品或发丝制成的头饰，这种头巾式的头饰，便叫巾帼。

巾帼上还装缀着一些金珠玉翠制成的珍贵首饰。巾帼的种类及颜色有多种，如用细长的马尾制作的叫“剪氂帼”；用黑中透红颜色制作的叫“绀缯帼”。

四川彭山崖墓发掘出土一件摄裳行走状的女俑，头上戴着如冠的首饰，罩在前额，勒于后脑，形象完整，这就是巾帼。另有汉墓出土的一件哺乳妇女，头戴巾帼，也很美观。

由于“巾帼”这类物品是古代妇女的高贵装饰，人们便称女中豪杰为

“巾帼英雄”。后来，人们又把“巾帼”作为妇女的尊称。宋代抗金女将梁红玉，近代民主革命家秋瑾，她们都被人们称赞为巾帼英雄、巾帼豪杰。

◆古代女子平时可以着凤冠霞帔吗?

霞帔亦称“霞披”“披帛”，因其艳丽如彩霞，故名。披帛以一幅丝帛绕过肩背，交于胸前，又叫“帔子”。《事林广记》载:“晋永嘉中，制绛晕帔子，令王妃以下通服之。”宋代定为命妇冠服，非恩赐不得服。

明代始为命妇品级的服饰，自公侯一品至九品命妇，皆服用不同绣纹的霞帔。霞帔原型最早出现在南北朝时期，到宋代被列入礼服行列之中。

明代时发展成了霞帔，由于其形美如彩霞，故得名“霞帔”。

霞帔是宫廷命妇的着装，平民女子只有出嫁时才可以穿着。按照礼仪，大礼可摄胜，就是祭礼、婚礼等场合凤冠霞帔可向上越级，不算僭越。

◆先秦的人穿什么样的衣服和鞋履?

商周时期，人们的服装形式主要采用上衣下裳制，衣用正色，即青、赤、黄、白、黑等五种原色；裳用间色，即以正色相调配而成的混合色。服装以小袖为多，衣长通常在膝盖部位。衣服的领、袖及边缘都有不同形状的花纹图案，腰间则用条带系束。

春秋战国之期，一种名为“深衣”的新型服饰出现。这是一种连体服饰。深衣的出现，改变了过去单一的服装样式，因此深受人们喜爱，不仅用作常服、礼服，且被用作祭服。

在战国时期，胡服的诞生打破了服装的旧样式。胡服的短衣、长裤和革靴设计，善于骑射，便于活动，在军队里广为盛行。

先秦时期的鞋履，主要有履、舄、鞋、靴等形制。诸履之中，以舄为贵。周期君王之舄有白、黑、赤三种颜色，分别在不同场合穿着。鞋是一种高帮的便履，以皮革制成；靴则是来自西域，人们骑马射箭时穿着，后来汉族人也逐渐接纳。

◆“胡服骑射”中的“胡服”是什么模样?

赵武灵王（赵雍）是战国时期赵国一位奋发有为的国君，他为了抵御北方游牧民族的骚扰，实现富国强兵之梦，决心取人之长补中原之短，于公元前307年，颁布“着胡服”“习骑射”的命令，史称“胡服骑射”。具体内容包括：穿游牧民族的服装，学习游牧民族骑马射箭的作战方法。其服上褶下绔，有貂、蝉为饰的武冠，有金钩为饰的具带，足上穿靴，便于日常活动与骑射之需。

最初，“胡服骑射”的命令遭到很多皇亲国戚的反对。于是，赵武灵王力排众议，带头穿“胡服”、习骑马、练射箭，亲自训练士兵，使赵国军事力量日益强大，从而西退游牧民族，北灭中山国，成为“战国七雄”之一。相传，河北邯郸西边的插箭岭就是赵武灵王实行“胡服骑射”、训练士卒的场所。

◆秦汉魏晋南北朝的衣冠服饰有何特点?

秦朝统治的十五年间，秦始皇兼收六国的车旗服御，创立了衣冠服饰制度。秦朝的服饰仍然是连体式，宽袖、大袍，服饰制度严格。

汉朝服饰的职别等级，主要是通过冠帽及佩绶来体现的。不同的官职有不同的冠帽。因此，汉朝的服饰中的冠制特别复杂，有十六种之多。汉朝的鞋履也有严格的制度：祭服穿舄、朝服穿履、出门穿屐。妇女出嫁，应穿木屐，还需在屐上画上彩画，系上五彩的带子。

南朝时期的服饰，可以参鉴《洛神赋》《列女传》等图卷。男子多穿袍衫而低敞衣襟，女子则通常穿袿襦，杂裾双裙。北朝的服饰则以合身的裤褶装、短袍衫、各式的靴子为特点，服装窄短，裙腰略微高提。妇女的服装多以簪花、珠翠及各种花冠为点缀。

◆称丈夫为“金龟婿”与官员佩饰有何关系？

将丈夫称为“金龟婿”，与唐代官员的佩饰有关。

据《新唐书》载，唐初，内外官五品以上，皆佩鱼符、鱼袋，以明贵贱，应召命。鱼符以不同的材质制成，“亲王以金，庶官以铜，皆题其位、姓名”。装鱼符的鱼袋也是“三品以上饰以金，五品以上饰以银”。武后天授元年（690 年）改内外官所佩鱼符为龟符，鱼袋为龟袋，并规定三品以上龟袋用金饰，四品用银饰，五品用铜饰。

由上可见，金龟既可指用金制成的龟符，还可指以金作饰的龟袋。但无论所指为何，均是亲王或三品以上官员之物。后世遂以金龟婿代指身份高贵的女婿。

◆北方冬至吃饺子的习俗与古代哪位医生有关？

北方冬至吃饺子的习俗是不忘“医圣”张仲景“祛寒娇耳汤”之恩。至今南阳仍有“冬至不端饺子碗，冻掉耳朵没人管”的民谣。

东汉时期，河南南阳稂东有一位名叫张仲景的医生。此人有句名言：“进则救世，退则救民；不能为良相，亦当为良医。”张仲景曾任长沙太守，访病施药，大堂行医。后毅然辞官回乡，为乡邻治病。

张仲景返乡之时，正是冬季。他看到白河两岸乡亲面黄肌瘦，饥寒交迫，不少人的耳朵都冻烂了，便让弟子在南阳东关搭起医棚，支起大锅，在冬至那天舍“药”医治冻疮。他把羊肉和一些驱寒药材放在锅里熬煮，然后将羊肉、药物捞出来切碎，用面包成耳朵样的“娇耳”，煮熟后，分给来求药的人每人两只“娇耳”，一大碗肉汤。人们吃了“娇耳”，喝了“祛寒汤”，浑身暖和，两耳发热，冻伤的耳朵都治好了。后人学着“娇耳”的样子，包成食物，称它为“饺子”或“扁食”。

◆“狗不理包子”这一怪名是谁起的？

“狗不理”创始于 1858 年。清咸丰年间，直隶武清有个叫高贵友的人，乳名“狗子”。他 14 岁时在天津南运河边上的刘家蒸吃铺做小伙计。由于心灵手巧又勤学好问，加上师傅们的精心指点，狗子逐渐练就了一手做包子的好活儿。

三年满师后，狗子已经精通了做包子的各种手艺，便自己开了一家包子铺——“德聚号”。他用肥瘦鲜猪肉3∶7的比例加适量的水做馅，包子皮用半发面，包入馅料时，用手指精心捏折，每个包子有固定的十五个褶，褶花疏密一致，如白菊花形，最后上炉用硬气蒸制。

由于狗子手艺好，从不掺假，制作的包子口感柔软，色香味形都独具特色，来吃他包子的人越来越多。狗子忙得顾不上跟顾客说话，这样一来，吃包子的人都戏称他“狗子卖包子，不理人”。后来，人们喊顺了嘴，都叫他“狗不理”，把他所经营的包子称作“狗不理包子”，而原店铺字号却渐渐被人们淡忘了。

◆淮南王刘安创制豆腐的经过是怎样的?

风味独特、质地优良的淮南八公山豆腐创始人，就是刘安。这个刘安是西汉高祖刘邦之孙。公元前164年被封为淮南王，都邑设于寿春，名扬古今的八公山就在寿春城边。

刘安好道学，欲求长生不老之术，不惜重金广招方术之士，其中较为出名的有苏飞、李尚、田由、雷被、伍被、晋昌、毛被、左昊八人，号称“八公”。刘安在八公的陪伴下，登北山而造炉，炼仙丹以求寿。他们取山中“珍珠”“大泉”“马跑”三泉清冽之水磨制豆汁，又以豆汁培育丹苗。没想到，炼丹不成，却将豆汁与盐卤阴错阳差地化合成一片芳香诱人、白白嫩嫩的东西。当地胆大的农夫取而食之，居然美味可口。

“豆腐”从此问世。北山亦更名为“八公山”，刘安也成为豆腐的鼻祖。自刘安创制出豆腐后，八公山方圆数十里的广大村镇，就成了名副其实的“豆腐之乡”。

◆馒头是诸葛亮发明的吗?

相传，蜀汉建兴三年（225年）秋，诸葛亮采取攻心战，七擒七纵收服了孟获，与西南少数民族建立良好关系后，班师回朝。大军行到泸水，忽然阴云密布，狂风大作，巨浪滔天，军队无法渡河。非常了解这一带地理气候的孟获说：“由于连年打仗，很多士兵战死在这里，这些客死异乡的冤魂经常出来作怪，凡是要在这里渡水的，必须用七七四十九颗人头祭供才会平安无事，而且来年肯定丰收。”

诸葛亮觉得祭供这些冤魂是应该的，但如果用四十九颗人头去祭奠，只会又平添四十九个冤魂。如此循环往复，冤魂就越积越多，泸水便永无宁日。诸葛亮决定不以人头祭泸水。他来到泸水边，只见阴气四起，恶浪汹涌，士兵和战马也处在惊乱之中，看来不祭是不行的。诸葛亮苦思冥想，终于想出一个用另一种物品替代人头的绝妙办法。他命令士兵杀牛宰羊，将牛羊肉斩成肉酱，拌成肉馅，在外面包上面粉，并做成人头模样，入笼屉蒸熟。这种祭品被称作“馒首”。诸葛亮把这肉与面粉做的“馒首”拿到泸水边，亲自摆在供桌上，拜祭一番，然后一个个丢进泸水。受祭后的泸水顿时云开雾散，风平浪静，大军顺顺当当地渡了过去。

从此以后，人们经常用馒首作供品进行各种祭祀。由于“首”“头”同义，后来就把“馒首”称作“馒头”。馒头作了供品祭祀后被食用，人们从中得到启示，以馒头为食品。

◆年糕有着怎样的由来？

年糕这种美食的由来，相传与春秋战国时期的伍子胥有关。

公元前484年，伍子胥建议吴王联齐讨越，吴王却举兵灭了齐国。伍子胥心想，如果越国侵犯吴国，吴国因少了齐国这个同盟，将有亡国之灾。同时，自己反对吴王攻齐，而吴王得胜而归，自己必遭杀身之祸。于是，伍子胥悄悄地对亲信的部下说：“我死后，如果国家有难，民饥无食，可到象门城下挖地三尺。”

不久，伍子胥被吴王夫差赐剑自刎。没过多长时间，越国果真攻打吴国。吴王夫差连吃败仗，城池被困，民众断粮。危难之际，有人想起了伍子胥生前的嘱咐，于是暗中率领军民前往象门挖地，这才发现象门的城砖原来是用糯米粉蒸煮后压成的。全城百姓就靠这成千上万块“城砖”度过了饥荒。

以后，每逢丰年腊月，吴国百姓家家户户都要蒸煮这种砖形的糯米粉糕，以纪念伍子胥的功绩。因为这种砖形糯米粉糕是在过年时制作的，人们便把它叫作“年糕”。同时也取“年年步步登高”的吉祥之意。

◆“东坡肉”是苏东坡发明的吗？

东坡肉是杭州传统风味菜肴中的一朵奇葩，以色泽红艳、汁浓味醇、肉酥烂而不碎、味香酥而不腻为特点。说起“东坡肉”，还流传着一段有趣的故事。

北宋文学家苏东坡于元丰二年（1079年）触犯了皇帝，被贬到黄州，常常亲自烧菜与友人“品味”。宋神宗驾崩后，苏东坡重新被起用调到杭州做官时，西湖已被葑草淹没了大半。他发动数万民工除葑田、疏湖港，把挖起来的泥堆筑了长堤，后来被称为苏公堤。

老百姓为了赞颂苏东坡的功德，到了春节时就给苏东坡送猪肉，以表示自己的心意。苏东坡收到了猪肉，就叫家人把肉切成方块，用自家的烹调方法烧制，连酒一起按照民工花名册送给每家每户。但家人烧制时，把“连酒一起送”领会成“连酒一起烧”。出乎意料的是，这样烧制出来的红烧肉，更加香酥味美，食者盛赞之，此后被人们命名为“东坡肉”。

◆“叫花鸡”的名称是怎么来的？

叫花鸡，又名“煨鸡”。关于它的来历，有这样一个故事。

相传明末清初，在常熟虞山底下有一个叫花子。这天，这个叫花子偶然得到一只鸡，但他没有炊具和调料，没法做熟了吃。他便将鸡宰了，除去内脏，连毛一起裹上泥巴。他又找来枯树枝，点成火堆，将鸡放进火中煨烤，等到泥烧得干裂了，敲去泥壳，鸡毛也随着泥壳脱落下来，鸡肉很香，叫花子美滋滋地吃起来。

这时，削职隐居在虞山的明朝大学士钱牧斋恰好路过，闻到香味，从树隙中看到叫花子正在大吃鸡肉，使命家人上前询问鸡的做法，并取了块鸡肉品尝，发觉鸡味的确独特。回到家后，大学士命家人稍加调料，如法炮制了一番。

过了几日，钱牧斋设宴款待江南名妓柳如是，其中就有一道香气四溢的叫花鸡。柳如是赞许不止。钱牧斋问柳氏："虞山风味如何？"柳氏说："宁食终身虞山鸡，不吃一日松江鱼。"问明缘由，当场命名"叫花鸡"。

◆烧卖是什么时候出现的？

烧卖，北京叫烧麦，结白晶莹，馅多皮薄。其历史不算长，直到清代的《桐桥倚棹录》中才有记录。最有名的烧卖馆，是北京的"都一处"，开业于1738年（清乾隆年间）。

据说有一年除夕，乾隆皇帝私访通州回京，路过此店，吃了一顿烧麦，感到味道十分香美，于是兴致陡起，拂纸挥笔，题写了"都一处"的匾额。从此，这个小店就出了名，这一食品也很快传至各地。至于叫烧麦或烧卖，这有两种说法。

一种说法，北京的烧麦传到山东、浙江、安徽和广东等地后，因"麦"与"卖"京音相谐，传来传去传讹了。

另一种说法，因为北京的烧麦大都是早晨卖得多，早晨称"晓"，故而得名"晓卖"，南方人"晓"和"烧"发音相近，后来传成了烧卖。

烧卖自北至南，品种很多，各具风味，一般以馅料定名。如河南有切馅烧麦（河南人仍叫烧麦），安徽有用鸭油拌糯米饭为馅的鸭油烧卖，杭州有羊肉烧卖，广州有蟹肉瑶柱干蒸烧卖等。广州还有几种不用面皮的独特烧卖，如猪肝烧卖、牛肉烧卖和排骨烧卖等。

◆"四菜一汤"的发明与哪位皇帝有关？

"四菜一汤"最初是朱元璋的反腐倡廉之作。公元1368年，朱元璋当上皇帝后，遇上天灾，各地粮食歉收，百姓生活十分困苦，可一些达官贵人却穷奢极欲，过着花天酒地的生活。出身贫寒、讨过饭的朱元璋，对此气愤不已，决心加以整治。

一天，适逢皇后的生日庆典，朱元璋趁诸位大臣前来贺寿之机，有意摆出粗菜淡饭宴客，以此警示文武百官。当十多桌席位的人坐齐以后，朱元璋便令宫女上菜。第一道菜是炒萝卜。萝卜，百味药也，民谚有"萝卜上市，药铺关门"之说。第二道菜是炒韭菜。韭菜生命力旺盛，四季常青，象征国家长治久安。再则是两大碗青菜，以此喻义要为官清廉、两袖清风。最后一道是极普通的葱花豆腐汤。宴后，朱元璋当众宣布："今后众卿请客，最多只能'四菜一汤'。这次皇后的寿筵席就是榜样。谁若违犯，严惩不贷！"

从此，"四菜一汤"的规矩便从宫内传到民间。

◆"八大菜系""五大面食"指的是什么？

菜系，也称"帮菜"，是指在选料、切配、烹饪等技艺方面，经长期演变而自成体系，具有鲜明的地方风味特色，并为社会所公认的菜肴流派。中国的菜系，是指在一定区域内，由于气候、地理、历史、物产及饮食风俗的不同，经过漫长历史演变而形成的地方菜肴，其烹饪技艺和风味自成体系，并被广泛承认。菜肴在烹饪中有许多流派。鲁、川、苏、粤四大菜系形成历史较早，后来，浙、闽、湘、徽等地方菜也逐渐出名，于是形成了中国的“八大菜系”。

山西的刀削面、北京的打卤面、山东的伊府面、河南的鱼焙面、四川的担担面，同称为中国“五大面食”。

◆过生日的时候为什么要吃长寿面？

在中国，人们有“过生日吃面条”的习俗。

传说，远古时期，中国有五个贤明的帝王，即黄帝、颛顼、帝喾、唐尧、虞舜。颛顼帝的玄孙姓篯名铿，善调雉羹（即野鸡汤）以事帝尧，为尧所赞美，封之于彭城。篯铿活了七百六十七岁（也有说活了八百多岁），人称彭祖。

汉武帝时，有一天议完朝政，君臣闲谈称寿。有人说，脸长寿就长；也有人说，人中长寿更长。大臣东方朔说，若人中长就长寿，彭祖活八百岁，脸不知多长呢！东方朔的话说得君臣都哈哈大笑。后来，东方朔的这些话传到民间，逐渐被说成“面长寿长”。为图吉祥，为求长寿，民间就慢慢形成了“过生日吃面条”的习俗。

中国食品中，面条最为绵长，寿日吃面，表示延年益寿，故又称“寿面”。严格地说，寿面要求三尺，每束须百根以上，盘成塔形，用红绿镂纸拉花罩上面作为寿礼，敬献寿星，必备双份。祝寿时置于寿案之上。

◆中华美食“山珍海味”的“珍”是什么？

通常情况下，人们喜欢用“山珍海味”来形容上乘美食。那么，对“山珍海味”中的“珍”又了解多少呢？关于“珍用八物”的饮食记载早在周朝业已出现。但餐桌上的“八珍”还是从元朝逐步确定起来的。

明朝时，“八珍”分别指：猩唇、豹胎、熊掌、龙肝、凤髓、鲤尾、鸮炙、酥酪蝉。明清后，又出现海八珍和山八珍，俗称“山珍海味”。

◆西瓜为什么叫“西瓜”，而不叫“东瓜”？

5世纪前后，西瓜由西域传入我国，所以称之为“西瓜”。据明代科学家徐光启《农政全书》记载：“西瓜，种出西域，故之名。”明李时珍在《本草纲目》中记载：“按胡娇于回纥得瓜种，名曰西瓜。则西瓜自五代时始入中国；今南北皆有。”顺便提一下，由于冬瓜成熟后，身披一层白霜，酷似冬日白雪落于其上，夏秋暑热之际，十分悦目，加上瓜肉也是白色，所以人们将其称为“冬瓜”，而不是“夏瓜”。

◆乌龙茶因为什么而得名？

乌龙茶，亦称青茶、半发酵茶，是经过杀青、萎凋、摇青、炒青、揉捻、烘焙等工序后制出的品质优异的茶类。乌龙茶的茶名是怎么来的呢？

据《福建之茶》《福建茶叶民间传说》载，清朝雍正年间，在福建安溪西坪南岩村有一个茶农，他也是打猎能手，姓苏名龙，因他长得黝黑健壮，乡亲们都叫他“乌龙”。一年春天，乌龙腰挂茶篓，身背猎枪上山采茶，采到中午，一头山獐突然从身边溜过，乌龙举枪射击，但负伤的山獐拼命逃向山林中，乌龙也随后紧追不舍，终于捕获了猎物，当他把山獐背到家时已是掌灯时分，乌龙和全家人忙于宰杀、品尝野味，已将制茶的事全然忘记了。

第二天清晨，全家人才忙着炒制昨天采回的“茶青”。没有想到放置了一夜的鲜叶，已镶上了红边，并散发出阵阵清香，当茶叶制好时，滋味格外清香浓厚，全无往日的苦涩之味。后来又精心琢磨与反复试验，经过萎凋等多种工序，终于制出了品质优异的茶类新品——乌龙茶。安溪也因此成为乌龙茶的著名茶乡。

◆古代建筑为什么房屋喜“木”，而陵墓尚“石”？

中国古代人们思维方式多数受到了《易经》的影响，认为将任何事情放在易学的大背景中去认识，可以发现它的规律性。在建筑上，也是这样。阴阳五行、八卦、风水等对中国古代建筑有诸多影响。

比如，中国古代房屋建筑为什么喜好用木而不用石材，有人想当然地认为是技术问题，其实不然。中国古人房屋的木构建筑，实质上是一种社会文化现象。“金、木、水、火、土”，“木”象征春天、绿色、生命，用于给生者建造房屋；而“土”即是砖、石，“此生归无，可再生”，因此多用于为死者修建陵墓、墓室。

另外，按中国的阴阳五行学说，黄色在“五行”中为土，此土是在宇宙中央的“中央土”，放在五行当中，“土为尊”。这种思想后来糅合儒家大一统思想，认为以汉族为主体的统一王朝就是这样一个处于“中央土”的帝国，而有别于周边的“四夷”。如此一来，“黄色”通过“土”与“正统”“尊崇”取得了联系。

◆古建筑为什么常出现石狮、鱼、鹿等形象？

东汉年间，狮子被作为礼物送给中国的皇帝。随着佛教传入中国，被佛教推崇的狮子在人们心目中成了高贵尊严的灵兽。狮子随之开始出现在重要建筑物的正门两侧。事实上，在深宅大院和陵寝神道中常出现狮子的雕塑形象，不仅因为狮子形象威武，也是“狮”“事”谐音的缘故。所以，府邸大门两侧的石狮子，象征“事事如意”。

按照传统习俗，成对的狮子是左雄右雌。狮子的性别还可以从狮子所踩之物来辨别。蹄下为球，象征统一寰宇和无上权力，必为雄狮。脚下踩着幼狮，象征子孙绵延，是为雌狮。若是“狮子”与“铜钱”互配，则象征“财事茂盛”；“狮”佩彩带，象征“好事不断”；将“狮”“瓶”接连的剪纸图案贴在窗上，象征“事事平安”。

此外，古建筑装饰中，鱼的造型应用则是取“鱼”与“裕”或“余”的谐音，象征丰裕有余；“鹿”谐音“禄”，鹿的造型装饰象征俸禄多多；“蝠”与“福”同音，“扇”同“善”，于是，蝙蝠与扇子的形象也出现在古建筑装饰中来表达人的良好意愿。

◆古代大型建筑前的华表是做什么的？

华表是中国一种传统的建筑形

式，指古代宫殿、陵墓等大型建筑物前面做装饰用的巨大石柱，又称“神道柱”“石望柱”。“表”，指的是“标”“碣”。一般由底座、蟠龙柱、承露盘和其上的蹲兽组成。柱身多雕刻龙凤等图案，上部横插着雕花的石板。

相传华表既有道路标志的作用，又有为过路行人留言的作用，在尧舜时期就出现了。那时，人们在交通要道设立一个木柱，以识别道路和作为标志，后来的邮亭、传舍也用它做标识，它的名字叫作“桓木”或“表木”，后来统称为“桓木”。因为古代的“桓”与“华”音相近，所以慢慢读成了“华表”。

在这根木柱上，行人可以在上面刻写意见，因此它又叫“谤木”或“诽谤木”。“诽谤”在古代是“议论是非”之意，即现代的提意见，所以它又具有“意见箱”的性质。据史书上记载，尧时的诽谤木以横木交于柱头，指示大路的方向，天安门前的华表仍然保持了尧时诽谤木的基本形状。

不过，天安门前的这对用汉白玉雕琢的华表上都有一个蹲兽。传说，这蹲兽名叫犼，性好望，犼头向宫外，是希望皇帝不要迷恋游山玩水，快回到皇宫来处理朝政，意为“望君归”。天安门后的那对华表，蹲兽的头则朝向宫内，犼头向内是希望帝王不要成天待在宫内吃喝玩乐，希望他经常出去体察民情，意为“望君出”。

◆为什么佛寺古塔悬铃铎，北京天坛设回音壁？

说起中国古代的特殊建筑，主要有佛家建筑与皇家建筑。其活动主体在历史舞台上扮演的角色不同，因此，二者在建筑上也融入了各异的文化象征含义。

中国古塔上悬挂的铃铎，风动铃响，象征“梵音到耳”的佛法大意。比如，历史上著名的洛阳永宁寺塔角“皆悬金铎，宝铎如鸣，铿锵之声，闻及十余里”。佛寺铎音在佛教徒听来自有一番梵界的意境，唤起人们意识上的神秘感。

皇家建筑，以北京天坛为例。在天坛之圜丘坛第三层太极石上轻声呼唤，能听到四方传来的回声。这本是声学原理在圜丘建筑上的应用，却涂抹上了封建礼教与神学的浓重色彩。当一朝帝王在此祭天时，四方回应犹如“昊天上帝”的“训谕”，象征天赋王权，而实质是强化帝王统治的正统权威，以此显示“天人合一”以及天帝与皇帝的“明察秋毫”。

◆“故宫”为什么被称为“紫禁城”？

在古代，把天帝所居的天宫称为“紫宫”，有“紫微正中”之说。封建皇帝自称是天帝的儿子，是真龙天子；而他们所居住的皇宫，被比喻为天上的“紫宫”。他们更希望自己身居紫宫，可以施政以德，四方归化，八面来朝，达到江山永固的统治目的。

明清两代的皇帝，出于维护他们自己的权威、尊严，及考虑自身的安全，所修建的皇宫，既富丽堂皇，又森严壁垒。这座城池，不仅宫殿重重，楼阁栉比，并围以 10 米多高的城墙和 52 米宽的护城河，而且哨岗林立，戒备森严。平民百姓别说是进去观赏楼台殿阁，就是靠它太近，也是不被允许的。

明清皇帝及其眷属居住的皇宫，除了为他们服务的宫女、太监、侍卫之外，只有被召见的官员和被特许的人员才能进入。因此，明清两代的皇宫，既喻为“紫宫”，又是“禁地”，故旧称“紫禁城”。

◆村落房屋为何要“坐北朝南”？

早在原始社会，中国先民就按照坐北朝南的方向修建村落房屋。考古发现的绝大多数房屋都是大门朝南。这是因为中国处于地球北半球，亚欧大陆东部，大部分陆地位于北回归线以北，一年四季的阳光都是由南方射入。朝南的房子便于采取阳光。

坐北朝南，不仅便于采光，还能避风。中国属季风型气候，一年四季风向多有变换。而风又分为阴风和阳风。清末《地学指正》中云：“平阳原不畏风，然有阴阳之别，向东向南所受者温风、暖风，谓之阳风，则无妨。向西向北所受者凉风、寒风，谓之阴风，宜有近案遮拦，否则风吹骨寒，主家道败衰丁稀。”这就是要避免西北风，防寒保暖。

综上所述，坐北朝南的建筑原则，其实是人们对自然现象的正确认识。坐北朝南，顺应天道，得山川之灵气，受日月之光华，颐养身体。

◆出租房屋者为何称“房东”？

现在，出租或出借房屋的人，常被称为“房东”，而不是“房南”“房西”“房北”，这是什么缘故呢？这得从古时的房屋建构说起。

中国自古以东为上、为大，所以东房就是上房。中国的老式房屋组成一般都是一座向南朝向的主屋，主屋的前面两侧再造东西向的厢房，主屋的东首房间就是上房，而上房定是主人或家中最权威的人的住房，上房连晚辈和下人都不能住，就别说是出租给外人住了。所谓的“房东”就是住在东首上房的人，也就是主人的意思。

至于古时为何以“东”为“主”，《礼记·曲礼》篇记载：“主人就东阶，客就西阶。客若降等，则就主人之阶。主人固辞，然后客复就西阶。”说的是有关主客之间礼仪的规定。由此可知，“东”位就是代表主人。词语“做东”“东道主”中也包含“主人”之意。

◆如何理解“前不栽桑，后不栽柳”？

中国古代最忌讳的是门前栽桑，院中植杨，屋后种柳。民谚有云：“前不栽桑，后不栽柳，院中不栽鬼拍手。”

所谓的“鬼拍手”，即杨树，民间又叫“呱哒手”等。刮起风来，杨树叶子“哗哗”响，噪得人心烦，也易为盗者遮音，故此院中不可植此树。

桑与“丧”音近，民间忌讳。柳与“流”谐音，屋后植柳，有金钱财宝流出之嫌。

不难看出，“前不栽桑，后不栽柳”的说法，反映出古人的求吉心理，不足为信。

◆“祸起萧墙”的“萧墙”是什么墙？

成语“祸起萧墙”常被人引用，那么，“萧墙”到底指什么墙呢？

萧墙，是古代国君宫殿大门内（或说大门外）面对大门起屏障作用的矮墙，又称“塞门”“屏”。萧墙有遮挡视线，防止外人向大门内窥视的功能。《论语集解》转引郑玄的解释说道：“萧之言肃也；墙，谓屏也。君臣相见之礼，至屏而加肃敬焉，是以谓之萧墙。”萧墙之内就是宫室，臣子进入宫室见君王首先要经过萧墙，在此需要整理仪范，换作严肃尊敬的态度。由此，“萧墙”借指内部。

“祸起萧墙”源自《论语》。季孙氏是鲁国最有权势的贵族，把持国政。季孙氏想要攻打小国颛臾，以扩大势力。孔子听说后，认为季孙之忧在“萧墙之内”。即忧患在鲁国国君鲁哀公的宫内。孔子认为鲁哀公不会坐视季孙氏的专横跋扈，会寻机惩治季孙氏。后世用“祸起萧墙”来比喻祸患起于内部。

◆为什么寺庙、宫观多建在山上?

中国许多名山在山腰或顶部建有佛寺、庙宇、宫观。中国佛教、道教要进行修持、修炼，脱离尘俗，必然要找行人车马少的地方建造“山寺”“道院”。

中国有句古话：“深山探古寺，平川看佛堂”。不论多大的佛教庙宇，都要根据礼制建造非常完整的一套左右对称式的建筑。道教建筑则不然，他们尊奉老子、张天师等建庙求仙，自己修行，以求长生不老，所以在庙宇建筑设计时都要求在深山中或难以攀登的地方，选择天然胜地，利用人为与自然结合的设计手法，对建筑进行自由式的布局。

在山中或高山顶建造庙观，主要目的是登高远望，僧人道士进行修行，环境好，既可敬神，又方便迎神，还给人一尘不染之感。同时，营造出与世隔绝的氛围，亦能使广大信士登入空门，使人神往。再有，还能给人以高不可攀的仙境之感，引人入胜。

◆衙门的建筑结构是如何成就“走后门”的?

“走后门”的典故，据《家园》描述，隋朝承袭汉制，官府衙门都是坐北朝南。如果职位高到可携带家眷上任，官员的妻儿老小通常都安置在衙门后宅。平素公务往来，客人走的全是前门，只有私交甚好的朋友或者自家晚辈才走后门入内。后来，贪佞之风大行，“走后门”一词也由此而生。

另有一说，“走后门”典出北宋年间。相传宋哲宗死后，宋徽宗继位，以蔡京为相。蔡京拼命贬谪和排斥旧吏，并规定其子女不得出仕和入京，甚至连其诗文也不准流传，人们对此甚为不满。一次，朝廷设宴，艺人们在宴间演出了这样一幕：一个大官居案中坐。有个和尚要求离京出游，因其戒牒是哲宗年间的，即被令还俗；一个道士遗失度牒要求补发，因是哲宗年间出家的，立即被剥下道袍，复为百姓。

这时，一个属官上前低声说：“今国库发下的俸钱一千贯，皆为旧时钱文，如何处置？”大官略做沉思，低声说：“那就走后门，从后门搬进来吧！”

◆州县衙门为什么又称为“六扇门”?

在历史小说或古装剧中常可以看见“六扇门的人”。那么，这个“六扇门”是如何得来的？又有什么典故含义呢？

古时候整个衙门外墙唯一的出入口是位于中轴线正南方位的大门。这个大门也叫“头门”，它并不是一个简单的门洞，而是一座有屋顶的建筑物。这种屋宇式大门是中国建筑的一大特点，它的形制受到法律、礼制的严格限制，无论多大的州县，大门都只能是三开间（建筑物正面的开间，两根柱子之间的横向空间为一间）。每间各安两扇黑漆门扇，总共有六扇门，所以州县衙门也往往俗称“六扇门”。俗谚“衙门六扇开，有理无钱莫进来”，俗称衙门的差役、书吏之类的工作人员为“六扇门里的勾当”。

为了突出大门的重要性，大门前面有照壁，两侧有“八字墙”，门口有的还放置一对龇牙咧嘴的石头狮子。也有的州县把门屋升高为两层或三层的门楼，兼为全城报时的鼓楼或谯楼。“谯”字原义同“瞧”字，有“了望”之意。

◆古代县衙是如何通过建筑来警诫官员的？

中国古代县衙的建筑装修特点，具体如下：

（1）照壁。县衙大门后的照壁背面，常画有形如麒麟的贪婪之兽。据说该兽能吞下金银财宝，但它仍不满足，还想吃掉太阳。此画意在警诫官员，不要做贪得无厌的贪官。

（2）戒石。县衙二门之后往往立有一牌坊，上书“公生明”三个大字，名曰“戒石坊”。戒石背面刻有“尔俸尔禄，民膏民脂；下民易虐，上天难欺”十六个字，以劝诫县令以民为本，秉公办事。

（3）大堂门匾。大堂门楣正中挂有金字匾额，有以其作用命名的，如正堂、正厅、公厅或公堂；有以其施政宗旨命名的，如忠爱堂、亲民堂、平政堂等。

（4）大堂堂匾。大堂堂匾一般书有“明镜高悬”四个大字，以启示县令要做清官，要为民做主。

（5）宅门门匾。大堂之后二堂之前的宅门背面，有一长条匾额，书有“天理国法人情”六个大字，警示县令施政办案必须顺应天理、执行国法、合乎人情。

（6）二堂门匾。二堂门匾多为慎思堂、退省堂、退思堂，以示县令在此处要对所理政务及时回顾反省，如有缺错要及时弥补纠正。

◆今天双脚垂直的坐法在古代叫什么？

最初，古人会客时都是跪坐在席子上，或是一张叫榻的大床上。跪坐，也叫跽坐，即席地而坐，臀部放于脚踝，上身挺直，双手规矩地置于膝上，身体气质端庄，目不斜视。这种坐姿虽然不大舒服，但在正式的场合下，必须得这样坐，否则就是失礼。

东汉末年，一种名叫“胡床”的折叠板凳（类似现在的马扎），从北方的游牧民族地区传入中原，第一次改变了人们的坐姿。人们开始逐渐放弃跪坐，享受臀部坐在凳子上，双脚垂直下来的坐姿。由于这种坐法是从西域传来的，因此又称“胡坐”。

到了唐代中期，“胡床”逐渐演化为我们习以为常的有靠背、扶手，可以让双腿自然下垂的椅子。这时虽然正规礼仪仍然以“正坐”“趺坐（即盘膝交叠双腿，用足背放在股腿上）”为主，但社会上已经开始风行起了“胡坐”，以至到了宋朝，“胡坐”正式取代了“正坐”。

◆人们为何把如厕的行为称为“解手”？

在我国一些地方，人们把如厕的行为称为“解手”。绝大多数人也对“解手”一词心领神会。但要是溯本追源，说起“解手”的由来，恐怕知晓的人数得大大缩水了。

古时历次战争之后，都会发生大规模的移民，那时候的移民是强制性的，因此，有些人留恋家乡，不肯离开故土，便想方设法逃避，但最终还是逃不过。在迁移的途中，负责护送移民的官吏担心迁移者中途逃跑，便用一根长绳拴住一群人的一只手，这样连成一串后，迁移者便不易逃掉。

然而，人多事也多。有人要大小便时，就央求护送的官吏把绳子解开。最初，央求的话语比较烦琐，诸如“大人，我要小便，请解开绳子”之类。后来，由于央求的次数多了，慢慢地，人们央求的话语也就化繁为简了，只说我要“解手”，负责护送移民的官吏便知其意了，接着，便将发言者的手解开，让其小便。

这就是如厕俗称“解手”的由来。

◆北方汉民族为何本命年“扎红”？

所谓“本命年”就是十二年一遇的农历属相所在的年份，俗称属相年。比如虎年出生的人，2010年就是他们的本命年。

在传统习俗中，本命年常常被认为是一个不吉利的年份。“本命年犯太岁”，“太岁当头坐，无喜必有祸”的民谣是关于本命年不甚吉利的最好写照。故民间通常把“本命年”也叫作“槛儿年”，即度过本命年如同迈进一道槛儿一样。

每到本命年时，北方汉族各地，不论大人小孩都要买红腰带系上，俗称“扎红”。人们会穿红背心、红裤衩，或在手腕上缠系红绳，或戴红色项链，有的随身佩带的饰物也用红丝绳系挂，认为这样才能趋吉避凶、消灾免祸。

上述为本命年辟邪的红色物品，即是“本命红”。学者认为，本命年的红色讲究源自中国汉民族的崇红心理。红色是太阳和血的颜色，也是火的颜色。红色还被汉族视为吉祥喜庆、成功、忠勇和正义的象征，尤其有驱邪护身的作用。

◆轿子是何时成为重要的代步工具的？

轿子是中国古代的一种特殊的交通工具。《隋书》载：“今辇制像轺车而不施轮，用人荷之。”没有轮的“车”，用人抬着走，这便是轿子了。“辇”本是木轮手推车。从秦汉始，“辇”成为君王后妃乘坐工具的专用名称。“步辇”即辇车去掉车轮用人抬行。

据史书记载，轿子的雏形远在夏朝时期就已经存在。《尚书》中，大禹治水时自称：“予乘四载，随山刊木。”“四载”当中，就包括原始的轿子。

宋代以前，轿子常称“肩舆”。“舆”本义指车厢。顾名思义，肩舆是指扛在人肩膀上的车厢。这个名称准确地表明了轿子的特点。晋朝顾恺之在《女史箴图》中，生动描绘了西汉成帝与班婕妤一同乘坐肩舆的情景。然而，直到唐朝，肩舆除了帝王乘坐之外，一般还仅仅为妇女和老弱有病的官员所享用。

轿子作为一种交通工具，得到较大普及，是在宋朝。在《清明上河图》中，繁华的北宋京城汴梁大街上有许多轿子出游。这些轿子虽仍两人抬杠，但以硬木为主，上雕花纹飞龙，样子与近代轿子大致相同。明清时期，轿子发展为四人抬或八人抬（又名“八抬舆”“八扛舆”），成为重要代步工具。

第六辑
法制、军事

法　制

◆监狱的首创者是谁？称狱为监起源于何时？

传说四千多年前舜帝时期，皋陶曾被任命为刑法官，历来他被视作监狱的首创者。

狱最初是原始人驯养野兽的井栏槛或者岩穴。到氏族社会后，用来关押俘虏，并驱使其劳动。国家产生后，监狱随之出现。“监狱”一开始并不称监狱。夏朝时称“宫”，商朝时称“圈”，周朝时称“圜土”，秦朝时称“囹圄”，直到汉朝时才开始称“狱”。秦朝时期，不仅京城有狱，地方也开始设狱。南北朝时期的北朝，又开始掘地为狱，发明了“地牢”。宋朝各州都设置了类似周朝的圜土的狱，犯人白天劳役，晚上监禁。明朝京、州府、县都有监狱，称狱为监也自明律始。清朝将明律沿袭下来。

监狱的职能“以圜土聚教罢民”。即核实犯罪的事实，并对犯人进行教育，使之改过自新。

◆“官司”是怎样成为诉讼用语的？

人们常把相互之间无休无止的辩论、争吵形容为“打嘴官司”，这是从“打官司”引申而来的。“官司”一词最早见于《左传》。书中记载，隐公五年（前718年）春天，鲁隐公要去棠邑看射鱼，臧僖伯劝他：“若夫山林、川泽之实，器用之资，皂隶之事，官司之守，非君所及也。”臧僖伯这番话的意思是说：“山林、水乡的物产，可以用来制作器物，但那是贩夫走卒的事，以及主管官吏的职责，国君没必要亲自去管理。”

“官”最初是指“官府”“官吏”，“司”是指“掌管”，后来，人们把“官司”二字连用，作为诉讼的代称。而对于发生利害冲突的双方来说，他们到官府或官员那里去告状，请求裁决是非，维护自己的正当权益的活动，或者因为被人告到官府或者官员那里同对方争论辩白，以维护自己的正当利益的活动，则被称为“打官司”。

“官司”和“打官司”这种说法至

今在民间仍很普遍，有些地方甚至还把受剥夺自由的刑罚处罚说成是“吃官司”。

◆为什么是“打官司”而不是“审官司”？

中国古代称诉讼不为诉讼，而曰“打官司”。为什么“官司”往往和“打”分不开呢？据考，“打官司”一词出现在清朝文人程世爵写的《笑林广记》中，官吏听讼断狱“无是非，无曲直，曰‘打而已矣’；无天理，无人情，曰‘痛打而已矣’。故民不曰审官司，而曰打官司，官司而名之打，真不成为官司也。”

中国的封建法律制度向来实行有罪推定原则，官员往往先入为主地认定犯罪嫌疑人有罪，被告一旦确定并被逮捕，官府所关注的就不再是罪与非罪的问题，而是如何证实被告被控之罪的问题。为了取得口供以便早日结案，“人进衙门一通打”，枉法刑讯以逼取口供就成为传统司法制度中的一贯作风。所以在一般人眼里，“官司”往往与“打”分不开。

◆五听断案法中的“五听”指什么？

“五听”是中国古代司法官吏在审理案件时观察当事人心理活动的五种方法。“五听”是辞听、色听、气听、耳听、目听的简称。最早见于《周礼》。

据郑玄的注释，辞听是“观其出言，不直则烦”，即观察当事人的语言表达，理屈者则言语错乱；色听是“察其颜色，不直则赧然”，即观察当事人的面部表情，理屈者则面红；气听是“观其气息，不直则喘”，即观察当事人的呼吸，无理则喘息；耳听是“观其听聆，不直则惑”，即观察当事人的听觉，理亏则听语不清；目听是“观其眸子视，不直则眊然”，即观察当事人的视觉和眼睛，无理则双目失神。周以后各朝代均以“五听”作为刑事审判的重要手段，《唐六典》规定：“凡察狱之官，先备五听。”

◆在公堂上为什么多打犯人的屁股？

在中国的历史上，公堂上的刑罚什么都有，以至于很多人（哪怕是被冤枉的人）在公堂上被刑罚打死，直至唐太宗李世民的时候，有一次，唐太宗在太医院无意间看到一幅“明堂针灸图”，得知人体重要的器官和穴位差不多都是在背部和胸部，如果对这些部位进行强烈的撞击和殴打，一般人都会有生命危险，而人体臀部的重要穴位就少得多了。这对他很有启发，李世民毕竟是盛唐明君，后来他就对刑罚中的罚打做了明确的规定，对犯人不能打胸、背部，而屁股则是罚打的部位。

从此，在公堂上“打屁股”就成了惯例。而这个刑罚的方式一直延续到清朝末期。

◆古代死囚为何多在“秋冬行刑”？

综观历史，历朝历代通常规定死罪犯“秋冬行刑”，这究竟是为什么呢？

古人认为天人是合一的，自然灾害、瘟疫、祥瑞、丰年都是上天赐予的，因而人们的一切行为都必须符合天意。春夏之间草木茂盛、生机勃勃，人虽非草木，但亦属自然界的组成部分，其生死应合于自然。秋天草枯叶落，处决罪犯才合天地肃杀之时。这是宇宙的秩序和法则，人间的司法也应当遵守天意，顺乎四时，否则，要受到天神的惩罚。

西汉大儒董仲舒继承儒家“天人合一”的思想，提出“天人感应”之说。他指出：“天有四时，王有四政，四政若四时，通类也，天人所同有也。”庆、赏、罚、刑与春、夏、秋、冬以类相应。天意是“任德教而不任刑”“前德而后刑”的，所以应当春夏行赏，秋冬行刑。因为这时“天地始肃”，杀气已至，便可“申严百刑”，以示所谓“顺天行诛”。

东汉章帝元和二年（85年）重申：“王者生杀，宜顺时气。”因冬至之后有顺阳助生之文而无鞫狱断刑之政，其定令：“毋以十一月、十二月报囚。”除谋反大逆等“决不待时”者外，一般死刑犯须在秋天霜降以后、冬至以前执行。从此，“秋冬行刑”便被载入律令而制度化。唐、宋律规定：从立春到秋分，除犯恶逆以上及部曲、奴婢杀主之外，其他罪均不得春决死刑。清朝规定，经朝审应处决的犯人，也需在秋季处决。

当然，还有一种说法是，之所以选择秋冬二季行刑，是考虑示警作用。因为农民在秋冬二季较为空闲，也方便地方官动员民众观看。

◆午时三刻“问斩”有何奥妙？

“午时”一般约合今天的中午十一点至十三点之间，午时三刻是将近正午十二点，太阳挂在天空中央，是地面上阴影最短的时候。

在古人看来，午时三刻是一天当中“阳气”最盛的时候。中国古代一直认为杀人是“阴事”，无论被杀的人是否罪有应得，他的鬼魂总是会来纠缠做出判决的法官、监斩的官员、行刑的刽子手等和他被处死有关联的人员。所以在阳气最盛的时候行刑，可以压抑其魂魄不敢出现。这是习惯上“午时三刻”行刑的最主要原因。再有，皇城的午门阳气最盛，不计时间，所以重犯或十恶不赦之犯，皇帝有令推出午门斩首的习惯。

然而，也许还有另一层意思。在“午时三刻”，人的精力最为萧索，昏昏欲睡，处于“伏枕”的边缘，所以此刻处决犯人，犯人也是昏昏欲睡，脑袋落地的瞬间，或许痛苦会减少一些。如此说来，选择午时三刻来处决犯人，还带有一丝体谅囚犯之意。

◆古代行刑在时间上有什么禁忌？

古代行刑有禁忌。唐宋时期的法律规定，每年从立春到秋分以及正月、五月、九月为断屠月，每月的十斋日为禁杀日（即每逢十、初一、初八、十四、十五、十八、二十三、二十四、二十八、二十九），即使谋反重罪也不能在这些日子执行死刑。明朝也规定，十斋日禁止行刑，否则笞四十。朝廷进行大的祭祀活动时也禁止行刑。行刑的具体时间有的规定在下午一点到五点之间。过时则要等到第二天。而且还规定，在“雨未晴、夜未明”的情况下也不得执行死刑。

◆“株连九族”中的“九族”是哪几族？

秦始皇开始有“族诛”的酷法，先是“夷三族”（父母、兄弟、妻子），后来越来越残酷，由三族、五族到九族——父三族、母三族、妻三族。株连最广的是明成祖杀方孝孺，诛其“十族”。今文解释，诛九族是指父族四、母族三、妻族二。

（1）父族四：指自己一族、出嫁的姑母及其儿子、出嫁的姐妹及外甥、出嫁的女儿及外孙。

（2）母族三：是指外祖父一家、外祖母的娘家、姨母及其儿子。

（3）妻族二：是指岳父一家、岳母的娘家。

随着时代的变迁，今日“九族”之意有了很大变化，其亲属之意已经淡出，变成了对与之有关的一切人的泛称。

◆十恶不赦指的是哪“十恶”？

“十恶不赦”，常用来形容恶贯满盈、罪无可恕之人。“十恶”作为古代刑法中的罪名，最早出现在《北齐律》中，当时称为“重罪十条”。

《北齐律》列重罪十条：一曰反逆，二曰大逆，三曰叛，四曰降，五曰恶逆，六曰不道，七曰不敬，八曰不孝，九曰不义，十曰内乱。后来，经过隋朝《开皇律》与唐朝《唐律疏议》的进一步修订，统治者将佛学中的“十恶”之名引入律法，从而正式形成了“十恶不赦”的罪名，代替了之前的“重罪十条”。主要内容包括：

（1）谋反。指妄图推翻朝政、危害皇帝的政权。这历来都被视为十恶之首。

（2）谋大逆。指毁坏皇室的宗庙、陵墓和宫殿。

（3）谋叛。指背叛朝廷、投向敌对政权。

（4）恶逆。指殴打和谋杀祖父母、父母、伯叔等尊长。

（5）不道。指杀害一家没有犯死罪的三人，而且将尸体肢解。

（6）大不敬。指冒犯帝室尊严。通常为偷盗皇帝祭祀的器具和皇帝的日常用品，伪造御用药品以及误犯食禁。

（7）不孝。指不孝祖父母、父母，或在守孝期间结婚、作乐等。

（8）不睦。即谋杀五服内的亲属，或女子殴打、告发丈夫等。

（9）不义。指官吏之间互相杀害，士卒杀长官，学生杀老师，女子闻丈夫死而不举哀或擅自改嫁等。

（10）内乱。亲属之间通奸或乱伦等。

由于“十恶”之罪直接危害了封建专制制度的核心——君权、父权、神权和夫权，所以自隋唐确立“十恶”之罪以后，历代封建法典皆将之作为不赦之重罪。

◆为什么阿Q用画圆圈表示画押？

鲁迅在《阿Q正传》一文中，用一百多字详尽地描写了被抓入狱的阿Q在被判定死刑时，要求画个圆圈表示画押的细节。阿Q不识字，所以只能以画圆圈来代替画押。那么，画圆圈是怎样成为个人署名或签名象征的呢？

话说唐朝初期，由于唐太宗曾下令不许群臣在奏折上以草书署名，而其他文书上则多有草书。草书形体花哨，谓之“花押”。到了宋朝，人们在进呈公文或与人书牍时，文末多不署名，仅书本人的字，谓之“押字”或曰“草字”。然而，签名或押字对目不识丁者是件难事。于是，人们便以画圆圈代之。

画押的创始人，应推北宋的王安石。王安石署名的习惯只书“石”字，且写了一横一撇之后，于撇中腰画一圆圈，由于他性急，作圈多不圆，往往窝扁，又多带过，后来听到有人私下议论，说他所署实际上是“反”字。于是王安石“加意作圈”，后人效以为式而废去横撇，这就是“画押”用画圆圈表示的由来。在古时候，无论是画圆圈，还是画十字，都与签名一样具有同样的法律效力。

◆十字画押的符号是怎么来的？

在文书、字画、契约上署名或作私记，古时谓之作“押”。“押印”起源于商周亚形图徽。亚形除了有装饰作用，可能还具有凭信之功能。故“亚”字假借为“押”字。“亚”字内之十字空白，为后世以十字画押之原始符号。

◆古人进行身份验证有哪些方法？

（1）文字签名。它起源于原始的记号和一些手工制品的标记。氏族社会，刻在陶器上的图腾符号，很多就是一个部落的标志。在中国，自从文字出现，作为个人的标志，签名也开始运用。

（2）印章。春秋末期，政权林立，表明身份、履行职能、上下沟通都需要凭证。由于当时识别水平不高，笔迹易被人模仿，大大降低了签名的防伪功能。因此，代表个人和国家权力机构的检验凭证被印章代替。后者的工艺水平更高、制作难度更大、防伪性更强、使用更为简便和更具象征性。从古至今，印章品类繁多，主要品类有官印，包括皇帝的玉玺，王侯的玺印及各级文、武官员的官印等，它是等级社会权力和身份的象征；私印作为个人签名画押的取代物，在社会生活中具有十分重要的作用，产生不可替代的法律效应。后来，“文人治印”之风日益盛行，使得印章的防伪功能日益弱化。

（3）花押。宋朝出现一种花押签，这种手写的花押签是文人们笔走龙蛇的鬼画符一样的东西，将几个字连在一起写成一个字。很多难以辨别原字是什么。由于其难以模仿，变得独一无二，反而成了一种身份验证。古代没有相片，画像也不能十分体现样貌，而花押这种难以模仿的东西很容易识别真伪，由此逐渐被广大文人阶层以至官僚体系所接受。自宋朝起，开始设立专门的签名馆，凡考中进士的人，都要到京城的签名馆买签名，俗称“买花押”。然后，闭门练习几天，把练好的花押交到吏部备案，换回官印。此后，无论这个人到哪里做官，在其呈送给朝廷的文件上都要有自己的花押，进行比对来验明正身。

◆奴隶制五刑具体有哪些内容？

奴隶制五刑指的是墨刑（又称黥刑、黥面，即在犯人的脸上或额头上刺字或图案，再染上墨），刖刑（砍去双脚），劓刑（割鼻子），宫刑（毁坏生殖器，隋朝法律正式废除），大辟（死刑，秦朝以前的死刑种类很多，如戮、烹、车裂、枭首、弃世、绞、凌迟等）。除了大辟外，其余四种又统称为肉刑。奴隶制五刑是由五行相克而产生的：火能变金色，故墨以变其肉；金能克木，故刖以去其骨节；木能克土，故劓以去其鼻；土能塞水，故宫以断其淫；水能灭火，故大辟以绝其生命。

◆封建制五刑具体有哪些内容？

从汉初的文帝废除肉刑开始，以自由刑为主的封建五刑产生了，直到清末才被废除。封建制五刑指的是笞、杖、徒、流、死五种基本的法定刑罚。

（1）笞刑。即用法定规格的荆条责打犯人的臀或腿，自十至五十分为五等，每等加十，是五刑中最轻的，用于惩罚轻微或过失的犯罪行为。

（2）杖刑。即用法定规格的“常行杖”击打犯人的臀、腿或背，自五十至一百分为五等，每等加十，稍重于笞刑。

（3）徒刑。即在一定时期内剥夺犯人的人身自由并强迫其戴着钳或枷服劳役，自一年至三年分为五等，每等加半年，是一种兼具羞辱性和奴役性的惩罚劳动。

（4）流刑。即将犯人遣送到指定的边远地区，强制其戴枷服劳役一年，且不准擅自迁回原籍的一种刑罚，自两千里至三千里分为三等，每等加五百里，是仅次于死刑的一种较重的刑罚。妇女犯流罪的在原地服劳役三年。

（5）死刑。即剥夺犯人生命的刑罚，分为斩、绞两等，绞因得以保全遗体而稍轻于斩。

◆古代处罚女犯人时有哪些刑罚？

据记载，唐宋明清以来，处罚女犯人有五刑，分别如下：

（1）刑舂。古代对妇女犯罪施用的一种刑罚。在施以黥、劓等肉刑后押送官府或边境军营，服晒谷、舂米之劳役。

（2）拶刑。古代对女犯施用的一种酷刑。拶是夹犯人手指头的刑罚，故又称拶指，唐宋明清各代，官府对女犯惯用此逼供。

（3）杖刑。隋唐以来五刑之一。宋明清三代规定妇人犯了奸罪，必须“去衣受杖”，除造成皮肉之苦外，也达到凌辱之效。

（4）赐死。古代对身份特殊的罪人采用赐毒酒、赐剑、赐绫、赐绳等物，由其自毙。妇人多赐绫缎，历代沿用。

（5）幽闭。对女犯施行的宫刑，开始于秦汉。即，使用木槌击妇人腹部，人为地造成子宫脱垂，是对犯淫罪者实施的一种酷刑。

从上述令人不寒而栗的刑罚里，我们能窥视出旧时女子的地位是如何卑贱。

◆最先下诏废除肉刑的是哪位皇帝？

公元前167年，汉文帝下诏废除肉刑，着手进行刑制改革。此次刑制改革起源于一次案件。当时齐国的太仓令淳于意犯罪要被处以肉刑，他只有五个女儿，没有儿子，小女儿缇萦便陪同父亲到了京城长安，向文帝上书，说愿意去做官奴，以赎父亲的肉刑。文帝感其德孝，遂让丞相张苍和御史大夫冯敬商议改革方案，方案将原来要执行的墨刑，劓刑和斩左、右趾改成笞刑和弃市。

这次改革改变了原来包括肉刑的奴隶制五刑制度，这是奴隶制五刑向封建制五刑过渡的开始。不过最初执行的时候，又出现了新问题：一是斩右趾改为弃市，扩大了死刑范围；二是以笞代替劓刑、斩左趾，结果受刑者“率多死”。因此景帝即位后，两次下诏减少笞数，同时，还规定了刑具的长短薄厚，以及受刑的部位，行刑中间不得换人等。但宫刑在这次改革中没有废除。

这次刑制改革，在我国法制史上有重大意义。它是标志着我国古代刑制由野蛮阶段步入较为文明阶段的转折点。

◆宫刑起止于哪两个朝代？

宫刑，即“丈夫割其势，女子闭于宫”，是阉割男子生殖器、破坏女子生殖机能的一种肉刑。宫刑又称蚕室、腐刑、阴刑和椓刑。从宫刑在奴隶制五刑的排名看，宫刑仅次于大辟，从侧面反映出宫刑残留着古人对生殖器的崇拜。

宫刑的起源很早，学者们相信，至迟到夏禹时代，宫刑已经成为一种成熟的刑罚。据《周礼》记载，夏宫辟五百。夏朝的宫廷里有五百人施了宫刑，说明宫刑的技术手段已足以完成大规模的惩罚。北朝西魏在大统十三年（547 年）下诏禁止宫刑：“自今应宫刑者，直没官，勿刑。”北齐在天统五年（569 年）也诏令废止宫刑：“应宫刑者，普免刑为官口。”隋文帝杨坚，正式下诏将宫刑废除。之后各代的刑律中亦再没有见到宫刑，直至明朝，才有把在战争中俘虏的男童施加宫刑后收入宫廷充当太监的记载，但也不是作为正式的刑罚而出现的。

综上所述，一般认为宫刑至少在夏禹以前就已出现，终于隋，延续了大约两千五百年。

◆官员为何在公堂高挂“明镜高悬”牌匾？

古代官员判案时，总喜欢在公堂之上悬挂一块写有“明镜高悬”的牌匾。这有什么寓意呢？“明镜”又出自何处呢？

据《西京杂记》记载，公元前 206 年，秦朝灭亡，汉王刘邦攻入秦都咸阳宫内，巡视秦王室存放珍宝的仓库，只见其中金银珠宝，数不胜数。其中一块有特异功能的长方形镜子最令刘邦赞叹不已。此镜“广四尺，高五尺九寸，表里有明，人直来照之，影而倒见；以手扪心而来，则见胃肠五脏；人有疾病在内，则知病之所在；如女子有邪心，则胆张心动。秦始皇常以此镜照宫人，胆张心动者则杀之”。

由于镜出于秦地，故又称“秦镜”。又因其有察识人们内心世界的功能，凡遇有坏人坏心肠都可照得一清二楚，因此后来人们把善于断案、能看透坏人面目的清官明吏喻为“秦镜”。然而，人们又愤恨秦朝的残暴统治，不愿意将这面宝镜与其联系在一起，于是“秦镜”慢慢地就被演称为“明镜”。再后来，那些封建官员，不论是清官，还是贪官、混官、糊涂官，为了标榜自己“清正廉洁”“公正严明”，便都在公堂之上悬挂起“明镜高悬”的牌匾。

◆古代的契约是怎样的？合同是怎么来的？

《周礼》记载：“六曰听取予以书契。”取予，是指财物所有权的转移，在这种转换过程中，应以书契为凭。宋人王昭禹说：“载于简牍谓之书，合而验之谓之契。”书契在买卖交易中又称为“质剂”。

最早的契约，较大型重要者，常镌刻于青铜器皿上，一旦成立，即难于作伪。

在用简牍作书写材料的时期，人们想出将契约内容一式二份写在同一简上，并写上一“同”字，从中剖开，交易双方各执一半，当两份合在一起时，“同”字的左半与右半是否完全相合，就成了验证契书真伪的标志。两半验之相合称为“契合”。如不写“同”字，由当事人立契时另写其他字，或在简契上刻画出一些痕迹，然后一分为二，验证时将二者契合在一起，符契相合了也是真契。

当书写材料演进到纸质书写后，契约书便写在纸上，仍采取一式二份的做法，然后将二契各折叠一半，用二契的背面相对接后，写上“合同”，如此“合同”二字的右半在一契纸的背面，其左半便在另一契纸的背面。只有当两契背面的“合同”字完全吻合，才证明都是真契。这种“合同契”，后来便简称为“合同”。

在订立契约时，双方当事人均应该在契文中亲自署名，或在契尾签名方有效。不会写字的，也应在自己姓名位下亲自画上签押，或画上自己中指节印痕，有时还须注明“手不解书，以指节为明”，以此证明契约的可信度。这种方式发展到近代，则由刻好的个人印章所替代，或按上自己的中指指纹印为凭。

订立契约时，应有第三方人士在场，而且必须在契约上写明备案。到了唐朝，在契尾除了契约双方主人签名押署外，还要有“知见人”或“见人”，以及“保人”。“保人”不仅知见了券契的订立，还要担保契约义务人完成自己的义务，否则，就要承担契约义务的连带责任。这类保人，到了清朝，常称为“中保人”，除了担保责任外，还起到从中介绍的作用，故有时又称“中保说合人”。

◆古代在审判案件时，有“听讼回避”一说吗？

为了防止官员们在审判案件时徇私枉法，确保审判活动的公正性，中国古代法律在很早以前就确定了审判的回避制度。

早在唐朝，法律就有审判人员回避的规定，如主审法官与被告有“亲属”“仇嫌”，需要换主审官，故被称为“换推制”。

宋承唐制，法律不仅规定了审判人员回避的制度，而且比唐律规定的审判人员回避的制度更加具体、严密。依据宋朝有关法令的规定，宋朝回避的范围包括六个方面：

（1）鞫狱官（审判人员）与被鞫人有亲属关系，包括内亲在五服者，外亲在大功以上者应当回避。

（2）鞫狱官与被鞫人有故旧关系，包括授业师、原长官和原部属以及同年同科及第的官员，必须回避。

（3）审判人员与被讯人员有某种仇恨或关系不睦者，应当回避。

（4）籍贯回避。审判人员不得到原籍所在地审理案件。

（5）案件起诉人和缉捕人也应回避。

（6）司法官内部回避。包括上下级之间、同级之间的回避，以及后审法官与前审法官有亲嫌关系者也必须回避。

明清律则专设“听讼回避”，除官员外，将书吏也纳入了回避者之列。

听讼回避制的建立，在一定程度上防止了司法人员因个人感情、恩怨、利害或成见等因素的影响而先入为主或徇私舞弊，从而使案件审判具有相对的公正性。

◆古代法律对高利贷有哪些规定？

在中国古代，放贷取息是被普遍认可的经商方式。古时称利息为“子金”，称高利贷者为“子钱家”。与春秋时期的贵族兼职放贷不同，西汉时期的“子钱家”已经有了专门的市场，进行自由放贷，可以称之为中国最早的私人银行家。

《史记》记载：“吴楚七国起兵时，长安中列侯封君行从军旅，赍贷子钱，子钱家以为侯邑国在关东，关东成败未决，莫肯与。唯无盐氏出捐千金贷，其息什之。”说的是汉景帝三年（前154年）爆发“七国之乱”，一位名叫无盐氏的“子钱家”出借一千金给官府。后来，“七国之乱”平定，无盐氏一年中竟然收息于本金的10倍，成为“子钱家”首富！

到了唐朝，放债取利被称为“出举”“举放”“举债”“放债”等。放债、借债都可以称为“举”。唐朝对放债的利率做出了法律规定。武则天长安元年（701年）规定：“负债出举，不得还利作本，并法外生利。”即不得按复利计算，不得超过法定最高利率。

有钱人经营高利贷的形式很多，“京债”便是其中一种。唐朝有些在京的新选官吏，赴任缺乏路费，高利贷者就放债给他，待到任后归还，这就是所谓的“京债”。很多借京债的官员为了还债，到任后就会加紧搜刮百姓。此外，唐律还规定：负债不还，债主如要没收财产，必须告官听断；若不告官而强夺财物、奴婢、牲畜超过契约规定的，以赃物论罪。债主不得任意变卖抵押放款的抵押品，到利息超过本钱时，才可报官变卖，变卖所得超过本息的要归还原主。如债户逃走，则由保人代为还债。

◆不孝罪在古代主要涉及哪些行为？

“百善孝为先”，在古代，不孝是一种严重的犯罪。《孝经》中写道：“五刑之属三千，而罪莫大于不孝。”在隋唐律中，不孝被列属“十恶”范畴。此后，宋、元、明、清各个朝代都一一沿袭。那么，不孝罪主要涉及哪些行为呢？

据《唐律》的规定，不孝罪包括：告言、詈言、诅詈祖父母和父母；祖父母、父母在，别籍异财；供养有缺；居父母丧，身自嫁娶、作乐、释服从吉；闻祖父母、父母丧，匿不举哀；诈称祖父母、父母死。意思是说，检举告发祖父母、父母犯罪行为的；骂祖父母、父母的；背地里咒骂祖父母、父母的；祖父母、父母生存期间，自己另立户口、私攒钱财的；对祖父母、父母不尽最大能力奉养，使其得不到生活满足的；父母丧事期间自己娶妻或出嫁的，父母丧事期间听音乐、看戏的；父母丧事期间脱掉丧服穿红挂绿的；隐匿祖父母、父母死亡消息，不发讣告、不举办丧事的；祖父母、父母未死谎报死亡的。

上述情况，都属于不孝的犯罪行为，都应受到严惩。

◆中国传统法制许可的喊冤方式有几种？

古代专制统治者为了巩固其统治秩序，表示听取吏民谏议和冤抑之情，在传统的法制上允许喊冤制度的存在。纵观历史，古代法制所许可的喊冤方式有三种。

（1）击鼓喊冤。在皇宫的左侧置一大鼓，有冤者（往往是蒙冤被押犯的家属）可击鼓喊冤，由官员加以记录上奏。这种制度起于汉朝，而且为以后历代所效法，并不断完善。如唐朝法律规定，“有人邀车架及挝登闻鼓，若上表申诉者，主司即须为受，不即受者，加罪一等”。宋代设登闻鼓院，专门受理吏民申告冤枉。明清都设有登闻鼓院，并且规定，如果吏民击鼓申冤被认为确系冤抑，则由通政司奏请昭雪。否则，就认为越级上诉，由通政司送刑部加一等治罪。

（2）拦驾或拦轿喊冤。一般是喊冤者手举状纸，跪在皇帝、大臣或官员车驾、轿子所经过的路上，拦驾诉冤，希望能够除恶扶善，平反昭雪。但是，由于封建官吏贪赃枉法者居多，因此，多数官吏不问冤情虚实，一律先按“冲突仪仗”罪责打十大板，对于不实者更是加重处罚。

（3）临刑喊冤。一般是被执行死刑的人临刑时喊冤，以求监斩官明察申冤。这种喊冤大多不被监斩官所理会。

君主专制社会喊冤制度的实质是为巩固统治阶级的统治。当然，若遇到开明帝王或像包拯那样的清官，确实也能平反一些冤案。

◆开创中国传统律学先河的是哪部作品？

在春秋时期，法律制度有了一个大的变革，即各地诸侯纷纷颁布成文法，保护私有财产，《竹刑》就是其中之一。

据记载，郑国大夫邓析不满子产所铸刑书，私自编了一部更能适应新兴地主阶级要求的成文法，人们把它写在竹简上，并称为《竹刑》。《竹刑》的出现是一大进步，因为在这以前，公布成文法都是铸在鼎上，很笨重，不利于流通。而邓析所作的《竹刑》，交流、携带都很方便。

《竹刑》起初并没有法律效力。邓析被郑国的执政者杀害后，邓析的《竹刑》才被确认为国家法律。《左传》曾有“郑驷歂（继子产、子大叔之后的执政大夫）杀邓析而用其《竹刑》”的记载。因此，有学者指出，《竹刑》

乃中国传统律学的开山之作。

◆中国最早比较完整的成文法典是哪一部?

战国时期李悝编著的《法经》是中国历史上第一部比较完整的成文法典，并且贯彻了法家轻罪重刑的法治理论。

《法经》共六篇:《盗法》《贼法》《网法(或囚法)》《捕法》《杂法》《具法》。《盗法》《贼法》是关于惩罚危害国家安全，危害他人及侵犯财产的法律规定。《网法》是关于囚禁和审判罪犯的法律规定。《捕法》是关于追捕盗贼及其他犯罪者的法律规定。《网法》与《捕法》多属于诉讼法的范围。《杂法》是关于盗贼以外的其他犯罪与刑罚的规定。《具法》是关于定罪量刑中从轻从重法律原则的规定，相当于近代刑法中的总则部分。

◆中国第一部和最后一部封建法典各是什么?

秦朝创立中国专制主义中央集权制度，自此中国进入封建社会。所以说，中国历史上第一部封建成文法典是《秦律》。

中国历史上最后一部封建法典是《大清律例》。明清两代封建专制主义中央集权日益强化，司法权更趋集中、完善。于中央设都察院、刑部、大理寺，合称“三法司”，分典刑狱。对重大案件实行“三司会审”，清称“九卿会审”，标志着皇帝对司法权的严格控制。

◆中国第一部婚姻法典问世于何时?

西汉时期的《汉婚律》，是中国第一部婚姻法典。《汉婚律》的内容主要包括禁止直系亲属通婚，夫妻双方的权利和义务，以及后嗣、离婚和维护家族内部尊卑秩序等六个方面。其中，特别强调了维护家族内部尊卑秩序的内容，集中体现了封建社会统治阶级的利益。

◆历史上官方颁发的结婚证最早始于哪个朝代?

有史记载的、由官方颁发的结婚证，最早出现在清代，称为“龙凤帖”。男女定亲之后的7~10天，双方去当地县衙领取龙凤官帖，遵章纳税交款。帖上要填写订婚人姓名、年庚，并填写双方家长、主婚人和媒人的姓名，而且均需签押、盖章，以示郑重。经官府认可，盖上公章大印，证明婚姻已经取得合法手续，然后，选择吉日良辰，进行换帖仪式。

太平天国时期出现过名为“合挥”的结婚证。其形式与清廷的差不多，这个时期的结婚证与以后的结婚证有非常相似的一点，那就是从民间私约上升为由官方收费发放，更具有契约性和合法性。

到了民国时期，由于提倡男女平等的民主主义，所以，结婚证更具意义了。

◆中国现存最早的行政法典是哪一部?

《唐六典》全称《大唐六典》，是唐朝一部行政性质的法典，也是中国现存最早的一部行政法典。唐玄宗时官修，旧题唐玄宗撰、李林甫等注，实为张说、张九龄等人编纂，所载官制源流自唐初至开元止。六典之名出自周礼，原指治典、教典、礼典、政典、刑典、事典，后世设六部即本于此。共三十卷，近三十万字。

开元十年（722年）唐玄宗召陆坚修《六典》，并亲自制定理、教、礼、政、刑、事六条为编写纲目，由丽正书院（后更名集贤院）总其事。在中书令张说、萧嵩、张九龄等人的先后主持下，徐坚、韦述、刘郑兰、卢善经等十余人参与修撰。开元二十六年（738年）撰成并注释后，于次年由宰相李林甫奏呈皇帝。故书题为唐玄宗御撰，李林甫奉敕注。

军　事

◆两军打仗为什么把失败方形容为“败北”？

两军打仗，常常把打输了称作“败北”。是否失败的军队或士兵都向北方溃逃呢？答案当然是否定的。综观中国历史上的重大战事，逃跑以向南的情况居多，却从不说“败南”。不难看出，“败北”的“北”，不等于表示方位的“北”。胜败与方位无关。

那么，“败北”何解呢？如果你稍加观察，不难发现，“北”字很像两个人背靠背之形，一个向左，一个向右，这个“北”字即古之“背”字，“背”字是后人为它加上肉旁而成的。北既为背，“败北”就很好理解了。当两军兵戎相接时，是正面相向的，一番激战后，败方撤退，转身逃跑，就成了背向敌方，这就是“败北”了。胜方在败军背后衔尾穷追，这就是“追奔逐北”，逐其背也。“北”即“背”，“败北”就是背敌逃跑，逃的方向不管是东，是南，是西，一律称作“败北”。

◆人头被称为“首级”，与古代的哪种制度有关？

“首级”中的“首”是象形字，本义就是头。可为什么人头又被称作首级呢？这与古代的军级制度有关。

古代将士征战沙场，无非为了建功立业、封侯拜将。而战场上能够表明战绩的方式之一，就是割取敌人身体的某一部位，以便于战后清点记功。先秦时期，曾以割敌人左耳计数报功。到了战国时代的秦，商鞅确立了一套新的军级制度，以取敌人头颅的数目作为评定爵位的基础。新制度规定：每斩获一个敌人头颅，士兵就可以获得爵位一级、田宅一处和仆人数个。斩杀的首级越多，获得的爵位也就越高，最高可至二十级。因为一“首”对应一“级”，久而久之，人们就将头颅称为首级了。

后来，北宋名将狄青所辖的将士数百人，为求封赏竟互相残杀，几乎酿成大祸。狄青处理此事之后，上书仁宗皇帝陈述了首级制度的诸多弊端，并建议予以废除。首级制度自此被废，不过，“首级”却作为“人头”的代名词而沿用至今。

◆中国古代军队里的等级是如何划分的？

中国古代有一套独特的武职官员等级制度。秦汉时期，以俸禄“石”之多寡作为官吏的等级，如“万石”“二千石”等。也就是说，此时官员的等级称“石”。魏晋以后，官员的等级称“品”。北魏时，开始在官品中分正、从。多数朝代的武职官员等级设九品十八级（每品分正、从两级，无上、下阶之称）。

唐宋时期，武职官员等级设九品三十二级。

隋唐以后，在品之外还设有“武阶”。阶数多少各朝不等，多则四十五阶，少则十八阶，每阶均有等级称号，如骠骑大将军、昭武校尉、陪戎副尉等。

以不同颜色和图案的冠服佩饰标志官员的品阶，是中国古代武阶制度的一个显著特点，它表明中国封建社会武职官员的等级制度已趋完善。

清朝末年，清政府参仿西方军事制度，实行营制改革。

◆中国古代调兵遣将的兵符是什么样的?

兵符，是古代传达命令或调兵遣将用的一种凭证，大多为虎形，这与中国古代对虎形象的崇拜有关。虎符最早出现于春秋战国时期，盛行于战国、秦、汉。与虎符性质相近的还有节、牌等。现存最早的虎形符节是战国时期的“辟大夫虎节”和“韩将庶虎节”，其形制、作用与虎符皆同，可视为虎符前身。

使用虎符有严格的规定，专符专用，一地一符，绝不可能用一个兵符同时调动两个地方的军队。在历史上，虎符的形状、数量、刻铭以及尊卑也有很多较大的变化。从汉朝开始至隋朝，虎符均为铜质，骑缝刻铭以右为尊。隋朝时改为麟符。唐朝因为讳虎，改用鱼符或兔符，后来又改用龟符。南宋时恢复使用虎符。元朝则用虎头牌，后世演变为铜牌。

虎符要与诏书同时使用。而节的使用则无地域限制。羽檄曾一度独立作为发兵信物，表示情况紧迫，请求援助。西汉中央对地方控制力强，调兵权掌握在皇帝手中，东汉地方统兵权逐渐合一，虎符发兵之制很大程度上被破坏，节不断流行起来。

◆“阴符”“阴书”是怎样传递军事机密的?

古人传递军事机密的方法很多。“阴符”“阴书”便是其中一二。

最初的“阴符”是竹制的，后改用木片、铜片，方法是：把竹节按需要截成不同的长度，临战前，有关人士秘密约定机密标志及内容，即用不同长度的竹节表示不同的内容。如三寸表示全线溃退；四寸表示兵败将亡；五寸表示请粮增兵；六寸表示坚守城池；七寸表示阻击敌军；八寸表示破敌得城；九寸表示破阵擒将；一尺表示克敌制胜。这种阴符，前线由指挥将领掌握，后方由朝廷兵部掌握，由专人传送。传“符”人不知“符”中含义，即使被俘，叛变投敌，敌人也难以知道“符”的内容。

后又出现“阴书”，方法是：先把所要传递的机密内容完整地写在一编竹简或木简上，然后将竹简或木简拆开、打乱，分成三份，再派三名信使各传递一份到同一个目的地。送到目的地后，收件人拼合三份“阴书”，知晓内容。古人为了密上加密，还在“阴书”上用藏头诗、藏尾诗、回文诗、诗谜、哑谜、密写等方法传递信息。

◆古时为何把传递军情的烽火称作“狼烟”?

经观察，烧狼粪冒出的烟是浅棕

色的，远不及普通烟囱冒出的烟显眼。当狼粪与干柴烧成明火时，连白烟都看不见，甭说是冲天的黑烟了！更何况，冲天的烟完全可以用干柴加湿柴加油脂烧出来，就是烧半湿的牛粪羊粪也能烧出浓烟来，而湿柴、油脂、半湿的牛羊粪要远比狼粪容易获取。因此，古代烽火台上的狼烟，不是用狼粪烧出的烟。

既然狼烟肯定不是狼粪烧出来的，那么，古代烽火台上燃起的冲天浓烟为何被称作“狼烟”呢？原来，这里的“狼”指的是打着狼头军旗，崇拜狼图腾，以狼为楷模，具有狼的战略战术、狼的智慧和凶猛性格的匈奴、鲜卑、突厥、蒙古等草原狼性骑兵。这些人把汉人比作羊；一直凭以一挡百的豪气藐视农耕民族的羊性格。而古代农耕民族也一直将草原骑兵视为最可怕的“狼”。“狼烟”的本意应该是“在烽火台上点燃的、警报崇拜狼图腾的草原民族骑兵进犯关内的烟火信号”。

◆从烽火台到驿站，其间经历了哪些流变？

大约三千年前，中国就开始建立了一种用人力和畜力传送军事情报的机构——官邮。同时，还用铜制成直径达 2~3 米的金鼓，放在不同的方向上，一旦外敌入侵，就以击鼓为令，调集当时分封的各诸侯小国的军队。后来，随着封建主的领土逐步扩大，各国之间的距离较远，鼓声就不足以发挥作用了。于是，又在许多地方建造了用烟和火来通信的烽火台。

汉朝时，匈奴不断入侵，为了加强联络，用红、白布做成表（即旌旗），作为信号通信，配合烽火和金鼓传递军事情报，对作战指挥也起了很大作用。

利用烽火、金鼓和旌旗作为互通信息的方式虽然切实可行，但它所表达的内容过于简单，难以完成较复杂的作战方案、指示、命令、计划等的传递。后来，人们就每隔 30 里路，设置一处驿站，传送人员乘马进行接力传递，速度昼夜可达四五百里。

◆十八般兵器与十八般武艺分别指什么？

（1）十八般兵器

古老的“十八般兵器”可分为“九长九短”，十八般兵器已经排列过好几次了。今天，武术界普遍对“十八般兵器”的解说是刀、枪、剑、戟、斧、钺、钩、叉、鞭、锏、锤、抓、镗、棍、槊、棒、拐、流星。

十八般兵器最早是汉武帝元封四年（前 107 年），经过严格的挑选和整理，筛选出的十八种兵器：矛、镗、刀、戈、槊、鞭、锏、剑、锤、抓、戟、弓、钺、斧、牌、棍、枪、叉。

到了三国时期，著名的兵器鉴别家吕虔，根据兵器的特点，对汉武帝钦定的“十八般兵器”重新排列为九长九短。

九长：刀、矛、戟、槊、镗、钺、棍、枪、叉；

九短：斧、戈、牌、箭、鞭、剑、锏、锤、抓。

（2）十八般武艺

“十八般武艺”始见于南宋华岳撰的兵书《翠微北征录》，华岳曾中过武状元。此书编成于南宋嘉定元年（1208 年）。他在书中自称“臣闻”，可见“十八般武艺”的说法实际上还要早。可惜宋期的兵书多毁于兵燹，今传者寥寥无几，“十八般武艺”的原始出处和内涵今天已无从查考。谢肇淛《五杂俎》中对“十八般武艺”的具体内容作了记述：“一弓、二弩、三枪、四刀、五剑、六矛、七盾、八斧、九钺、十戟、十一鞭、十二简、十三挝、十四殳、十五叉、十六把、十七绵绳套索、十八白打。”前十七种都是兵器的名称，第十八般名目“白打”，就是“徒手拳术”。

◆古代的剑仅仅用于沙场作战吗？

剑不仅用于沙场作战，也是中国古代人喜爱的佩饰武器。

在周秦汉唐年间，一直盛行佩剑之风。西周到春秋，剑主要用来佩带防身。另外，腰间悬剑也是一种身份地位的标志，剑只有贵族才能佩带，其他人是不许带的。

战国时期，铁剑开始使用，铁剑锻制技术达到极高的程度，剑从原来短而厚向长而薄发展，最长的有一米多。长了有利于实战，但从剑鞘拔出却不方便。

到隋唐时期，佩剑之风尤为盛行。《隋书》载：“一品及散郡公，开国公侯伯，皆双佩。二品、三品及开国子男，五等散品名号侯，皆只佩。”唐代，剑被文人墨客视为饰物，常以抒发凌云壮志或表现尚武英姿。

唐代的直刃兵器叫“唐大刀”，由此可知，唐代已经不把剑作为实战兵器了。

从宋代一直到清代，在军队中，剑也只是用作装饰或领导地位的象征。

◆古代军事指挥系统中的“三官”是什么？

古代军事指挥系统中使用的器物以旗、鼓、金（铜制的打击或吹奏乐器）最为常见，它们号称“三官”。《左传·曹刿论战》中曾提到旗、鼓。文载：“公与之乘。战于长勺。公将鼓之。刿曰：‘未可。’齐人三鼓，刿曰：‘可矣。’……一鼓作气，再而衰，三而竭……望其旗靡，故逐之。”《管子·兵法篇》载：“一曰鼓，鼓所以任也，所以起也，所以进也；二曰金，金所以坐也，所以退也，所以免也；三曰旗，旗所以立兵也，所以制兵也，所以偃兵也。此之谓三官。有三令，而兵法治也。”

◆最初“三令”“五申”指的是哪些作战原则？

“三令五申”出自《史记》：“约束既布，乃设铁钺，即三令五申之。”

宋代曾公亮撰《武经总要》，对“三令五申”有明确记载。所谓“三令”，一令观敌之谋，视道路之便，知生死之地；二令听金鼓，视旌旗，以齐其耳目；三令举斧钺，以宣其刑赏。所谓“五申”：一申赏罚，以一其心；二申视分合，以一其途；三申画战阵旌旗；四申夜战听火鼓；五申听令不恭，视之以斧钺。

“三令”与“五申”的本源及其具体内容原意是教育将士应该在战阵中或军事行为中明确作战守则。随着时代的变化，“三令五申”的含义也有所改变。诸如我们现在通常的“三令五申”并不是执行它的具体内容，而是再三地向下级命令告诫之义。

◆如何区分兵法中的“五行阵”“八卦阵”？

“五花八门”一词出自《虞初新志》：“伏龙以西，群峰乱峙，四布罗列，如平沙万幕，八门五花。”这里的“八门五花”是指八门阵和五行阵，这是古代两种战术变化很多的阵势，引喻变化多端或花样繁多。

“五行阵”，也称五花阵。春秋战国时期，许多战略家都懂得使用这种五行阵。五行系指金、木、水、火、土。古人认为，构成各种物质的种种元素即是五行。加之五行又代表红、黄、蓝、白、黑五种颜色，它们混合在一起还可变成多种颜色，能够使人眼花缭乱。

“八门阵”，也称八卦阵。最初是按照八卦的次第列为阵势的。但是，八八可变成六十四卦，常使对方军队陷入迷离莫测之中。相传，春秋时期的孙武、孙膑最早运用八门阵。后来三国时期的诸葛亮又将八门阵改变成为“八阵图”。

◆古代的“三军”指哪“三军”？

古代的“三军”最早起源于春秋时期。当时，诸侯国通常都设三军，但各国称谓有所区别，如晋国称中军、上军、下军，楚国称中军、左军、右军，齐国、鲁国和吴国都称上、中、下三军。三军各设将、佐等军衔，而中军将则是三军统帅。

随着时代演进，上、下、中军渐渐被前军、中军、后军所代替。到了唐、宋代以后，这样的编制已成为军队的固定建制。前、中、后三军的主要标志是担任不同作战任务的各种部队。前军是先锋部队；中军是主将统率的部队，也是主力；后军主要担任掩护和警戒任务。

在中国古代的军队中，最大的编制单位就是军。军的编制，历代沿袭，但人数多少不一。汉代实行五人一伍，两伍为火，五火为队，两队为官，两官为曲，两曲为部，两部为校，两校为裨，两裨为军的编制。现在，前军、中军、后军编制已销声匿迹，而被陆、海、空三军所替代。

◆中国历史上第一个建立雄厚海军力量的是谁？

中国历史上第一个建立雄厚海军力量的是三国时的孙吴。东吴的水军主力在长江，共有500艘战舰，大约划分为两类，即“蒙冲”“斗舰”。它的活动范围曾北到朝鲜，东至台湾，南抵交趾。事实上，早在三千五百多年前，夏朝出兵攻打山东半岛上一个叫斟寻的小国时，就说双方都有武士持戈驾舟迎战。公元前6世纪，中国便有了比较完善的海军组织。伍子胥在太湖里帮吴国训练海军，他把战舰划分为“大翼”“小翼”“突冒”“桥舡”“楼舡”等许多种类，分担攻坚、驱逐、冲锋等任务。

中国历史上记载最早的海战发生于公元前485年，当时吴国军舰从海路进攻山东半岛的齐国，双方的舰队在黄海相遇，展开激战。其结果是吴国被齐国打败。19世纪六七十年代，洋务运动时期，清政府建立南洋、北洋、福建三支海军。其中，北洋海军是中国清朝后期建立的第一支近代化海军舰队。

◆中国最古老的军旗叫什么？

中国古代的军旗常有图腾崇拜色彩。进军打仗时打的一种旗，上面画鸟隼图形。《释名》曰："熊虎为旗，军将所建，象其如猛虎。"指的就是一种以虎为图案的军旗。将帅出阵，背后有旗叫纛，是最古老的军旗名称。"戎旃""戎锋"亦是军旗别称。

古代军旗旗色、旗幅大小、旗杆长短和装饰的不同，表明率兵者的不同地位。各朝代的军旗均在旗幅上标有朝代简称的字样。如绣"唐"字，则为唐朝军队。再有，统帅和将领常在旗幅上绣自己的姓，以与别的军队区别。比如，关羽之军打"关"字旗，岳家军打"岳"字旗。也有以称号为旗的，如闯王李自成的起义军打"闯"字旗。

清太祖努尔哈赤的八旗军根据旗帜图案而命名，即画龙和不画龙的黄、红、白、蓝四色共八种旗帜。清太宗皇太极时期，军旗不再画龙，而是用正黄、正白、正红、正蓝和镶黄、镶白、镶红、镶蓝相区别。

◆中国古代军旗有哪些用途？

中国至少在春秋战国时期，军队就已经使用旗帜了。各种各样的旗帜作用不一。

有的表示身份，如国王的旗帜叫常，上面画的是日月，寓意天明；主帅立黄牙旗，在军中居于中央；其他将领也都有表示自己身份的旗帜。

有的表示方位，有青、赤、白、黑、黄五旗。青旗表示东方，赤旗表示南方，白旗表示西方，黑旗表示北方，黄旗表示中央。黄旗即帅旗。

有的指挥队形阵式，在战斗或操练时，举青旗布直阵，举白旗布方阵，举赤旗布锐阵，举黑旗布曲阵，举黄旗布环阵。

有的和鼓、金、角之类的器材互相配合，用作军中通信，保证上下联络畅通。

有的旗帜上缀有牦牛尾，下面有五彩析羽，是用于指挥和开道的。

另外，还有一些作专门用途的旗帜。这些旗帜，根据用途和不同的身份，有多种颜色、尺寸、图案、装饰和形状。

◆要求暂时休战或投降为什么会举白旗？

古代两军作战，当陷于重围而走投无路的一方觉得再战下去已经无望时，往往会打出白旗（或白色的布，如被单、毛巾等）表示自动放下武器投降。这是为什么呢？

据《史记》记载，公元前206年，刘邦率兵入秦，秦王子婴穿着白色衣服，骑一匹白马，领子上挂着一条白带子，表示投降。按封建迷信五行之说，秦以水作为国家昌盛的标志，而"水尚黑"，因而秦代的旌旗都是黑色的。如果战败了，就用相反的白颜色作为投降的表示。

两军交战，逐渐还形成这样一个惯例：用白旗表示要求休战谈判。当交战的一方打白色旗时，对方便知来意，下令停止一切进攻行动。持白旗的一方则要派出军使、号手、旗手和翻译，到对方指挥部说明条件和意图。

从军使打出白旗开始，直到回到本方所必需的时间为止，他享有不可侵犯的权利。当然，持白旗的军使必须携带一定的证件，说明他确实是奉命来进行谈判的，否则，可能会作为俘虏而被扣留。

◆古代是从什么时候开始出现将军的？

古代起初没有将军，管民政的叫司徒，管经济的叫司空，管军事的叫司马。由于军队数量很小，天子也只有六军（每军 2500 人），诸侯最多不超过三军。当时每军的统帅也不叫将军，而叫卿，卿以下叫大夫，大夫以下叫士。

到了春秋时期，诸侯为了扩大势力范围，不断增加兵力，因此，大的诸侯常常拥有三军以上的兵力，而编制上却只有三军。只能设三卿。于是，就把扩充军的统帅称为“将军”，意即将率领一军的意思。《左传》中有：“岂将军食之而有不足？”此皆非正式官名。到战国时代始为正式官名。随着军队数量的增加，将军随之增加。作战时军队得出一人统率，因此，在将军中选拔出“大将军”或“上将军”来全盘指挥。

到了汉代，军队数量更多，单设一位将军也管不过来了，于是又出现了骠骑将军，位次丞相；车骑将军、卫将军、前后左右将军，位次上卿，还有中将军。以后，各朝将军的名称虽不尽相同，但将军分成许多级别这一原则却是相通的。

◆正史记载的古代唯一女将军是谁？

长久以来，在民间流传着许多古代巾帼英雄的故事，如花木兰、平阳公主、樊梨花、杨门女将、梁红玉等等。但这些人要么是民歌或演义中的人物，要么就是其身份并非正式的将军。数千年的中国历史上，正式列入国家编制的女将军，实际上只有被明朝崇祯皇帝诗赞“鸳鸯袖里握兵符”的女将秦良玉。

据《明史》载:“良玉为人饶胆智，善骑射，兼通词翰，仪度娴雅。而驭下严峻，每行军发令，戎伍肃然。所部号‘白杆兵’，为远近所惮。”秦良玉是历史上唯一一位被《二十五史》载入将相列传的女将军，填补了正史将相列传中长期以来无女人的空缺。

◆最早的娘子军可追溯到何时？

绝大多数人都想当然地认为，娘子军就是由女子组成的军事队伍。其实，最早的娘子军并不是女兵，而是男兵。

据唐朝刘𫗧《隋唐嘉话》载，隋炀帝大业十三年（617 年），太原留守李渊在太原起兵反隋，其三女儿在鄠县散发家资，招集亡命徒数百人起兵响应，攻城略地，占领长安西部数县，很快发展到 7 万人。李渊率军进至关中，她与李世民的部队在渭北会合，这时，她与丈夫柴绍（在她起兵前已先去太原）“各置幕府，俱围京城，营中号曰娘子军。京城平，封为平阳公主”。

平阳公主所率领的队伍，由男子组成，因统帅是女子，故称“娘子军”。从此以后，人们便泛称由妇女组成的队伍为“娘子军”了。事实上，真正的娘子军，是太平天国洪宣娇（洪秀全的妹妹）率领的一支女兵队伍。

◆中国最早的步兵部队产生在哪个时期？

步兵，春秋时期指徒兵或卒。《左传》载：“兴徒兵以攻之。”所谓徒兵，即指步兵。“步兵”一词的正式应用，始见于《六韬》。《六韬》载：“步兵与车骑战，奈何？”这是中国军事著作中首次使用步兵这一术语。到西汉初期，步兵才作为正式的军事术语使用。

据史书记载，中国最早的步兵部队，产生在春秋时期的晋国，而第一次独立使用步兵作战的地点，则在今天山西太原附近。

春秋时期，中原一带的诸侯交战主要是车战。公元前632年，晋文公重耳为了对付戎狄族的武装侵扰，建立了“三行为伍”，独立于战车建制以外的步兵。但在相当长的时间内，它主要是担任边防和卫戍任务，并不是军队中的主力。直到公元前541年，在太原附近发生的一次与戎狄族的交战中，步兵的作用才第一次得到充分的发挥。

◆中国历史上的骑兵最早可追溯到何时？

春秋时期以前，中国军队作战以车战为主，步兵仅起辅助作用，兵车的数量多少成为军事实力的象征，基本没有骑兵这一兵种。到春秋时期，步兵开始兴起，军队开始车步并重，各国的军队中有了少量的骑兵，同战车步兵混编，仅是一种无足轻重的辅助力量。到了战国时期，随着战争规模的扩大，战术的多样化及同北边游牧民族的战争需要，骑兵作为一种独立的兵种正式登上战争舞台。

骑兵，顾名思义，就是骑马作战的部队。传统的看法是在战国赵武灵王“胡服骑射”以后才产生骑兵。事实上，春秋时期，秦穆公的“畴骑”，就是中国最早的骑兵。《韩非子》有言：“群臣皆曰善。公因起卒，革车五百乘，畴骑二千，步卒五万，辅重耳入之于晋，立为晋君。”此乃“畴骑”的最早记载。畴骑很少披甲，而是用机动灵活来弥补防御力不足的缺点。在战场上，这些轻骑兵总是不断游走在敌阵边缘，突袭敌人的弱点。

◆马镫发明前，骑兵是如何骑马的？

马镫，是骑马时踏脚的装置，悬挂在鞍子两边的皮带上。考古材料充分表明，马镫是中国古代人民独创的。传入欧洲后，使中世纪的欧洲进入了“骑士时代”。

在中国早期，马多被用来驾车。春秋战国时期，各诸侯国的军队最初都是以步兵和兵车混合为主，骑兵数量很少，且骑兵在当时骑马是一件十分辛苦的事，因为还没有发明马镫。马镫是骑马时踏脚的装置，没有它，当马飞奔或腾越时，骑士们只能用双腿夹紧马身，同时用手紧抓马鬃才能避免摔下马来。

后来，古人将登山用的绳环加以改进，用铜铁打制成吊环形的脚镫，悬挂在马鞍两边，原始形态的马镫自此问世。马镫虽小，但能使骑士和战马很好地结合起来，发挥出最大效力。1993年在吉林市郊帽儿山墓地18号墓中出土了一副马镫，用铜片夹裹木芯，以铆钉缀合加固。这是中国出土年代较早的马镫。该墓地年代约在西汉中晚期至南北朝。

◆马援是如何成为军事沙盘首创者的？

沙盘是根据地形图或实地地形，按一定的比例用泥沙、兵棋等堆制的模型。军事上，常供研究地形、敌情、作战方案，组织协同动作和实施训练时使用。

沙盘的首创者是东汉猛将马援。据《后汉书》载，东汉建武八年（32年），陇西地方首领隗嚣屡犯内地，光武帝刘秀欲御驾亲征，召将军马援前来商议。马援在王莽败亡后，曾避地凉州，依附割据陇西的隗嚣，对陇西一带的地理环境极为熟悉。他见光武帝询问，就“于帝前聚米为山谷，指画形势，开示众军所从道径往来，分析曲折，昭然可晓”。也就是在刘秀面前用米堆成一个与陇西一带实地地形相似的模型，形象具体，敌情尽在眼中。

次日清晨，刘秀率军大举进攻，按沙盘作业的方案作战，打了隗嚣一个落花流水！

这便是马援“聚米为山谷”，首创军事沙盘的始末。

◆古代士兵为什么要黥面？

所谓“黥”，是指在人体上刺刻出记号、文字或图案，并涂上墨汁，让其保留下来。黥有黥面、黥臂、黥手、黥胸、黥腹、黥背等多种形式。

最早的黥是一种肉刑。据史料记载，士兵黥面开始于唐朝末期，流行于五代十国时期。

唐末黄巢的农民起义军有位将领叫朱温。后来他叛变降唐，在帮助唐朝镇压了农民起义后，又与其他割据势力展开长期争夺。由于连年混战，士兵厌战，纷纷逃亡，朱温为了稳定军心，推行了一种残酷的军纪：“将校有战没者，所部兵悉斩之，谓之‘拔队斩’。”结果士兵逃亡的更多。朱温一怒之下，命令在军中士兵的脸上刻上文字，记下所在军队的称号。同时，在通道设立关卡严格盘查过往人员，以缉拿逃亡者。逃亡者一旦被缉获，立即按脸上刻的军队称号将其送回原单位，以酷刑处死。有的士兵躲关避卡，费尽心机回到老家，但因黥面难藏，被人发现，左邻右舍怕背知情不报的罪，也不敢将其留下。

公元906年，朱温的劲敌刘仁恭规定：凡士兵必须在面部刻上“定霸都”（这里的“都”，是唐末五代期间军队的一种称号）；凡当官的，必须在手臂刺上“一心事主”四个字，以督其拼死作战。

黥面在军中定制以后，起初是强迫进行，后来人们习以为常，成为多数人的自愿行为。特别是那些私人武装部队，在重金奖赏之下，士兵往往自愿黥面，以示忠诚。

元朝时，士兵黥面的现象渐渐消失，但军中仍有少数人自愿文身。

◆为什么称“当兵”为“吃粮”？

吃粮，字面上的意思是吃粮食，其实是中国古代一个惯用语，指“当兵”。

“吃粮”一词最早出现于《全唐

五代词》:“十四十五上战场，手执长枪，低头泪落悔吃粮，步步近刀枪。”十四五岁就到了边疆当兵，手执长枪东战西杀。虽然有了饭吃，可是想到离乡背井，生死未卜，不免低头落下了眼泪。

在中国长期封建社会中，吃饭问题应该是一个最普通，也是最严峻的问题。一有灾荒，人们就不得不流离失所。那时最好的，也是最无奈的出路是去当兵。也不知道为谁打仗，只是参军就可以有饭吃。所以当兵就成了“吃粮”。

◆古代男子在什么情况下能算作“戍卒”?

战国时期普遍实行征兵制，各国一般以郡县为单位征集兵员。男子服兵役的年龄，大约从 15~60 岁。长平之战中，秦国征集河内 15 岁以上壮丁全去前线，属于战时紧急征兵的做法。平时各国登记户籍，男子成年后得应征入伍。凡男子 16 或 17 岁“傅籍”(或称“傅”)，即进行登记。23 岁起，守卫京师一年，称“正卒”；守卫边防一年，称“戍卒”。

有的诸侯国采用考选招募勇士的办法，作为组建军队的一种方式，如魏国的“武卒”、齐国的“技击”、秦国的“锐士”等。魏国考选“武卒”很严，要全副武装，带三天的粮食，半日内跑一百里。中试者免除其家庭的赋役，还分良田良宅。

◆清兵衣服上的“兵”“勇”是什么标志?

在有关清朝的影视剧中常看到“兵”“勇”两字。那么，它们是什么标志呢?

史载，“兵”，是清代国家的常备武装力量，包括八旗军和绿营军。八旗军为满兵，绿营军则是为弥补满军的不足，而建立的由汉人组成的汉兵。这种军队以绿旗为标志，以营为建制单位，故称绿营兵，也叫绿旗兵，简称营兵。

朝廷对八旗军、绿营兵的倚重不同。八旗兵大部分卫戍京师，为国家精锐部队，掌管京师安全；绿营兵则遍布全国，数量是八旗兵的几倍，乃至几十倍。

史载，“勇”，也是兵的一种。遇到战事，若八旗兵和绿营兵数量不足，则就地取材，临时招募乡勇组成军队，战事完了立即解散，不是国家正式的军队。直到清末太平天国时，曾国藩才改非正式的乡勇为练勇(即湘军)，定兵制，发饷粮，称为勇营。从此，“勇”基本代替了“兵”，成为国家的正规军主力。

◆清朝的军机处仅仅办理军机事务吗?

军机处，是清朝中后期的中枢权力机关。

雍正七年(1729 年)，因用兵西北，设“军机房”。雍正十年(1732 年)，改称“办理军机处”。乾隆以后省去“办理”二字，遂简称为“军机处”了。

军机处本为办理军机事务而设，但因它便于发挥君主专制独裁，所以不但常设不废，且其职权愈来愈扩大。军机处的职官有军机大臣(俗称“大军机”)、军机章京(俗称“小军机”)。

（1）军机大臣由皇帝从满、汉大学士、尚书、侍郎等官员内特选，有些也由军机章京升任。军机大臣之任命，其名目为“军机处行走”，或“军机大臣上行走”。所谓“行走者”，即入值办事之意。军机大臣没有定额，军机处初设时为三人，最多至十一人。

（2）军机章京初无定额，至嘉庆初年，始定为满、汉章京各十六人，共三十二人，满、汉章京又各分两班值班，每班八人。军机章京之任命，或称为“军机司员上行走”，或称为“军机章京上行走”。

宣统三年（1911 年）军机处走出历史舞台。

◆最早的军事院校是在哪个朝代建立的？

一般认为，中国军事院校的历史，最早开始于公元 1043 年北宋庆历年间的武学。其实更早。据《资治通鉴》载，前秦国王苻坚举兵征前燕、平前凉、灭代国，统一北方大部分地区后，为进一步训练军中诸将，以夺天下，于公元 380 年办过实属军事院校的教武堂。

教武堂的教员是晓达阴阳、精通孙吴兵法的专门家，学员是身经百战的骁勇战将，而校址则选在位于水陆交通要道的渭城，可见当时苻坚对这所军校是何等重视。

教武堂办起来之后，却受到了一些文武大臣的反对。前秦王朝的秘书监朱彤面谏苻坚，声称建立学舍，教人战斗之术，是不能使国家升平泰安的。更何况，诸将都是身经百战、懂兵法之辈。如果将其受教于文弱书生，无异于强他人之志，不仅无益于实，反而有损于名。在东征西讨之后，眼下应该稍缓武事，增修文德。

苻坚经不住朱彤的诱劝，最终下令解散了这所教武堂。

◆首套军事教科书“武经七书”具体有哪些？

《孙子兵法》被列入“武经七书”之首，“武经七书”是北宋朝廷作为官书颁行的兵法丛书，是中国古代第一套军事教科书。它由《孙子兵法》《吴子兵法》《六韬》《司马法》《三略》《尉缭子》《李卫公问对》七部著名兵书组成。

遵照宋神宗旨意校定、颁行“武经七书”，是北宋朝廷在军事理论建设上的一个贡献。“武经七书”颁行后，成为宋朝以后军事学校和考选武举的基本教材。宋朝施子美的《施氏七书讲义》是现存最早的“武经七书”注本。

◆被誉为世界“第一兵书”“兵学圣典”的是哪部兵书？

《孙子兵法》被誉为世界“第一兵书”“兵学圣典”“百世谈兵之祖”。《孙子兵法》，又称《孙武兵法》《吴孙子兵法》《孙子兵书》《孙武兵书》等，是世界上现存最古老的兵书，也是世界三大兵书之一。另外两部是：克劳塞维茨的《战争论》、宫本武藏的《五轮书》。《孙子兵法》的作者为春秋末年的齐国人孙武（字长卿）。

三国时著名的政治家、军事家曹操第一个为《孙子兵法》做了系统的注解，为后人研究运用《孙子兵法》打开了方便之门。《孙子兵法》不仅是中国的谋略宝库，在世界上也久负盛名。8世纪传入日本，18世纪传入欧洲。现今已翻译成29种文字，广为流传。

◆“三十六计”具体包括哪些兵法策略？

《三十六计》素以“谋略奇书”饮誉世界。事实上，“三十六计”的说法，先于著书之年，语源可考自南朝宋将檀道济（檀公）。因此，有人将“三十六计”编成口诀以助记忆时，便用“金玉檀公策”开头。

“三十六计”的口诀为：“金玉檀公策，借以擒劫贼。鱼蛇海间笑，羊虎桃桑隔。树暗走痴故，釜空苦远客。屋梁有美尸，击魏连伐虢。”口诀中除了“檀公策”三个字外，每个字（最后一句“伐虢”是一计）都包含了一条妙计。

按照口诀的顺序依次是：金蝉脱壳、抛砖引玉、借刀杀人、以逸待劳、擒贼擒王、趁火打劫、关门捉贼、浑水摸鱼、打草惊蛇、瞒天过海、反间计、笑里藏刀、顺手牵羊、调虎离山、李代桃僵、指桑骂槐、隔岸观火、树上开花、暗度陈仓、走为上、假痴不癫、欲擒故纵、釜底抽薪、空城计、苦肉计、远交近攻、反客为主、上屋抽梯、偷梁换柱、无中生有、美人计、借尸还魂、声东击西、围魏救赵、连环计、假途伐虢。

◆古代兵法《六韬》具体内容是什么？

《六韬》，亦称《太公六韬》《太公兵法》，全书都是以太公答周文王、周武王之间的形式写作。今本《六韬》共分六卷：

（1）文韬。论治国用人的韬略；

（2）武韬：讲用兵的韬略；

（3）龙韬：论军事组织；

（4）虎韬：论战争环境以及武器与布阵；

（5）豹韬：论战术；

（6）犬韬：论军队的指挥训练。

《六韬》阐述了以爱民为基础的战争观；提出了以文伐为核心、“不战而屈人之兵”的全胜战略思想；对优秀将帅应具备的勇、智、仁、信、忠五种素质做了界定；强调战前准确了解敌情，选择合适的战机，创造良好的战机，适时、适度地把握好战机；高度重视军事后勤工作，如人员配备、物资供给等；认为士兵训练要根据战场的需要和士兵的自身条件进行。

该书既着眼于战争的根本性质、立足于仁德与道义，又细致地讨论了各种具体环境、具体条件之下的战争方略，先秦各家的军事思想差不多在《六韬》中都有反映，堪称中国古代的兵学大全。宋代被列入“武经七书”，成为武将们必读的兵学教材。

◆与《六韬》齐名的《三略》指的是哪部作品？

《三略》原称《黄石公三略》，是中国古代的一部著名兵书，与《六韬》齐名。此书侧重于从政治策略上阐明治国用兵的道理，不同于其他兵书。它是一部糅合了诸子各家的某些思想，专论战略的兵书。南宋晁公武称其：“论用兵机权之妙、严明之决，军可以死易生，国可以存易亡。”北宋神宗元丰年间被当时武学必读书“武经七书”编入。

至于《三略》的作者，三国魏明帝时期的李康有言："张良受黄石之符，诵《三略》之说，以游于群雄。"即认为《三略》是黄石公所作，张良所传。唐朝的张守节在《正义》载："言吕尚绸缪于幽权之策，谓《六韬》《三略》，阴符七术之属也。"认为黄石公给张良的《三略》是吕尚所作。清朝的姚际恒则认为在《汉书》中没有收录《三略》，表明此书应成于汉后，是后人假托之作。

◆中国古代的十大兵书都有哪些作品?

《孙子兵法》《孙膑兵法》《吴子》《六韬》《尉缭子》《司马法》《太白阴经》《虎铃经》《纪效新书》《练兵实纪》被称为中国古代十大兵书。

《孙子兵法》：春秋末期孙武著，今存13篇，被称为"兵经"。

《孙膑兵法》：战国时齐国孙膑作，亦称《齐孙子》。

《吴子》：吴起，魏文侯，魏武侯辑录，汉初时尚有48篇，今存6篇。

《六韬》：传说为吕尚作，现存6卷，即文韬、武韬、龙韬、虎韬、豹韬、犬韬。

《尉缭子》：传说为战国时尉缭作，今存5卷。

《司马法》：战国时齐威王命大夫整理古司马兵法，共150篇，今本仅有5篇。

《太白阴经》：唐代李筌作，共10卷。

《虎衿经》：宋代许洞作，20卷，共120篇。

《纪效新书》：明代戚继光作，共18卷，每篇附图说，是练兵和作战经验的总结。

《练兵实纪》：明代戚继光作，和《纪效新书》称为戚氏兵书姐妹篇。

第七辑
政制、职官

政　制

◆禅让有哪些故事?

一提到“禅让制”，恐怕很多人脑海中浮现出的莫过于尧、舜、禹三人的形象。通常认为，禅让制是以传贤为宗旨的民主选举部落联盟首领的制度。据说，尧、舜、禹三代统治权的交接，是通过遴选、推荐、考察和任用等一系列程序和平实现的。尧年老时，经民主推举和自己长期考察，确认舜才德出众，将首领位置让给舜；舜老时，如法炮制，传位于禹。

有学者解释说，“禅让”的“禅”字，本指任职届满后的权力交接仪式。而“让”字，自身便是另外一个表示禅让之意的术语。不过，也有学者认为，与“禅”同音的“擅”及与“让”字相通的“攘”，在对待权力的态度上则显得不那么开明，至少在后世的政治语汇中，这两个字分别有垄断与窃夺之意。

那么，尧、舜、禹之间的禅让，是温情脉脉、高风亮节，还是充满了你争我夺的暴力和残忍?历史的真相究竟如何?

史料显示，尧执政后期，争夺权力者俯拾皆是。尧便曾囚禁争夺权力者之一的丹朱，不过，却没能防住舜。后来，舜杀光了尧的支持者和家人，逼尧退位，囚禁并流放了尧。这种说法是有案可稽的。《竹书纪年》载:“舜囚尧，复偃塞丹朱，使不与父相见也。”另《史通》载:“按《汲冢琐语》云:‘舜放尧于平阳。’”

掌握权力之剑的舜，由于鲧治水九年而未有成果，便摄行天子之政，将禹的父亲鲧杀害。其实，治水不力、耗时过长只是杀人借口。真正的缘由是，禹父是争夺氏族部落联盟领袖的有力者。后来，禹取代舜夺取权力，成为又一个部落联盟的首领，便对杀父仇人舜及其部下进行了残酷的屠杀和报复。舜终为禹所逐，死于南方的苍梧，舜的两个妃子（娥皇、女英）逃到南方，但还是在禹支持者的屠刀下，流着泪被逼跳江自杀。而关于“大禹治水，三过家门而不入”之事，从当时争权夺利的政治背景来看，与其说是大禹公而忘私，不如说是禹担心引来杀身之祸，为了避嫌而不敢进家门，与家人接触。

由此可见，尧、舜、禹之间的禅让，完全是先王被逼无奈之下，为保命而演出的故事。难怪魏文帝曹丕在接受汉献帝“禅让”后感慨：“舜禹受禅，我今方知。”曹丕身临其境，终于体察到先人禅让的真实面目。《韩非子》所载：“舜逼尧，禹逼舜，汤放桀，武王伐纣，此四王者，人臣弑其君者也！”这反映出，尧、舜、禹之间政权的更替并非是充满温情、催人泪下的禅让，而是一场场腥风血雨的角逐。

再有，尧、舜、禹三位领袖冲突的背后，实则是三个部族集团对权力的争夺战。舜是东夷部落的领袖。禹是华夏集团的领袖。二者之间的争权夺利是部族集团之间的争斗。禹死后，掌握政权的华夏集团为了不至于让权力落到东夷部落手中，便杀害了当选的东夷部落领袖伯益，由禹的儿子启继承父位，建立夏朝。就这样，禅让制为世袭制所取代，开启了“家天下”的历史模式。

◆王位世袭制是始于夏启吗？

据说，禹到了晚年，四处查访，决定推举夷人首领皋陶为继承人，但是皋陶却先他而逝。无奈之下，又推举伯益。但当禹死后，部落联盟中一些有权势的大家族，拥立禹的儿子启即位，于是纷纷起来反对伯益。启则趁动乱之机将伯益杀害，夺得了王位。之前的禅让制从此被破坏，代之以“家天下”的王位世袭制。

夏部落中的同姓邦国有扈氏反对王位世袭，于是起兵叛乱，启亲自率领大军进行讨伐，双方于甘展开大战，有扈氏战败后，启将他的部落全部消灭。于是众多邦国首领都到阳翟朝会，启在钧台召开诸侯大会。这就是历史上有名的“钧台之享”，此举更进一步巩固了新王权。因此，学者们认为，王位世袭制始创于夏启。

随着王位世袭制的确立，以国王为中心的国家机构体制也随之建立起来。奴隶社会的王位世袭制、秦始皇首创的帝位世袭制，还有西汉初期分封的同姓诸侯王，以及唐朝割据的藩镇都是世袭的。这种世袭制通常有父死子继和兄终弟及两种方式。

◆为什么王位世袭制易导致“为王不贤”？

由远古“天下为公”的禅让制演变成后来父位子承的“天下为家”的世袭制，对解决王位的继承问题是有其优越性的，这至少可避免因对先王后代的杀殉而造成的社会动乱及人口减少。另一方面，“为王不贤”是导致夏商周亡国的重要原因，而“以个人意志取代众人意志”的王位世袭制则是出现“为王不贤”的关键。

（1）传子不传贤，任人唯亲。商王传位的世袭方法有：父死子继和兄终弟及两种。商朝中期以前以兄终弟及为主，先长后幼，但不必轮及每一个弟，然后由长兄之子继承。到商后期康丁以后五世，才最后确立了传子制。

（2）极端的极权与专制，会不可避免地发生争权夺利。夏桀为政暴虐荒淫，百姓切齿痛恨，各方国与夏王朝的矛盾日趋紧张，商汤见时机已经成熟，乃举兵灭夏。

（3）人治。在王位世袭制下，君治则国治，君弱则国强。此外，王位世袭制易导致继位者腐化堕落。在夏商周时期，帝王以“天下为家”“赋敛天下”“以博我一人之欢乐”，时而惭焉，“久而安焉”。纣王即位，作“酒池肉林”为长夜之饮，沉湎于酒色，加强搜刮。各代无不因腐化而亡。世袭制下，帝王“亲小人，远贤臣”，加剧了各种社会矛盾。商纣王特别宠爱妲己，唯妲己之言是从，并重用奸臣，却对有识之士大肆排斥和迫害。凡此种种，使统治阶级内部陷入严重的危机，导致商朝处于风雨飘摇之中，并最终灭亡。

◆西周的异姓功臣有权享有分封的盛宴吗？

分封是古汉语“封建”的原始含义。《左传》载：“封建亲戚，以蕃屏周。”意思是说，把土地分封给亲戚（守卫四方），作为西周的屏障。西周通过分封制，形成了以周天子为首的等级制度，是周朝社会的基本结构。

周朝初期，由于灭商以及东征的胜利，周统治者为了巩固奴隶制国家政权，开始分封诸侯。受封的主要为同姓子弟，不过也有异姓功臣。利用册封，周天子把疆域土地及居民分赐给受封的诸侯，叫他们在自己的封地内建立诸侯国。周初分封制分封的对象大概有三种人，即王族、功臣、古代帝王的后代。周王先后分封的重要诸侯国有：鲁、齐、燕、卫、宋、晋、吴、陈等。

王族：伯禽，封鲁；叔虞（成王弟），封晋；周章，封吴；召公爽，封燕等。

功臣：姜尚，封齐等。

古代帝王后代：微子（殷商后代），封宋；妫满（舜的后代）封陈等。

在分封制下，国家土地不完全是周王室的，而是分别由获得封地的诸侯所有，他们拥有分封土地的所有资源和收益，但需向周王室缴纳一定的进贡。周王是共主性质的（共主是氏族社会遗留的领袖模式，禹为最后的氏族共主）。诸侯的土地理论上在其死后可由周王室收回重新分配，但一般是世袭。被封诸侯的义务是：服从周王命令，并朝觐述职；向周王交纳贡赋；协助周王镇守疆土；派兵随从周王作战。诸侯有权管理封地内的居民；有权将自己的封地以及居民分封给自己的亲族，叫他们做诸侯的卿大夫；有权建立武装，并征收赋税。

◆分封制在历史舞台上是如何褪去主角光芒的？

春秋时期，随着井田制的瓦解和争霸战争的发展，周朝王室日益衰微，“礼乐征伐自天子出”的局面被“礼乐征伐自诸侯出”取代，大诸侯国为争夺土地、人口及对其他诸侯国的支配权，不断进行兼并战争，形成了诸侯争霸的局面。周王“天下共主”的地位丧失，“分封制”开始遭到破坏。葵丘会盟，齐桓公的霸主地位得到正式承认，标志着分封制崩溃。秦朝统一中国后，全国推行单一的“郡县制”，由此，分封制在历史的舞台上褪去主角光芒。不过，仍然在一定范围内存在着。

◆在周朝，优秀的庶子是否有资格继承王位？

中国人认为血浓于水，中国人保有延续数代的家族谱系，中国人重视祖坟香火，中国人企盼家族永继，中国人崇尚叶落归根、认祖归宗，中国人喜好依照家谱所规定的辈分起名命字……凡此种种，都与中国传统文化中的宗法制有着千丝万缕的联系。

所谓宗法制，它是统治者利用血缘关系的亲疏来维护政治关系的上下尊卑贵贱秩序的社会政治制度，是分封制和井田制的基础，是调整统治阶级内部权力、财产继承与分配秩序的原则。早在原始氏族时期宗法制就有所萌芽，但作为一种维系贵族间关系的完整制度的形成和出现，则是周朝的事情。

周朝在宗法制度下，“天子建国，诸侯立家，卿置侧室，大夫有贰宗，士有隶子弟，庶人工商各有分亲，皆有等衰。是以民服事其上而下无觊觎”，形成了系统而完整的制度。根据宗法制“传嫡不传庶，传长不传贤”的精神，周王朝规定：只有嫡长子才是继承王位或爵位的唯一合格者，庶子即使比嫡长子年长或更有才能，也无权继承王位或爵位。

关于周朝宗法制的结构模式具体如下：

周王为周族之王，自称天子，奉祀周族的始祖，称“大宗”，由嫡长子继承王位。其余庶子和庶兄弟大多分封为诸侯，对天子是“小宗”，在其本国则是大宗。诸侯也由嫡长子继位，其余庶子和庶兄弟大多被分封为卿或大夫，对诸侯是“小宗”，在本家则为“大宗”，其职位也由嫡长子继承。从卿大夫到士，其“大宗”“小宗”的关系与上同。士是贵族阶级的最底层，不再分封。不难看出，世袭的嫡长子即是宗子，地位最尊。如此层层分封，大宗率小宗，小宗率群弟。大宗、小宗的宗法关系，同时也是政治隶属关系。再有，对于异姓有功的贵族，王室则通过联姻，成为甥舅，分封为诸侯，也纳入宗法关系。

就这样，在全体贵族内部，举国上下形成了以周天子为根基，由血缘亲疏不同的众诸侯国竞相拱卫的等级森严的宗法分封政治结构，从而使政权得到族权与神权的双重配合。

◆历史上把君主称为“皇帝”是从谁开始的？

历史上把君主称为“皇帝”，是从秦始皇开始的。秦朝之前，中国的最高统治者称“王”或单称“皇”和“帝”，如周文王、周武王、“三皇”、“五帝”等。春秋战国时期，周王室衰微，诸侯争霸，一些国力强大的诸侯国的国君也自称为王，如秦王、楚王、齐王、赵王、燕王等。

公元前221年，秦王嬴政灭掉六国，平定天下。嬴政自认为这是亘古未有的功业，甚至连三皇五帝也比不上他，如果不改变“王”的称号“无以称成功，传后世”，于是让李斯等人研究一下怎么才能改变自己的称号，以显示自己的“丰功伟绩”。李斯等人商议后报告秦王说，上古有天皇、地皇、泰皇，泰皇最贵，可改“王”为“泰皇”。秦王反复考虑，自以为德高三皇，功过五帝，决定兼采“帝”字，更号曰“皇帝”，命为“制”，令为“诏”，自称曰“朕”，以显示自己的尊贵。

◆秦朝建立后在地方实行什么制度？

春秋时期，一些诸侯国在新兼并的地区设县，后来又在边地设郡。商鞅变法时，废分封，行县制。秦统一后，经过朝廷上的两次辩论，秦始皇决定在全国废除分封制，实行郡县制。

（1）郡。是中央政府以下最高一级地方行政机构。秦始皇统一六国后，国土空前广袤，分天下为三十六郡。后来，南并五岭以南之南越地，置南海、桂林、象郡三郡，北取阴山以南地置九原郡，之后陆续析出东海、常山、济北、胶东、河内和衡山等郡，增至四十余郡。

秦朝的郡设郡守（主持民政，对上承受中央命令,对下督责所属各县）、郡尉（主持军事）、郡监（主持监察事务），郡守下设郡丞，作为郡守的副职。而秦朝首都咸阳及其附近关中平原则由内史直接管理。

（2）县。是郡的下级行政机构。县的长官称县令或县长，由皇帝直接任命。主要任务是治理民众，管理财政、司法、狱讼和兵役。郡守通过每年的考核和平时的检查，对县令、县长的工作进行考察。

秦朝这套从中央到地方的统治机构，管制有明确的职责分工，既相互配合，又彼此牵制，统治机构的最高统治权掌握在皇帝一人手中，最终确保了地主阶级对广大劳动人民的专制统治。这套金字塔般统治机构的建立，标志着封建专制主义中央集权制度的确立。

◆“府”作为地方行政单位，进行了哪些演变？

府，作为一级地方行政单位，经历了较长的演变过程。

在魏晋时期，州刺史常常带军职，兼任将军。州有州的衙门和幕僚，将军另外有将军的衙门和幕僚。将军的衙门，就叫作“府”。

唐朝的时候，朝廷在首都、陪都以及皇帝登基前任职的州设置府，例如京兆府、河南府、太原府等等。府的长官，称作府尹。

到了宋朝，府的设置逐渐多了起来，府隶属于路（路是介于中央与州之间的一级行政区划）。

明清时期，府固定为省、县之间的一级行政单位。除了首都、陪都所在地的府最高长官仍然称府尹外，一般的府最高长官，都称作“知府”，意思是“知（即主持）某府事”。

◆秦始皇“焚书”采纳的是谁的建议？

“焚书坑儒”发生在秦朝。在秦始皇三十四年（前213年），博士淳于越反对当时实行的“郡县制”，要求根据古制，分封子弟。丞相李斯加以驳斥，并主张焚烧除《秦记》以外的列国史记；不是任博士官之职的人，家中私藏的《诗》《书》及百家典籍都交由守、尉烧毁；私底下谈论《诗》《书》的弃市，以古非今的灭族；禁止私学，想学法令的人要以官吏为师；法令下达三十日仍不烧毁所禁之书者，“黥为城旦”；医药卜筮种树之书不属焚毁之列，可以保留。由上可知，秦始皇“焚书”，采纳的是李斯的建议。

◆汉朝的“郡国并行制”是怎么回事？

秦始皇时期的丞相王绾，是郡国并行制的最早倡导者。而汉高祖刘邦，则是郡国并行制的最早推行者。

话说汉高祖刘邦建汉之初，吸取周朝实行分封制，结果诸侯争霸，导致王室衰微，以及秦朝废除分封制，实行郡县制，结果皇室失去屏蔽，导致速亡的教训，为加强中央集权，笼络人心，中央机构继承秦制，皇帝之下设三公九卿，在地方上则实行“郡国并行制”，即一方面实行郡县制，另一方面分封同姓和异姓子弟为诸侯王，建立诸侯国。这种在一个中央政权之下推行的两种政治体制，就是后来人们所称的郡国并行制度。

不料，诸侯国后来却逐渐成为割据一方的地方势力。文帝、景帝时，为消除地方势力对中央的威胁，采取了一系列措施。文帝采纳贾谊“众建诸侯而少其力”的建议，把齐国分成六个小王国，把淮南国分为三个小王国，以削弱其力量；景帝采纳晁错“削藩”的建议，削减了几个诸侯王的封区，导致了以吴王刘濞为首的“七国之乱”。“七国之乱”平定后，景帝下令取消了诸侯王的治民权，又减缩诸侯王的统治机构，降低王国官职的等级，使之成为中央直接管理的一级地方行政单位，基本上解决了刘邦实行诸侯王制度的弊病。

后来，汉武帝刘彻为了进一步加强中央集权，在主父偃的建议下，推行推恩令和附益法。这样，汉朝廷“不行黜陟而藩国自析”。其后，王国辖地仅有数县，其地位相当于郡，诸侯名存实亡。这样，诸侯王强大难管制的问题，就真正解决了。

◆古代的三省六部制是指什么？

三省六部制是在隋朝正式确立，在唐朝进一步完善的政治制度。

三省指中书省、门下省、尚书省。职责分别为：

（1）中书省：主要负责与皇帝讨论法案的起草，草拟皇帝诏令。

（2）门下省：负责审查诏令内容，并根据情况退回给中书省。

（3）尚书省：执行国家法令。

六部是隋唐时中央行政机构中“吏、户、礼、兵、刑、工”各部的总称。每部各辖四司，共为二十四司。其职务在秦汉时本为九卿所分掌，魏晋以后尚书分曹治事，由曹渐变为部。至隋唐时，尚书省下设左右丞，分管六部。六部的长官都称为尚书。元代六部改属中书省。明初废中书省，六部直接对皇帝负责，地位更加提高。清末逐渐添设新的部，六部之名被废。

六部的职责分别为：

（1）吏部：负责考核、任免四品以下官员。

（2）户部：负责财政、国库。

（3）礼部：负责贡举、祭祀、典礼。

（4）兵部：负责军事。

（5）刑部：负责司法、审计事务。具体审判另由大理寺负责。重大案件组织刑部、御史台、大理寺会审。谓三司审。

（6）工部：负责工程建设。

◆“政府”最初指的是什么？

现在一提到“政府”，很多人都知道指的是国家行政机关。但“政府”一词的本来意义并非如此。在唐朝，封建社会的各种体制已逐渐成熟，确立了负责中枢政务的“三省六部制”。“三省”即决策机关的中书省，负责审议的门下省，具体执行的尚书省。“三省”长官共同行使宰相职权，负责处理国家政务。这些长官日常办公的地方叫“政事堂”，号称“政府”。“府”是官署的通称，即百官汇集之处。

北宋司马光在《资治通鉴》中指出：“李林甫领吏部尚书，日在政府。”胡三省注云：“政府”即政事堂。这大概是“政府”一词的最早出处。

◆中国历史上的第一个女皇是武则天吗？

众所周知，武则天是中国历史上著名的女皇。然而，武则天并非中国的第一个女皇。

公元515年，北魏宣武帝驾崩，6岁的太子元诩即位，这就是肃宗孝明帝。肃宗年幼，其母胡太后临朝听政。由于政治腐败，生活腐化，朝廷内外对其极为不满。

公元528年，19岁的孝明帝对胡太后的行为忍无可忍，便密诏车骑将军、六州讨虏大都督的尔朱荣，令其率大军到京城洛阳，逼胡太后归政。不料泄露机密，胡太后先发制人。她把孝明帝的潘嫔妃刚生下的女孩谎称为“太子”，大赦天下。然后，又抢在尔朱荣兵发洛阳前，把孝明帝毒死，改年号“武泰”，立假太子为帝。

这个女孩就是中国历史上的第一位女皇帝，比唐代女皇武则天早近一百六十年。待局势稳定后，胡太后又对外宣称潘嫔妃所生为女孩，于是废旧立新，另立临洮王的世子、3岁的元钊为帝。尔朱荣知道后气愤不已，随即兵发洛阳，一举攻占洛阳后，把胡太后和幼帝元钊淹死在洛水里。此即历史上有名的“河阴之变”。之后，尔朱荣把持了北魏实权。

◆中国地方政制所称的“省”是从何时开始的？

行省制源于魏晋时的行台，当时为中央政权处理军国大事时的临时派出机构。金朝曾在边境广置行台尚书省。蒙古人入主中原时仿金制，设行台尚书省统辖一个大区的路府州县，演变成地方最高政治机构。元世祖中统年间，尚书省并入中书省，地方机构也改称行中书省，简称行省。从此，地方政治制度进入划省而治的阶段。

更确切地说，到元世祖忽必烈在位后期，行省制度基本定型，由临时性的中央派出机构转变为常设的地方大行政区。值得一提的是，即使在行省完全定型并地方化之后，它仍然带有中央派出机构，或者说中书省（都省）分支机构的色彩。

元朝行省制度的确立，是中国行政制度的一大变革。明朝建立后，虽然改行省为承宣布政使司，但习惯上仍称行省，一般简称省，所辖也就是现在各省的前身。清朝沿袭各地省名。省作为地方一级行政区的名称，一直沿用至今。

◆明朝皇帝朱元璋为何要设“内阁”？

明代的开国皇帝朱元璋鉴于历代宰相职权太重，容易对皇帝的统治形成一定的威胁，决定永远废除宰相一官，并撤销中书省、尚书省，改由六部尚书分担国务，直接受命于皇帝，以期权力高度集中。但是皇帝个人毕竟不能万事通晓，他又不得不在殿阁之内招集一群顾问。洪武十五年（1382年），朱元璋仿照唐宋旧制，设置华盖殿、武英殿、文华殿、文渊阁、东阁诸大学士，以其常授餐于“大内”（天子宫殿之内），常侍皇帝“殿阁”之下，起宰辅的作用，为避宰相之名，故名为“内阁”。

但内阁既非官署，亦非官名。开始时只是简任文臣入阁，参与机务。这些文人原官品级不高，亦无官属，不能直接指挥行政，与唐代翰林学士性质略同。之后这些人逐渐得宠、升迁，却仍带着某某殿阁大学士之名，才有了内阁的正式办公处所。大学士本身品秩虽只五品，而其所升任的官职往往可至尚书、侍郎，内阁的地位才逐步提高到六部以上。到了这地步，内阁就又有似于唐代掌朝政的中书门下省重臣的地位了。唐代的中书门下省官互称阁老，于是明代之大学士也被一般人尊称为“阁老”。

清初因循明制，建立内阁。但自雍正时设立军机处后，内阁不再干预机务。至宣统三年（1911年），将旧军机处并入内阁，设总理大臣，并以各部大臣为国务大臣，恢复内阁的形式，成为行政最高机关。民国初，改称国务院，设国务总理，以各部总长为国务员。一般人照旧习惯仍称之为“内阁”。至今人们称呼各国处理国家政务的最高行政机构，仍多按此习惯称为内阁。内阁一词已成为政府首脑部门的代称。

◆明朝的“厂卫”是做什么的？

厂卫是明朝各种直属皇帝的侦讯机构的总称，其作用是侦察各级官员的言行举止，在皇帝特许下可以不经由正式司法机构的审判过程，而处理审判并处罚犯人。该机构反映了明朝君主个人独裁统治的特色。明朝锦衣卫、东西两厂、内行厂都是特务机构，合称“厂卫”。

为了镇压百姓和监视官吏，明太祖设立了锦衣卫，作为侍从皇帝的军事机构，兼管侦察、逮捕和审讯等事。明成祖又设立东厂，这是一个缉捕“叛逆”的特务机关，起初直接受明成祖指挥，后来统辖权移到宦官手里，有事可直接向皇帝报告，权力在锦衣卫之上。明宪宗时增设西厂，用太监汪直为提督。其成员权力在东厂之上，活动范围自京师遍及各地。明武宗时又设立内行厂。除锦衣卫为外官，其长官指挥使通常由皇帝亲信就任外，这类机构多由宦官直接掌管，对各级官员有强烈牵制作用。

◆清朝八旗制度中的“八旗”是怎么回事？

八旗制度是“以旗统人，即以旗统兵”的兵民一体、军政合一的社会制度，兵士“出则为兵，入则为民，耕战二事，未尝偏废”。八旗具体包括满八旗、蒙八旗、汉军八旗。

努尔哈赤在统一女真的过程中，

创立了满八旗制度。它是满族入关前的政治制度、文化系统、社会基础，是从女真氏族公社末期的狩猎组织演变而来的。氏族成员出猎时，跟随族党屯寨而行，每人出箭一支，以10人为一单位，称“牛录”（满语，意为“大箭”），其首领称“牛录额真”（满语，意为“箭主”）。1601年，努尔哈赤对牛录制度进行了整编。每一牛录扩大到300人，分别以黄、白、红、蓝四色旗为标志。1615年，因统治区域的扩大，兵力增加，又决定以五牛录为一甲喇，五甲喇为一固山，由甲喇额真、固山额真统领。将以前每牛录一旗改为每固山一旗。除原来的黄、白、红、蓝四色旗外，另增镶黄、镶白、镶红、镶蓝四旗，合四正四镶共八旗。努尔哈赤是八旗的最高统帅。

清太宗皇太极即位之后增编蒙古八旗和汉军八旗。入关后旗主固山额真改称都统，由中央八旗都统衙门掌握。

顺治入关以后的八旗，又分为上三旗（正黄、镶黄、正白）和下五旗（镶白、正红、镶红、正蓝、镶蓝）。上三旗又称内府三旗，由皇帝亲自统帅，是“天子自将”的旗军，皇帝宿卫由上三旗中才武出众者组成。八旗旗上有龙，因此亦称大龙旗，后来清朝的国旗黄龙旗也是由此而来。

◆“尚方宝剑”是如何成为皇权象征的呢？

尚方宝剑，作为至高无上的皇权象征，出自《汉书》。

汉成帝时，时为丞相的张禹因是皇帝刘骜的老师，受到汉成帝的宠幸，不仅占有大量的土地和财物，而且私生活甚为淫奢。一位敢于犯颜进谏的诤臣朱云上书：“臣愿赐尚方斩马剑，断佞臣一人以厉其余。”成帝大怒：“小臣居下讪上，廷辱师傅，罪死不赦。”朱云紧抱殿前栏杆，据理力争，以致栏杆为之折断。左将军辛庆忌为朱云求情，朱云才逃过一劫。

这便是历史上著名的“朱云折槛”的故事。而这里所称的“尚方斩马剑”，即民间俗谓的“尚方宝剑”，又称“上方宝剑”。当然，朱云说的“尚方斩马剑”，还只是把它作为皇权的借喻。真正把“尚方宝剑”作为皇权象征，赐给臣属的皇帝，乃明太祖朱元璋。朱元璋将御史台改为都察院，使监察御史兼有监察各地官僚的职责。御史出巡常赐以“尚方宝剑”，表示“如朕亲临”之意。

◆“奉天承运，皇帝诏曰”是从何时开始广泛应用的？

“奉天承运，皇帝诏曰”的广泛使用应该是在明代。明太祖宣扬自己的统治出于天意，以此巩固统治。据余继登《典故纪闻》记载，太祖尝言：“见人言动皆奉天而行，非敢自专也。”因此，诏书的开头就是“奉天承运”。

明代礼仪明文规定，亲王、群臣上表笺，都得有“皇天眷命，统驭万方”“承天受命，君师宇内”等字样，节日朝贺须用“奉天永昌”，皇帝郊祀称自己为“嗣天子臣”，其使用的音乐头一句就是“荷蒙天地兮，君主华夷”。皇帝结婚的纳采制词首句也是“朕承天序”，皇帝的宝玺则有“皇帝奉天之宝”“奉天承运大明天子宝”

等等。

清承明制，其诏书多以“奉天承运，皇帝诏曰”开头，中间诏示内容，最后一般以“布告天下，咸使闻知”或“布告中外，咸使闻知”结尾。诏书以外，清代还有制辞（即制书），其开头一般是“奉天承运，皇帝制曰”云云。到了1912年，随着宣统皇帝发布退位诏书，“奉天承运，皇帝诏曰”随之终结。

◆中国历代“帝王之最”都有哪些内容？

历代王朝中，帝王最多的是商朝，自汤至纣，共历30帝。

历代王朝中，帝王最少的是王莽的新朝、北朝的东魏，均仅历1帝。

历代王朝中，延续最久的是周朝，共800余年。

历代王朝中，存在时间最短暂的是北辽，仅一年多。

历代帝王中，寿命最长的是清高宗（乾隆皇帝）爱新觉罗·弘历，享年89岁。（西周共和元年以前的计年不准确，故不计。）

历代帝王中，寿命最短的帝王是东汉殇帝刘隆，2岁即亡。

历代帝王中，即位时年龄最大的是武则天，时年67；其次是南朝宋武帝刘裕，时年65。

历代帝王中，即位时年龄最小的是东汉殇帝刘隆，出生仅百余日。

历代帝王中，在位最长的是清朝圣祖（康熙帝）爱新觉罗·玄烨，享位61年。

历代帝王中，在位最短促的是金朝末帝完颜承麟，在位仅半日。

历代帝王中，对文艺最有贡献的是唐明皇（玄宗）李隆基，他对戏剧、歌舞、音乐深有研究，创建过戏剧活动中心——梨园，被历来的戏曲艺人尊为梨园祖师。

历代帝王中，最能赋诗的是三国时期的魏文帝曹丕，他赋诗甚多，后人收编成《魏文帝集》，其诗语言通俗，描写细致。

历代帝王中，最有文采，善于作文填词的是南唐后主李煜。他的词多用白描手法和贴切的比喻，前期之作多写宫廷靡华生活，后期之作多反映亡国之君的哀痛，留传至今有《南唐二主词》。

历代帝王中，最精于书画的是北宋徽宗赵佶，他的书法自成一派，称“瘦金体”，绘画擅长花鸟，作品流传至今。

职　官

◆古人当官了，为什么叫“释褐”？

“褐”，最早用葛、兽毛编制，后来通常用大麻、兽毛捻成线编织而成。但是即使是这样粗劣的衣服，也不一定能得到，“褐不完”“不得短褐”的情况也是常见的。《诗经》中有：“无衣无褐，何以卒岁？”

古代“褐”一般是贫贱的人或地位卑贱的人才穿的衣服。《史记》：“夫五羖大夫……被褐食牛。”五羖大夫叫百里奚，原为春秋时虞国大夫，虞被秦灭，沦为楚人的奴仆，后由秦用五张黑羊皮赎回。“被褐”正是当时“下等人”穿衣的情况。

“释”，意思是“放下”，“释褐”，指的是脱去平民衣服，喻始任官职。如，《陈书》：“炯少有俊才，为当时所重。释褐王国常侍。”沈炯的祖、父都做官，他从来不会衣褐，但褐既然是平民之服，一做官就告别了平民生活，所以要说“释褐”。

◆旧时官员办公之处为何称为“衙门”？

旧时称官员的办公之处为“衙门”。其实“衙门”脱胎于“牙门”一词。

猛兽的利牙，古时常用来象征武力。“牙门”系古代军事用语，是军旅营门的别称。当时战事频繁，王者打天下、守江山，完全凭借武力，因此，特别器重军事将领。军事将领以此为荣，往往将猛兽的爪、牙置于办公处。后来嫌麻烦，就在军营门外以木头刻画成大型兽牙作饰。营中还出现了旗杆端饰有兽牙、边缘剪裁成齿形的牙旗。于是，营门也被形象地称作“牙门”，是军中的办公之处。“牙门”的地位非常重要，直接影响着军心和士气。

汉末时，“牙门”成了军旅营门的别称。这一名称逐渐移用指官署之门。在南北朝时期，“牙门”已经演变成为后来的“衙门”之义了。《武瓦闻见记》中记载：“近俗尚武，是以通呼公府为‘公牙’，府门为‘牙门’，字稍讹变转而为‘衙’也。”唐朝以后，“衙门”一词广为流行。北宋以后，人们就几乎只知道“衙门”而不知“牙门”了。

◆古代官僚上朝在时间方面有何规定？

《诗经》曰：“鸡既鸣矣，朝既盈矣。……东方明矣，朝既昌矣。”妻子催丈夫起床：“公鸡已经叫了，上朝的都已经到了。……东方已经亮了，上朝的已经忙碌了。”由此可知，鸡鸣即起准备上班的传统，至少在春秋时期业已产生。后来，这个时段逐渐定型为卯时（早晨五至七时）。至于官僚朝会的时间，则根据议程多少而长短不等，一般多在辰时（午前七至九时，这里多指九时）结束，称“散朝”“放班”或“退朝”。五代以后，常有这样的情况：早朝时，皇帝并不上殿与百官见面，而是将宰相或首辅等一些重臣召入内殿开小会。小会开完后，宰相出来，领着百官在殿廷行礼后，宣布退朝。

◆历史上官吏考勤制度始于哪个朝代？

考勤制度的起源很早，但是古代所谓的考勤，主要是对国家官吏而言。至于考勤表的使用，据记载，应当不早于清朝。

清初，国家官吏实行坐班制，每日办公都在衙署。到了乾隆时期，这种制度逐渐松弛下来了。后来许多官员也待在家里办公，不坐班了。因此，清政府在国家机构中设置“画到簿”考司考勤。这就是考勤的重要凭据之一，它与红本一起存入内阁大库，以备查验。但是由于它反映不出迟到、早退的情况，所以没有多大约束力。到了清咸丰年间，成立了总理衙门，就规定考核官员能否按时办公，并分别给予奖励和惩处。这就是历史上考勤制度的开始。

◆古代官吏对迟到有惩罚措施吗？

古代衙门里的官员上班的时段为：春冬二季，清晨六点签到；夏秋二季，清晨五点半就得签到。如果谁敢无故旷工或迟到，就不是扣点钱那么简单的事情了，依天数和情节轻重，可处以笞刑或徒刑。内外官员应上班而不到的，缺勤一天处笞二十小板，每再满三天加一等，满二十五天处杖打一百大板，满三十五天判处徒刑一年。倘是军事重镇或边境地区供职的“边要之官”，还要罪加一等。由此可见，古代官吏上班迟到是有可能遭受皮肉之苦的。

◆古代官员授职荐举常涉及哪些词语？

任：担当，担任。

授：授官，任命。

除：任命，授职。

拜：授给官职。

征：特指君召臣，由君王征聘社会知名人士充任官员。

召：征召。

辟：征召，由中央官署征聘，然后向上荐举，任以官职。

荐：推荐，由地方向中央推荐品行端正的人，任以官职。

举：推荐，推举，也指由地方向中央推荐品行端正的人，任以官职。

起：起用人任以官职或重新启用。

提：提拔。

拔：提升没有官职的人。

封：封赐，封授，帝王授予臣子土地、封号或爵位。

补：补充缺职或由候补而正式任命。

赠：用于追封已故者爵位。

赐：赏赐有功之臣爵位。

赏：指皇帝特意赐予官职、官衔或爵位。

铨：铨选，选拔。

策：策试。

衡：权衡，比较。指主管选拔官吏的职位。亦指主管选拔官吏的部门之长。

选：推选。

进：引荐、进荐。

◆古代官员升降免职常涉及哪些词语？

擢：在原官上提拔。

升：升官。

拔擢：用于由低级到高级的升迁。

进：用于较高职务。

超迁、超擢：越级破格提升。

起复：恢复原职务。

罢、免、解、黜、夺：官员因过失解除职务。

放：委任委派，有时也指京官调任外地。

贬、谪：因过失而降级。

革、褫：革除，指撤职查办。

左迁：降职、贬官。

削：削免。

◆古代官员调职兼职常涉及哪些词语？

转、移、调、徙：转任、改任、调动、调迁。

迁：调动官职，一般多为升官。

出：指出京受任。

改：改任。

放：外放，外调。

领：本职之外兼较低他职。

摄：暂时兼代本职外更高职务。

假：暂时代理。

行：代理官职。

署：指代理无本官的职务。

护：原官员短期离职，临时守护印信。

判：高位兼低职。

◆古代官员到任离任常涉及哪些词语？

下车：官吏初到任。

视事：官员到职工作。

就：就任。

到官：官员到任。

宦：做官。

仕：做官。

乞骸骨：年老请求辞职。

致仕：官员由于年老或健康原因而退休。

◆历史上第一个防火官是谁封的？

五千年前生活在中原地区的黄帝注意到百姓在实行刀耕火种的同时，由于放火烧荒、开垦田地，一些山林火灾时有发生，于是，便提出了“节用水火林物”的主张，设置了“火正”这一和火有关的官职，加强了对百姓用火和防火的管理。中国历史上第一个防火官（又叫“行火官”）名叫秦龙。此人本为一乡村百姓，一天，他经过一处着火的房子，便奋不顾身冲上前去灭火。黄帝听说此事后，便召见秦龙，并命其为“行火官”。

◆世卿世禄制始于何时？又废于何时？

卿是古代高级官吏的称呼。世卿就是天子或诸侯国君之下的贵族，世世代代、父死子继，连任卿这样的高官。禄是官吏所得的财物。世禄就是官吏们世世代代、父死子继，享有所封的土地及其赋税收入。

世袭卿位和禄田的制度在古代曾十分盛行。以西周为例，辅佐周王的周公、召公，其子孙长期在朝廷辅佐周王，为王朝卿士。不过，世袭官职和继承其祖、父的采邑、爵位，均需履行一定的手续，得到周王或其上级的重新册命。世卿世禄是周代统治者为笼络亲属、功臣，使他们世代享有特权而实施的制度。

世卿世禄制的废除在商鞅变法时期。据《史记》载，秦国规定“宗室非有军功论，不得为属籍。明尊卑爵秩等级，各以差次名田宅，臣妾衣服以家次。有功者显荣，无功者虽富无所芬华”。即依军功大小定贵族身份之高低，等于否定了世卿世禄制的合法性。

◆古代“射策”也是一种选官制度吗？

射策是选士的一种以经术为内容的考试方法。主试者提出问题，书之于策，覆置案头，受试人拈取其一，叫作“射”。汉代射策之法，一般应用于太学诸生的考试，选补博士以及明经、察举的考试。魏晋南北朝时孝廉、明经等选士科目的经术考试仍称“射策”，但也常常称“对策”，二语已无区分。

西汉时期，射策分甲、乙、丙三科，射策者随意解答，按其难易而分优劣。东汉只分甲、乙两科。颜师古以为汉人出题时依题之难易而预设甲、乙等科，而《汉书音义》则以为出题时不分科，到评卷时依成绩高下分科。答题不合格，当时称为“不应令”或“不中策”。落选的可以再射。比如，西汉匡衡射策多次不中，直到第九次才中丙科。汉人分科是为了择优录取，按成绩安排中选人的官职。如中甲科者可为郎中，中乙科者可为太子舍人，中丙科者只能补文学掌故。

◆宰相作为官制是从哪个朝代开始的？

宰相，是中国历史上一个泛指的官职称号。宰是主宰，相是辅助之。宰相的正式官名随着朝代的更替，先后出现过丞相、相国、大司徒、中书命、尚书命、参知政事、内阁大学士、军机大臣等多达几十种官名。

据记载，早在商周时代已有太宰、尹、太师之称，这些官职虽有辅佐天子管理国家之意，但在当时尚不具备国家机器中幕僚长的性质。到了春秋战国时代，相的名称出现了。例如管仲为齐国相，蔺相如为赵国相。由于当时养士之风盛行，不少有知识的人被各国招聘为相。秦国由于变化彻底，发展迅速，是战国时代第一个设立郡县制的国家，并于秦武王二年（前309年）任樗里疾、甘茂为左右丞相。丞相之名由此而始。

秦始皇统一六国后，宰相作为官制首次确定下来。在秦以前的殷周时代，国家的最高统治者是通过分封诸侯进行统治的，商朝的王或周朝的天子不能干涉分封国的内政，又因分封国的国君由贵族世袭，所以天子无权解除他们在分封国的统治权力。

秦始皇之后，废分封，设郡县，废诸侯，设官吏，皇帝不再通过宗法亲缘关系进行统治，改为任命官僚向全国发号施令，因此有必要组织一套官僚机构，并借助于宰相大臣辅佐政务。宰相就在这一历史背景下产生了。随着封建国家的发展，宰相制一直沿袭了两千多年。

◆谁是空前绝后的“六国宰相”？

战国时期，诸侯纷争，群雄争霸。如果说在诸侯七国中谁领风骚，毫无疑问是做了“六国宰相”、为合纵大业鞠躬尽瘁的苏秦。

苏秦曾师于名震天下的鬼谷子先生。起初至秦，不被用。苏秦不气馁，继续追寻并开辟自己的人生舞台，凭着坚强毅力，终于在燕国打动燕文侯而一举成名，并最终促成了六国（齐、楚、燕、韩、赵、魏）之国君结盟于洹水，苏秦也成了佩有六国相印的风云人物，成为历史上空前绝后的“六国宰相”。

能与“六国宰相”苏秦比肩的，是数次出任秦相，又做过魏相和楚相，最终促成秦国连横大业，为秦国一统天下立下汗马功劳的张仪。

◆**九品中正制是哪个皇帝制定的选官制度?**

东汉后期，以门阀士族为代表的大地主贵族，依仗权势操纵了地方选举，从而与要求参与政治的中小地主及士人产生矛盾。地主阶级内部的这种冲突，使得双方在采取怎样的选官制度上，展开了激烈的斗争。“九品中正制”应运而生。

曹丕称帝以后，制定了九品官人法，即九品中正制。通过品评，将人分为上上、上中、上下、中上、中中、中下、下上、下中、下下九等，朝廷任命中正官到各地主持人物品评，标准有三：家世、道德、才能。被评为上等的人士将被推荐到各级官府中去做官。

初行的九品中正制是“盖以论人才优劣，非为士族高卑”。后来，各级中正官由势力雄厚的门阀士族任命或直接担任。在士族们极为注重家世、谱系的情况下，九品中正制也就把门第出身作为品评的唯一标准，从而形成“上品无寒门，下品无士族”的局面。

◆**翰林学士是一种什么样的官职?**

翰林院是宋、明、清等朝代的官署名。

唐初常以名儒学士起草诏令而无名号。唐玄宗时用文人为翰林待诏，撰拟文词。开元末于翰林院之外另设学士院，供职者称翰林学士，入直内廷，批答表疏，应和文章，随时宣召撰拟文词。德宗以后，时事多艰，翰林学士成为皇帝最亲近的顾问兼秘书官，经常值宿禁中，承命撰草任免将外、册立太子、宣布征伐或大赦等重要文告，有“内相”之称。其加知制诰衔者即等于暂代中书舍人，因之，充学士者经中书舍人，往往即能升任宰相。

北宋翰林学士承唐制，仍掌制诰，主要职责是在内朝起草诏旨。此后地位渐低。

明代始将修史、著作、图书等事务并归翰林院，正式成为外朝官署。

清代沿明制设翰林院，掌编修国史，记载皇帝言行的起居注，进讲经史，以及草拟有关典礼的文件。其长官为掌院学士，以大臣充任，所属职官如侍读、侍讲、编修等，统称翰林，无单称翰林学士官。

◆**节度使的官职名产生于哪个朝代?**

节度使的官职名称，始用于唐朝。

唐朝沿袭隋朝的制度，在国内重要的地区设总管，后改称都督，管理几个州的军事。公元711年，唐睿宗任命贺拔延嗣为河西节度使，从此出现了节度使的称号。后来，朔方、陇右、河东等边镇也相继设置了节度使。

节度使是地方最高军政长官，管辖数州，总揽辖区内的军事、民政、财政，权力极大。

因此，节度使上任时八面威风，皇帝亲自派大员为其饯行，属下州县官吏，要举行隆重的仪式迎接。彩楼高耸，旌旗招展，鼓角齐鸣，节度使骑在高头大马上，由武装仪仗与五彩缤纷的旗帜簇拥而来，象征着权力的“双旌双节”高擎。

◆宋代的提刑官是个什么官?

《大宋提刑官》讲述的是南宋人宋慈判案的传奇故事。那么，宋代的提刑官是个什么官?“提刑官”即“提点刑狱公事”的简称。“提点”就是负责、主管的意思。始设于北宋太宗朝。到真宗朝制度化，设置了提刑司的衙门。

据史料载，提刑司多设在占据交通要道的州府，是地方诉讼案件的最高审理机构。“提刑官”则每年定期到所辖的州县监察地方官吏，并督察、审核所辖州县官府审理、上报的疑难案件，负责审问州县官府的囚犯，对于地方官判案拖延时日、不能如期捕获盗犯的渎职行为进行弹劾。州县的死刑犯一般要经过“提刑官”的核准。“提刑官”在巡查州县的监狱时，除查看囚犯人数、囚禁时间外，还接受民众的上诉，维持地方治安。

由此可见，宋代的“提刑官”具有今天的省检察长、公安厅厅长、省高级法院院长、省军分区司令等多重的身份和职能。

◆什么样的人称为“捕快”?

在电影《十面埋伏》中，刘德华、金城武二人塑造的捕快功夫卓越、侠肝义胆，刀光剑影的职业生涯与缠绵悱恻的爱情相得益彰，令人赞叹不已。尤其是温瑞安笔下“无情”“铁手”“追命”“冷血”四大名捕的形象，更是给人留下了深刻印象。那么，你对“捕快”了解多少呢?

“捕快”，原来分为捕役和快手。明清时期，人们称之为捕快。也就是说，“捕快”是捕役和快手的合称，他们负责缉捕罪犯、传唤被告和证人、调查罪证。“捕役，捕拿盗匪之官役也”，“快手，动手擒贼之官役也”，因二者性质相近，故合称为捕快。

捕快所承担的侦破任务都是有时间限制的，叫“比限”，一般五天为一“比”，重大的命案三天为一“比”。过一个“比限”，无法破案的，捕快便要受到责打。在不少文学作品中，捕快作为统治阶级的鹰犬，也常常成为鞭挞的对象。捕快常会应官长之令，参与诸如催租、抓丁、捕人之类的勾当。捕快在古代属于“贱业”，并严格规定他们的后代不能参加科举考试，以免有辱斯文。就算他们脱离捕快行业，其子孙也必须在三代以后，才有资格参加科举考试。

◆历史上的言官职责是什么?

在古代，言官（又称台谏）是监官和谏官的统称。其中，监官是代表君主监察各级官吏的官吏；谏官是对君主的过失直言规劝，并使其改正的官吏。另说，谏官又称言官或垣官，职在讽议左右，以匡人君，监察方式主要是谏诤封驳，审核诏令章奏。

由于是皇帝自己让“言官”骂的，因此，魏征骂唐太宗，骂得再凶，唐太宗再恼火也得忍着。唐穆宗即位不久，言官郑覃劝谏曰：“陛下新基，当全心于政，然则，日嬉戏，宴乐无休。”批评唐穆宗“鬼混”，唐穆宗还得称赞郑覃：“直陈寡人之失，忠也。”宋代司马光曾指出，择言官的标准是不爱富贵、重惜名节、晓知治体。明初朱元璋则从制度上赋予言官拥有规谏皇帝，左右言路，弹劾、纠察百司百官，巡视、按察地方吏治等重要职权。

历史上，言官在澄清吏治、拨乱反正、除暴安民，以及经济发展、边防维护等方面，起着巨大的积极作用。当然，言官群体中不乏附势苟全、趋利避害，甚至枉法残民之辈。他们为了个人或集团利益，党同伐异，对于国家衰败起了助推作用。

◆“知府”“知州”中的“知”做何解？

南宋陆游在家闲居六年后，被起用为严州知州；清康熙的太平盛世年代，有位叫祖应世的葫芦岛籍官员，在知县任上与民同甘苦；清乾隆年间，张船山考中进士后，被朝廷派去做莱州知府……这里提到的“知州”“知县”“知府”官职，前面都加了一个“知”字，该如何理解它呢？

“知”，是“管理、主持”的意思。《左传》：“子产其将知政矣。”意思是说，子产将要主持政事了。唐宋以后，知府、知州、知县、知事（知县又称县知事），都是这种意思。《宋史》说苏轼“知徐州”“知湖州”“知杭州”，就是说，派苏轼去主持徐州、湖州、杭州的政事，即任这些州的知州。

◆知府和知州比，哪个官更大？

知府：地方政权中的府一级，始于唐代，其长官称为尹。宋代命朝臣出外为府的长官，称为知某府事，简称知府，后成为定制。明代始正式称为知府，辖数州县，为一府的最高行政长官。清代相沿不改。知府，又尊称太守、府尊，亦称黄堂。为从四品官。

知州：宋代派朝臣为州一级地方行政长官，带“权知军州事”衔，兼掌军事，简称知州。明代始正式称知州，相当于知府的称为直隶州知州，相当于知县的仅称知州，为一州的行政长官。清代相沿不改，直隶州知州为正五品官，知州为从五品官。

从四品官和从五品官哪个大？当然是从四品。

◆“天府”最初是官名吗？

据考证，“天府”一词最早见于《周礼》，本是一种官名，是专门保管国家珍宝、库藏的一种官吏，后人用来比喻自然条件优越，形势险固，特产富饶的地方。

历史上最早称四川为“天府”出自诸葛亮的《隆中对》：“益州险塞，沃野千里，天府之土，高祖因之以成帝业。”汉代的益州包括今四川盆地和汉中盆地。晋代著名史学家常璩在所著《华阳国志》中称：“蜀沃野千里，号为‘陆海’，旱则引水浸润，雨则杜塞水门，故记曰：水旱从人，不知饥馑，时无荒年，天下谓之天府也。”“天府之国”在历代文人学者笔下逐渐成了四川盆地的代名词。

◆ “州”的长官最初称作什么？

州，在其最初出现时，还不属于正式的行政区建制。在西汉汉武帝统治期间，他将全国划分成十三个监察区，称为“州”。每州设一长官，称为“刺史”(亦称“州牧”)，负责监察郡、县的官吏。直到东汉后期，州才逐渐演变为地方行政区。州管辖郡、县。

隋朝时，郡的建制被取消，只存州、县。唐朝继承隋制，地方分州、县两级。

唐太宗李世民十分重视地方吏治，他把全国州刺史的名字都写在屏风上，随时记下他们政绩的优劣，作为赏罚的依据。州的建制一直延续到清朝。

在宋代，州的行政长官才开始称“知州”。明清两朝，州有两个级别：直隶州和散州。直隶州直属于省，级别与府相同；散州隶属于府，级别与县相同。

知州下属的官员有同知、通判，分别掌管财政、刑法、治安等。到清朝时，全国有直隶州七十六个，散州四十八个。

现在的郑州、杭州、福州、徐州、温州、泉州等地名，均是历史上延续下来的。

◆锦衣卫这种官职最初是谁设置的？

锦衣卫是明代官署名，即锦衣亲军都指挥使司。洪武十五年(1382年)四月十六日由朱元璋设置。它原是护卫皇宫的亲军，掌管皇帝出入仪仗。明太祖加强专制统治，使锦衣卫的权力扩大，特令兼管刑狱，赋予巡察、缉捕盗贼奸党、监视文武百官等职权。最高长官为指挥使，常由功臣、外戚担任。设同知、佥事等官职，其下有官校，专司侦察。

锦衣卫所属镇抚司分南、北两部。南镇抚司理全国军匠之刑狱。北镇抚司专理诏狱，直接取旨行事，用刑尤为残酷。锦衣卫屠杀文武大臣，镇压百姓，罗织大狱，捕人甚多。

明中叶后，锦衣卫活动加强，成为与东厂、西厂并称的特务组织。古人惯以朝廷鹰犬称呼锦衣卫与东厂、西厂。

传统意义上，锦衣卫三大特征为飞鱼服、鸾带、绣春刀。

◆古代皇帝派遣的钦差大臣是干什么的？

“钦差大臣”是中国的古代官名。明代开始，凡由皇帝亲自派遣，到某地专门办理重大事情的官员称“钦差”。旧时对帝王的决定、命令或其所做的事冠以“钦”字，以示崇高与尊敬。“差”表示差遣。清代沿袭，由皇帝特命并颁授关防者称钦差大臣，权力很大，一般简称钦使，统兵者则称钦帅。驻外使节亦称钦差出使某国大臣。

清朝末年，英国企图利用鸦片在中国聚敛财富。林则徐上奏道光帝：“如果继续让鸦片泛滥下去，数十年以后，中国将会没有可以抵御敌人的军队，也将会没有可以充当粮饷的银子。”道光帝大为触动，1838年冬天召林则徐进京，任命他为钦差大臣，叫他到广东去查禁鸦片，并负责节制广东的水师。1839年6月3日到25日，林则徐利用他的钦差大臣身份，在虎门海滩当众销毁收缴来的鸦片。

◆ “驸马”原本是一种官职吗？

“驸马”，全称是“驸马都尉”。“驸”指的是马，三匹马拉一辆车，左右两边的马称为“驸”。“驸马”则是掌管皇帝之“驸”的人，是不小的官。汉武帝时开始有“驸马都尉”这种官职，掌管皇帝舆车之“驸”，年俸两千石。

起初，驸马都尉多由皇室、外戚或达官之子孙担任。到三国时，魏国的何晏因与公主结婚，被授予驸马都尉之职。其后，杜预与司马懿（晋宣帝）的女儿堂山公主结婚，也拜为驸马都尉。魏晋之后，皇帝的女婿照例加驸马都尉称号，简称“驸马”。到南北朝，凡做了皇帝女婿的人，无论是否擅长驯马，都拜为“驸马都尉”了。《宋书》载，褚秀之的儿子诸湛之娶高祖第七女始安公主，拜驸马都尉、著作佐郎。此时，驸马已不是官职，仅是称号而已。到了清朝，驸马改称“额驸”，含义基本相同。

◆最早有关女官制度的记载始于哪部著作？

古代有关女官制度最早的记载始于《周礼》：“周制，天子后立六宫、三夫人、九嫔、二十七世妇、八十一御妻……其内则九嫔，世妇，女御，女祝，女史供宫中之职，外又有典妇功，典丝，典枲掌女工之事；内有司服、缝人掌王后之服，外又有染人、追师、屦人供服饰之物。皆统于天官冢宰。”在外廷，“天子立六官、三公、九卿、二十七大夫、八十一元士，以听天下之外治，以明章天下之男教”。九嫔以下既是嫔妾，也是各方面的女官。

世妇掌祭祀、宾客、丧纪之事，帅女官涤溉；女御掌序于王之燕寝，以岁时献功事，又是各种仪式中世妇的助手；女祝掌后宫祭祀、铸祠以及有关鬼神之事；女史掌王后之礼职，是王后内治的辅助和秘书。低等的还有在宦官领导下的女酒、女浆、女醢、女笾、女醯、女盐、女幂等宫职人员。

◆都督和提督指的是同一种官职吗？

都督，官名。本意为统领，总领。始称于东汉末。魏文帝黄初三年（222年）置都督诸州军事，或领刺史，而都督中外诸军及大都督权位为最重，实为全国最高军事统帅。两晋南北朝沿袭了这种制度。北周改都督诸军为总管，又有大都督、帅都督、都督之称。隋文帝时，三都督并为散官。唐恢复旧称，设大都督府，后又分都督府为上中下。大都督（上都督）由亲王担任，也常用为赠官。中叶以后，以节度使、观察使为地方最高长官，都督之名于是废除。元置大都督府，统领诸卫。明代置五军都督府，各有左右都督及都督同知、都督佥事，分领京卫与各地卫所，为全国最高军政机关。后各卫所仅余空名，都督成了虚衔。清初沿袭，后废除。

提督为清朝武官官职名称，位阶为从一品官。就位阶上，比巡抚文官高一级，与文官尚书或总督平级。提督通常为清朝各省绿营最高主管官，称得上封疆大吏。若以职能分，提督分为陆路提督与水师提督，掌管区域达一至两省，数万平方公里，甚至数十万平方公里。清朝共在全国设置了十二名陆路提督，三名水师提督（福建水师提督、广东水师提督和长江水师提督）。

◆只有清朝才有总督和巡抚的官职吗？

总督和巡抚，合称“督抚”，最早出现于明朝。

明朝时期，中央朝廷派大臣外出处理地方军政事务，分别给予两种头衔，全称分别是“总督某地等处地方提督军务粮饷兼巡抚事”，“巡抚某地等处地方提督军务兼理粮饷”。前者即总督，后者即巡抚。这两个官衔在初期都属于临时性的，事罢还朝，头衔自然也卸去。

到了清朝，总督和巡抚才正式成为地方最高行政长官。总督管辖一省，而两广总督，则管辖广东、广西两省。总督负责治理辖区内的军民要务。总督的官品，高于巡抚；巡抚是省级地方长官，总揽一省的军事、吏治、刑狱等事务。

鸦片战争之前，清政府在全国设置八总督、十六巡抚。其中，直隶、四川两省只设总督，不设巡抚。到1884年，建新疆省，设甘肃新疆巡抚，福建巡抚由闽浙总督兼任。1906年，设奉天、吉林、黑龙江督抚。

◆“使节”最初是做什么的？

在古代，使节并不是对人的称谓，而是作为一种官职凭证。卿大夫聘于诸侯时，国君要授给任职凭证，这种凭证就叫使节，又叫符信；使臣受命出国，国君也要给予他出使凭证，这种凭证也叫使节、符节。那种叫作符信的使节大多用铜铸成，并根据任职地区的不同，分别铸成不同的动物图像。在山区任职的，授给他虎节；在平原任职的，授给他人节；在湖泽地任职的，授给他龙节。出使凭证一般都是用竹子为柄，上面缀些牦牛尾等装饰品，亦称旄节。张骞、苏武等出使匈奴时，持的就是这种使节。

◆国子监祭酒主持什么工作？

国子监祭酒，是清朝中央政府官职之一，品等为从四品。据古典四大名著之一的《红楼梦》记载，金陵十二钗之一李纨的父亲就曾经是国子监祭酒。“这李氏亦系金陵名宦之女，父名李守中，曾为国子监祭酒……”

该官职隶属于清朝最高学府国子监。主要任务为掌大学之法与教学考试，其上为监事大臣，辖下有监丞等辅佐官职。

1910年，清朝灭亡后，该官职废除。

至于该官职名称的由来，是这样的：古代祭祀礼仪有一种叫浇奠祭祀，就是举起酒杯，向天祝祷，洒酒于地；执行这个礼仪的人叫“祭酒”。国子监是当时国家最高学府，传授儒家思想，其中最重要的礼仪是祭祀，故国子监的主管被命名为“祭酒”。东汉胡广曰：“官名祭酒，皆一位之元长者也。古礼宾客得主人馔，则老者一人举酒以祭于地，旧说以为示有先。”

◆清朝“改土归流”中的“土”“流”是官名吗？

清朝“改土归流”政策中的“土”“流”均是官名。“土”即土司，

“流”即流官。

土司作为一种官职名，始置于元朝。当时主要用于封授给西北、西南地区的少数民族部族首领。土司的职位可以世袭，但袭官要获得朝廷批准。元朝的土司有宣慰使、宣抚使、安抚使三种武官职务。明清时期沿置土司，增加土知府、土知州、土知县三种文官职务。土司对朝廷承担一定的赋役，并按照朝廷的征发令提供军队；对内维持其作为部族首领的统治权。

清朝雍正年间，开始“改土归流”，将世袭的土司改为由朝廷任免的流官。所谓“流官”，是指任职者来来去去、不断流动的意思。为了推行“改土归流”政策，清朝发动了对少数民族的多次战争，但是土司制度直到清朝灭亡也没有完全消失。

◆古代把什么样的人称作“清客”？

“清客”一词大约出现在明清之际，它是从早前的门客、食客演化而来的。在战国时期，一些权贵为称霸天下，招揽各种有特长者，养在家中，以驱使他们，如孟尝君就有食客三千，其中既有雄才大略之辈，又有鸡鸣狗盗之徒。清客其实就是门客、食客的一种，但清客含有清俊雅逸之意，因为梅花的别称也叫清客。

虽然清客常被人轻视，但当好清客并非易事。清人梁章钜在《归田琐记》中，对此曾有这样的描述：“都下清客最多，然亦须才品稍兼者方能自立。”当时有人特将其必须具备的本领编成十字令，其文曰：“一笔好字，二等才情，三斤酒量，四季衣服，五子围棋，六出昆曲，七字歪诗，八张马吊，九品头衔，十分和气。”

不过，有人认为仅此还不够，又在其下各添两字，成为“一笔好字，不错；二等才情，不露；三斤酒量，不吐；四季衣服，不当；五子围棋，不悔；六出昆曲，不推；七字歪诗，不迟；八张马吊，不查；九品头衔，不选；十分和气，不俗。”这实际上已是从诗文到吃喝玩乐全都齐全，可以设想，要是没有一点能耐，是断难做到的。

◆中国古代的官媒权力究竟有多大？

“媒人”有“官媒”和“私媒”之分。所谓“私媒”，就是民间的婚姻介绍人，而“官媒”则是代表官府行男女婚姻之事的机构，实即官方的婚姻介绍所。

官方的媒人，古代称作媒官、媒氏、媒互人等，最早出现在西周。据《周礼》记载，媒官的主要职责是掌握全国男女的姓名和出生时间，督促适龄男女结婚。

春秋战国时代的官媒，据《管子》载，除了为年轻人安排嫁娶外，还要帮助鳏夫寡妇重新组织家庭，并整合他们的财产和田地。

自秦至清，官媒的权力仍然很大。如《晋书》载，女子凡年满十七岁，其父母尚未给她选择婆家的，一律交官媒，由“媒官”配给丈夫。再如清朝时曾将大批罪犯流放到西北边疆去，为解决这些人的婚姻问题，特地“立媒官两人司其事，非官媒所指配，不得私相嫁娶”。看来官媒权力的确不小。

◆什么样的女人能被称为诰命夫人？

诰命，又称诰书，是皇帝封赠官员的专用文书。所谓“诰”，是以上告下的意思。古代以大义谕众叫诰。古代一品至五品的官员称诰，六品至九品称敕。诰命夫人跟其丈夫官职有关，有俸禄，没实权。明清时期形成了非常完备的诰封制度，一至五品官员如果功绩超群都有机会被授以诰命，六至九品被授以敕命，夫人从夫品级，故世有“诰命夫人”之说。

汉代以后，王公大臣（即官在“执政”以上者）之妻称夫人，唐、宋、明、清各朝还对高官的母亲或妻子加封，称诰命夫人，从高官的品级。一品诰命夫人是她的丈夫是一品高官，她是皇封的一品诰命夫人。

《清会典》中载，诰命针对官员本身的叫诰授；针对曾祖父母、祖父母、父母及妻时，存者叫诰封，殁者叫诰赠。清代诰命用五色丝织品精制，书满汉文，皇上钤以印鉴。通览之下，色彩绚丽，有一股华贵喜庆的气氛。

◆“答应”在宫中是什么地位？

清代紫禁城的三宫六院内居住着皇帝的一大群妻妾，其中地位最高的是皇后，她主治内宫，声名显赫，而地位最低的则是答应。

答应的地位虽然低下，但也有爬上高位的，但这种机遇很是渺茫。实际上，明代皇宫中便有答应，而且有大小之分，但在当时，答应还不是皇帝的小妾。明代答应不仅仅指地位低下的宫女，有时干粗活的太监也称答应。

到了清朝，答应成为女性的专称。康熙朝规定，皇后以下皇贵妃一位，贵妃两位，妃四位，嫔六位，分居东西十二宫，佐内治。自贵妃以下封号，俱由内阁恭拟进呈，钦定册封。贵人、常在、答应俱无定位，随居十二宫，勤修内职。可见，从康熙朝开始，答应便成为皇帝的小妾，职责是跟随妃嫔居住在后宫，“勤修内职”。答应虽处于下层，但大小也是个“主”，因而也享有一定的待遇。不过，清代答应绝大多数生活凄凉、命运不佳。

◆宦官和太监最初是一码事吗？

宦官和太监在一般人的印象里，似乎是一码事。这种理解实在欠妥。首先，最初的宦官不都是阉人；其二，宦官和太监，并非自古以来就是同一概念。

宦官之称，古已有之。它是在皇宫中为皇帝及皇族服务的官员的总称。东汉以前，充当宦官的并非都是阉人。“悉用阉人”，是东汉以后的事情。

太监一词，最早见于辽代，指政府机构中的官员。辽代太府监、少府监、秘书监皆设有太监。元代因袭辽制，所设各监也多有太监。元代太监是诸监中的二级官吏，并非尽是刑余之人。

直到明代，太监才和宦官发生较固定的关系。充当太监者必是宦官，但宦官却不尽是太监。太监是宦官的上司，是具有一定品级、俸禄的高级宦官。

太监成为宦官的专称始于清代。因为清代将侍奉皇帝及皇族的宦官都冠以太监之称。就这样，宦官与太监混为一谈了。

◆古代官员都有俸禄，皇帝有没有呢？

古代的皇帝除了威权，还有“好用”。“好用”就是皇帝的俸禄。以北宋为例，自太宗赵光义以后，几乎每位皇帝（宋仁宗自己放弃）每月都有1200贯的“好用”，相当于月薪，历来是由左藏库送过去。所以从形式上来讲，皇帝的俸禄是左藏库给发的。

左藏库在隋唐时就有，是太府寺下属机构，太府寺掌管天下财赋，左藏库则储存天下财赋。宋初沿袭五代，设盐铁、度支、户部三司，管理国家财政，左藏库即在三司之下，与右藏库、内藏库一起，对盐铁专卖、度支盈余、户部税赋、皇庄租税、各地方长官进贡、各附属国进贡以及各项专卖所带来的货币与实物进行集中的收支管理。

其中，皇庄租税、地方进贡、附属国进贡以及宫廷主持的专卖收益，是交由左藏库管理的，这些财物集中于左藏库，用来给京官发补贴，给御前侍卫发饷，给太子、公主、后妃们发生活费，以及给皇帝发俸禄。

◆古人辞官是因为俸禄太低吗？

现在的上班族会因为薪水低而辞职。古人也会辞职，但却不是因为俸禄低。大体来说，他们辞职有以下几个原因：

（1）回避权力斗争。比如，春秋战国时越国的大夫范蠡，在辅助越王勾践兴邦复国之后，为了避免功高震主，引来灾祸，便主动辞官，携美女西施归隐。

（2）厌倦官场生活。《世说新语》有记载，晋朝有一位大司马张翰，一日，秋风乍起，他触景生情，思念起家乡吴地的特产菰菜、莼羹、鲈鱼脍来了，回到府上喃喃自语地说：人生在世最重要的是图个快快乐乐，又何必为了官名而别乡数千里，还要倍受羁绊呢？于是在第二天上朝时，就给天子递了一份辞职书。

（3）客观条件所致。如体弱多病，难当重任；抑或父母离世，按惯例要回家守孝三年。后者会出现两种情况：有些人是守孝三年后继续回去当官，这也是大多数朝代的制度所允许的。如宋朝的苏洵父子，清朝的刘墉、纪晓岚，仕途中都曾有守孝三年后继续当官的经历。但也有很多人是从此退出官场，自得其乐了。

◆中国首位驻外外交官是谁？

郭嵩焘，太平军兴起时，因赞助曾国藩办团练，建立湘军，人称“湘军财神”。他是清政府正式派出的第一个驻英法公使，也是中国历史上首位驻外外交官。郭嵩焘“西洋之行”时，清朝的王公大臣和名士们处于“闻洋人之长便怒、闻洋人之短则喜”的状态，因此，把出使看成有损大清帝国名声之事。更何况，此次派使是为“马嘉理案”向英国道歉。他的湖南同乡为他此行感到羞耻。

然而，郭嵩焘反思鸦片战争失败的教训，认为单纯靠义愤填膺和空洞议论是无补于艰危的。如果能多几个“了解洋人情伪、谙习其利病”的人，自然可以多一重应变之术。所以，他决心到西方去学习他们的“强兵富国之术”“尚学兴艺之方”。也正因如此，他被清廷守旧派批判得体无完肤，被视为“汉奸”“大逆不道之人”。1891年，中国近代化的先驱、后半生再未摆脱“汉奸”之名的郭嵩焘郁郁而终。虽有官员请旨按惯例为他赐谥、立传，但朝廷拒绝了，说，郭嵩焘“出使外洋，所著书籍，颇滋物议，所请著不准行”。

◆古代有类似“驻京办事处”的机构吗？

古代，一般只有省一级单位才有设立驻京机构的资格。汉朝初建时，地方行政机构的驻京办事处称邸，唐宋时期称为进奏院。进奏院是各州镇官员到京师朝见皇帝或办理其他事务时的寓所，也是本镇进京官员的联络地。进奏院置有进奏官，向朝廷报告本镇情况，呈递本镇表文，向本镇及时报告朝廷及其他各镇情况，传达朝廷诏令、文牒，办理本镇向朝廷上供赋税事宜，凡本镇不能擅自决定的大事，向朝廷请示裁夺。

进奏院人员一般由官府设立的道或节度使的藩镇派出，费用也由地方承担。由于唐中期以后地方节度使独揽军权、财权，皇帝也忌惮三分，因此其驻京办也受到重视。那时进奏院设在皇城要地，鼎盛时期，进奏院长官竟拥有副宰相的地位。

宋初，各州府于京师置进奏院，宋太宗太平兴国六年（981年），置都进奏院管理各州府进奏官，以京朝官监领。掌承转诏敕及朝廷各部门公文于诸路，并转呈章奏，分送文书至朝廷各有关部门。南宋属门下省给事中，元废。

◆古代有退休制度吗？何时出现“退休”一词？

退休制度是中国古代官僚制度的一个重要组成部分。何谓退休？依古代制度而言，即是辞官于朝，赋闲于家，颐养晚年之意。“退休”一词，始见于唐宋文籍。唐代散文家韩愈《复志赋》中有“退休于居，作《复志赋》”一句。《宋史》上曰：“退休十五年，谢绝人事，读书赋诗以自娱。”需特别指出的是，古代的“退休”仅限于官吏，雅称“致仕”。从字面上看，是去当官，走仕途，其实本义是“把官职还给君王”，也就是不当官，退休了。除了这个称呼，还有“致事”“致政”等雅称，但毕竟没有“致仕”一词用得普遍。

◆古代官员的退休年龄是多少？

退休制度的核心是退休年龄的界定，各朝代对此有不同的规定。

《礼记》记载，周朝是“大夫七十而致事”。其后历代基本上沿袭了这一退休年限，如唐朝规定：“诸职官年及七十，精力衰耗，例行致仕。”到了明清两代，才逐步改为六十岁退休。清朝低级武官的退休年龄皆根据职务大大提前了：参将五十四，游击五十一，都司守备四十八，千总、把总四十五。也就是官越小退得越早。这与两宋时期文官年满七十退休，武官则可延长十年到八十岁退休形成了鲜明的对比。

虽然对退休年龄有具体规定，但也有很多例外。比如元朝的大文学家郭守敬，年逾七十后屡次申请退休，但皇上就是不准，结果八十六岁时卒于知太史院事任上。还有清朝名臣纪晓岚，已经八十多岁了，仍任协办大学士、礼部尚书、加太子少保。

◆古代从什么时候开始有休假制度的？

古代的休假制度，可说是历史悠久，源远流长。据《汉律》记载，早在西汉时就有明文规定："吏员五日一休沐。"到了东汉，这个制度又有了放宽。《史记》载："官员每五日洗沐归谒亲。"它规定官员不但可以洗澡更衣等，还可以回家看望老小、探亲访友、夫妇团聚。

到了唐期，休假制度从五日休一天改为十日休一天。除此之外，每年的"清明""冬至"还放一至三天假，让官员回家祭祀祖宗，称为"至日"。宋朝公务人员的休假制度更加宽松。据《文昌杂录》载，官吏休假，元日、寒食、冬至各七日；上元、中元、夏至各三日；立春、清明各一日，每月例假三日，岁共六十八日。宋朝还有一个特殊规定，各级官署，每年十二月二十日"封印"停止公务，公务人员回家过年省亲，要到次年正月二十日才返回衙六"开印"办公。这样，他们全年的实际休假达到九十多天。

明朝休假制度较之宋朝有所改变。月假是三天，加上元旦、元宵、中元、冬至等节日可放假十八天，每年休假只有五十多天。清朝的休假制度前期基本上沿袭明朝，后期开始变化。鸦片战争以后，国人对西方每星期休假一天的制度很是认同。到了1910年，清政府上层基本上实行了以星期天为公休日的制度。

◆官员的服色制度起于何时？废于何时？

官服分别颜色，从唐朝开始是：三品以上紫袍，佩金鱼袋；五品以上绯（大红）袍，佩银鱼袋；六品以下绿袍，无鱼袋。官吏有职务高而品级低的，仍须按照原品服色。如任宰相而不到三品的，其官衔中必带赐紫金鱼袋；州的长官刺史，亦不拘品级都穿绯袍。这种服色制度，到清朝才完全废除，只在帽顶及补服上能分别出品级。清朝官服原则上都是蓝色，只在庆典时可以用绛色；外褂平时都是红青色，素服时改用黑色。

◆清朝官员所穿的袍、服里有哪些讲究？

清朝服饰尤为繁杂，依官位大小不许滥用。仅就其袍、服来说，有蟒袍和补服。

蟒袍，是官员穿的上面绣有蟒形的长袍。一至三品是九蟒五爪；四至六品是八蟒五爪；七至九品（及未入流）为五蟒四爪。

补服，是加在蟒袍之外的外褂，正中用金线绣织鸟兽形的正方图案。文官为鸟形：一品仙鹤；二品锦鸡；三品孔雀；四品雪雁；五品白鹇；六品鹭鸶；七品为鸂鶒；八品鹌鹑；九品练雀；未入流为黄鹂。武官补服的图案为兽形：一品麒麟；二品狮子；三品豹；四品为虎；五品是熊；六品、七品为彪；八品犀牛；九品是海马。

以上是一般，也有例外，如御史和按察史等监察、司法官员，一律穿獬豸补服。因为古人认为"獬豸"是一种神羊，能辨曲直。

◆通过古代官场的座次，如何看出尊卑之别？

古时官场座次尊卑有别，十分严格。官高为尊居上位，官低为卑处下位。古人尚右，以右为尊，右丞相比左丞相大。据《史记》载：“以相如功大，拜为上卿，位在廉颇之右。”而古代座次则以左为尊，空着左边的位置以待宾客称“虚左”。据《史记》载：“公子于是乃置酒大会宾客。坐定，公子从车骑，虚左，自迎夷门侯生。”由此可见，信陵君对侯生持有的尊敬之情。今人有“虚左以待”一词。

皇帝聚会群臣，其座位定是坐北向南。因此，古人有“南面为君”“北面称臣”的说法。古代建筑通常是堂室结构，前堂后室。在堂上举行的礼节活动是南向为尊。室东西长而南北窄，因此室内最尊的座次是坐西面东，其次是坐北向南，再次是坐南面北，最卑是坐东面西。据《史记》载：“项王、项伯东向坐，亚父南向坐……沛公北向坐，张良西向侍。”项王座次最尊，张良座次最卑。

第八辑

书画、戏曲

书画艺术

◆隶书是秦朝哪位官员创制的?

隶书，又名佐书、史书，是秦末出现的一种能帮助书写者达到篆书所难以达到的快速度的新书体。字体方形，线条平直，粗细有致，奠定了楷书的基础。

隶书的创造者相传为秦代下邽人程邈。

程邈，字元岑，起初他在一个县衙里当狱吏，后来因事得罪秦始皇，被幽禁入狱。那时，由于中央政权集中，文书繁多，许多军中急事往往因篆书难以速成而被延误。程邈深知这是当下之弊，早年他就倾注精力于文字改革，所以，虽身陷囹圄，仍然用心钻研大小篆的书法。每一字他都用不同字体写上数百个，然后从中选取最满意的一个。最终将大小篆简化，创制出三千多个美观实用的隶书。

据说，秦始皇看后大喜，不仅赦免其罪，还提升其为御史。其实，据出土的文字资料来看，早在秦始皇推行小篆之先，就有隶书萌芽。程邈只是做了一番整理工作。但历史一般认为程邈是隶书的创造者。

◆“一波三折”适合形容哪种书体?

庄重的隶书（一般把中国文字的书写形式分为篆、隶、草、行、楷五大类书体），是将小篆的书体去其繁复、增减其体创立而成的。结体更为端正整齐，呈秀丽端庄之美。其用笔，如以汉隶为例，主要是横画长而直画短，讲究“蚕头雁尾，一波三折”，尽情地舒展，呈委婉波状之势。如果说，篆书以弧笔著称，那么隶书则以波势见长。

隶书相传为秦时程邈在狱中整理而成。他去繁就简，字形变圆为方，笔画改曲为直，改“连笔”为“断笔”。关于隶书的起名还有这样一种说法：由于这种字体当时在下层小官吏、差役、工匠、奴隶中较为流行，所以称为“隶书”。

隶书分秦隶、汉隶和八分。秦隶指秦始皇时期使用的简体字。汉代日常应用仍是隶书，但是形体、笔势不断发展。东汉中期出现庄重典雅的新体，隶书达到顶峰。书法界有“汉隶唐楷”之称。魏以后称有波磔的隶书为八分。

◆被称为书法“草圣”的是谁？

中国书法史上的第一位草书巨匠张芝，字伯英，系东汉人，有“草圣”之誉。

张芝，善章草，后脱去旧习，省减章草点画、波磔，创“一笔书”（又称“今草”）。张怀瓘《书断》称他“学崔（瑗）、杜（操）之法，因而变之，以成今草，转精其妙。字之体势，一笔而成，偶有不连，而血脉不断，及其连者，气脉通于隔行”。三国魏书家韦诞称他为“草圣”。晋王羲之对汉、魏书迹，唯推钟（繇）、张（芝）两家，认为其余不足观。张芝今无墨迹传世，仅北宋《淳化阁帖》中收有他的《八月帖》等刻帖。

据晋卫恒《四体书势》记载，张芝刻苦学习书法，“凡家中衣帛，必书而后练（煮染）之；临池学书，池水尽墨”。后人称书法为“临池”，即来源于此。当时的人珍爱其墨甚至到了“寸纸不遗”的地步。评价相当高，尤以草书为最。

张芝的弟弟张昶，也是当时著名的书法家，尤善章草，书类伯英，时人谓之“亚圣”。

◆书法史上获得“书圣”桂冠的是谁？

说起中国书法，不能不提及东晋书法家王羲之。

王羲之，字逸少。原籍琅琊人。出身于书法世家。其伯父王翼、王导，堂兄弟王恬、王洽等都是书法名手。因其官至右军将军，会稽内史，人称“王右军”。

王羲之七岁那年，拜著名的女书法家卫铄为师，学习书法。十二岁时，经父亲传授笔法论，“语以大纲，即有所悟”。后渡江北游名山，博采众长。草书师法东汉张芝，正书得力于钟繇。观摩学习“兼撮众法，备成一家”，达到了“贵越群品，古今莫二”的高度。

王羲之最大的成就在于增损古法，变汉魏质朴书风为笔法精致、美轮美奂的书体。草书浓纤折中，正书势巧形密，行书遒劲自然，总之，把汉字书写从实用引入一种注重技法，讲究情趣的境界。后来的书家几乎没有不临摹过王羲之法帖的，因而他有“书圣”的美誉。

子王献之，人称“小圣”，和王羲之合称“二王”。

◆“初唐四大家”指的是哪四位书法家？

“初唐四大家”指的是唐朝初期欧阳询、虞世南、褚遂良、薛稷四位书法家。前三位，有人将其并称“初唐三大家”。

（1）欧阳询：官至太子率更令，世称“欧阳率更”。精学秦汉篆隶、魏碑，楷法独尊。楷书劲险刻厉，于平正中见险绝，世称“欧体”“率更体”。

（2）虞世南：唐朝时，曾被封永兴县子，世称“虞永兴”。唐太宗称其“德行、忠直、博学、文词、书翰”五绝。他亲承王羲之七代孙智永传授，字外柔内刚，笔致圆润遒丽。

（3）褚遂良：曾封河南郡公，世称“褚河南”。书法学欧阳询、智永、二王，融会汉隶，变隶书为楷书，使书法方圆俱备、婉美华丽，世称“青琐婵娟、不胜罗绮”。

（4）薛稷：历太子少保，世称“薛少保”。是褚遂良的得意门生，但其用笔纤瘦，结字疏通又自成一家。用笔纤瘦，正是宋徽宗“瘦金体”所效法。

初唐四大家书法的共同特点是，楷书的风格都是“清秀瘦劲”。其中，欧阳询楷书更为突出，并与后来的颜真卿、柳公权、赵孟頫并称“楷书四大家”，他的《九成宫》，历来被奉为学习楷书的典范。

◆唐代哪位书法家被誉为“书中仙手”？

李北海，即李邕。唐玄宗时封为北海太守，故世称李北海。

李邕书法的个性特点比较明显，字体左高右低，笔力遒劲舒展，给人以险峭爽朗的感觉，他反对机械地模仿，提倡创新，有“似我者俗，学我者死”的名言传世。魏晋以来，碑铭刻石，都用正书撰写，入唐以后，李邕改为用行书。李邕大多自撰自书，也有少数碑刻是别人撰文由他书写的。据说他一生撰文并书写了碑文八百多篇。

李书碑刻中以《李思训碑》最为有名，开元八年（720年）立，现存陕西蒲城县。此碑用笔自然，瘦劲异常，规模宏大。因此历来被视为李书精品而饮誉于世。其次是《麓山寺碑》（亦称《岳麓寺碑》），开元十八年（730年）立，现存湖南长沙岳麓书院。此碑笔势雄健，和《李思训碑》并称杰作。《李秀碑》沉雄遒劲，深得二王（王羲之、王献之）之妙。李邕书法在当时就影响很大，在他稍后的著名书法家李阳冰称他是“书中仙手”。

◆因推出“狂草”而成圣的唐代书法家是谁？

在中国书法史中，有“圣人”之称的，除书圣王羲之，其余三位（张芝、张旭、怀素）都是“草圣”。东汉张芝因开创了草书而成圣，唐朝张旭、怀素因推出了狂草而成圣。张旭、怀素使得唐代书法完全摆脱汉字的实用功能，变成纯艺术的创作，二人并称“颠张醉素”。

张旭，字伯高，一字季明。官至金吾长史，人称“张长史”。擅长草书。据说他写字前总要先喝酒，常喝得酩酊大醉，醉后呼叫狂奔，然后挥笔书写，有时竟用头发沾着墨汁疾书。故又有“张颠”的雅称。

怀素，俗姓钱，字藏真，永州零陵人，后移居长沙。因他出家为僧，书史上称他“零陵僧”或“释长沙”。有“秃笔成冢”的传说。其继承和发展了张旭的笔法，也以草书得名。

“狂”是二人的共性，至于旭素之别，北宋黄庭坚曰“旭肥素瘦”。从内在笔势上说，怀素更为不羁；从意境上说，张旭激越，怀素趋于空灵。一个是儒家情怀，一个是禅释心境；一个入世，一个出世。

◆宋代书法家“苏黄米蔡”分别指的是谁？

书法史上论及宋代书法，素有

“苏、黄、米、蔡”四大书家的说法。“宋四家”中，前三家学者一致认为分别指苏轼（东坡）、黄庭坚（涪翁）和米芾（襄阳居士）。从书法风格上看，苏轼丰腴跌宕、天真烂漫，黄庭坚纵横拗崛、昂藏郁拔，米芾俊迈豪放、沉着痛快。

至于“蔡”究竟指谁，历来莫衷一是，并无定论。多数学者认为“蔡”指的是蔡襄（君谟），他的正楷端庄沉着，行书淳淡婉美，草书参用飞白法，谓之“散草”。黄庭坚颂之:“苏子美、蔡君谟皆翰墨之豪杰。”欧阳修亦赞:“君谟独步当世，然谦让不肯主盟。”如此说来，蔡襄应无愧于“宋四家”之一。

然而，明清以来，另有一说，认为“蔡”原指蔡京，后人因厌恶其为人，遂用忠厚正直的蔡襄取代。其实，“蔡京说”并非无稽之谈。蔡京之书姿媚豪健，与蔡襄比，蔡京之书似乎更富新意，也更能体现宋代“尚意”的书法美学情趣。

◆现在常用的宋体字，传说是谁创制的?

中国文字有正、草、隶、篆、行五种。每种字体中，又根据各种风格，以书家的姓氏来命名，像楷书中有欧（欧询）体、颜（真卿）体、柳（公权）体等等。真是体中有体，令人目不暇接。有一种字体，却不是创始人的姓氏，用朝代名来命名，这就是宋体字。相传，宋体字的创始人是秦桧。这个秦桧博学多才，在书法上很有造诣。他综合前人之长，自成一家，创制了一种用于印刷的字体。按一般的习惯，应该叫秦体字才对。可是由于他人品太差，在抗金斗争中，是投降派的代表人物，曾以“莫须有”的罪名杀害了爱国英雄岳飞父子，成为千古罪人，所以人们痛恨他，虽然应用他创立的字体，可是却把字体命名为宋体。

◆“天下行书前三名”指的是哪些书法作品?

《兰亭序》是王羲之于东晋永和九年（353 年）三月三日在和一些文人举行的“修禊”宴会上，为他们的诗集写的序文手稿。全文共二十八行，三百二十四字，文章清新优美，书法遒劲飘逸。后人评道:“右军字体，古法一变。其雄秀之气，出于天然，故古今以为师法。”誉之为“天下第一行书”。

《祭侄稿》是颜真卿为祭奠侄子颜季明所作。唐天宝十四载（755 年），安禄山谋反，平原太守颜真卿联络其从兄常山太守颜杲卿起兵讨伐叛军。次年正月，叛军史思明部攻陷常山，颜杲卿及其少子季明被捕，并先后遇害。颜真卿命人到河北寻访季明的首骨携归，挥泪写此祭文。元鲜于枢跋语谓:“《唐太师鲁公颜真卿祭侄季明文稿》（即《祭侄稿》），天下行书第二。”

《寒食帖》是苏轼被贬黄州第三年的寒食节所发的人生之叹。诗写得苍凉多情，表达了苏轼当时惆怅孤独的心情。此诗书法起伏跌宕，光彩照人，气势奔放，而无荒率之笔。《黄州寒食诗帖》（即《寒食帖》）被称为“天下行书第三”。

◆唐代并称“颜筋柳骨”的书法家是哪两位？

书法在唐代为鼎盛时期，凡及楷书，言必称颜、柳。“颜”指颜真卿，“柳”指柳公权。中国古代书法史上著名的楷书四大家为：唐代的颜真卿、柳公权、欧阳询，元代的赵孟頫。颜、柳占据了其中一半的席位。

“颜筋柳骨”又称为“颜肉柳骨”，形容的是颜、柳二人的风格像筋、骨那样挺劲有力而又有所差异——颜体书法丰满，端正；柳书笔画清晰，有骨感。颜的楷书，反映出一种大唐盛世风貌，气宇轩昂。史学家范文澜在著述中每说及唐书，皆称“盛唐的颜真卿，才是唐朝新书体的创造者”。柳公权所写楷书，则“方折峻丽，骨力劲健”，较之颜体，柳字则稍清瘦，故有“颜筋柳骨”之称。

◆哪位书法家被誉为“神笔”？

王铎，明末清初人，博学好古，工诗文。好古博学，诗文书画皆有成就，尤其以书法独具特色，世称“神笔王铎”。其书法与董其昌齐名，明末有“南董北王”之称。

王铎的书法用笔，出规入矩，张弛有度，却充满流转自如，力道千钧的力量。此人擅长行草，笔法大气，劲健洒脱，淋漓痛快，戴明皋在王铎《草书诗卷·跋》中说：“元章（米芾）狂草尤讲法，觉斯则全讲势，魏晋之风轨扫地矣，然风樯阵马，殊快人意，魄力之大，非赵、董辈所能及也。”

王铎的墨迹传世较多，不少法帖、尺牍、题词均有刻石，其中最有名的是《拟山园帖》和《琅华馆帖》。其书法在日本、韩国、新加坡等国深受欢迎。日本人对王铎的书法极其欣赏，还因此衍发成一派别，称为“明清调”。他的《拟山园帖》传入日本，曾轰动一时。他们把王铎列为第一流的书法家，甚至提出“后王（王铎）胜先王（王羲之）”的看法。

◆以“淡墨探花”享誉清朝书坛的是谁？

清朝书坛有“浓墨宰相、淡墨探花”一说，“浓墨”指的是刘墉，“淡墨”则指的是王文治，二人都是清初书法名家。

王文治，号梦楼，江苏丹徒人。乾隆二十五年（1760年）以探花官翰林侍读，字迹清淡秀逸，因此被誉为“淡墨探花”“淡墨翰林”，与喜用浓墨的刘墉成鲜明对照，其书名与刘墉齐。与姚鼐交往甚密。

清初由于康熙对董其昌的大力推崇，因此很多书家的书学历程都受到董的深刻影响，王文治也不例外。王文治楷书虽然以褚遂良为根基，行书学《兰亭序》《圣教序》，但主要还是承袭了董其昌平淡雅秀的基调，一派端庄，而又风神潇洒，焕发出浓浓的文人气息。当时朝鲜人来华，专门以饼金购得王文治书法以归，其书法声名远播海外。日本很多博物馆都珍藏着王文治真迹。

◆清初敢于创新的“浓墨宰相”说的是谁？

清初，帖学风行，翁方纲、梁同书、王文治等人书法更是风靡一时，当时还有一位与之齐名的人物，他就是刘墉。

刘墉，号石庵，山东高密人，祖籍江苏。乾隆十六年（1751年）进士，官至吏部尚书、东阁大学士，职同丞相，其书法以浓墨著称，因此时人称之为“浓墨宰相”。

刘墉不仅博通经史百家，还善于学习历代名家的长处，大胆创新，韵味特殊，备受世人赞赏。他先取法董其昌，后又专研颜体，因此锻炼出饱满的线条，这些线条在浓墨的外衬下，使得刘墉的书法益加浑厚而具量感。另一方面，刘墉的书法初看圆软轻滑，若团团棉花，细审则骨骼分明，劲力内聚，坚实地架住丰润的线条，因此赢得“如棉裹铁”的赞誉。

刘墉之书，尤擅小楷。后人称赞他的小楷，不仅有钟繇、王羲之、颜真卿和苏轼的法度，还深得魏晋小楷的风致，貌丰骨劲，味厚神藏，超然独出，自成一家。

◆传说“文房四宝”中的毛笔是谁发明的?

相传，毛笔是秦朝大将蒙恬发明的。公元前223年，秦国大将蒙恬带兵在外作战，他要定期写战报呈送秦王。当时，人们用竹签写字，很不方便，蘸了墨没写几下又要蘸。一天，蒙恬打猎时看见一只兔子的尾巴在地上拖出了血迹，心中不由来了灵感。

蒙恬立刻剪下一些兔尾毛，插在竹管上，试着用它来写字。可是兔毛油光光的，不吸墨。蒙恬又试了几次，效果还是不行，于是随手把那支“兔毛笔”扔进了门前的石坑里。

过了一段时日，他无意中看见那支被自己扔掉的毛笔。捡起来后，发现湿漉漉的兔毛变得更白了。他将兔毛笔往墨盘里一蘸，兔尾竟变得非常“听话”，写起字来非常流畅。原来，石坑里的水含有石灰质。经碱性水的浸泡，兔毛的油脂去掉了，变得柔顺起来。

这就是蒙恬造笔的始末。对此，史书也有一些记载。《太平御览》引《博物志》曰:“蒙恬造笔。”崔豹在《古今注》中也说:“自蒙恬始造，即秦笔耳。以枯木为管，鹿毛为柱，羊毛为被。所谓苍毫，非兔毫竹管也。”事实上，出土的文物已证明，毛笔远在蒙恬之前就有了。但蒙恬作为毛笔制作工艺的改良者，其功亦不可没。

◆篆刻最初是干什么的? 历史上有哪些名家?

篆刻是镌刻印章的通称，是书法、章法、刀法的完美结合。一方印中，可称得上“方寸之间，气象万千”。由于印章最早采用的是篆书体，故称篆刻。篆刻源于春秋战国时代。篆刻最早的作用是受命做官的凭信和封固简牍。

先秦及汉、魏晋时期，印章都由制印正匠镌刻，制印风格各代虽有不同，但都有很高的艺术水平。汉代是印章发展的极盛时期，魏晋以后至唐宋，篆刻艺术日趋衰落。战国、秦汉、魏晋六朝时期，篆刻用料主要为玉石、金、牙、角等。

元朝出现了吾丘衍、赵孟𫖯等文人刻印，篆刻艺术开始复兴。

元末明初，画家王冕得浙江丽水天台宝华山所产的花乳石，爱它色彩斑斓，刻画如意，开始用石刻印。后人纷纷效仿，从而使石料成了治印的理想材料。

明清以来，唐伯虎、文征明等文人，不仅书画高妙，治印亦是能手。之后，又出现了程邃、丁敬、邓石如、黄牧甫、赵之谦、吴让之等篆刻艺术家，一时间篆刻艺术繁花似锦。直至近现代篆刻大师吴昌硕、齐白石，从而形成了一部完整的中国篆刻历史。

◆绘画史上合称“六朝四大家”的是谁？

顾恺之与曹不兴、陆探微、张僧繇合称“六朝四大家”。

（1）曹不兴：三国吴画家。不兴，一作弗兴。擅画龙、虎、马和人物。相传孙权命其画屏风，误落墨点，因绘成蝇，权疑为真，举手掸拂。

（2）顾恺之：东晋画家。精于人像、佛像、禽兽、山水等，时人称之为“三绝”：画绝、才绝和痴绝。作画意在传神。有《洛阳赋图》传世。

（3）张僧繇：南朝梁画家。善写真、释道人物，亦善画龙、鹰、花卉、山水等。相传在金陵安乐寺画四龙，二龙点睛，有“乘云腾去”之说，而未点睛者仍在壁间。与顾恺之、陆探微一笔画之“密体”相较，史称其为“疏体”画派。

（4）陆探微：南朝宋画家。善肖像画。唐张怀瑾将其与顾恺之、张僧繇合称为“南朝三大家”。加上唐代吴道子，又被誉为“画家四祖”。兼善山水草木。南齐高帝萧道成在收藏的众多名人名画中，将陆探微的放在首位。陆探微所绘人物形象，张怀瑾评曰“秀骨清像，似觉生动，令人懔懔，若对神明”。

◆唐代画家阎立本为何有“丹青宰相”之称？

唐朝画家阎立本出身贵族，其父阎毗在北周时为驸马，因为多巧思，擅长工篆隶书，对绘画、建筑都很擅长，隋文帝和隋炀帝均爱其才艺。入隋后，官至朝散大夫、将作少监。其兄阎立德亦长书画、工艺及建筑工程。阎立本则工于写真，朝野驰名，大受唐高宗赏识。父子三人以工艺、绘画驰名隋唐之际。

公元668年，阎立本拜为右相。当时，大臣姜恪因作战有功被升为左相。时人评论说：“左相宣威沙漠，右相驰誉丹青。”于是，阎立本被冠以“丹青宰相”之名。

阎立本善画人物、车马、台阁，尤擅长于肖像画与历史人物画。他的绘画，线条刚劲有力，神采如生，色彩古雅沉着，笔触较顾恺之细致，人物神态刻画细致，其作品被时人列为“神品”。曾为唐太宗画《秦府十八学士》《凌烟阁功臣二十四人图》。有《步辇图》《历代帝王像》《职贡图》《萧翼赚兰亭图》等画作传世。

◆阎立本的传世名画《步辇图》反映的事件是什么？

《步辇图》是唐代画家阎立本的作品，反映的是，贞观年间，吐蕃王松赞干布遣使臣禄东赞来唐都长安拜见唐太宗，迎接文成公主入吐蕃与松赞干布成亲的事。

公元640年，即唐贞观十四年，吐蕃王派大相（相当于宰相）禄东赞向大唐求亲，第二年到达长安。由于当时大唐国泰民安，各民族友好相处，因此，当时竟有五个兄弟民族的首领向大唐求亲，太宗请五位大使参加考试，谁考胜了，就把公主嫁给谁家的首领。当时吐蕃使臣禄东赞过关斩将，最终取得胜利。太宗遂决定将文成公主嫁予吐蕃王松赞干布。

《步辇图》卷右半是在宫女簇拥下坐在步辇中的唐太宗，左侧三人前为典礼官，中为禄东赞，后为通译者。唐太宗的形象是全图焦点。太宗目光炯炯，接见吐蕃使臣，充分展露出盛唐一代明君的风范与威仪。画中并未出现文成公主，却在朝廷与使臣的和谐气氛中，让人感受到这是一桩完美的婚姻。

◆享有“百代画圣”美誉的是唐代哪位画家？

在中国艺术史上，有三人被冠以“圣”号，他们是晋代书圣王羲之，唐代诗圣杜甫，唐代画圣吴道子。杜甫亦尊吴道子为“百代画圣”。

苏东坡在《书吴道子画后》有言：“诗至于杜子美（杜甫），文至于韩退之（韩愈），书至于颜鲁公（颜真卿），画至于吴道子，而古今之变，天下之能事毕矣！”吴道子是位全能画家，画人物、鬼神、山水、楼阁、花木、鸟兽无所不能，无所不精。

吴道子是中国山水画之祖师。他创造了笔间意远的山水“疏体”，使得山水成为独立的画种，从而结束了山水只作为人物画背景的附庸地位。此外，历代从事油漆彩绘与塑造专业的工匠行会，还奉吴道子为祖师。

“吴带当风，曹衣出水”是对其作品最好的评价。公认的吴画代表作品是《天王送子图》《八十七神仙卷》《孔子行教像》《菩萨》《鬼伯》等。

◆“吴带当风，曹衣出水”，分别形容的是什么？

“吴带当风，曹衣出水”主要是指古代人物画中衣服褶纹的两种不同的表现方式。一种笔法圆转飘逸，所绘人物衣带宛若迎风飘曳之状；一种笔法刚劲稠叠，所画人物衣衫紧贴身上，犹如刚从水中出来一般。

“吴带当风，曹衣出水”，所指的“吴”“曹”有两种说法。一说吴为吴道子，曹为曹仲达；一说吴为吴暕，曹为曹不兴。吴暕为南朝宋代人，擅长画佛像罗汉。曹不兴为三国时吴国吴兴人。擅长画龙、马、虎及人物，画史有“误墨于素，因势成蝇”一说。而“吴带当风，曹衣出水”一般多指吴道子和曹仲达。

吴道子，又名道玄，阳翟人。其创作活动时期约在唐玄宗开元及天宝年间，是继阎立本之后最著名的画家，有“画圣”之称。

曹仲达，北齐人，以画梵像著名，其画风在绘画史上有较大影响。素有“曹家样”之誉，其画衣衫褶纹被人们称作“曹衣出水”。

◆《清明上河图》描绘的是清明时节的景象吗？

北宋画家张择端的名作《清明上河图》，不少人都以为这幅画描绘了当年汴京近郊清明时节的生活景象。果真如此吗？

其实，只要仔细观察此画，就不难发现，画中有卖西瓜、卖新酒、送木炭、打团扇的情景。还有光着身子、露着膀子的大人、小孩及戴着竹笠、草帽的市民与劳动者。由此可以看出《清明上河图》描写的是秋季景象。

事实上，在清明时节，人们很难看到有卖西瓜的，也很少有人赤身露膀打团扇。此外，据《宋会要辑稿》，当时汴京外城及郊区，共划分一百三十六坊，第一坊名“清明坊”。可见，名画《清明上河图》中的“清明”二字，并非指“清明时节”，而是描绘了当时清明坊到虹桥这一段上河的秋景。

◆《清明上河图》泄露了宋朝怎样的军事秘密?

似乎包罗万象的《清明上河图》中，却没有两种市井常见动物——马和羊。马匹，往往用毛驴和黄牛代替。这是为什么呢?原来，马和羊牵扯到北宋的“军事秘密”。

北宋是典型的民富国穷，尤其开国皇帝赵匡胤，建国伊始，便奠定了重文轻武的基本国策。北方虎视眈眈的游牧民族，对“三秋桂子，十里荷花”的江南垂涎三尺，于是，赵宋朝廷不得不加紧对战备物资的控制。马和羊即包含其中。马匹，是必不可少的交通工具;羊皮则要制作营帐、军服。

黄仁宇在《中国大历史》中写到，《辽史》说得很清楚：与宋互市时，马与羊不许出境。同时也提及辽与金决战时不失去战马之来源关系极为重大。这限制马匹南下的禁令，也可以从张择端的《清明上河图》上看出：画幅上，开封之大车都用黄牛、水牛拖拉，可见马匹缺少的情景。马匹原来也可以在华中繁殖，只是受当地农业经济的限制，其耗费极难维持，而且在耕作地区所育马匹一般较为低劣。

◆“吴门四家”与“吴中四才子”有关系吗?

“吴门画派”简称“吴派”，一般认为始于沈周，成于文征明，他们俩加上唐寅和仇英，是为“吴门四家”或称“明四家”。

（1）沈周：早年多作盈尺小景，亦作细笔或青绿山水。其画作描绘江南一带佳景胜迹的卷、轴、册页占有相当的比重。如《东原图卷》《东庄图册》《桂花书屋轴》等，都是苏州当地的景色，真实、质朴，感情细腻。

（2）文征明：绘画创作以山水为主。画作有《春深高树图》《湘君湘夫人图》等。画花卉以兰竹为主，所作墨兰潇洒飘逸，世人名之曰“文兰”。

（3）唐寅：擅画山水人物，写意花鸟绘画也有独到之处。画作有《山路松声图》《落霞孤鹜图》《梅花图》《雨竹图》等。人物画除表现文人雅士外，多以仕女为题材，还有一些表现歌伎生活的作品。

（4）仇英：临摹古画的高手。画作有《职贡图》《浔阳琵琶图》《剑阁图》等。从《秋原猎骑图》中可以看出仇英画鞍马人物的才能。

据《明史》记载，徐祯卿与祝允明、唐寅、文征明齐名，号“吴中四才子”。

◆“十全十美”与明代唐寅作画有何关联?

“十全”一词出于《周礼》，里面

说到年底要对医师考核，“十全为上，十失一次之”。就是医治十个痊愈十个为上等，医十个愈九个次之。“十美”一词出于《虞初新志》，朱宸濠请六如（唐伯虎）画“十美图”呈献皇上，当时宫中“只觅得九人”，便作“九美图”。唐伯虎献图前请人观赏评析，有人曰：“十美欠一，殊属缺陷。”于是又举一人以充其数，凑成十美图。后人将两个典故合璧为一，称为“十全十美”。

◆明代哪两位画家并称为“青藤白阳”？

在“吴门画派”风潮的影响下，明代绘画有了许多突破，表现在花鸟画创作上，出现了两位水墨写意的名家。他们是号青藤道人的徐渭和号白阳山人的陈淳，人称“青藤白阳”。

徐渭，初字文清，改字文长，号天池山人、青藤老人、青藤道人、青藤居士。小时候就以“神童”闻名家乡。徐渭擅长行草，运笔一如泼墨花卉，不拘绳墨，腾挪多姿。他的写意花鸟注重人格内心情绪的抒发，他所独创的花鸟样式，后世影响极大。现存作品有《杂花图》《墨葡萄图》等。《墨葡萄图》现收藏在故宫博物院，画面藤条错落，葡萄晶莹透亮，真实生动地体现了文人水墨大写意花卉震撼人心的魅力。朱耷、石涛、郑板桥等名家对他甚为佩服。

陈淳，少年时学习作画，深受水墨写意画的影响。他的花鸟画，淡墨运用有一种特殊效果。他画山水，学习米友仁、高克恭，水墨淋漓。陈淳不讲究外表的形象而是追求画面的生动。他的人物画也很精彩，简单几笔，令人回味。

◆明末清初的哪几位画家被称为“画中九友”？

吴伟业，明末清初著名诗人，与钱谦益、龚鼎孳并称“江左三大家”，又为娄东诗派开创者。长于七言歌行，初学“长庆体”，后自成新吟，后人称之为“梅村体”。

乾隆帝亲制御诗《题〈吴梅村集〉》：“梅村一卷足风流，往复搜寻未肯休。秋水精神香雪句，西昆幽思杜陵愁。裁成蜀锦应惭丽，细比春蚕好更抽。寒夜短檠相对处，几多诗兴为君收。”对吴伟业诗歌给予恰当中肯的高度评价。

吴伟业作有《画中九友歌》，其中他赞称明末清初董其昌、杨文骢、程嘉燧、张学曾、卞文瑜、邵弥、李流芳、王时敏、王鉴九位画家为“画中九友”。董其昌创立山水画的南北宗分派理论，崇南抑北，以南宗清幽淡远之风为画家正脉，其时的画家李流芳、程嘉燧、杨文骢等受其影响。清初王时敏、王鉴等也传其脉络。他们非属同一画派，而是以友谊为纽带、相互切磋画艺的几位画家，在明末清初画坛中占主导地位。

◆明末清初“金陵八家”分别是谁？

在中国画史上，有“金陵八家”一说。他们是：龚贤、樊圻、高岑、邹喆、吴宏、叶欣、胡慥、谢荪。龚贤为八家之首，成就最大。虽然也有别的说法，但多以此说为准。

“金陵八家”从事绘画艺术活动的时间主要在明末天启、崇祯到清初康熙年间，是生产或寄居在金陵的八位画家。后世称之为“金陵画派”。其实在“八家”之外，当时金陵地区的画家还有陈卓、陆日为、陈舒等，他们或多或少地也都受金陵画风的影响或者本身就是倡导之人。

大致说来，“金陵画派”的特点是：不受清初画坛摹古之风的影响，且能从生活经历和大自然环境中得到灵感，作品的写实性较强。他们大都隐居不仕，往来于江淮之间，以卖画为生。他们又常常聚在一起，以诗文书画相与酬唱。

◆“清初四僧”形容的是哪四位画家？

“清初四僧”是指原济（石涛）、朱耷（八大山人）、髡残（石溪）、渐江（弘仁）。前两人是明宗室后裔，后两人是明代遗民。

这四位画家均抱有强烈的民族意识，借画抒写身世之感和抑郁之气，寄托对故国山川的炽热之情。他们冲破当时画坛摹古的樊篱，标新立异，在艺术上主张“借古开今”，反对陈陈相因，重视生活感受，强调独抒性灵，创造出奇肆豪放、昂扬而独具风采的画风，振兴了当时的画坛。其中石涛、朱耷成就最为显著。

（1）石涛的山水不宗一家，岸然自立，景色郁勃新奇，构图大胆新颖，笔墨纵肆多变，格调昂扬雄奇，是清初最富有创造性的画家。

（2）朱耷以花鸟画著称，作品往往缘物抒情，以象征、寓意和夸张的手法，塑造奇特的形象，抒发愤世嫉俗之情和国亡家破之痛。笔墨洗练雄肆，构图简约空灵，景象奇险，格调冷隽，达到了笔简意赅的艺术境地。

（3）髡残的山水，以真景为粉本，描绘重山复水，繁密而不迫塞，用渴笔秃毫层层皴染，厚重而不板滞，具有雄伟壮阔，苍茫浑厚的气势。

（4）渐江则多绘名山大川，尤善写黄山真景，构图简洁，丘壑奇崛，干笔渴墨劲峭整饬，境界荒寂，富有清新静穆之致，真实地表现了名山之质。

◆清代画僧苦瓜和尚，就是“八大山人”吗？

清代画僧石涛，原是明太祖朱元璋的后裔第二代靖江王朱赞仪的第十世孙。姓朱，名若极，小字阿长，别号石涛、大涤子、清湘陈人等，晚号瞎尊者。当和尚后，法名超济、原济，亦作元济。自称苦瓜和尚、济山僧、石道人。石涛是其常用号。

八大山人，原名朱耷，字良月，八大山人是他晚年的文号。他是明太祖朱元璋第十七子宁王朱权的后裔。其祖父、父亲、叔父均擅长作画。八大山人从小受到家庭艺术陶冶，又聪明好学，八岁能诗，十一岁能画青山绿水。

1644年，明朝灭亡，满洲贵族入关统治全国。八大山人当时十九岁，不久父亲去世，极度忧郁、悲愤下，削发为僧。法名传綮，字刃庵。后又用过雪个、个山、个山驴、驴屋、人屋、道朗等号，后又入“青云谱”为道。

在八大山人的画幅上，其于画作上署名时，常把“八大”和“山人”竖着连写。此外，还常可以看到一种奇特的签押，仿佛像一鹤形符号，其实是以“三月十九”四字组成，借以寄托怀念故国的深情（甲申三月十九日是明朝灭亡的日子）。

◆清朝画坛上的“娄东画派”指的是什么？

太湖进入东海的三条主要河流之一的娄江东流经过著名的历史名城太仓。这里不仅是郑和七下西洋的始发地，也是昆曲和江南丝竹的发源地。清代，在这里还产生了一个以王时敏、王原祁、王鉴为核心的“娄东画派”。

娄东画派的代表人物为“四王”。其中，王时敏、王鉴、王原祁都出生在太仓。王翚则出生在离太仓不远的虞山。王翚年轻时就追随王鉴学画，后经王鉴介绍，到太仓做了王时敏的入室弟子，日后自成一派称为“虞山画派”。

在绘画风格与艺术思想上，娄东画派深受董其昌的影响，他们大量临摹古人作品，在借鉴古人立意、布局、运笔、色彩、线条等方面达到了登峰造极的地步。他们重视笔墨的趣味和美感，在作品中表现出平淡天真、超逸潇洒的文人画审美特征。

◆“扬州八怪”指的是画风相似的八位画家吗？

扬州八怪，指的是清代趣味相投、画风相似的一批人。他们是：李鳝、汪士慎、高翔、金农、郑燮、黄慎、李方膺、罗聘、高凤翰、华岩、闵贞、边寿民、陈撰、杨法、李勉等人。其中尤以郑燮、金农、汪士慎最著名。影响最大的郑燮曾云：“凡吾画兰、画竹、画石，用以告慰天下之劳人，非以供天下之安享人也。”他还在《潍县署中画竹呈年伯包中大丞括》中云：“衙斋卧听萧萧竹，疑是民间疾苦声。些小吾曹州县吏，一枝一叶总关情。”

在汉字里，“八”往往用作虚数词，表示数量多，并不意味“扬州八怪”只有八个人。这些人在当时所谓的正统画派眼里，由于做人不合时宜、我行我素，且绘画我从我法、推陈出新，因此遭受攻击，并被篾称为“丑八怪”。不过，这些人作画虽怪异却又入情入理，颇受广大百姓喜爱，名气大振。

◆诗、书、画“三绝”的清朝文学家、画家是谁？

郑燮，清代画家、书法家、文学家，号板桥。其诗、书、画，世称“三绝”。

郑燮所作诗，特点是多用白描，流畅，通俗易懂。《悍吏》《私刑恶》《逃荒行》等篇反映社会黑暗，同情百姓疾苦。其他如《扬州》《野老》等，也能自抒所见，表现真率性情。所作词多写景状物以及酬赠之作，佳篇有《满江红·田家四时苦乐歌》《瑞鹤仙·渔家》等。其散文风格，真率自然，富有风趣，《家书》传诵尤广。

郑燮工书法，用隶体参入行楷。《闲居》云：“荆妻拭砚磨新墨，弱女持笺学楷书。”传说板桥学书，夜间误以指在徐氏体肤上毕恭毕敬练习，徐氏云：“人各有体。”这句话触动了板桥，于是从古人的书体中学一半，撇一半，创立了“六分半书”。

郑燮善画兰、竹、石、松、菊等，而画兰、竹五十余年，成就最为突出。

取法于徐渭、石涛、八大山人，而自成家法，体貌疏朗，风格劲峭。

◆古代中国画是如何分类的？

中国画，又称国画，主要是用毛笔、软笔或手指，用国画颜色和墨在帛或宣纸上作画的一种中国传统的绘画形式，是“琴、棋、书、画”四艺之一。

唐代张彦远《历代名画记》分其为六门，即人物、屋宇、山水、鞍马、鬼神、花鸟。北宋《宣和画谱》分十门，即道释门、人物门、宫室门、番族门、龙鱼门、山水门、畜兽门、花鸟门、墨竹门、蔬果门。南宋邓椿《画继》分其为八类（门），即仙佛鬼神、人物传写、山水林石、花竹翎毛、畜兽虫鱼、屋木舟车、蔬果药草、小景杂画。

据元代汤垕《画鉴》记载：“世俗立画十三科，山水打头，界画压轴。”元末明初文学家陶宗仪《辍耕录》中所载的“画家十三科”分别是：佛菩萨相、玉帝君王道相、金刚鬼神罗汉圣僧、风云龙虎、宿世人物、全境山林、花竹翎毛、野骡走兽、人间动用、界画楼台、一切傍生、耕种机织、雕青嵌绿。

上面所说的门和科，均为中国画名词。

◆谁是中国历史上最早的文人画家？

文人画，泛指中国古代社会中文人、士大夫所作之画，以别于民间画工和宫廷画院职业画家的绘画。北宋苏轼称其为“士夫画”，明代董其昌称其为“文人之画”。

中国最早的文人画家，目前可以追溯到东汉时期的南阳人张衡头上。

据晋代《异物志》和宋代《太平广记》记载：在张衡家乡的水潭里，有一种叫“骇神”的动物，外貌奇特，长有猪耳人脸，喜欢坐在水边的石头上。张衡听说以后，就隐藏在附近，趁这个怪兽出水，为其画像。由于此怪兽见到人出手动笔便潜入水中，张衡便弃用手，而用脚趾在地上画下了怪兽的形象。可惜，骇神画品未能传世。

唐朝大诗人王维以诗入画，“诗中有画，画中有诗”，妙不可言。他的绘画作品成为后世文人画家的范本，因而多奉他为文人画的鼻祖。后世，文人画的题材多为梅、兰、竹、菊、高山、渔隐之类，往往借描绘目之所及的自然景物，写心灵感受。

◆古代规模最大的风俗画是张择端所画的吗？

所谓“风俗画”，即以社会生活风习为题材的人物画。

风俗画始于汉代，如辽阳、望都等地墓室壁画和画像石、画像砖等。

唐代韩滉《田家风俗图》，五代李群《孟说举鼎》，北宋张择端《清明上河图》，南宋左建《农家迎妇图》、朱光普《村田乐事图》、李嵩《货郎图》等，均为一代名作。

南宋时在临安流行一种“堂画”，亦称“风俗画”。

清末《点石斋画报》中有很多作品，均属风俗画。

年画中的《姑苏万年桥》《大庆丰年》《万家村》等图，也属之。

其中，《清明上河图》是中国古代

规模最大的风俗画。画卷宽24.8厘米，长528.7厘米，绢本设色。画中主要分为农村和市集，有814人，牲畜83匹，船只29艘，房屋楼宇30多栋，车13辆，轿8顶，桥17座，树木约180棵，人物往来，衣着不同，神情各异，其间还穿插各种活动，构图疏密有致，笔墨章法都甚为巧妙。

◆古代人物画仅满足于外形的相似吗？

所谓“人物画”，是以人物形象为主体的绘画之通称。中国古代人物画对于人物的描绘，不仅仅是满足外形的相似，更注重人物性格与内心世界的揭示，即所谓的“传神”。

中国的人物画，又简称为“人物”，出现较山水画、花鸟画等为早；大体分为道释画、仕女画、肖像画、风俗画、历史故事画等。人物画重视人物个性刻画，气韵生动、形神兼备。其传神之法，常把对人物性格的表现，寓于环境、气氛、身段和动态的渲染之中。所以，中国画论上又称人物画为“传神”。

历代著名人物画有东晋顾恺之的《洛神赋图》，唐代韩滉的《文苑图》，五代南唐顾闳中的《韩熙载夜宴图》，北宋李公麟的《维摩诘像》，南宋李唐的《采薇图》、梁楷的《李白行吟图》，元代王绎、倪瓒的《杨竹西小像》，明代仇英的《列女图》卷、曾鲸的《侯峒曾像》，清代任伯年的《高邕之像》，以及现代徐悲鸿的《泰戈尔像》等。

◆古代山水画的来龙去脉是怎样的？

所谓“山水画”，即以描写山川自然景色为主体的绘画。

古代山水画艺术，开创于魏晋南北朝时期，是魏晋崇尚自然风度的渗透。这一时期的画作尤以人物为主体形象，自然山水为背景。这在晋代顾恺之的《洛神赋图》中可见一二：山川景物皆小于人，作为人物的背景。

山水画在唐宋时期开始独立，并步入辉煌。以唐朝王维为代表的文人画家开创了诗情画意的境界，并把儒、释、道的思想融入画中，画中听禅诗，诗中见画道。代表作如唐代王维的《江干雪霁图卷》、北宋郭熙的《早春图》等。

元代山水画渐渐走向清逸、荒寒、空灵，提倡笔墨情趣，由写境而转为写意，以虚代实，开创新风。元朝王蒙是杰出代表，其画注重体现“隐”字，代表作如表现晋代道士葛洪隐居罗浮山的《葛稚川移居图》。

明代及近代续有发展，明代董其昌及清初“四王”为山水画走向绘画理论及绘画手法的程序化完备做出了重大贡献。其后，到了20世纪，传统山水画在西方绘画的影响下，发生了新的变革，代表画家有李可染等。

◆中国首幅独立存在的山水画是什么？何人所作？

东晋画家顾恺之出身于江南显族，生长于山水秀丽的无锡，是魏晋南北朝唯一有画迹传世的画家，又是中国绘画史上第一个著有画论的理论家，因而被推至“苍生以来，未之有也”的极高地位。

《洛神赋图》代表了顾恺之绘画的最高成就。这是一幅人物与山水合一的梦幻作品。尽管有些论者将《洛神赋图》视作中国最早的一幅山水画。但严格地说，它不能算作完全独立的山水画。顾恺之所创作的《庐山图》，才是中国绘画史上第一幅独立存在的山水画。

顾恺之曾在大司马桓温的幕下做过参军，后官至散骑常侍。政事之余，喜欢优游于长江沿岸山水名胜。他徜徉于奇峰秀水之中，对山水之美有独特的体味。山水画《庐山图》便是顾恺之以庐山为载体，借助绘画这一艺术形式，所做的山水审美的表述。

◆被视作山水画“南北宗之祖”的分别是谁？

明代董其昌把李思训和王维视为“青绿”和“水墨”两种画法风格之祖，并从此倡中国山水画分“南北宗”之说。

那么，什么是南北宗呢？清方薰解释说：“画分南北宗，亦奉禅宗‘南顿’‘北渐’之义，顿者根于性，渐者成于行也。”南北宗原是指佛教史上的宗派，所谓“南顿”“北渐”，把“顿悟”和“渐识”（苦功修炼）作为彼此的主要区别。“南北宗”之说，标榜“南宗画”，即文人画，出于“顿悟”；而“北宗画”只能“渐识”，也就是从勤习苦练中产生。

据董其昌《容台别集》载，南宗王摩诘（即王维）始用宣纸，变勾勒之法，其传为张璪、荆（浩）、关（仝）、董（源）、巨（然）、郭忠恕、米家父子（米芾和米友仁），以至元之四大家（黄公望、王蒙、倪瓒、吴镇）等。北宗李氏父子（李思训、李昭道）着色山水，风骨奇峭，挥扫躁挺，传至宋之赵伯驹、赵干、伯骕以及马远、夏圭等辈。

◆松、竹、梅为何有“岁寒三友”的美誉？

不管是古代还是现代的瓷制器物，我们最常见的纹饰就是松、竹、梅合成的岁寒三友图。古人为什么要把不同属科的松、竹、梅称为“岁寒三友”呢？这是因为苍松坚忍不拔、翠竹直节中空、寒梅傲雪凌霜，三者都有终年不凋、刚毅、坚韧的高洁风格。苍松被列为岁寒三友之首。

关于松、竹、梅，文人骚客多持赞美之辞。《论语》有云：“岁寒，然后知松柏之后凋也。”表彰松柏在寒冬中依然屹立不倒，四季常青，且坚毅耐寒的品性。唐人白居易《池上竹下作》诗曰：“水能性淡为吾友，竹解心虚即我师。”隐喻竹茎中空表示人要谦虚，竹节分明则表示人要有节操。竹常年不凋，坚贞挺拔，故常被喻为象征君子高风亮节。北宋王安石《梅花》中的诗句，“墙角一枝梅，凌寒独自开”，写出了梅花不畏寒冬，傲然卓立的高贵品格。

◆中国花鸟画的题材涉及鱼虫、畜兽吗？

在中国画中，花鸟画是一个宽泛的概念，除了本意花卉和禽鸟之外，还包括了畜兽、虫鱼等动物，以及树木、蔬果等植物。

早在原始社会，中国花鸟画便已萌芽。东汉陶仓楼上的壁画《双鸦栖树图》，是已知最早的独幅花鸟画。南朝谢赫《画品》记载的东晋画家刘胤祖，是已知的第一位花鸟画家。

到了唐代，花鸟画业已独立成科，花鸟画家层出不穷。如薛稷画鹤，曹霸韩干画马，韦偃画牛，李泓画虎，卢弁画猫，张旻画鸡，齐旻画犬，李逖画昆虫，张立画竹，等等。

五代时期，逐渐形成了以徐熙、黄筌为代表的两大流派，确立了花鸟画发展史上的两种不同风格类型，“黄筌富贵，徐熙野逸”。

北宋的《宣和画谱》在总结以往创作经验的基础上，撰写了第一篇花鸟画论文。

元代，出现了一批专门画水墨梅竹的画家，以柯九思、倪瓒、吴镇、王冕为代表。

清代石涛、恽寿平、朱耷和扬州八怪等人的花鸟画也很不错。

到了现代画坛，吴昌硕、齐白石等花鸟画大师的出现，亦独成高峰。尤其是齐白石，造诣令后人却步。他画有许多前人从未画过的题材，如虾、老鼠、蚊子、苍蝇等等。

◆什么是宫廷画？朱元璋的画像属于宫廷画吗？

宫廷画，指由宫廷画家所创造出的绘画风格和形式。历代宫廷画的题材内容和审美意趣都与当朝帝王的喜好、崇尚密切相关。宫廷画或显示当时的帝王是如何英明神武、文治武功，或供皇帝与贵族的审美需要服务，或反映社会风气。

宫廷绘画一般以工笔设色的写实风格为主，画面效果常尽显雍容华贵，讲究工整。在题材上，宫廷绘画内容广泛，既有一般常见的山水、花鸟、人物等国画题材，更有文人画和民间绘画所无法触及的表现宫廷生活、礼仪、外交、军事等领域的题材。

明帝朱元璋之所以有面貌迥异的画像，据说原因是丑的那些是他的真实写照，面容姣好的则是宫廷画手根据朱元璋本人的意愿美化而成的宫廷画。对于宫廷画，由于绘画本身注重写实，或许可信。然而，因为当时画家会或多或少迎合皇亲贵族的心理，故又不可全信。

清朝的宫廷画，从署款形式看，大都用楷书竖写“臣恭画（恭绘、奉敕恭画）”等字样，画家姓名前必冠“臣”字，表示此画是为皇帝而作。

◆中国现存最早的年画是哪个朝代的？

年画，是中国特有的绘画体裁。大都用于新年时张贴，装饰环境，含有祝福新年、吉祥喜庆之意。大抵比较富厚人家，在厅房总喜欢悬挂老寿星、紫微星、福、禄、寿等。梅兰竹菊等花鸟图，也在欢迎之列。

年画，始于古代的门神画。宋朝叫“纸画”，明朝叫“画贴”，清朝叫“画片”。清道光年间，称为“年画”。因一年更换，或张贴后可供一年欣赏之用，故名。

中国现存最早的年画是宋版的《随朝窈窕呈倾国之芳容》，画的是王昭君、赵飞燕、班姬、绿珠，习称《四美图》。旧年画中，整张大的叫“宫尖”，一纸三开的叫“三才”。加工多而细致的叫“画宫尖”“画三才”。颜色上用金粉描画的叫“金宫尖”“金三才”。六月以前的产品叫“青版”，七八月以后的产品叫“秋版”。

中国著名的四大“年画之乡”是：四川绵竹、苏州桃花坞、天津杨柳青、山东潍坊。

◆《虎溪三笑图》为何被视作儒释道亲和的象征？

“虎溪三笑”在中国历史上非常有名。相传，晋僧慧远居住在庐山的东林寺中，鉴于静修，他有个不成文的习惯，即从不送客过庐山东林寺前的那条虎溪。一天，晋朝儒者陶潜（即陶渊明）、道士陆修静相携来到东林寺，与慧远交谈甚欢。送客途中，他们谈笑而行，慧远不觉间跨越了自我禁足的虎溪。听闻虎辄号鸣，三人于是开怀大笑，之后告别。后世视之为儒释道三教亲和的象征，并在此建三笑亭。

关于“虎溪三笑”的说法起源于唐朝，至宋期李龙眠首作三笑图，智圆为之作赞，成为中国历史故事中的一段美谈；于《大宋僧史略》《隆兴佛教编年通论》《佛祖统纪卷》《释氏通鉴》《释氏资鉴》《释氏稽古略》等书中均有载述。还有不少人以此题材也作过三笑图，现存者以宋期石恪所绘最为古老。

戏曲表演

◆传统的皮影戏发源于哪个地区？

传统的皮影艺术发源于陕西，是我国出现最早的戏曲剧种之一，堪称当今影视艺术的鼻祖。据史书记载，皮影戏始于先秦（即陕西地区），兴于汉朝，盛于宋期，元期时期传至西亚和欧洲，极盛于清期的河北。

皮影戏又称羊皮戏，俗称人头戏、影子戏。顾名思义，皮影是采用皮革为材料制成的，出于坚固性和透明性的考虑，又以牛皮和驴皮为佳。上色时主要使用红、黄、青、绿、黑等五种纯色的透明颜料。正是由于这些特殊的材质，使得皮影人物及道具在后背光照耀下投影到布幕上的影子显得瑰丽而晶莹剔透，具有独特的美感。

沿袭传统戏曲的习惯，皮影人物被划分为生、旦、净、末、丑五个类别。每个人物都由头、上身、下身、两腿、两上臂、两下肢和两手十一件连缀组成，表演者通过控制人物脖领前的一根主杆和在两手端处的两根要杆来使人物做出各式各样的动作。

◆“双簧戏”是谁御赐的名称？

“双簧戏”起源于晚清时期。

咸丰死后，慈禧太后专权，除爱看戏，也爱听曲艺说唱。在名角中，有个唱单弦的，名叫黄辅臣。他所唱的滑稽戏慈禧太后甚是欣赏。一天，慈禧太后传黄辅臣进宫演出，恰逢黄辅臣喉咙闹毛病，想推辞又怕有“抗旨不遵”的嫌疑。他急中生智，带儿子一起进宫。

上场时，老黄弹弦子做面，小黄藏在椅子后面演唱做里，谁知给慈禧太后看穿了，黄辅臣父子吓得不敢抬头，生怕慈禧太后来个杀无赦。不料慈禧太后见他父子俩的配合天衣无缝、妙趣横生，便化怒为喜，开玩笑道：“你俩这叫双黄啊！”

“双黄”本是两个姓黄的意思。后为和京剧的二黄相区别，将黄字加个“竹”字头，从此有了“双簧”之名。这种传说是人们公认的。事实上，不经允许，黄辅臣是不能将他的儿子带进宫的，在太后面前暗中演唱更是不可能。这只能说明，双簧是清末黄辅臣创造的一种曲艺形式。

◆“压轴戏”就是最后一出戏吗？

戏曲界称最后一出戏曲为“大轴戏”。有人认为“压轴戏”就是“大轴戏”的同义语，认为“压轴戏”就是最后一出戏，这种理解是错误的。

“压轴戏”多为戏班头牌演员或名角演出唱做兼重的文戏。因为紧挨大轴的戏才称为“压轴戏”，也叫“贴轴”“倒二”，是指倒数第二出戏，其名意为“紧挨大轴”。

旧中国的戏剧社演出，往往名

家云集，同台献艺，多以折子戏为主。剧目少则五出，多则七出、九出、十一出。以七出戏为例，第一出戏叫“开场戏”，或称“开锣戏”。往下依次第二、第三、第四出戏叫“中轴”，第五出戏叫“贴轴”，第六出戏为“压轴”或称“倒二”，最后一出戏叫“大轴戏”，或叫“轴子戏”“压台戏”。

值得一提的是，“轴”字的读音戏剧界统读去声（四声），不读阳平（二声）。

◆中国的木偶戏起源于什么时候？

木偶戏，指用木偶来表演故事的戏剧。表演时，演员在幕后一边操纵木偶，一边演唱，并配以音乐。根据木偶形体和操纵技术的不同，有布袋木偶、提线木偶、杖头木偶、铁线木偶等。木偶戏，古代又称傀儡戏。

据考证，木偶戏起源于春秋时殉葬用的木制俑人。孔子说：“始作俑者，其无后乎？”那时，丧葬时，“舞俑为乐，执偶为戏”。不过，这一时期的木偶戏主要作为冲丧之用，还未有娱乐的性质。

普遍认为，真正的木偶戏“源于汉，兴于唐”。汉代已有“作傀儡”的记载，三国时有马钧的“水转百戏”；北齐时水动的“机关木人”制作，技艺高超，尤其出现了“傀儡子”演“郭秃”故事的木偶艺术。依史而断，至迟在550年至577年的北齐时代，已正式形成了由人直接操纵，木偶装扮具体人物，当众表演简单故事的木偶戏。北齐之后，中国木偶戏的表演形式和内容日渐丰富。

◆黄梅戏是怎么形成的？发源地在哪里？

黄梅戏，旧称黄梅调或采茶戏，与京剧、越剧、评剧、豫剧并称中国五大剧种。它发源于湖北、安徽、江西三省交界处的黄梅多云山，与鄂东和赣东北的采茶戏同出一源，其最初形式是湖北黄梅一带的采茶歌。

传说清乾隆时期，湖北黄梅一带的采茶调传入毗邻的安徽怀宁等地区，与当地民间艺术结合，并用安庆方言歌唱和念白，逐渐发展为一个新的戏曲剧种，当时称为黄梅调、怀腔或怀调等，此即早期的黄梅戏。

黄梅戏在剧目方面，号称“三十六大本，七十二小出”。大戏主要表现的是旧社会百姓对阶级压迫、贫富悬殊的现实不满和对自由美好生活的向往。如《告粮官》《天仙配》等。小戏大都表现的是农村劳动者的生活片段，如《点大麦》《纺棉纱》等。

1920年，《宿松县志》记载：“邑境西南，与黄梅接壤，梅俗好演采茶小戏，亦称黄梅戏。”第一次提出“黄梅戏”这个名称。

◆“变脸”是哪个剧种的绝活儿？

相传“变脸”是古人面对凶猛的野兽时，为了生存把自己脸部用不同的方式勾画出不同形态，以吓唬入侵的野兽用的。川剧把“变脸”搬上舞台，用绝妙的技巧使它成为一门独特的艺术。变脸之于川剧，有如喷火之于秦腔，皆属招牌路数、看家绝活儿！

清乾隆、嘉庆年间，逢年过节，在四川乡镇村落码头处林立的庙堂都会搭起戏台以作庆典，久而久之，川剧就在街头巷尾之中渐成气候。清代“两湖填四川”，为蜀地的文化带来了诸多新元素，昆、高、胡、弹、灯，诸腔戏班汇入巴蜀各大城中的酒肆街坊，生、旦、净、末、丑同亮相于茶馆的小戏台之上，日久逐渐形成共同的风格，清末时统称“川戏”，后才改称“川剧”。

川剧变脸的种类颇多，方法也不少。概括起来有拭、揉、抹、吹、画、戴、憋、扯八种。

◆享有“中国戏曲之祖”雅称的是哪个剧种？

昆曲的成长代表了中国戏曲的成长，许多地方剧种，像晋剧、蒲剧、上党戏、湘剧、川剧、赣剧、桂剧、邕剧、越剧、粤剧、闽剧、滇剧、黄梅戏等等，都不同程度地受到昆曲艺术的哺育和滋养，因此，人们常把昆曲称为“中国戏曲之祖”。

昆曲，源于元末江苏的昆山。昆曲是中国乃至世界现存最古老的剧种，与历史上古希腊戏剧和印度梵剧，并称为世界三大古老戏剧，但希腊和印度的戏剧早已不复存在，只有昆剧至今仍活跃在中国乃至世界的舞台上。昆曲的唱腔轻柔婉转，优美动听，念白儒雅，表演细腻，舞蹈飘逸，舞台置景高雅精湛，在戏曲表演各个方面都达到了极高境界，剧本也有较高的文学价值，不愧为“中国戏曲之祖”的雅称。

◆“昆曲”的“昆”是什么意思？

昆曲是中国古老的戏曲声腔、剧种，原名“昆山腔”或简称“昆腔”，清代以来被称为“昆曲”，现又称为“昆剧”。昆曲的伴奏乐器，以曲笛为主，辅以笙、箫、唢呐、三弦、琵琶等（打击乐俱备）。昆腔早在元末明初之际即产生于江苏昆山一带，它与起源于浙江的海盐腔、余姚腔和起源于江西的弋阳腔，被称为明代四大声腔，同属南戏系统。

◆“梨园弟子”最初就是戏曲演员的称谓吗？

戏剧界雅称梨园，戏曲演员称梨园弟子。事实上，“梨园弟子”的称谓最早并不是指戏曲演员，而是指乐器演员。

据《新唐书》记载，唐玄宗李隆基喜欢音乐，精通音律，尤其欣赏清雅的“法曲”。于是，他就挑选了三百多名乐工在皇宫里的梨园专门教他们演奏“法曲”。李隆基亲临指导，称这些乐工为“皇帝梨园弟子”。御口一开，天下仿效。后来，人们就把乐工统称为“梨园弟子”。史料还记载：“玄宗既知音律，又酷爱法曲，选坐部伎子弟三百，教于梨园。”法曲发展为歌舞，歌舞又发展为戏剧。

到了元末明清，随着朝代的兴衰和民间艺术的发展，“梨园弟子”的含义也发生了变化。高则诚的著名戏曲《琵琶记》中有一句开场白：“今日梨园弟子，唱演琵琶记。”看来，当时“梨园弟子”已不只指乐工，也包括戏曲演员。自那以后，戏曲界常被称为“梨园行”。而唐朝的梨园，实际是中国第一座国家戏曲学校。

◆“南戏之冠”和“南戏四大传奇”分别指什么？

南戏，又称“戏文”。宋元时流行在中国南方的戏曲艺术。因最初形成于温州，故也称“温州杂剧”“永嘉杂剧”。萌芽于民间歌谣、小曲，曾受诸宫调和宋杂剧等影响。北宋末、南宋初已形成，是中国戏曲最早的成熟形式之一。音乐上以南曲为主。

元末的《琵琶记》是一部享誉海内外的南戏名著，历来被认为是“南戏之冠”。它的作者是高明，字则诚，号菜根道人，温州瑞安人。《琵琶记》叙述的是汉代书生蔡伯喈与赵五娘悲欢离合的故事。共四十二出。

元末明初出现的著名南戏《荆钗记》《刘知远白兔记》《拜月亭记》《杀狗记》，被并称为“四大传奇”，简称荆、刘、拜、杀。

◆戏曲表演中有哪“四功”“五法”？

四功五法是戏曲界经常说的一句术语。四功，就是唱、念、做、打四项基本功，是戏曲舞台上一刻也离不开的表演手段。戏曲界经常说的五法，一般是指手、眼、身、步、法。

归纳起来，五法有几种不同说法：

（1）手、眼、身、步、法。手指手势，眼指眼神，身指身段，步指台步，法指以上几种技术的规格和方法。有艺术家认为：“手为势，眼为灵，身为主，步为根，法为源。”其中，“法”是指戏曲表演所不能背离的规矩和法度，否则就不是戏曲了。它是演员在舞台上展现戏曲表演意境和神韵的技法。

（2）手、眼、身、发、步。发指甩发的技术，此说认为“法”是“发”的讹传。

（3）口、手、眼、身、步。“口”指发声的口法。此说倡自程砚秋。程砚秋先生归纳为口法、手法、眼法、身法、步法。

◆徽班进京为何被视为京剧诞生的前奏？

京剧，又称“皮黄”，由“西皮”和“二黄”两种基本腔调组成，也兼唱一些地方小曲调（如柳子腔、吹腔等）和昆曲曲牌。

四大徽班进京，常被视为京剧诞生的前奏。所谓“四大徽班”，指清乾隆年间北京剧坛的四个戏班，即三庆班、四喜班、和春班、春台班。多以安徽籍艺人为主，故名。

乾隆五十五年（1790年），为给乾隆帝弘历祝寿，从扬州征召了以戏曲艺人高朗亭为台柱的三庆班入京，以唱“二黄”声腔为主，是为徽班进京演出之始。之后又有四喜、启秀、霓翠、和春、春台等安徽戏班相继进京。在演出过程中，逐渐合并为四大徽班。

清嘉庆、道光年间，汉调（又称楚调，西皮调）进京，参加徽班演出，徽班又兼习楚调之长，为汇合二黄、西皮、昆、秦诸腔，向京剧衍变奠定了基础，在京师与徽班造成了西皮与二黄合流，形成所谓的“皮黄戏”。受到北京语音与腔调的影响，皮黄戏有了“京音”的特色。这种带有北京特点的皮黄戏叫“京戏”，也叫“京剧”。

一般认为，清道光年间的“徽班

领袖”程长庚是中国京剧的鼻祖。陕西是京剧主调声腔的发源地；江西宜黄县是京剧二黄腔的发源地。

◆戏剧中“生旦净末丑”分别指什么？

“生旦净末丑”是国粹京剧里的五个主要行当，各司其职，虽任务不同却都不可或缺。

（1）生行。简称“生”。生行分为须生（老生）、红生、小生、武生、娃娃生等。

须生（老生）：即中年以上的剧中人，口戴胡子（髯口），因性格与身份的不同，可分为安工老生或称唱工老生（如扮演帝王、官僚、文人等）、靠把老生（如扮演武将）、衰派老生（如扮演穷困潦倒之人等）。

红生：为勾红脸的须生，如扮演关羽、赵匡胤等。

小生：指演剧中的翎子生（带雉翎的大将、王侯等）、纱帽生（官生）、扇子生（书生）、穷生（穷酸文人）等。

武生：是武角，穿厚底靴的叫长靠（墩子）武生，穿薄底靴的称短打（撇子）武生。

（2）旦行。简称“旦”。分青衣、花旦、武旦、刀马旦、老旦、彩旦等角色。旦角全为女性。

青衣：以唱为主，扮演贤妻良母型角色。

花旦：服装大多是短褂子，短裤子，或是短袄子，短裙子，主要扮演青年女性。以做工和说白为主，说白又以京白为多。

武旦、刀马旦：为演武功见长的女性。

老旦：用本嗓子演唱，多为中老年妇女。

（3）净行。简称“净”。指脸画彩图的花脸角色，并不干净，故反其意为“净”。

净行（亦叫“花脸”）分如下几种角色：以唱为主的铜锤花脸与黑头花脸；以工架为主的架子花脸，如大将、和尚、绿林好汉及武花脸与摔打花脸等。铜锤花脸称正净，架子花脸叫副净，武工花脸名武净，武二花脸叫红净。

（4）末行。简称“末”。该行当多为中年以上的男性。实际末行专司引戏职能，如打头出场者，反其义而称“末”。

（5）丑行。简称“丑”。常勾画“三花脸”。

丑行又分文丑、武丑。文丑中又分为方巾丑（文人，儒生）；武丑，专演跌、打、翻、扑等武技角色。

◆戏曲中“生旦净丑”的名称是怎么来的？

生。明朝文学家祝枝山指出：“生即男子。”先生、后生、儒生以及张生、李生等等，其中“生”的本来含义都是对男性的称谓。

旦。戏曲舞台上的女性为何称“旦”？戏剧史家周贻白认为，“旦”字系“姐”字演变而来。顺序是先有“姐”，由“姐”讹为“妲”（宋杂剧中有《老孤遣妲》《双卖妲》），再由“妲”简笔为“旦”（金元院本中有《旦判孤》《酸孤旦》，《老孤遣妲》演变为《老孤遣旦》）。“姐”历来是对女性的称谓，“旦”又是“姐”之讹，

“旦角”自然专演女性了。

净。元人柯丹丘认为“净”即“靓”之讹，并指出：“傅粉墨献笑供谄者，粉白黛绿，古谓之靓装，今俗讹为净。”“净”用脸谱，确实是粉白黛绿，符合“靓”的含义。

丑。顾名思义，是相对于“俊”而言的。“丑角”扮演的人物虽不全是坏人，但大都在鼻梁上抹一块白粉，其形象毕竟是丑的。

◆被誉为京剧“四大名旦”的是哪些人？

梅兰芳、程砚秋、尚小云、荀慧生，被誉为京剧“四大名旦”。

梅兰芳：擅长青衣，兼演刀马旦。对旦角的唱腔、念白、舞蹈、音乐、服装、化妆等各个方面都有创造发展，创立了“梅派”。梅派代表作有《宇宙锋》《贵妃醉酒》《霸王别姬》和《穆桂英挂帅》等戏。

程砚秋：演青衣。追求“声、情、美、水”的高度结合，并根据自己的嗓音特点，创造出一种幽咽婉转、起伏跌宕、若断若续、节奏多变的唱腔，世称“程派”。程砚秋擅长演悲剧，编演过《鸳鸯冢》《荒山泪》《英台抗婚》《窦娥冤》等戏。

尚小云：初习武生，后改正旦，兼演刀马旦。他嗓音宽亮，唱腔以刚劲著称，世称“尚派”。代表作有《二进宫》《祭塔》《昭君出塞》《梁红玉》等，塑造了一批巾帼英雄和侠女烈妇。

荀慧生：扮演花旦、刀马旦。他汲取梆子戏旦角艺术之长，熔京剧花旦的表演于一炉，世称“荀派”。擅长扮演天真、活泼、温柔一类的妇女角色，以演《红娘》《金玉奴》《钗头凤》《荀灌娘》等剧著名。

◆戏曲中常用什么手势？

在中国的戏剧表演中，几乎都离不开手势语，每个行当的手势都有一定的规范和含义。

净角：五指张开，谓“虎爪势”，表示雄伟、勇猛。

小生：五指并合，拇指微屈，表示稳重。

老生：中指、食指微伸，其余三指皆屈，表示衰老、迟钝。

旦角：中指倒下搭住拇指，食指挺直，无名指、小指微屈，状若“兰花”，谓“兰花指”，表示温柔、矜持。

此外，抖手动作也有许多讲究，向外抖手表示厌恶、拒绝；向内抖手表示惊恐、慌张；上下左右抖动即表示喜悦。

手势这种“语言”在表达事物方面有时连快捷的口头言语都比不过它。比如，舞台上没有门，演员却虚拟开、关门的动作。虚拟的手法给戏曲艺术家带来表演上的自由。

◆“龙套”是什么行当？“跑龙套”是怎么回事？

龙套，指在京剧中扮演士兵、夫役等随从人员的演员。所穿衣服叫龙套衣，故称之为“龙套”。四个龙套为一堂，用以表现人多势众。如果表现的是对战场面，需两堂龙套。

龙套在台上跟着主帅跑上跑下，营造各种舞台气氛，摇旗呐喊，这些都要靠龙套“跑”出来，故而也叫

"跑龙套""打旗的"。龙套表演除了"跑"，还有一种以静为主。即使演武将的随从兵丁，也和武行的翻打不一样，他们着重走阵式、摆队形或站门助威。有时，整出戏龙套在官员后面一直站着不动，故又称"文堂"。

几乎每出戏里都有龙套，因此，旧时学京剧的人，启蒙就是跑龙套，无论你是学哪个行当的，都要从跑龙套开始。不怯场后再慢慢学表演。跑龙套的离主要人物近，可以近距离地听主角怎么唱，有益于学习。龙套跑好了，慢慢演旗、锣、伞、报，再演配角、主角。

综上所述，说龙套是京剧不可或缺的行当，并不为过。

◆传统戏曲中，关公的脸谱是什么颜色的？

中国传统戏曲的脸谱，是演员面部化妆的一种程序。

通常认为，脸谱源自假面具。脸谱常应用于净、丑两个行当，其中各种人物大都有自己特定的谱式和色彩，借以突出人物的性格特征，具有"寓褒贬、别善恶"的艺术功能，使观众能目视外表，窥其心胸。因而，脸谱被誉为角色"心灵的画面"。

京剧脸谱，是根据某种性格、性情或某种特殊类型的人物来采用相应色彩的。

（1）红色的脸谱表示忠勇、义烈，如关羽、姜维、常遇春；用作辅色暗示人物命运，如蒋忠、华雄、高登。

（2）黑色的脸谱表示刚烈、正直、勇猛、粗率、鲁莽，如包拯、张飞、李逵、项羽。

（3）黄色的脸谱表示彪悍、阴险、凶狠、残暴，如庞涓、宇文成都、典韦。

（4）蓝色或绿色的脸谱表示刚强骁勇、粗犷而桀骜不驯，如窦尔敦、马武、程咬金。

（5）白色的脸谱一般象征阴险狡诈的坏人，如曹操、赵高、秦桧、司马懿。

◆京剧界"三大贤""四块玉"指的是哪些人？

"三大贤"是20世纪二三十年代，京剧界的一种习称。"三大贤"有两种说法。一种是指当时老生行中的三位代表人物：余叔岩、马连良、高庆奎。另一种更为普遍的说法是指旦行的梅兰芳、生行的余叔岩、武生行的杨小楼（又称武生宗师）三位具有代表性的人物。

"四块玉"是指中华戏曲专科学校的四位女演员，她们在校时就已崭露头角，后来被人称为"四块玉"。这四人是：侯玉兰（工青衣，习程派）、白玉薇（工花衫、青衣）、李玉茹（工花衫、花旦、青衣）、李玉芝（工花衫）。

◆戏曲清唱为什么俗称"冷板凳"呢？

坐"冷板凳"喻指不受重视，遭遇冷落。"冷板凳"，原指戏曲清唱。旧时戏剧舞台一侧，放有几张板凳，供乐队演奏人员坐。若演员清唱，没有乐队伴奏，这几条板凳便无人坐了，板凳自然是冷冷的，故戏剧界旧时行话称清唱为"冷板凳"。清朝魏良辅的《曲律》中有这样记载："清唱，俗语谓之'冷板凳'。"

民国初年，有个叫小三儿的北方名演员赴沪演出。当时上海滩不少戏院被地痞流氓把持，艺人常受欺侮。而小三儿不明这一黑道，抵沪后没去巴结买通这些地痞流氓，结果他演出之前，戏院非但没出戏报，就连通常的戏单也没印发。开演这天，戏场里冷冷清清。演出中，坐在前排的地痞流氓不时群起喝倒彩。幕间更换布景时，地痞流氓竟将小三儿扮演高贵身份角色所坐的太师椅，换成一条原本琴师坐的板凳，让小三儿哭笑不得。小三儿硬着头皮坐在这板凳上，把戏演完。观众见此，嘘叹不已。

事后，这批恶作剧的地痞流氓还到处说："小三儿坐冷板凳啦!"此事在上海滩传开，人们纷纷为戏剧名角小三儿遭受这样的冷落打抱不平。日后，"坐冷板凳"便成为不受重视、遭遇冷落的俗语。

◆京剧《贵妃醉酒》改编自哪本戏曲?

《贵妃醉酒》又名《百花亭》，源于乾隆时期地方戏《醉杨妃》的京剧剧目。经京剧大师梅兰芳倾尽毕生心血精雕细刻、加工点缀，成为梅派经典剧目之一。剧中，杨玉环的饮酒从掩袖而饮到随意而饮，梅兰芳以外形动作的变化来表现这个失宠贵妃从内心苦闷、强自作态到不能自制、沉醉失态的心理变化过程。

该剧改编于一部以"安史之乱"为背景、以唐玄宗和杨贵妃之间爱情为核心的巨著《长生殿》。全本共50出，一方面演绎了一段发生在皇宫内苑、帝王之家、帝妃之间刻骨铭心、至死不渝的爱情，表现了作者的爱情理想，另一方面则再现了"安史之乱"期间社会动荡的局面，寄托了兴亡之感。其中片段被各种戏剧剧种改编，梅兰芳的京剧《贵妃醉酒》亦在其中。而清初孔尚任的《桃花扇》，演绎的是明末复社文人侯方域与秦淮名妓李香君的爱情故事，孔尚任借此反映南明一代兴亡的历史。

◆中国十大古典悲剧、喜剧分别有哪些?

（1）中国十大古典悲剧:《窦娥冤》(元朝关汉卿)、《赵氏孤儿》(元朝纪君祥)、《汉宫秋》(元朝马致远)、《琵琶记》(元末明初高则诚)、《精忠旗》(明朝冯梦龙)、《娇红记》(明朝孟称舜)、《清忠谱》(清朝李玉)、《桃花扇》(清朝孔尚任)、《长生殿》(清朝洪昇)、《雷峰塔》(清朝方成培)。

（2）中国十大古典喜剧:《救风尘》(元朝关汉卿)、《西厢记》(元朝王实甫)、《看钱奴》(元朝郑廷玉)、《墙头马上》(元朝白朴)、《李逵负荆》(元朝康进之)、《幽闺记》(元朝施君美)、《绿牡丹》(明朝吴炳)、《玉簪记》(明朝高濂)、《中山狼》(明朝康海)、《风筝误》(清朝李渔)。

◆中国十大古曲分别指的是哪些曲目?

(1)《高山流水》。传说春秋的琴师俞伯牙一次在荒山野地弹琴，樵夫钟子期竟能领会这是描绘"巍巍兮若高山"和"洋洋兮若流水"。故有此曲。

(2)《广陵散》。又名《广陵止息》。讲述的是，战国聂政之父为韩王所杀，聂政入山学琴十年，身成绝技，名扬韩国，韩王召他进宫演奏，聂政趁机刺杀韩王，报仇雪恨。

（3）《平沙落雁》。又称《落雁平沙》。曲调悠扬流畅，通过时隐时现的雁鸣，描写雁群降落前在天空盘旋顾盼的情景。

（4）《十面埋伏》。描述的是楚汉相争中垓下之战的情景。

（5）《渔樵问答》。表现了渔樵在青山绿水之间自得其乐的情趣。

（6）《夕阳箫鼓》。明清已失传。1925年前后，被改编成丝竹乐曲《春江花月夜》。

（7）《汉宫秋月》。意在表现古代受压迫宫女幽怨悲泣的情绪。

（8）《梅花三弄》。又名《梅花引》《玉妃引》。表现梅花洁白、傲雪凌霜的高尚品性。

（9）《阳春白雪》。相传为春秋时期的晋国师旷或齐国刘涓子所作。“阳春”取万物知春，和风荡涤之意，“白雪”取懔然清洁，雪竹琳琅之音。

（10）《胡笳十八拍》。传为蔡文姬作，由十八首歌曲组合的声乐套曲，由琴伴唱，表现了文姬思乡、离子凄楚之情和浩然怨气。

◆“下里巴人”“阳春白雪”最初指什么？

《下里巴人》和《阳春》《白雪》是春秋战国时期楚国的歌曲名，是当时较普及的音乐作品。关于“下里巴人”和“阳春白雪”的记载始见于屈原大弟子宋玉的《对楚王问》：“客有歌于郢中者，其始曰《下里》《巴人》，国中属而和者数千人；其为《阳阿》《薤露》，国中属而和者数百人；其为《阳春》《白雪》，国中属而和者不过数十人。”唐人李周翰注云：“《下里》《巴人》，下曲名也。《阳春》《白雪》，高曲名也。”“下里巴人”后来泛指通俗的文学艺术，常与代表高雅艺术的“阳春白雪”相对。

◆《阳关三叠》最早是哪个朝代的琴曲？

《阳关三叠》是根据唐代诗人王维《送元二使安西》诗谱写的一首琴歌。王维这首诗在唐代就曾以歌曲形式广为流传，并收入《伊州大曲》作为第三段。

由于演奏时曾将其中某些诗句反复演奏三遍，故名《阳关三叠》，也因为诗中有“渭城”“阳关”等地名，所以，又名《渭城曲》《阳关曲》。这首乐曲在唐代非常流行，不仅是由于短短四句诗饱含着极其深沉的惜别情绪，也因为曲调情意绵绵、真切动人。李商隐曾用“红绽樱桃含白雪，断肠声里唱阳关”的诗句形容它。

约宋代时期，《阳关三叠》的曲谱失传。目前所见的古曲《阳关三叠》则是由一首琴歌改编而成的。最早载有《阳关三叠》琴歌的是明代弘治四年（1491年）刊印的《浙音释字琴谱》，而目前流行的曲谱原载于明代《发明琴谱》，后经改编载录于清代张鹤所编的《琴学入门》。

◆为什么把不健康的歌曲称为“靡靡之音”？

“靡靡之音”起源于商朝。当时，传说有一个叫“涓”的乐师，他专门收集、整理乐曲，并能演奏动听的乐曲。一次，残暴的商纣王把师涓抓去，要师涓专门为他演奏。可师涓演奏的乐曲都不合纣王的口味，纣王要杀死他。

师涓觉得像纣王这样的暴君，怎能理解激发人们斗志的好乐曲呢？他冥思苦想，创造出一种新淫佚的乐声，“北里之舞，靡靡之乐”，来应付纣王。纣王听了却很高兴，免师涓一死。从此，纣王整天陶醉在这种歌舞之中，没有心思治理国家，不久，便被周武王打败了。

后来，人们便把那种软绵绵的、使人丧失斗志的音乐歌舞称为“靡靡之音”。“郑卫之声”常常与“靡靡之音”同时出现。据文献资料，郑声之“淫”，一是指过分，不节制，不合中和之美，二是指郑声有黄色音乐，引人入邪的意思。

◆“五音不全”的“五音”指哪五音？

人们常常称那些发音不准或唱歌跑调者为“五音不全”。那么，“五音”指什么？

传说在远古的黄帝时代，有一个叫神农的音乐家，他创造了五弦琴。当时用五弦琴弹奏的音乐使用五声音阶，即宫、商、角、徵、羽，分别相当于现行简谱的1、2、3、5、6。五音的形式随着历史的变迁沿续下来。到了唐代以后，五音的指称发生了变化，称“合（5）、四（6）、乙（7）、工（3）、尺（2）”为五音，于是音乐史上又有了“工尺”之说。

在音韵学上，五音是指五类声母在口腔中的五类发音部位，即：喉音、牙音、舌音、齿音、唇音。

◆古代乐器的“八音”是哪八音？

八音，是中国古代对乐器的统称，通常为金、石、丝、竹、匏、土、革、木八种不同质材所制。据《周礼》记载：“皆播之以八音：金、石、土、革、丝、木、匏、竹。”郑玄注：“金，钟镈也；石，磬也；土，埙也；革，鼓鼗也；丝，琴瑟也；木，柷敔也；匏，笙也；竹，管箫也。”

◆乐府最初是掌管音乐的机关还是音乐形式？

乐府原是汉代封建王朝建立的管理音乐的一个宫廷官署。乐府最初始于秦代，到汉时沿用了秦时的名称。公元前112年，汉武帝正式设立乐府，其任务是收集编纂各地民间音乐、整理改编与创作音乐、进行演唱与演奏及训练音乐人才等。

根据《汉书》记载，汉武帝时，设有采集各地歌谣和整理、制定乐谱的机构，名叫乐府。乐府机关很大，人员八百。皇帝为了听到各地的好音乐，常派乐府官员去各地搜集民歌。有时便连诗歌也搜集来，人们将之称作“乐府歌辞”“乐府诗”“乐府”。到了唐代，这些诗歌的乐谱虽然早已失传，但这种形式却相沿下来，成为一种没有严格格律、近于五七言古体诗的诗歌体裁。

◆二胡名曲《二泉映月》《听松》的作者是谁？

二胡，源自中国古代北部地区的一个少数民族，那时叫“奚琴”，又叫“胡琴”。

唐代诗人岑参“中军置酒饮归客，胡琴琵琶与羌笛”的诗句，说明胡琴在唐代已开始流传。入宋后，胡琴又称“嵇琴”。

宋末学者陈元靓的《事林广记》中记载，嵇琴本嵇康所制，故名“嵇琴”。宋沈括的《梦溪笔谈》载：“熙宁中，宫宴，教坊伶人徐衍奏嵇琴，方进酒而一弦绝，衍更不易琴，只用一弦终其曲。”说明在北宋时代已有很高的演奏水平。

由于二胡过去主要流行于长江中下游一带，故又称“南胡”。

二胡既适宜表现深沉、悲凄的内容，又能描写气势壮观的意境。

二胡名曲《二泉映月》《听松》《寒春风曲》均为清光绪年间的瞎子阿炳（原名华彦钧）所作。此外，黄海怀的《江河水》、刘文金的《三门峡畅想曲》也是优秀的二胡曲目。

◆“三弦”这种弹拨乐器，可追溯到哪个朝代？

三弦，又称“弦子”，中国传统弹拨乐器。柄很长，音箱方形，两面蒙皮，弦三根，侧抱于怀演奏。音色粗犷、豪放。可以独奏、合奏或伴奏。

早在公元前214年，秦始皇就征发黎民百姓去边疆修筑有名的万里长城，为了调剂繁重的劳役，中国北方各族百姓，曾把一种有柄的小摇鼓加以改造，在上面栓了丝弦，制成了圆形、皮面、长柄、可以弹拨的乐器，当时称为“弦鼗”。这就是三弦的前身，最早在北方边疆的军队中使用。

唐崔令钦的《教坊记》中出现过三弦之名。元朝时，三弦盛传于中原，当时又称“弦索”。《北西厢弦索谱》即以三弦为伴奏乐器。从宋元墓中出土的演奏三弦的图像和乐俑来看，三弦在当时已广为流传。

现当代，萧剑声是著名的三弦改革家和演奏家。

◆汉朝弹奏乐器“批把”是如何得名的？

琵琶，又称“批把”，汉代刘熙《释名》载：“批把本出于胡中，马上所鼓也。推手前曰批，引手却曰把，象其鼓时，因以为名也。”意思是说，批把是骑在马上弹奏的乐器，向前弹出称作批，向后挑进称作把，根据它演奏的特点而命名为“批把”。在古代，敲、击、弹、奏都称为鼓。当时的游牧人骑在马上好弹琵琶，因此为“马上所鼓也”。

大约在魏晋时期，正式称为“琵琶”。唐朝白居易《琵琶行》中有：“千呼万唤始出来，犹抱琵琶半遮面。转轴拨弦三两声，未成曲调先有情。”说明琵琶在唐朝已广为流行。

琵琶曲中，大曲有文武之分。文套宜于表现文静细腻、柔和美妙的情趣，如《夕阳箫鼓》《汉宫秋月》等曲；武套适于表现威武雄健、豪放爽朗的气概，如《十面埋伏》《海青拿天鹅》等曲。此外，瞎子阿炳的琵琶曲《大浪淘沙》《龙船》《昭君出塞》亦是佳曲。

◆“瑟”是一种什么样的乐器？

瑟，中国古代的拨弦乐器，形状似琴，有二十五根弦，弦的粗细不同。每弦瑟有一柱。先秦极为盛行，汉代亦流行很广，南北朝时常用于相和歌伴奏，唐时应用颇多，后世渐少用之。最早的瑟有五十弦，故又称

"五十弦"。

《诗经》有言:"琴瑟击鼓，以御田祖。以祈甘雨，以介我稷黍，以穀我士女。"《诗经》亦曰:"窈窕淑女，琴瑟友之。"这是见于古籍最早的关于瑟的记载，说明瑟至少有三千多年的历史了。孔子擅鼓瑟，用来为诗歌伴奏，在当时，孔子鼓瑟是独立成家的，号称"孔门之瑟"。

《世本》中说，庖牺作瑟。据《仪礼》记载，古代乡饮酒礼、乡射礼、燕礼中，都用瑟伴奏唱歌。战国至秦汉之际盛行"竽瑟之乐"。魏晋南北朝时期，瑟是伴奏相和歌的常用乐器。隋唐时期用于清乐。以后则只用于宫廷雅乐和丁祭音乐。

◆筝为何被俗称为"古筝"?

筝，又称秦筝，是中国传统弹弦乐器，流传至今已有两千多年的历史，故被俗称为"古筝"。筝在汉、晋以前，设十二弦，后增至十三弦、十五弦、十六弦及二十一弦。

唐赵璘《因话录》载:"筝，秦乐也，乃琴之流。古瑟五十弦，自黄帝令素女鼓瑟，帝悲不止，破之，自后瑟至二十五弦。秦人鼓瑟，兄弟争之，又破为二。筝之名自此始。"

清朱骏声《说文通训定声》载:"古筝五弦，施于竹如筑，秦蒙恬改于十二弦，变形如瑟，易竹于木，唐以后加十三弦。"

东汉应劭《风俗通义》云:"筝五弦，筑身而瑟弦。"东汉许慎《说文解字》中记载:"筝，鼓弦竹身乐也，从竹，争声。"东汉刘熙《释名》进一步指出:"筝，施弦高、急，筝筝然也。"由此可知，筝，是由本身发出的"铮、铮"音响而命名的。

古筝名曲有:《渔舟唱晚》《高山流水》《寒鸦戏水》《汉宫秋月》等。

◆箫笛的差别在哪儿? 羌笛是箫还是笛?

箫，又名洞箫、单管、竖吹，属极为古老的乐器。一般由竹子制成，竖吹，上端有一吹孔，有六孔箫和八孔箫之分，以按音孔数量区分，六孔箫按音孔为前五后一,八孔箫则为前七后一。八孔箫为现代改进的产物。

箫、笛同源于远古时期的骨哨，新石器时代开始以竹制作。"横吹笛子竖吹箫"，是笛、箫之间最基本的差别。箫，历史上亦称为"笛"，唐以后，才专指竖吹之笛。箫音色圆润轻柔，幽静典雅，适于独奏和重奏。

箫，在汉代时称为"篴""竖篴"或"羌笛"。羌笛原为古代居住在四川、甘肃一带的羌族人民的乐器，最初只有四孔（三个音孔加管口一孔），西汉京房在后面加了一个最高音孔后，成为五孔箫。

西晋列和、荀勖所改革的笛为六孔（前五后一），其形制与今天的萧甚似。

魏晋南北朝时，箫已用于独奏、合奏，并在伴奏相和歌的乐队中使用。

清代，箫的形制与现在完全一样。

◆"鸣锣开道"的"锣"是什么乐器?

锣，是中国传统的金属类打击乐器。锣不仅在民族乐队，民间器乐合奏，各种戏曲、曲艺以及歌舞伴奏中使用，而且也是庆祝集会、赛龙舟、舞狮子、欢庆丰收和劳动竞赛中不可缺少的乐器。

锣是用铜冶炼而成的，它的结构比较简单，锣身呈一个圆形的弧面，四周是以锣身的边框固定，演奏者用木棰敲击锣身正面的中央部分，产生振动而发音。

最早使用铜锣的是居住在中国西南地区的少数民族。到了公元前2世纪左右，随着各民族文化交往的日益加强，铜锣逐渐向中国内地流传。那时候，铜锣常用于礼仪和战争。古代的军事首领们指挥军队作战的用具之一即为铜锣。锣，曾称为“金”，故有“鸣锣开道”和“鸣金收兵”之说。

◆在古代，鼓除了做乐器还有什么功能？

鼓，是中国传统的打击乐器。《礼记》载，传说“伊耆氏”时就已有“土鼓”，即陶器的鼓。远古时期，鼓被尊奉为通天的神器，主要是作为祭祀的器具。除此之外，鼓在驱除猛兽的狩猎活动和乐舞活动中亦被广泛应用。鼓还曾是重要的报时、报警的工具。

鼓结构比较简单，由鼓皮和鼓身两部分组成。鼓皮是鼓的发音体，通常是用动物的皮革蒙在鼓框上，经过敲击或拍打使之振动而发声。由于鼓有良好的共鸣作用，声音激越雄壮而传播很远，所以很早就被中华民族的祖先用来给军队助威。

相传在黄帝征服蚩尤的涿鹿之战中，黄帝杀夔，以其皮为鼓，声闻五百里。《荀子》中亦有“闻鼓声而进，闻金声而退”的记载。意思是击鼓号令进攻，鸣金号令收兵。

随着科学技术以及通信手段的发展，鼓旧有的报时、祭祀或军事功能渐渐退出舞台。现在人们一提起鼓，常作为打击乐器使用。

◆“相声”最早可追溯到哪个朝代？

有学者指出，相声最初就是模仿各种声音，如模仿人声、鸟声、兽声、风声、水声及其他宇宙间各种声音等。战国时孟尝君的门客学鸡叫以解其危，就是相声的先行者。

相声大师侯宝林指出：“相声的历史，要从古时候的俳优讲起。”春秋战国时期，即有“俳优”的记载。这种艺术形式多用诙谐的语言、尖酸的嘲弄，以达到引人“大笑捧腹”的目的。

唐代相声叫“弄参军”。参军，即军帐前的幕僚、食客。表演者常是军营中的幕僚，故称“弄参军”。弄参军是对口相声，一人穿绿色衣服，手持简策，扮作机灵滑稽的参军，另一人穿着破烂，扮作愚蠢可笑的苍头，互相笑骂、嬉弄，甚至扑打。

宋代则流行群口相声。

清道光年间的张三禄，是目前见于文字记载最早的相声艺人。据一些老艺人说，“相声”二字是由“学四相”和“学四声”的尾字合成的。“学四相”，即指学大姑娘、老太太、哑巴和聋人四种人的动作；“学四声”，即学山东，山西，北京城里、城外四种声音。

◆谁是中国最早说相声的人？

著名的曲艺杂家崔琦指出，全堂八角鼓的演员张三禄，与其他演员一起把全堂八角鼓进行了改革和创新，形成了相声的雏形。张三禄在表演中还加入了“贯口”。张三禄是最早开始说相声的。

然而，现在相声界公认的开山祖是清末号称“穷不怕”的朱绍文。原因是张三禄并没有正式的相声门弟子，艺术未形成体系传承下来，而与朱绍文同辈分的艺人还有阿彦涛和沈春和，但是由于这二位先生的弟子很少，到现在他们的后辈也不多。大部分相声演员都是朱绍文这支的，所以公认朱绍文为祖师爷。

朱绍文扮个小花脸演出，由唱太平歌词、数板说笑话或小段故事，发展成为单口相声。他又根据评书、戏曲的故事情节，编成段子，传下来“说、学、逗、唱”四门技巧，并且带了六个徒弟，最终形成了“相声”行当。

值得一提的是，过去曾有人推西汉辞赋家东方朔为相声界开山祖师。

第九辑 天文、历法、地理

天文

◆古代除了“天圆地方”，还有哪些天地模型学说？

（1）盖天说。天像盖着的斗笠，地像个扣着的盘。它们都是中间高四周低的半球形。北极之下，是天的中央。这种认识无疑要比“天圆地方说”进了一大步。

（2）浑天说。对浑天说最系统、最完整的表达出自东汉的张衡。这种观点认为，大地是球形的，外裹着一个球形的天穹，地球浮于天表内的水上，天和地的关系好像蛋壳与蛋黄一样。日月星辰附在天壳上，天球的内壳对地球来说，是倾斜的。天球绕着北极和南极这个轴线像车轮般永无休止地转动着，一半常在水上，一半常在水下，所以嵌在天球壳上的日月星辰就这样绕地球运转。

（3）宣夜说。据东晋虞喜解释：“宣，明也；夜，幽也。”意谓阐明深奥之道理，这种宇宙学说主要记载在《晋书·天文志》中。宣夜说的主要观点认为：天不是一个实体的物质，高远无限，天呈蓝色是因为远望的结果。日月星辰飘浮在大气之中，自然飘浮着，并没有嵌在天体上，所以才能有或快或慢的飘浮转动的速度，疾迟不一。

◆古人是如何认识天上的日、月、星辰的？

古人把日、月、星叫作“三光”。

太阳是个巨大的火球，由一个巨大的车载着，六条螭龙拉车，御者叫羲和。羲和载日，每天从旸谷出发，经过咸池、扶桑、曲阿、曾泉、桑野、衡阳、昆吾等地，最后入于崦嵫；日西垂阳光在树梢上时，叫桑榆。这是《淮南子》中对太阳运行的描述，大体上可以代表中国古人对太阳的认识。

对于月亮，《淮南子》载：“月，一名夜光，月御曰望舒，亦曰纤阿。”张衡《灵宪》曰：“月者，阴精之宗，积而成兽，像兔。”月亮是太阴精形成的兽，好像兔，御者叫望舒。另外还有射日英雄后羿的妻子嫦娥窃仙药升天奔到广寒宫的传说。

对于星辰，《释名》曰：“星者，散也，言列位布散也。”《汉书》说：“星者，金之散气，与人相应，凡万物之精，上为列星。长庚，太白星也。”又说：“阳为日，日分为星，故其字日生为星。”一言以蔽之，认为星辰是由日生出的，散列在空中，与人相应。如《水浒传》就把一百零八位起义好汉附会成三十六天罡星、七十二地煞星下凡。其他小说中文曲星、武曲星的说法举不胜举。

◆古代的二十八宿有哪些？

古人观测日月五星的运行是以恒星为背景的，以恒星为标志说明日月五星运行的位置。经过长期观测，选择了黄道、赤道附近的二十八个星宿作为“坐标”，称为“二十八宿”，即：

东方苍龙七宿——角、亢、氐、房、心、尾、箕。

南方朱雀七宿——井、鬼、柳、星、张、翼、轸。

西方白虎七宿——奎、娄、胃、昴、毕、觜、参。

北方玄武七宿——斗、牛、女、虚、危、室、壁。

唐代温庭筠写有《太液池歌》：“夜深银汉通柏梁，二十八宿朝玉堂。”生动地描写星光灿烂、照耀宫阙殿堂的景象。唐王勃《滕王阁序》中“物华天宝，龙光射斗牛之墟”一句，是说物产华美有天然的珍宝，龙泉剑光直射斗宿、牛宿的星区。唐代刘禹锡诗句“鼙鼓夜闻惊朔雁，旌旗晓动拂参星”，形容雄兵出师惊天动地的场面，参星即参宿。

◆十二星次指的是什么？各自又对应哪些星宿？

中国古代为了量度日、月、行星的位置和运动，把黄道带分成十二个部分，叫作“十二星次”。据《汉书》记载，十二星次的名称是：星纪、玄枵、娵訾、降娄、大梁、实沈、鹑首、鹑火、鹑尾、寿星、大火、析木。

十二星次，又称“十二度”。《史记》中说：“夫阴阳四时、八位、十二度、二十四节各有教令。”张晏曰：“八位，八卦位也。十二度，十二次也。”十二次说的也是“十二星次”。又简称为“星次”。

每一星次都有二十八宿中的某些星宿作为标志，如星纪有斗、牛二宿，玄枵有女、虚、危三宿等。十二星次是等分的，且与十二时辰相配。由于二十八宿的广狭不一，所以十二次的起讫界限不能和宿与宿的分界一致，也就是说，有些宿是跨属于相邻的两个次的。

十二星次，既可用来指示一年四季太阳所在的位置，以说明节气的变化，还能用来说明岁星每年运行所到的位置，并据以纪年，如说某年“岁在星纪”，次年“岁在玄枵”等。

◆天地“分野”是怎么回事？

分野，是与星次相对应的地域。古以十二星次的位置划分地面上州、国的位置与之相对应。就天文说，称作“分星”；就地面说，称作“分野”，又称“十二分野”。

《晋书》记载了十二州“乃兖州、豫州、幽州、扬州、青州、并州、徐州、冀州、益州、雍州、三河、荆州”，分别由“郑、宋、燕、吴（越）、齐、卫、鲁、赵、魏、秦、周、楚”十二古国瓜分，如箕、尾二宿代表燕之幽州。

早在春秋战国时代，人们就根据地上的列国、州域来划分天上的星宿，把二十八宿分配给地上的各国或各州域，认为某星是某国或某地的，使之相互对应，这就是“分野”。例如：以“鹑首”对应“秦”，“鹑火”对应“周”，“寿星”对应“郑”，“析木”对应“燕”，“星纪”对应“吴越”等。在天空某个星宿的区域中，有什么变化或异常时，人们便认为它所属的那个分野的州域会发生异变。

◆古代划分星空的“三垣”是什么意思?

三垣，是中国古代划分星空的星官之一，与黄道带上之二十八宿合称“三垣二十八宿”。三垣，即上垣之太微垣、中垣之紫微垣及下垣之天市垣。每垣都是一个比较大的天区，内含若干（小）星官（或称为星座）。作为星官，紫微垣和天市垣的名称先在《开元占经》辑录的《石氏星经》中出现，太微垣的名称见于唐初的《玄象诗》。

据《清会典》所载，甘氏、石氏、巫氏（甘德、石申、巫咸）的划分互有不同。各垣都有东、西两藩的星，左右环列，其形如墙垣，故曰为“垣”。在《史记》中也可见到和这三垣相当的星官，但其名称和星数不同。可见三垣的形成曾经历演变和调整。

在《步天歌》中，三垣成为三个天区的主体，这些天区也以三垣的名称为名称。紫微垣包括北天极附近的天区，大体相当于拱极星区；太微垣包括室女、后发、狮子等星座的一部分；天市垣包括蛇夫、武仙、巨蛇、天鹰等星座的一部分。

◆俗称的“扫帚星”，学名是哪颗星?

俗称的“扫帚星”，学名是彗星，以拖拽长尾而得名。

据《天文略论》记载，彗星为怪异之星，有首有尾，俗象其形而名之曰扫把星。《春秋》记载，公元前613年，“有星孛入于北斗”，这是世界上公认的首次关于哈雷彗星的确切记录，比欧洲早六百多年。

旧时迷信说扫帚星主扫除，见则有战祸，或天灾。现代人们多用其形容将会带来灾难或厄运的人，是骂人的说法，主要针对女性。

◆“水金火木土”五星在古代各有哪些别称?

金星。古名明星、大嚣、太白。光色银白，亮度甚强。除日月外，是天空看起来最亮的天体，最亮时比天狼星还要亮。金星于黎明见于东方叫启明，黄昏见于西方叫长庚。

木星。古名岁星或岁。木星十二年绕天一周，每年居十二次的一次，故名岁。木星和太阳活动周期相近。古人把木星的周期与农事联系起来，并用岁星所在的次名作为纪年标准。

水星。古名辰星。离太阳最近，看上去总是在太阳两边摆动，离开太阳最远不超过三十度。中国古代把一周天分为十二辰，每辰约三十度，故称水星为辰星。

火星。古名荧惑。以其红光荧荧似火而得名。火星在天上的运动，时而由西往东，时而由东往西，很迷惑人，故名荧惑。

土星。古名镇星。土星每约二十八年绕天一周，每年进入二十八宿中的一宿，叫岁镇一宿，好像轮流坐着二十八宿一样，故名镇星。有写作填星（“镇”“填”通假）。

◆福、禄、寿三星分别指的是哪三颗星？

福、禄、寿三星，起源于远古的星辰自然崇拜。

福星指木星，其所在有福，故称福星。《天官》中说，木星照耀的国度，赐福于君王，保佑他政权稳定。星相家引申为：“岁星所照，能降福于民。”说岁星照耀之地，百姓亦能得到好运和幸福。

禄神又称“文昌”“文曲星”“禄星”。在北斗星之上有六颗星，合起来称为文昌宫。其中的第六颗星即是人们崇拜的禄星。禄星掌管人间的荣禄贵贱。《史记》载：“斗魁戴匡六星曰文昌宫：一曰上将，二曰次将，三曰贵相，四曰司命，五曰司中，六曰司禄。”司禄，即职司功名利禄的禄星。自隋唐科举制度后，禄星逐渐成为士人命运的主宰神，天下士人莫不对之顶礼膜拜。

寿星又叫老人星，南极老人星。十二星次之一。是天空中亮度仅次于天狼星的恒星，也是南极最亮的星。寿星在夜空中能持续不断地发光，正应人寿长久的意愿。

◆古代皇帝对“紫”的青睐与天上哪颗星有关？

北京故宫称“紫禁城”，都城的道路称“紫陌”，皇帝的诏书称“紫诰”……皇家何以喜用“紫”字？溯其源，“紫”原指天上星宿。

如前所述，天上星中有“三垣”：紫微垣、太微垣、天市垣。紫微垣位居中央，太微垣和天市垣陪设两旁。古时，人们认为天皇是住在天宫里的，天宫当然在中央，故紫微垣以它居于中央的位置，成了古人心目中的天宫应在的场所。

因此，天宫又叫紫微宫。人间的皇帝，自称“天子”，故人们以紫微垣星代称皇帝，使皇帝与“紫”结下了不解之缘。

◆古人是怎样利用北斗星定季节、辨方向的？

古人很重视北斗，因为可以利用它来辨方向、定季节。

北斗是由天枢、天璇、天玑、天权、玉衡、开阳、摇光七星组成的。古人把这七星联系起来想象成为古代舀酒的斗形。天枢、天璇、天玑、天权组成为斗身，古曰“魁”；玉衡、开阳、摇光组成为斗柄，古曰“杓”。北斗其实是大熊座中排成勺形的七颗星。

北斗星在不同的季节和夜晚不同的时间，出现于天空不同的方位，所以古人就根据初昏时斗柄所指的方向来决定季节——斗柄指东，天下皆春；斗柄指南，天下皆夏；斗柄指西，天下皆秋；斗柄指北，天下皆冬。

再有，夜间野外迷路，利用北斗星的指极星，可以辨明方向。因为北斗星与北极星总是保持着一定的位置关系不停地旋转。通过北斗星斗口的两颗星连线，朝斗口方向延长约五倍远，能看到一颗亮星，这颗就是北极星。北极星所在的方向就是正北方。

◆关于流星雨的最早记录可追溯到哪个朝代？

天体小块从地球外部闯入地球大气，因与大气摩擦燃烧而发光，故被人们视作流星。未烧完的流星落到地面，便是陨石。若有许多块落到地上，就称为陨石雨，或流星雨。

据《竹书纪年》记载："帝禹夏后氏八年夏六月，雨金于夏邑。"这是公元前 2133 年，夏朝时期，降落在今河南省的一场铁陨石雨，是人类历史上最早的一次陨石雨记录。《世本》亦载，夏桀十年，夜中星陨如雨。

此后，关于流星雨的记录，总数有二三百条之多，常用"星陨如雨""众星交流如织""流星如织"等等加以形容。有些记录甚为完整全面，包括时间、流向、个数、在天空中的位置，有时还记录颜色和响声。北宋沈括就在自己的名著《梦溪笔谈》中记载了陨石陨落的全部过程。从摩擦生热发光，光球的大小，爆炸声，陨石飞行的方向，余热，陨石的形状、大小，陨石坑，直到陨石的性质和收藏经过，均有所表述。

◆《甘石星经》掌握了哪些行星的出没规律？

《甘石星经》是世界上最早的天文学著作。在长期观测天象的基础上，战国时期楚人甘德、魏人石申各自在其本国进行天文观测，各写出一部天文学著作。甘德的著作名为《天文星占》，石申的著作名为《天文》，都是八卷。汉朝时，这两部著作还是各自刊行的。后人把这两部著作合并，并定名为《甘石星经》。

可惜，它在宋代以后失传了，今天只能从唐代的天文学书籍《开元占经》里见到它的一些片段摘录。这些片段摘录表明，甘德和石申当时曾系统地观察了金、木、水、火、土五大行星的运行，初步掌握了五大行星出没的规律。他们还记录了 800 颗恒星的名字，测定了 121 颗恒星的方位。后人将甘德和石申测定的恒星记录称为《甘石星表》，这是中国，也是世界上最早的恒星表。

◆古时的占星术是怎么回事？

占星术，亦称"星占学"，是以观察星辰运行预言人事祸福的一种巫术。

古代的天文学在很大程度上是跟宗教迷信的占星术相联系的。对某些天象不能做出科学的解释，就归于天帝，认为天象的变化预示着人事的吉凶。

比如，把日蚀看成是上天对最高统治者的警告，《左传》说："日有食之，天子不举（不杀牲盛馔），伐鼓于社。"《礼记》说："日蚀则天子素服而修六官之职，荡天下之阳事。"

又如，把出现彗星看作兵灾的凶相。岁星运行到某星宿，地上与之相配的州国五谷昌盛。荧惑运行到某星宿，地上的国家要发生灾祸。

除此之外，占星家还迷信某星主水旱，某星主饥馑，某星主疾疫，某星主盗贼等，注意它们的隐现出没和光色变化而加以占验。

◆“日食”一词最早见于哪部作品？

中国日食观测历史源远流长。据说早在距今近四千年的夏朝仲康时期就有了世界上最早的日食记录。但最早的“日食”一词则见于《诗经》中的《十月之交》。

这首诗开篇八句写道:“十月之交，朔月辛卯。日有食之，亦孔之丑。彼月而微，此日而微。今此下民，亦孔之哀。”大概意思是说，进入十月，在辛卯这一天发生了日食，这很不好。过去发生过月食，今天又发生日食，天下的老百姓真是可怜啊。

据学者考证，这首诗作于周幽王元年（前781年）。虽然古人尚无法科学解释日食现象，把其当作一种不祥之兆，但他们的观察和记录还是准确的。据现代天文学家推算，这首诗所写的日子里确实发生过日食。

◆最早的日食记录见于哪部作品？

日食是人类肉眼所能观察到的最震撼的天文现象，所以人类自古就对日食重视有加。中国有悠久、丰富的日食观测记录。

《竹书纪年》记录了夏仲康五年秋九月庚戌朔（约公元前20世纪）的日食，这是目前世界上发现最早的一次日食记录。据统计，从春秋到乾隆年间，中国史书记载的日食大约近千次，居世界首位。

在中国古代，观测日食主要是用水盆反射的方法。这种方法最早见于公元前1世纪的《开元占经》。到了宋代，人们用油盆代替了水盆。元朝的郭守敬用小孔成像法能够准确测量食分（食分是被月亮遮住的太阳部分视直径与整个太阳视直径的比）。到了明朝末年，天文学家徐光启开始用望远镜观察日食。

◆“黄道吉日”中“黄道”有科学依据吗？

“黄道吉日”属旧时迷信星象之说。人们以星象来推算吉凶祸福，把青龙、明堂、金匮、天德、玉堂、司命六个星宿视为吉神。六神值日之时，诸事皆宜，不避凶忌，称为“黄道吉日”。与“黄道吉日”相对应的是“黑道凶日”。

有人指出，太阳在天图上位移的路径，称为黄道，这是一条波形路径，其中夏至时太阳坐落在波形曲线的最高点，冬至则坐落于最低点。太阳日行一度，每天所在的位置都不同，它所在位置的旁边还有很多星星，太阳与这些星星形成某种局面、影响力，可以影响地球上的人，有时是好的影响，称为“吉”；有时是坏的影响，称为“凶”。当太阳走到黄道某个位置上，并与星图形成吉祥影响力时，就是所谓“黄道吉日”。

古代历法上的吉凶之说虽然充满迷信色彩，甚至荒诞不稽，但它包含中国古代哲学、天文、地理、自然生态等诸多方面丰富的内涵，并蕴藏着人们应如何顺应自然的智慧。

历法时令

◆古人是如何形成“日”“月”“年”概念的?

古人观察太阳的升起和降落，昼夜的循环，产生了日的概念。所谓“日”就是一个昼夜。

古人观察月亮圆缺的变化，从月圆经过月缺，再到月圆，由月的圆缺变化产生了“月”的概念。所谓“月”就是月亮圆缺的一次循环。

古人通过栽培种植农作物，观察到寒来暑往，草木枯荣，产生了年的概念。所谓“年”就是寒来暑往、草木枯荣的一个周期。所以,《说文解字》说:“秊（年），谷熟也。从禾从千声。”

年、月、日概念的建立是历法得以产生的基础。《尚书》曰:“期三百有六旬有六日，以闰月定四时，成岁。”

中国古代历法的特点，就是采用阴阳合历，即以太阳的运动周期作为年，以月亮圆缺周期作为月，以闰月来协调年和月的关系。

◆阴历、阳历、公历三者的主要区别在哪儿?

（1）阴历。以朔望月为单位的历法叫阴历，它是根据月亮圆缺的变化制定的。月亮又叫太阴，所以阴历全称太阴历。月亮绕地球一周的时间为29.53059日，近似于29天半。为了计算方便，把大小月交替为30天和29天。月相的变化是人们最容易看见的天象，因此各国的历法大都先有阴历后有阳历。随着农牧业的发展，这种历法逐渐被淘汰。

（2）阳历。以太阳年为单位的历法叫阳历，全称太阳历。阳历把春、夏、秋、冬四季的变化定为一年，也就是以地球绕太阳一圈的时间为一年。一年分12个月，每月的日数为31天、30天、29天、28天不等。因此，在阳历里，每月的十五月亮并不一定是圆的。

（3）公历。目前全世界通用的历法叫公历，又叫格雷果里历，是一种阳历。先由埃及创制，后传入欧洲。公元前46年，罗马统治者儒略·恺撒主持制定了儒略历，单月大月，31天，双月是小月，30天，一年共366天。年实际上只有365大多一点，只好把二月减去一天，用四年置闰补上一天，放在二月里。它是公历的前身。

恺撒死后，他的侄儿奥古斯都·屋大维也学他叔父，因为他出生的八月是小月，他就把它改成大月，硬给八月加上一天，成了31天，把九月改成小月，以此类推。但一年又多出一天，只好把二月又减去一天，变成28天，每遇闰年，就变成29天。

罗马教皇格雷果里十三世在1582年对此历法加以修订，称为格里历。

此历在20世纪初被全世界普遍使用，故称公历。公历纪年亦称公元。中国是从辛亥革命以后的1912年开始采用公历的，但用民国纪年。新中国成立后，采用公元纪年。

◆中国的农历属于阴历，还是阳历？

农历是中国目前与格里历（即公历）并行使用的一种历法，人们通常称之为“阴历”，但并不等同于“阴历”。农历其实是一种典型的阴阳历。

在阴阳历中，历月的平均长度接近朔望月，历年的平均长度接近回归年，是一种“阴月阳年”式的历法。它既能使每个年份基本符合季节变化，又使每一月份的日期与月相对应。它的缺点是历年长度相差过大，制历复杂，不利于记忆。

阳历是兼顾月亮绕地球的运动周期和地球绕太阳的运动周期而制定的历法。在农历中，虽然平均历月接近一个朔望月，但设置闰月以使平均历年为一个回归年，设置二十四节气以反映季节（太阳直射点的周年运动）的变化特征，所以又有阳历的成分。

◆什么是“黄历”？为何它又有“通胜”的别称？

黄历，是在中国农历基础上产生的，带有二十四节气的日期表以及表示当天吉凶宜忌、生肖运程等内容的历法。

相传由黄帝创制，故称为“黄历”。由于其中有指导农民耕种时机的内容，故又称“农民历”。民间俗称为“通书”。但因“书”跟“输”同音，避忌故又名“通胜”。

古时由钦天监计算颁订，是古代帝王遵循的一本行为规范书。在黄历中，不但包括了天文气象、时令季节，而且还包含了百姓在日常生活中要遵守的一些禁忌。由于它是皇帝家族用的，故称为“皇历”。辛亥革命以后推翻了帝制，又改写成“黄历”。

◆祖冲之创制的“大明历”指什么？

大明历，是由南北朝时期的祖冲之创制的历法，也称“甲子元历”。

在祖冲之以前，人们使用的历法是天文学家何承天编制的《元嘉历》。祖冲之经过多年的观测和推算，发现《元嘉历》存在很大的差误。于是祖冲之着手制定新的历法。宋孝武帝大明六年（462年），祖冲之编制成了《大明历》。梁武帝天监九年（510年）颁布施行。《大明历》的主要成就如下：

定一个回归年为365.24281481日（今测为365.24219878日）。

区分了回归年和恒星年，测得岁差为45年11月差一度（今测约为70.7年差一度）。

定交点月日数为27.212223日（今测为27.212220日）。交点月日数的精确测得使得准确的日月食预报成为可能，祖冲之曾用大明历推算了从元嘉十三年（436年）到大明三年（459年），二十三年间发生的四次月食时间，结果与实际完全符合。

定木星公转周期为11.858年（今测为11.862年）。

提出了用圭表测量正午太阳影长以定冬至时刻的方法。

◆农历的闰月是怎么回事？又何谓“失闰”？

中国古代的历法不是纯阴历的，

而是阴阳历。阴阳历平年 12 个月，6 个大月各 30 天，叫“大尽”，6 个小月各 29 天，叫“小尽”，全年 354 天。而朔望月的长度为 29.5306 天，全年天数与太阳年 365.2422 天相差约 10 天 21 时，故须置闰，即 3 年闰 1 个月，5 年闰 2 个月，春秋中叶后规定 19 年闰 7 个月。每逢闰年加 1 个月叫“闰月”，闰月加在某月之后就叫“闰某月”。

古人很重视置闰，置闰可使历年的平均长度约等于一个太阳年，并和自然季节大致吻合。当闰而不闰叫“失闰”。

从现有文献看，殷周时代已经置闰，闰月一般放在年终，称为“十三月”。当时置闰尚无定制，有时一年闰两个月，所以会有“十四月”。春秋时期就没有这种情况了。秦至汉初在九月之后晦日已酉，称为“后九月”。“后九月”即“闰九月”。这是因为秦至汉初以十月为岁首，以九月为岁末，所以闰月置于年终。

◆朔、朏、魄、弦、明、望、既望、晦，各指的是什么？

朔：农历每月初一为朔。

朏：农历每月初三为朏。

魄：指农历初三的月光。

弦：指农历初八的月光。

明：日月相映为明。

望：农历每月十五为望（月大十六，月小十五），即满月。袁枚《祭妹文》：“此七月望日事也。”

既望：望后一天为既望。《赤壁赋》：“壬戌之秋，七月既望。”

晦：农历每月最后一天为晦。姚鼐《登泰山记》：“戊申晦，五鼓，与子颖坐日观亭。”

◆古代对十二月份都有哪些别称？

一月：正月、陬月、孟月、端月、孟春、征月、华月、早春、新正。

二月：女月、杏月、仲春、令月、如月、丽月、酣春。

三月：寎月、桃月、李月、蚕月、桐月、季月、晓春、莺月、樱笋时、桃浪。

四月：余月、槐月、孟夏、阴月、梅月、初夏、正阳、朱明、清和月。

五月：皋月、榴月、蒲月、仲夏、郁蒸、天中。

六月：荷月、伏月、季夏、旦月、焦月、暑月、精阳。

七月：相月、巧月、霜月、孟秋、兰月、凉月、瓜月、初秋、早秋。

八月：壮月、桂月、仲秋、中秋、正秩、仲商。

九月：玄月、菊月、季秋、穷秋、杪秋、青女月。

十月：阳月、孟冬、良月、初冬、开冬、正阳月、小阳春。

十一月：葭月、仲冬、畅月。

十二月：涂月、腊月、季冬、蜡月、暮冬、残冬、末冬、嘉平月。

◆民间为什么把一月又称为“正月”？

在中国古代，每年以哪一个月做第一个月，有时是随着朝代的更换而变化的。在汉朝以前，每换一个朝代，就往往把月份的次序更改一次。据说，商朝把夏朝规定的十二月算作每年第一个月，而周朝又把十一月算作每年的第一个月。秦始皇统一天下以后，又把十月算作每年的第一个月，直至汉朝的汉武帝，才恢复夏朝的月份排列法，一直沿用到现在。这几代王朝更改了月份的次序，便把更换后的第一个月叫作“正月”。“正”，即改正的意思。

既然“正”是改正的意思，那么正月的“正”字，就应该读作“改正”的“正”字音，为什么人们却把它读作“征途”的“征”字音呢？原来，到了秦代，因秦始皇姓嬴名政，他嫌“正”字的读音同他的名字同音，说是犯了忌讳，就下令把“正（政）月”读作“正（征）月”。后来人们习惯了，就一直沿用到现在。

◆古人是如何划分一年四季的？

古时的“四季”也叫“四时”，指一年之中的春、夏、秋、冬四个季节。

后来又按夏历把十二个月分为：正月、二月、三月为“春”，分别为孟春、仲春、季春；四月、五月、六月为“夏”，分别为孟夏、仲夏、季夏；七月、八月、九月为“秋”，分别为孟秋、仲秋、季秋；十月、十一月、十二月为“冬”，分别为孟冬、仲冬、季冬。孟春等名称，古人常作相应月份的代称。《楚辞》中有：“民离散而相失兮，方仲春而东迁。”《古诗十九首》中有：“孟冬寒气至，北风何惨栗！”

古代又有四孟（孟春正月、孟夏四月、孟秋七月、孟冬十月）的说法。但在商代和西周前期，一年只分春秋二时，所以后来称春秋就意味着一年。《庄子》中“蟪蛄不知春秋”，意思是蟪蛄生命短促，活不到一年。后来历法日趋详密，由春秋再分出冬夏，所以有些古书排列的四时顺序不是“春夏秋冬”，而是“春秋冬夏”。

◆二十四节气歌诀是怎么来的呢？

二十四节气是中国古代劳动人民在农业生产实践中逐渐创立的。开始的时候是把一年分为春、秋两季，到了周代才进一步分为春、夏、秋、冬四季。大约两千五百年前春秋战国时代，逐渐有了二至（冬至、夏至）、二分（春分、秋分）四个节气。以后又经过不断补充、完善，到西汉时就已有了和现在一样的二十四节气了。

二十四节气在中国历法上占有重要地位。按阳历，二十四节气排列为：

二月：立春、雨水；三月：惊蛰、春分；四月：清明、谷雨；五月：立夏、小满；六月：芒种、夏至；七月：小暑、大暑；八月：立秋、处暑；九月：白露、秋分；十月：寒露、霜降；十一月：立冬、小雪；十二月：大雪、冬至；一月：小寒、大寒。

为便于记忆，广大群众将其编成二十四节气歌诀：春雨惊春清谷天，夏满芒夏暑相连。秋处露秋寒霜降，冬雪雪冬小大寒。每月两节不变更，最多相差一两天。上半年来六、廿一，下半年来八、廿三。

◆二十四节气的具体含义是什么？

立春、立夏、立秋、立冬的“立”字就是即将开始的意思，表示春、夏、秋、冬四季将临；夏至、冬至的“至”字则表示盛夏和寒冬已经到来；春分、秋分的“分”字，即是平分的意思，这两天昼夜相等，正好处于夏至和冬至的中间；雨水表明降雨开始，雨量渐增；清明则表示天气晴和，万物滋生；谷雨标志着雨量的增加，谷物茁壮成长；小满表明麦类等夏熟作物即将成熟；芒种则是麦类等有芒作物成熟和晚季作物抢种时期；小暑、大暑是一年中最热的季节，所谓“三伏”就是这个时期；处暑的“处”字是终止的意思，表示暑天结束，气温开始下降；白露表示气温降低，出现露水；寒露表示天气转冷，露水很凉；霜降，开始结霜；小雪、大雪，开始下雪，直至形成积雪；小寒、大寒是一年最冷的季节，人们一般是数“九”来说明这一时期的寒冷程度。

◆立春为什么又俗称“打春”？

立春，俗称“打春”。有时在农历十二月，有时在农历正月。自古以来，立春时朝堂与民间都有很多祭祀、庆贺活动，除大家熟知的吃春盘、春饼外，还有打春牛活动。

立春日鞭春牛的活动早在周朝即有之。每年立春节前，各州府事先制好泥塑芒神和土牛。立春这天，官府带着迎春队伍，浩浩荡荡地来到东郊八里处事先准备好的芒神亭和土牛台。迎春队伍中的人一律穿青色衣服，用青色车子，擎青色旗帜，人们吹着牛角号，唱着“青阳曲”，舞动羽毛仪仗，跳着云翘舞，隆重举行迎春仪式。

上述打春牛仪式发展到了明清，更是隆重。据清人的《燕京岁时记》载：“立春先一日，顺天府官员至东直门外一里春场迎春，立春日礼部呈进春山宝座，顺天府呈进春牛图，礼毕回署，引春牛而击之，曰打春。”打春牛头象征吉祥，打春牛腰象征五谷丰登，打春牛尾象征四季平安。无论鞭打春牛的哪个位置，都象征着驱寒和春耕的开始。

这就是立春又俗称“打春”的原因。

◆立夏这一天，民间有什么习俗？

立夏有吃蛋的习俗。俗话说：“立夏吃了蛋，热天不疰夏。”

相传从立夏这一天起，天气晴暖并炎热起来，许多人特别是小孩会有身体疲劳、四肢无力的感觉，食欲减退，逐渐消瘦，称为“疰夏”。女娲告诉百姓，每年立夏之日，小孩的胸前挂上煮熟的鸡鸭鹅蛋，可避免疰夏。因此，立夏节有吃蛋的习俗。

立夏还有秤人的习俗。人们挂起一杆大木秤，秤钩悬一把凳子，大家轮流坐到凳子上面秤人。司秤人边秤人，边讲着吉利话。

这一风俗的由来，相传与刘阿斗有关。孙尚香回江东时，刘备让她带上阿斗，便于照料。过了一段日子，赵云奉命过来探望，那天正是立夏。孙夫人当着赵子龙的面给阿斗称了体重，说好来年立夏再称一次，看体重是否增加，由此表示孙夫人对阿斗是否精心照顾。此说法传入民间，演变成这天称了体重，就不怕夏季炎热，不会消瘦，不称则易病灾缠身。

◆古人为何把冬季称为“玄冬”？它还有哪些别称？

三冬。古人以农历十月为孟冬，十一月为仲冬，十二月为季冬，并将三个月份合称“三冬”，用以代指冬季。

九冬。冬季三个月共九十天，于

是冬季又别称“九冬”。

严冬。“严”有“程度深”之义，故“严冬”也就成了极其寒冷的冬天的又一代称。

清冬。冬季万物萧条，天地间一片清寒，故冬天又有“清冬”之别称。

玄冬。“玄”为黑色，古代以四方为四季之位，北方冬位，其色黑，故有此称。

穷冬。“穷”，尽也。冬季为一年之中最后一个季节，故有“穷冬”之别称。

穷阴。古代以春夏为阳，秋冬为阴，冬季又是一年中最后一个季节，故称。

北陆。北陆本指太阳冬季所在的方位，后来被人们用来代称冬天。

玄序。玄，冬之色；序，季节。唐许敬宗《奉和守岁应制》：“玉琯移玄序，金奏赏彤闱。”

此外，冬季的别称还有玄英、严节、岁余等等。

◆你知道冬季数九歌吗？

“数九”又称“冬九九”，是中国冬季的一种民间节气。在南北朝时已经流行。《荆楚岁时记》载：“俗用冬至日数及九九八十一日，为寒尽。”数九寒天，即从冬至日算起，每九天算一“九”，数到“九九”八十一天，“九尽桃花开”，天气就暖和了。

民间广为流传的冬至“九九消寒歌”，俗称“九九歌”，生动形象地记录了冬至到来年春分之间的气候、物候变化情况，同时也表述了农事活动的一些规律。广泛流传的“九九消寒歌”说：“一九二九不出手，三九四九冰上走，五九六九沿河看柳，七九河开，八九雁来，九九加一九，耕牛遍地走。”

由于各地气候寒暖不一,九九歌也就有些区别，如河北流传的九九歌为：“一九二九不出手；三九四九缘凌走；五九半，凌碴散；春打六九头，脱袄换个牛；七九六十三，行人把衣宽；八九不犁地，只待三五日；九九杨花开，以后九不来。”

◆“九九消寒图”是用来做什么的？

从冬至开始数九，经过九九八十一天方能寒尽春来。古代数九寒天是一年中难于度过的日子，而大地春回则是人们共同向往的，所以古人便在冬至这一天设计了“九九消寒图”，用来计算时日，帮助消寒迎春。

（1）文字消寒图。其图由九个汉字组成，例如“亭前垂（垂）柳珍重待風（风）”“春前亭柏風（风）送香盈室”，每字九画，正好八十一画。字呈双钩体，笔画中间是空白的，每过一天用红笔描一画，待到九个字描完，春天便来临了。

（2）梅花消寒图。其图是一枝梅花，共八十一瓣，每天用红笔涂染一瓣，待到素梅变成红梅，便“出九”了。

（3）圆圈消寒图。其图是九个大圈，每圈又有九个小圈，圈旁标明日期，每天用墨涂画一个小圈，阴天涂掉圈的上半，晴天涂掉下半，刮风涂左半，下雨涂右半，下雪则涂中央。这种消寒图除了计日，还可兼记气候。

◆民间为何习惯称农历十二月为“腊月”？

农历十二月，俗称“腊月”。为什么民间习惯称农历十二月为“腊月”呢？

据《说文解字》注云：“腊，合也，合祭诸神者。”

又《玉烛宝典》载：“腊者祭先祖，腊者报百神，同日异祭也。”

可见，腊是古代人们祭拜百神及祖先的一种活动。因为腊祭多在农历十二月进行，因此人们从周代开始，便把农历十二月称为“腊月”。到了汉代，又按“干支纪日”的方法，把“冬至”后的第三个戌日定为“腊日”，即“腊八”。

◆何谓天干地支？干支纪年是怎么回事？

天干地支简称干支，是夏历中用来编排年号和日期用的。天干共十个字，因此又称为“十干”，其排列顺序为：甲、乙、丙、丁、戊、己、庚、辛、壬、癸；地支共十二个字，排列顺序为：子、丑、寅、卯、辰、巳、午、未、申、酉、戌、亥。其中甲、丙、戊、庚、壬为阳干，乙、丁、己、辛、癸为阴干；子、寅、辰、午、申、戌为阳支，丑、卯、巳、未、酉、亥为阴支。

以一个天干和一个地支相配，排列起来，天干在前，地支在后，天干由甲起，地支由子起，阳干对阳支，阴干对阴支，得到六十年一周期的甲子回圈。称为“六十甲子”或“花甲子”。中国古人就是以“六十甲子”循环来纪年、纪月、纪日、纪时的，此即“干支纪年法”。

◆你知道十天干、十二地支有什么含义吗？

《群书考异》一书对十天干、十二地支的含义做了具体阐释。

十天干的含义：甲是拆的意思，指万物剖符而出；乙是轧的意思，指万物出生，抽轧而出；丙是炳的意思，指万物炳然著见；丁是强的意思，指万物丁壮；戊是茂的意思，指万物茂盛；己是纪的意思，指万物有形可纪识；庚是更的意思，指万物收敛有实；辛是新的意思，指万物初新皆收成；壬是任的意思，指阳气任养万物之下；癸是揆的意思，指万物可揆度。

十二地支的含义：子是滋的意思，指万物滋萌于既动之阳气下；丑是纽、系的意思，既萌而系长；寅是移、引的意思，指万物至此已毕尽而起；卯是冒的意思，指万物冒地而出；辰是震的意思，物经震动而长；巳是起的意思，指万物至此已毕尽而起；午是仵的意思，指万物盛大枝柯密布；未是昧的意思，指阴气已长，万物稍衰，体暧昧；申是身的意思，指万物的身体都已成就；酉是老的意思，指万物衰老；戌是灭的意思，指万物老极而成熟；亥是核的意思，指万物收藏皆坚核。

◆天干地支纪年以哪一天作为一年的开始？

自周朝建立到汉朝初叶，帝王是没有年号的，只称某王、某帝之某年，如周宣王九年、秦始皇三十年、汉惠帝五年等。换句话说，汉朝以前，用天干地支纪年，以立春作为一年的开始，而不是以农历的正月初一。

皇帝正式启用年号，始于汉武帝刘彻，有清人赵翼《陔余丛考》为证："年号纪年自汉武始。"汉武帝登位的第二年即公元前140年，开始用年号纪年，定年号为"建元"。从此以后，凡新皇帝登位，依例都要启用新的年号，称为"改元"，直至清朝灭亡时末代皇帝溥仪的"宣统"止。每次新皇帝登基，常常会改元纪年，并同时改变年号。老皇帝驾崩后，新皇帝需要服满当年的丧期，第二年才能改年号，也有一些从本年年中算起。

◆古人是用"虚岁"还是"实岁"计岁？

中国人说到年龄时常常使用一个词叫作"虚岁"。什么是虚岁？虚岁是与实岁（现在统称作周岁）相对的一种计岁方法。

顾名思义，"虚"是虚假之意，"实"则是真实之意。虚岁这种中国传统计算年龄的方法，以年为单位，是一种舍小求大的概算法。一个人出生的当年记为一岁，以后每过一个春节增加一岁。古时候，虚岁是唯一的计岁方法。古人说的"岁"，即"虚岁"。

虚岁中，没有以零为起点的理念，没有个人特别生日的计岁方法。按照民间的习俗，一个刚出生的婴儿，只有在百天之前，会以天为单位来计算他的大小，一过百天，就再不会计算他的日龄或者月龄，而是以年为单位计算年龄。

例如，一个出生在2009年8月14日的男孩，到2010年1月1日，虽然他才出生不足五个月，但依照古人的计岁法，他已一岁了。

◆当年"年三十儿"生人，为何次年三月就两岁了？

中国古人注重的是"生辰""诞辰"，并非"生日"。

古人把一天分为十二个时辰，分别以十二地支表示，称为十二时辰。

与生辰密切相关的是属相。人人都有一个固定的属相。

民间算命先生知道人的属相后，会使用天干地支计岁法，通过掐指来推算他的年龄。掐指测算法，是以拇指以外的四个手指为依托，以四指的十二条横纹和四个指尖为基点，以食指最下端（与掌心连接处）的横纹为起点，沿四指周边的正方形分别记数，以大拇指指尖一一点击，子鼠丑牛寅虎卯兔，辰龙巳蛇午马未羊，申猴酉鸡戌狗亥猪，每一个指尖或横纹都有一个固定的对应点。

由上可知，天干地支计岁法的特点是：首先它以年为单位，一年对应一个属相，不计月日和时辰；其次，无空缺位置，没有零的概念。哪怕一个人出生的年份只剩下最后一天，他也必有一个固定的属相。同样没有零概念的虚岁，便是这种计岁法导致的结果。

◆古代的十二时段和更点制度是怎么划分的？

古人用地支：子、丑、寅、卯、辰、巳、午、未、申、酉、戌、亥，把一天分为十二时辰，每个时辰相当于现代的两小时，如巳时相当于九至十一时。那时候，白天靠测量太阳的影子，夜晚用漏壶滴水测时，但这不是最早的测时方法。

在这以前，古代人根据太阳的起落和人兽的活动来计时，将昼夜分为十二时段：即鸡鸣、平旦、日出、食时、隅中、日中、日昳、晡时、日入、黄昏、人定、夜半。由于季节的不同，具体的时间差竟达两小时，因为不太科学，终于被十二支计时法所替代。

另外，古代还有报更（又叫打更）的计时法，把夜间分为五更：相当于现代的时针上七点到九点一更，九点到十一点为二更，午夜十一点到一点为三更，凌晨一点到三点为四更，凌晨三点到五点为五更。

◆两个钟点间的间隔为什么叫“小时”？

人们几乎每天都要和钟、表打交道，“几点钟”“几小时”这些话一天也不知要说几遍，可是为什么要把两个钟点之间的间隔称为小时呢？既然有“小时”，有没有“大时”一词呢？其实“大时”的确有过的，“小时”也是从“大时”引申而来的。

在中国古代，人们用“铜壶滴漏”的方法计时，把一昼夜分为十二个时辰，即子、丑、寅、卯、辰、巳、午、未、申、酉、戌、亥。对应于今天的二十四小时，半夜十一点到一点的时间为子时，一点到三点为丑时，三点到五点为寅时，其余的依此类推。古代的一个时辰相当于今天的两个小时，所以，当钟表刚刚传入中国时，就有人把一个时辰叫“大时”，新的时间一个钟点叫“小时”，以后，随着钟表的普及，“大时”一词也就消失，而“小时”却沿用至今。

◆“无时无刻”中的“刻”是什么的单位？

古代除了用日晷计时外，还以漏刻计时。这种计时方法分一昼夜为一百刻（一刻相当于今天的14.4分钟），因而古代语言中就有“刻”的说法。

“漏刻”中的“漏”指漏壶；“刻”指刻箭。漏刻是一种比日晷用途更大的计时器，它可以用来计时、守时，而且不受夜晚和天气变化的限制。

最早的漏壶很简单，就是一把带提梁的壶，在壶的下边留一小孔，箭杆上有刻度。看水退到哪一刻度就知道是什么时间。

经过不断改进，漏刻的结构日臻完善。中国目前现存最完整的一件古代计时漏刻，是元期所造，现收藏于中国历史博物馆。这套漏刻由四个漏壶组成，安放在阶梯式的架子上，高2.64米。由上而下，最上层的漏壶叫作日壶，第二层的叫作月壶，第三层的叫作星壶，最下层的叫作受水壶。日、月、星壶的下部都有一个滴水龙头，水依次沿龙头下滴。在受水壶铜盖中央，插着一把固定的铜尺，自上而下刻有子到亥时，共十二时辰。另外还有一个木质的浮箭，固定在浮舟上，紧靠铜尺，指向时辰刻度。

漏刻在中国古代计时中一直扮演着重要的角色，直到近代西方钟表传入并在中国推广，才逐渐退出历史舞台。

◆“弹指一挥间”究竟是多长时间？

我们常用“弹指一挥间”来形容

时光短暂。那么，“弹指”究竟是多长时间呢？“弹指”是佛教中的一个时间量词，出自印度的梵语。《僧祇律》上解释说：“二十念为一瞬，二十瞬为一弹指，二十弹指为一罗预，二十罗预为一须臾，一日一夜有三十须臾。”

依照上述记载，24 小时是 30 须臾，那么 1 须臾就是 48 分钟；48 分钟是 20 罗预，1 罗预就是 2.4 分钟；24 分钟是 20 弹指，1 弹指就是 7.2 秒。我们当然还可以继续换算，7.2 秒是 20 瞬，一瞬间是 0.36 秒；20 念为 1 瞬，一念间就应该是 0.018 秒。一转念竟然是如此短暂的时间，佛家常说的“一念成佛，一念成魔”就更让人感慨了。

综上所述，我们可知，一昼夜有 1.2 万个“弹指”。

◆十二生肖与十二时辰是如何相配的？

中国农历中使用天干地支的组合来编排年号、月份和日期，即甲子、丙寅……其中地支共有十二个字可用于代表一天中的十二个时辰。为了形象化，人们用十二种动物符号分别与地支的十二个字相配记。其配合的情况如下：

地支：子、丑、寅、卯、辰、巳、午、未、申、酉、戌、亥。

动物：鼠、牛、虎、兔、龙、蛇、马、羊、猴、鸡、狗、猪。

比如说，乙丑年丁卯月丙寅日酉时，可称之为牛年兔月虎日鸡时。因此，属相一般指年份属相。而地支又与二十四节气有关。

一个人的属相是由出生农历年的地支决定的，以立春为界，立春前为上一年属相，立春时起为当年属相。出生于酉年的属鸡，出生于寅年的属虎，依此类推。再有，十二属相还分为阴阳两类。鼠、虎、龙、马、猴、狗属阳性；牛、兔、蛇、羊、鸡、猪属阴性。

◆“十二生肖”计时法是怎么来的？

十二生肖，又称十二属相，是用十二种动物作为名称的计时方法。

一些史学家认为，以十二生肖计时是因为古代人民非常崇敬动物，对大自然中或活泼，或凶悍的动物有一种图腾情结。在漫长的历史过程中，这种图腾情结就与天干地支联系了起来，并用于计时了。

关于某一样动物和一个特定的地支互相对应的理由，历来有不同的说法。有人认为是以十二支的奇偶数和动物足爪的奇偶数相对应。如子寅辰午申戌都是奇数，鼠虎龙猴狗的脚掌都是五指，马则是单蹄，因此，子寅辰午申戌分别与鼠、虎、龙、猴、狗、马对应。

明人郎瑛在《七修类稿》一书中则认为，是按照动物的性情来配合的。如“子为阴极，幽潜隐晦，以鼠配之，鼠藏迹也”。当然，这些说法都有些穿凿附会。

◆中国的十二生肖为何没有猫？

原来十二生肖产生时，猫（即今日之家猫）还未加入“中国籍”呢。中国的干支纪年法，传说产生于夏。这个传说是否正确，无史可证，但它最迟也不会晚于商，因为甲骨文中已有记载。从生物进化史来看，猫的历史比人类要长，但汉以前，中国只有野猫，即《礼记》中所说的山猫，或《诗经》中“有熊有罴，有猫有虎”之豹猫等。中国今天的家猫，据考证来源于印度的沙漠猫。印度猫进入中国大约始于汉明帝后，因为那时中印交往才通过佛教而频繁起来。这离干支纪年法的产生，已是相去千年了。因此猫那时没纳入十二生肖中。

◆与天气有关的谚语，你都知道哪些？

早看东南，晚看西北。

日出云彩虹，上午没个晴。

老云接驾，不是阴就是下。

日头戴耳环，刮风要变天。

太阳笑一笑，阵雨要来到。

太阳露一露，有雨在后头。

太阳亮亮响，阴雨在后晌。

日昏三更雨，月昏午间风。

日落乌云起，明天必有雨。

公鸡高处啼，准是好天气。

小鸡早进窝，明天把工歇。

小鸡愁，雨水流。

天上浮云走，地上晒死狗。

天上浮云变，下雨连成遍。

雾下地晴了天，雾上天雨连绵。

漫阴雨下不完，云层越厚越能连。

先下牛毛没大雨，后下牛毛不晴天。

早雨不过午，雷雨三后晌。

久雨起风要晴天，阴天住风雨窗前。

◆“五雷轰顶”中的“五雷”指什么？

在遭到了巨大的打击时，人们往往喜欢用成语“五雷轰顶”来形容。但其中的“五雷”指的是什么呢？

“五雷”的说法是从中国传统的天文学说“五行理论”中衍生而来的。“五”是五行，代表金、木、水、火、土五种物质。所以五雷也就是金雷、木雷、水雷、火雷、土雷。金雷是指刀剑、金属、铁器、车祸等等；木雷是指棍棒、高处摔下、树木压住等等；火雷是指火烧、电击、雷击等等；水雷是指溺水、水淹、在行走中出意外、生病等等；土雷是指土埋、房屋倒塌、高处掉物等等。被此五雷击倒者必定是罪孽深重的人。

还有一说，“五雷”为道教方术。《太平广记》引《神仙感遇传》说：“谓得雷公墨篆，依法行之，可致雷雨，祛疾苦，立功救人。因雷公有兄弟五人，故以五雷称之。”

地　理

◆古代称方位的“四象”分别是什么？

现在人们常用东、南、西、北表示地理方位，在古代，人们往往以“青龙”“朱雀”“白虎”“玄武”来代表。

（1）青龙。青龙是东方之神。如位于东海之滨的历史名镇青龙镇，此外尚有青龙河、青龙塔等，都代表着它们的位置在东方。

（2）朱雀。朱雀是南方之神。中国诸多旧城的南门均以朱雀冠名。金陵的朱雀门、朱雀桥，长安的内街朱雀门等，都是著名的历史古迹。

（3）白虎。白虎是西方之神。古人因“白虎”含有贬义，以其作地名的不多，常用于禁入的要地之名，如白虎堂、白虎厅、白虎庙，这些地名的大门都是朝西开的。

（4）玄武。玄武在中国古代神话中通常指北方之神，其具体形象是龟的身上缠绕一条蛇。南京的玄武湖，在东晋初年被称为北湖。此外，唐朝长安的玄武门也是指北门。

◆“两肋插刀”中的“两肋”指什么？

“为朋友两肋插刀”，其来历是秦琼（秦叔宝）在历城县衙当差的时候，有朋友劫了靠山王杨林的皇纲。秦叔宝接到上司的抓捕令，带领捕快前去抓人，途中遇到了一个三岔路口，一条路通往登州靠山王所在地，一条通往单雄信家，一条可以回家。秦叔宝犹豫了一会儿，最后选择染面涂须冒充响马，前往登州投案自首。后人把这条岔路附近的村庄起名“两肋庄”。

两肋庄岔道体现出秦琼的深重义气，就被人们传为“两肋岔道，义气千秋”。因“岔道”与“插刀”谐音，随着人们口口相传，“两肋岔道”就渐渐演化成了“两肋插刀”。

◆“楚河汉界”以今天的哪个地方为“界”？

中国象棋棋盘上有“楚河汉界”。据史书记载，历史上的“楚河汉界”指的是河南省荥阳市黄河南岸广武山上的鸿沟一带。现在，鸿沟两边还有当年楚军与汉军对垒的城址，东边是霸王城，西边是汉王城。鸿沟沟口宽约800米，深达200米。

荥阳鸿沟一带，北临黄河，西靠邙山，东连平原，南接嵩山，为历代兵家兴师动众的战场。西汉初年，楚汉相争时，汉高祖刘邦和西楚霸王项羽仅在荥阳一带就爆发了“大战七十，小战四十”。汉高祖四年（前203年），刘邦出兵攻打楚国，项羽粮缺兵乏，情非得已，“乃与汉约，中分天下，割鸿沟以西者为汉，鸿沟以东者为楚”，从此就有了楚河汉界的说法。

◆“西出阳关无故人”中的“阳关”在哪里？

《渭城曲》是唐代王维的诗作。诗中写道：“渭城朝雨浥轻尘，客舍青青柳色新。劝君更尽一杯酒，西出阳关无故人。”这里提到的“阳关”位于现在什么地方呢？

据考证，阳关故址在甘肃省敦煌市城西的古董滩上。阳关因陋就简居玉门关之南，古以南为阳，故称“阳关”。为汉武帝开辟河西，“列四郡，据两关”的两关之一，它是汉武帝时设在河西走廊西端的重要关隘，在军事上有极为重要的地位，更是古代中外陆路交通咽喉之地。自古为丝绸之路西出敦煌，通西域南道的必经关卡，西部边境之门户。

其实，王维还有一首提到“阳关”的诗作，其中有：“绝域阳关道，胡沙与塞尘。”因为当时的阳关是西域和内地的分界线，出了阳关就是茫茫沙漠，视觉上跟中原腹地有很大差异，人的心埋状态也会相应发生变化。

◆“明修栈道，暗度陈仓”中的“陈仓”在哪里？

公元前206年，秦朝被推翻后，项羽拥兵自重，迫使先入秦都咸阳的刘邦退出，自己率兵进入，并称西楚霸王。接着，项羽封刘邦为汉王，让他统治偏远的汉中和巴蜀地区。为防刘邦再次入关，项羽还派秦军降将把守关中。

刘邦在去封地的途中，采用张良的计策，烧掉长达好几百里的栈道，以示再无回关中之心，蒙蔽项羽。同年八月，有人起兵反项。刘邦认为这是个出兵关中的良机。刘邦采纳韩信的建议，一方面派人修复栈道，以迷惑敌方，一方面暗地里为攻打陈仓积极地做准备。不久，韩信迅速出兵，攻下了陈仓。守卫关中的秦降将章邯得知后非常恐慌，但为时已晚。刘邦军队借道于陈仓，很快攻打并占领了关中，为以后建立汉朝奠定了基础。

以上便是“明修栈道，暗度陈仓”的由来。“栈道”，在陡峭的崖壁上用木头建成的路。“陈仓”，古地名，在今陕西省宝鸡市东。

◆隋代的京杭大运河沟通了哪五大水系？

京杭运河北起北京（涿郡），南达杭州（余杭），途经北京、天津、河北、山东、江苏、浙江六省市，沟通了海河、黄河、淮河、长江和钱塘江五大水系，全长近1800公里，相当于苏伊士运河的十倍多，是巴拿马运河的二十二倍，是世界上最长的人工河流，也是最古老的运河之一。它和万里长城并称为中国古代的两项伟大工程，闻名于全世界。

京杭大运河开凿经过了三个历史阶段：公元前486年，吴王夫差首次在扬州开挖邗沟，沟通了长江和淮河。7世纪的隋炀帝时期和13世纪的元代，又先后两次大规模地开凿运河，终于建成了这条沟通中国南北漕运的大动脉。

◆九华山是中国佛教四大名山之一吗？

坐落于安徽的九华山，素有“江南第一山”之称。与山西五台山、浙江普陀山、四川峨眉山合称中国佛教四大名山。

九华山，原名九子山。《太平御

览》说九华山奇秀，高出云表，峰峦异状，其数有九，故名“九子山”。唐朝大诗人李白诗云，“昔在九江上，遥望九华峰，天河挂绿水，绣出九芙蓉”，从此更名“九华山”。

唐开元年间，新罗国王金乔觉（地藏）来此，辟地藏王道场，大规模建筑庙宇（一说永徽年间）。九华山历经宋、元、明、清各代兴建，日益鼎盛。仅佛寺已达三百余座。僧众四千有余，香烟缭绕，常年不绝。所以九华山又有“佛国仙城”“蓬华佛国”之称。今日九华山已辟为游览区和佛教朝拜圣地。

◆黄山“天下第一奇山”的美誉因何而得？

被誉为“天下第一奇山”的黄山，因何而得名？众说纷纭、莫衷一是。近千年来，因黄帝炼丹而定名“黄山”一说，流传甚广，影响深远。

有人认为，黄山，古名黟山，因峰岩青黑，遥望苍黛而名，后改名黄山。北宋景祐年间的《黄山图经》解释说：江南黟山，据得其中，云疑碧汉，气冠群山，有古木灵药，奇花异果，瀑水飞泻，汤泉香温，是轩辕黄帝“栖真之地”。唐玄宗崇尚道教，特于天宝六载（747年）六月十七日敕改黟山为黄山。

还有人认为，元人赵访用阴阳五行学说，结合黄山盘踞于崇山之中，中央正色是黄色，而起名黄山。

明清两朝，又有黄山即黄檗山一说。康熙八年（1669年）《黄山志》附录《黄山辨》一文称：“今乡俗称为黄檗山，山川出黄檗也。曰黄山，省辞也。”提出因山产黄檗而得名。

◆中国五大名山因何得名？又各具什么特色？

“五岳”是中国的五大名山。人们常说“五岳归来不看山”。“五岳”，即东岳泰山、西岳华山、北岳恒山、中岳嵩山、南岳衡山。它们是远古山神崇拜（传说盘古死后，头和四肢化为五岳）、五行观念和帝王仰天功之巍峨而封禅祭祀相结合的产物，更是封建帝王受命于天，定鼎中原的象征。

学者经过研究，认为中国五岳制度始于汉朝，可能是当时的一些经学家根据殷商时的五方（东、南、西、北、中）和五色（青、赤、白、黑、黄）等观念，加以附会而成的。晋朝道士葛洪在《枕中书》中，融合五行所代表的方位和颜色的说法，声称太昊为青帝，治东岳岱宗山（泰山），祝融为赤帝，治南岳衡霍山（天柱山），金天氏为白帝，治西岳华阴山（华山），颛顼为黑帝，治北岳太恒山（恒山），轩辕氏为黄帝，治中岳嵩高山（嵩山）。

民间有“恒山如行，泰山如坐，华山如立，嵩山如卧，南岳如飞”的说法。论景观，泰山雄、衡山秀、华山险、恒山幽、嵩山峻。东岳泰山位于山东；西岳华山位于陕西；南岳衡山位于湖南；北岳恒山位于山西；中岳嵩山位于河南。其中，东岳泰山为五岳之首，中国历代曾有多位皇帝到泰山封禅。

◆山西“五台山”的“五台”分别指的是什么？

五台山位于山西五台东北隅，距

太原市230公里，由五座顶如平台、屹立环抱的山峰组成。五座山峰以“台”命名：东台望海峰，西台挂月峰，南台锦绣峰，北台叶斗峰，中台翠岩峰。五峰之外称台外，五峰之内称台内，台内以台怀镇为中心。

《清凉山志》载：“五峰耸出，顶无林木，有如垒土之台，故曰五台。”《五台新志》载：“五台之名，北齐始见于史，北齐以前则称清凉山。”根据两书记载，“五台山”之称始于北齐，以前称“清凉山”。

按地质学家考察认为，大约在二三千万年以前，这些台子的顶面原是地面，后来，山地慢慢上升，地面被高高抬起，再经长期风化和各种剥蚀，形成如今之高山台顶。五台山以神奇的传说与诗情画意交织的美吸引游客。

◆庐山的名称有怎样的由来？

自古以来，庐山就被人们传为“神仙之庐”。“庐山”这一名称是怎么来的呢？

相传在周朝，有个叫匡俗（一作“匡裕”，又作“匡续”）的人，在此山学道求仙。盖茅庐数间为舍。周王知道此事后，想请匡氏下山为官，派人来访。但是，匡氏已无影无踪，只剩下一栋空庐。有人说他成仙了。因为“成仙”的人姓匡，所以此山又称匡山、匡庐，或庐山。到了宋朝，为了避宋太祖赵匡胤匡字的讳，而改称康山。

第二种传说，在周武王时期，有一位方辅先生，同老子李耳一道，骑着白色驴子，入山炼丹，二人也都“得道成仙”，山上只留下一座空庐。人们把这座“人去庐存”的山，称为庐山。“成仙”的先生名辅，所以又称为辅山。但老子与武王并不同时，因此不足为信。

第三种传说，说是匡俗的父亲东野王曾经同都阳令吴芮一道，辅佐刘邦平定天下，东野王不幸中途牺牲。朝廷为了表彰他的功勋，封东野王的儿子匡俗于鄡阳，号越庐君。越庐君入此山学道求仙，庐山因“越庐君”而得名。

◆“九州”到底指哪些地方？

在民歌、民谣中常有“九州”之说，人们也经常用“九州”来代表中国的疆域。那么，“九州”到底指哪些地方呢？

据《禹贡》记载，夏朝时的九州是冀州、兖州、青州、徐州、扬州、荆州、豫州、梁州、雍州。《周礼》记载，西周时，多了幽州、并州，而少了徐州、梁州，还是九州。可见，九州之说是春秋战国以前的行政区划，这种古代的称呼，一直流传至今。

事实上，自秦朝以后，中国的行政区划多有变动，秦初设郡县，汉朝实行郡国并置。南北朝时，州的数量大增，合计有208州。唐宋时期，全国行政区划是道。从元朝以后实行行省制，道、省辖范围内，有些城市名继续称州。如今，称州的城市名，省会一级的就有广州、福州、杭州、郑州、兰州，其他市、县称州的就更多了。不过现在的州，除了自治州以外，不再是行政区划，而是城市名称的组成部分了。

◆“三秦大地”中的“三秦”在哪里？

春秋战国时，因陕西是秦国治地，故后人将陕西简称“秦”；将横贯陕西中部的主要山脉称“秦岭”；将渭河平原称“秦川”。至于陕西为何又称“三秦”，还得从项羽说起。

公元前207年，经过巨鹿之战，项羽消灭了秦军主力，章邯投降。第二年，项羽引兵入咸阳，杀了已归降的秦王子婴，并火烧咸阳城，自立为西楚霸王，以最高统治者自居，大封诸侯。项羽将刘邦封汉王，都南郑，辖陕南及巴、蜀之地。为防刘邦势力扩张，牵制刘邦，他又将陕西的关中和陕北一分为三：封秦降将章邯为雍王，都废丘，辖咸阳以西及甘肃东部地区；封司马欣为塞王，都栎阳，辖咸阳以东；封董翳为翟王，都高奴，辖陕北。

由于项羽将关中之地分封给秦朝的三个降将，故后世泛称陕西为“三秦”，咸阳成了三秦的分界点。事实上，当年三秦之地不包括陕南，只是后来人们理解的“三秦”观念产生了变化，便将陕北、关中、陕南合称“三秦”。

◆“塞外”在地理位置上指哪些部分？

“塞外”中的“塞”是指长城要塞，“塞外”为长城以北，在今内蒙古中西部一带。由于宁夏平原为中国水稻集中产区之一，且河湖众多，颇似江南风光，所以叫塞上江南。

唐代王昌龄曾作《出塞》诗：“秦时明月汉时关，万里长征人未还。但使龙城飞将在，不教胡马度阴山。”诗中提到的“阴山”，西起河套，东抵小兴安岭，横跨今内蒙古自治区，汉代为北方天然屏障。诗人抓住月照关塞的典型环境，极其概括地从秦汉时代的边境战争写到唐代，又借对历史上的名将的怀念，表现自己对朝廷不能平定边患的不满。全诗音韵铿锵，气势雄浑壮阔。

◆中国首次阐述人地关系的文献是哪部作品？

《禹贡》是中国第一部详尽记载全国山脉、水道、风土、民情的地理文献，是中国自有文字以来首次阐述人与地关系的经典。它仅用1100余字，便把中国主要的山川、土壤、物产、贡赋等描述清楚。后来的《汉书·地理志》《水经注》以及唐宋以来的许多地理专著都遵循这一地理纪实，并以此引申和发展。

《禹贡》是《尚书》中的一篇，以地理为径，分当时天下为九州，这是撰著者理想中的政治区划。此外兼载山脉、河流、土壤、田地、物产、道路，以及各地的部落。《禹贡》谓“禹别九州，随山浚川，任土作贡”，因而孔颖达等旧注疏家把它作大禹治水之后，分划九州，制定贡赋，由史官记录而成的经典，故称《禹贡》。

对于它的成书年代，有人认为是战国时魏国的人士托名大禹所作，王国维等认为其成书于西周时期，康有为等认为成书于春秋时期。对此，学术界尚未达成一致。

◆被誉为“万园之园”的是哪座园林？

圆明园，始建于清康熙四十八年（1709年），以后几代皇帝又精心营造。圆明园由圆明、长春、万春三园组成，是中西合璧的杰作。园中有数以千计的宫殿、楼阁、亭台、馆榭，有长廊、桥梁、湖沼、河泉。所以，圆明园被誉为“万园之园”和“东方博物馆”。

雍正帝对“圆明”的解释是：“圆而入神，君子之时中也；明而普照，达人之睿智也。”意思是说，“圆”是指个人品德圆满无缺，超越常人；“明”是指政治业绩明光普照，完美明智。“圆明”，堪称封建统治阶级标榜明君贤相的理想标准。

事实上，“圆明”也是雍正帝自皇子时期一直使用的佛号。雍正帝崇信佛教，号“圆明居士”。在清初的佛教宗派格局中，雍正帝以禅门宗匠自居，并以“天下主”的身份对佛教施以影响，努力提倡“三教合一”和“禅净合一”。康熙帝在把园林赐给胤禛（即雍正）时，亲题园名为“圆明园”，取意于雍正的法号“圆明”。

◆中国古代帝王的“三宫六院”具体指的是什么？

一提起古代帝王的骄淫奢华，很多人都会联想到“三宫六院七十二妃”。据考证，三宫六院确实存在。现在，以中国现存最完整的古建筑群故宫为例，阐释一下三宫六院。

故宫以乾清门为界，南为外朝，北为内廷。内廷即是皇帝和嫔妃们生活起居的地方，范围从乾清宫一直到神武门。乾清宫是皇帝的寝宫，坤宁宫是皇后的寝宫，在这两宫之间，有一个小殿叫交泰殿。上述三处，总称为“后三宫”。

在“三宫”两侧，有“东路六宫”和“西路六宫”。“东六宫”为延禧宫、景仁宫、承乾宫、钟粹宫、景阳宫及永和宫；“西六宫”为储秀宫、翊坤官、永寿宫、长春宫、咸福宫及启祥宫。因各宫均为庭院格局建筑，故总称“六院”。六院是嫔妃的住所。

◆“姑苏城外寒山寺，夜半钟声到客船”，写的是哪处名胜？

唐代著名诗人张继途经寒山寺时，写下了千古名篇《枫桥夜泊》：“月落乌啼霜满天，江枫渔火对愁眠。姑苏城外寒山寺，夜半钟声到客船。”枫桥，在今苏州市阊门外；江枫，指江边的枫树，也有人说指寒山寺旁边的两座桥：“江村桥”和“枫桥”（又作封桥）；姑苏，苏州的别称，因城西南有姑苏山而得名。自此诗问世后，寒山寺的大名逐渐响彻大江南北，成为游览胜地，更使得除夕之夜听钟声成为苏州迎新年的传统节目。

寒山寺，古代又称枫桥寺。始建于南朝梁天监年间，旧名妙普明塔院。相传因唐代高僧寒山、拾得来此住持，更名为寒山寺。南宋绍兴四年（1134年）僧法讧重建寺院。该寺曾多次毁于战火，现存殿宇多为清代重建。中华人民共和国建立后，曾进行全面整修，并移建宋仙洲巷某宅花篮楼于寺中，恢复“枫江第一楼”旧额。

◆孔府、孔庙和什么一起统称为曲阜“三孔”？

在山东省的西南部，有一个孔姓人口占五分之一的县级市，它就是有着五千多年悠久历史的“东方圣城”——曲阜。“千年礼乐归东鲁，万古衣冠拜素王（即孔子）。”曲阜因是中国儒家学派创始人孔子的故乡而闻名遐迩。

孔府、孔庙、孔林，统称为曲阜“三孔”。“三孔”是中国历代纪念孔子，推崇儒学的表征，以丰厚的文化积淀、悠久历史、宏大规模、丰富文物珍藏，以及科学艺术价值而著称。因其在中国历史和世界东方文化中的显著地位，而被联合国教科文组织列为世界文化遗产，于1994年12月被收入《世界遗产名录》。被世人尊崇为世界三大圣城之一。

◆“三十年河东，三十年河西”里的河指哪条河？

“三十年河东，三十年河西”里的河指的是黄河。

黄河沿途的地理环境复杂，河水从上游携带大量泥沙进入平原地区后，泥沙沉淀，形成了“地上河”，致使黄河经常改道。历史上，黄河曾多次改道。有记载的最早的一次黄河大改道是在春秋中期。《汉书》中有：“《周谱》云，定王五年河徙。”后历经新莽魏郡改道、北宋澶州横陇改道、明洪武至嘉靖间的河道变迁、清咸丰铜瓦厢改道等大的改道。导致有的村庄原来在黄河东面，若干年后，而变为在黄河西面。后来，“三十年河东，三十年河西”就被人们用来比喻人事的盛衰兴替，变化无常，难以预料。

◆“大雅之堂”在中国的什么地方？

北宋时期，文学家黄庭坚因与新党政见不同，被贬谪涪州。此间，他“欲尽书杜子美两川夔峡诸诗，刻碑藏蜀中好文喜事之家”。眉州丹棱县名士杨素闻之，专往请黄庭坚挥毫落墨，由他在家乡丹棱笔架山刻碑建堂珍藏。

元符三年（1100年），全部工程竣工。黄庭坚为之题名曰“大雅堂”，并作《大雅堂记》。他认为杜诗与《诗经》《离骚》乃一脉相承，只有这些作品才是“大雅”之作，才有资格登堂入室。书写杜诗，刻碑建堂，是为了使“后之登大雅堂者，能以余说而求之”。

此举一经传扬开来，震动诗坛文苑。此后，人们遂借能不能“登大雅之堂”来评说一件作品是高雅还是粗俗。

◆中国享有“天府之国”美称的是哪个地区？

成都平原被称为“天府之国”由来已久。这是由于它自身所处的独特地理位置和优越的自然环境所决定的。历史上所说的“天府之国”主要是指四川盆地，并不包括现今的川西高原和川南山地。四川盆地周围都是崇山峻岭，交通闭塞，古称“四塞之国”，具有易守难攻的特殊战略地位，所以，能避免历史上多次战争的破坏，从而得到了一个相对安定的社会环境，促进了社会经济的发展。加上四川盆地土地肥沃，气候温和、雨量充沛，特别是秦朝修建了都江堰水利工程之后，成都平原成了中国历史上农业和手工业都十分发达的地区，成了中央王朝的主要粮食供给基地和赋税的主要来源，故称“天府之国”。

◆“上有天堂，下有苏杭”的来历是什么？

民谚曰：“上有天堂，下有苏杭。”苏、杭被人并称“天堂”的重要原因之一便是名胜古迹、风景园林多而且美：杭州主要以湖山胜，苏州则主要以园林胜。

唐代白居易似乎是“苏杭比较论”的始作俑者。他既当过杭州刺史，又当过苏州刺史，其《咏怀》开篇第一句就是“苏杭自昔称名郡”，把二者相提并论。宋代范成大在《吴郡志》中写道：“谚曰：‘天上天堂，地下苏杭。’又曰：‘苏湖熟，天下足。’湖固不逮苏，杭为会府，谚犹先苏后杭说者疑之。……”

元代，“天堂”之谚进入了《蟾宫曲·咏西湖》：“西湖烟水茫茫，百顷风潭，十里荷香。宜雨宜晴，宜西施淡抹浓妆。尾尾相衔画舫，尽欢声无日不笙簧。春暖花香，岁稔时康。真乃‘上有天堂，下有苏杭’。”明代苏州才子唐寅写《江南四季歌》，第一句就是“江南人住神仙地”。所谓“神仙地”，也可视作“天堂”的同义词。

◆“桂林山水甲天下”是怎么得来的？

“桂林山水甲天下”这句话的成文，有一个漫长的历史过程。

最早赞美桂林山水的文字，是南北朝时宋文帝元嘉初年诗人颜延之的“未若独秀者，峨峨郛邑间”。只是着眼独秀峰，没有提到水。

唐代杜甫的“宜人独桂林”，一个“独”字把桂林与外地做了比较。

宋代嘉祐七年（1062年），广西转运使李师中说：“桂林天下之胜，处兹山水……”首次在“天下”的范围去说桂林。之后，类似的说法渐多。如张洵的“桂林山水冠衡湘”，邓公衍的“桂林岩洞冠天下”，曾几的“江山清绝胜中原”，张孝祥的“桂林山水之胜甲东南”等。

南宋乾道、淳熙年间，曾任桂林地方官的诗人范成大，写下了“桂山之奇，宜为天下第一”的赞语，把对桂林山水的评价提高到一个前所未有的高度。南宋末年的李曾伯沿着范成大的思路，在《重修湘西楼记》中直书“桂林山川甲天下”。

到了清代，诗人金武祥把“桂林山川甲天下”中的“川”字改为“水”字。于是乎，“桂林山水甲天下”名句呱呱落地，流传至今。

◆传说中的“鬼城”在哪个地方？

鬼城，即丰都名山，古称“平都山”，系道家七十二洞天福地之一。据北宋大文豪苏东坡游览丰都时所写“平都天下古名山”诗句而改称“名山”至今。

在把丰都名山称为“鬼城”的众多传说中，有两个人功不可没。这两人一个叫阴长生，一个叫王方平，相传从汉代起，他们曾先后在丰都县城东北角的平都山也就是今天的名山修道成仙，白日飞升。到了唐代，有人误将“阴”和“王”两人的姓连在一起，成为“阴王”，再讹传为“阴间之王”，阴间之王居所即“鬼都”。

经明清小说的渲染，“鬼城”更加神秘怪诞。“鬼城”仿阳间司法体系，营造了一个等级森严，融逮捕、羁押、庭审、判决、教化功能为一炉的“阴曹地府”，惩治生前作奸犯科者，以此宣扬弃恶扬善。

每年农历三月三“鬼城庙会”，

游人如织，“阴天子娶亲”“钟馗嫁妹”等民俗表演，惊奇谐趣，令人叹为观止。

◆五湖四海是哪“五湖”哪“四海”？

五湖四海，现在泛指全国各地，四面八方，当然有时也引申为全世界。

五湖四海这个词很早以前就有了。《周礼》中有：“其浸五湖。”《论语》：中说：“四海之内，皆兄弟也。”唐吕岩《绝句》中写道：“斗笠为帆扇作舟，五湖四海任遨游。”

“五湖”说法不一，在宋朝王应麟《通鉴地理通释》的《山川考》中，原先的“五湖”是指：彭蠡、洞庭湖、巢湖、太湖、鉴湖。其中，彭蠡即鄱阳湖。鉴湖，到了清代则被洪泽湖代替。但根据汉司马迁《河渠书》集解：“五湖，湖名耳，实一湖，今‘太湖’是也。”对于“五湖”，广泛认可的是洞庭湖、鄱阳湖、太湖、青海湖、洪泽湖。当然也有别的说法，如鄱阳湖、洞庭湖、巢湖、太湖、洪泽湖。

“四海”为渤海、黄海、东海、南海。

◆“泾渭分明”中的“泾水”“渭水”发源于何地？

泾渭分明，说的是在泾水、渭水相会合处，清浊分明，分界清楚而不混，用以比喻界限清楚。“渭水”，是黄河最大的支流，发源于甘肃，经陕西而入黄河；“泾水”，是渭水的支流，发源于宁夏。二水在西安高陵村相汇。

古人认为泾水浊而渭水清。据考证，杜甫《秋雨叹》：“浊泾清渭何当分”诗句，大概是这则成语的雏形。现在人们在两河交汇处，仍能见到清水浊水同流一河、互不相融的景观。只是，看到的是渭水浊于泾水。这到底是怎么回事？难道是古人错了吗？

实际上，从流经的地域来看，渭水自甘肃乌鼠山流经陕西入黄河，流经的是关中平原，八百里秦川之地；而泾水全程流经的是黄土高原，是水土流失严重的地区。就河水含沙量而言，应该是泾水大于渭水的，也就是说是泾浊渭清，尤其在枯水季节。到了近代，由于渭河流域尤其是上游地区环境破坏严重，水土流失，最终导致渭水水色深于泾水。

◆“不敢越雷池一步”中的“雷池”在哪个省？

“雷池”，坐落于长江中下游北岸的安徽望江雷池境内，是由雷水汇积而成。古时的雷水源出湖北黄梅县境，经宿松入泊湖，串湖后流至望江县城东南十五里处积而为池，故曰“雷池”。又因居九江至南京的长江水道要冲，扼黄梅、宿松、太湖内河航运之咽喉，形势险要，历来是兵家必争之地。

然而，雷池并不是靠这个而家喻户晓的，而是因为那句“不敢越雷池一步”的俗语。这句俗语讲述的故事是，东晋咸和二年（327年），历阳镇将苏峻叛乱，举兵进犯建康，江州刺史温峤欲领兵东下，中书令庾亮恐荆州刺史陶侃乘虚而入，在《报温峤书》中说：“吾忧西陲，过于历阳。足下无过雷池一步也。”庾亮写信叫他切勿越过雷池一步。因为雷池一旦失守，历阳也就保不住了。

◆中国道教的四大名山分别在哪里？

鹤鸣山、龙虎山、武当山、齐云山，合称道教四大名山。不过，有人把鹤鸣山排除在外，或代之以崆峒山，或代之以青城山。

（1）鹤鸣山（一作鹄鸣山）。又名东山。现在山上还留有道教造像数十尊，露天仅有一尊圆雕立体像，其余皆刻于龛内。

（2）龙虎山。位于江西鹰潭西南，由酷似龙虎的二山组成，原名云绵山。相传因第一代天师在此炼丹，丹成而龙虎见，故改名龙虎山。

（3）武当山。位于湖北西部丹江口市境内，有七十二峰、二十四涧、十一洞、十石、十池、九泉、九井、九台、三潭等风景胜迹。北宋书画家米芾曾赞武当为“天下第一山”。

（4）齐云山。又名白岳、云岳，位于安徽境内。因最高峰齐云岩而得名，以幽深奇险著称。与黄山、九华山合称“皖南三秀”，素有“天下无双胜境，江南第一名山”之誉。

◆古代的“丝绸之路”以哪个地方为起点？

丝绸之路，简称丝路，是指西汉时期由张骞出使西域开辟的以长安（今西安）为起点，经甘肃、新疆，到中亚、西亚，并联结地中海各国的陆上通道。这条道路也被称为“西北丝绸之路”。因为由这条路西运的货物中以丝绸制品的影响最大，故得此名。

西北丝绸之路的基本走向定于两汉时期，包括南道、中道、北道三条路线。

海上丝路起于秦汉，兴于隋唐，盛于宋元，明初达到顶峰，明中叶因海禁而衰落。海上丝路的重要起点有番禺（今广州）、登州（今烟台）、扬州、明州（今宁波）、泉州、刘家港等。规模最大的港口是广州和泉州。广州从秦汉直到唐宋一直是中国最大的商港。明清实行海禁，广州又成为中国唯一对外开放的港口。泉州发端于唐，宋元时成为东方第一大港。

历代海上丝路，亦可分三大航线：东洋航线由中国沿海港至朝鲜、日本；南洋航线由中国沿海港至东南亚诸国；西洋航线由中国沿海港至南亚、阿拉伯和东非沿海诸国。

◆“茶马古道”有哪几条线路？运行范围主要包括哪些地域？

茶马古道主要有三条线路：即青藏线（唐蕃古道）、滇藏线和川藏线。其中，川藏线影响最大。滇藏线和川藏线必经昌都。茶马互市是茶马古道繁荣和发展的重要推动力。早在唐代，唐与吐蕃便开始了茶马互市，到了宋代进一步发展，明代达到了繁荣。

茶马古道是唐宋以来汉藏民族之间进行商贸往来的重要通道，它主要穿行于今滇、藏、川横断山脉地区和金沙江、澜沧江、怒江流域，是以茶马互市为主要内容，以马帮为主要运输方的古代商道。它也是我国藏区连接祖国内地并外延至南亚、东南亚的重要纽带，更是中国西南各民族自古以来交往、融合的走廊。

茶马古道运行的范围，在中国主要包括滇、藏、川三大区域，外围可延伸至广西、贵州等省，而国外则直接到达印度、尼泊尔、锡金、不丹、缅甸、越南、老挝、泰国，进一步还涉及南亚、西南亚、东南亚的另外一些国家。

◆中国古代建都最多的是哪个省？

据文献记载，历代帝王、诸侯曾建于河南境内的都城有数十处之多。

古代都邑现为城市的有十三个。如郑州市是商朝仲丁迁隞和西周管国、春秋祭国建都之地；洛阳市是自夏桀至五代计十二朝建都之地；开封市是自东周魏梁到宋金七朝国都；安阳市是自殷盘庚到后赵、北齐共六朝的都邑；许昌市曾是周代许国和东汉献帝的都城；商丘市为商汤和春秋宋国都城；濮阳市为春秋卫国首都；南阳市为周代申、吕国都城；三门陕市是南虢建都之地；辉县市是共国首都；济源市为古原、樊国都城；禹州市是夏初和战国时代韩国建都之地；汝州市为春秋时代戎蛮国都城。

建都处的现址在城镇的有三十余处，如淮阳曾是西周、春秋战国时陈、楚和秦末陈胜建都之地；新郑县为郑、韩国建都之地；上蔡县城为周代蔡国首都；杞县为杞国之都城；息县城为息国建都之地；密县城为密国之都等。

因此，中国古代建都最多的省是河南。

◆古代帝王为什么喜欢在长安定都？

长安，是公认的中国历史上建都时间最长、影响力最大的都城。据统计，中国先后有十七个朝代及政权建都于此。长安，由于历史原因有过迁徙，但都位于现在西安和咸阳附近的渭河平原（关中平原）腹地。

东汉班固在《西都赋》中曾这样描述长安：左据函谷关和崤山之险阻，以华山和终南山为标志。右邻褒斜谷和陇山之险要，以大河泾渭之水为带。众川弯曲之处，流水聚集停蓄，右奔涌而出，直向西方。果木结实累累，是九州最富饶的地方。防御顽敌有险可守，是天地间可居之地，且是连通四面八方之地。

要知道，在科学技术不太发达的古代，地理位置往往是王朝选址建都的最重要的条件。由班固的描述可知，长安具有得天独厚的地理位置。这正是诸多帝王喜欢在此定都的关键。而且，长安，取“长治久安”之意，亦在主观上符合帝王治国的心态。

◆中国主要朝代的都城分别在哪里？

商（后期）：殷（今安阳）。

西周：镐京（今西安西南）。

东周：洛邑（今洛阳）。

秦：咸阳（今西安咸阳）。

西汉：长安（今西安）。

东汉：洛阳。

三国魏：洛阳。

蜀：成都。

吴：建业（今南京）。

西晋：洛阳。

东晋：建康（今南京）。

隋：大兴（今西安）。

唐：长安（今西安）。

北宋：东京（今开封）。

南宋：临安（今杭州）。

西夏：兴庆府（今银川）。

辽：上京（今内蒙古巴林左旗）。

金：上京（今哈尔滨）、中都（今北京）、东京（今沈阳）、西京（今大同）、南京（今开封）等地。

元：大都（今北京）。

明：北京。

清：北京。

◆中国历史上的“六大古都”指的是哪里？

“六大古都”通常是指：西安、洛阳、北京、南京、开封和杭州。

据记载，在“六大古都”中，被各朝代作为都城次数最多的是洛阳，包括作为陪都在内，共有十九次。其中作为都城的是东周、东汉、三国魏、西晋、北魏孝文帝之后、隋炀帝时期、北周、五代时期的唐；作为陪都的是西周、新莽、唐、五代、梁、晋、汉、周、北宋、金宣帝之后，公元23年绿林军起义所立的更始帝，也建都在这里。

西安据记载约有十七次被作为都城：西汉、新、东汉献帝初、西晋愍帝、前赵、前秦、后秦、西魏、北周、隋、唐。三国魏、五代唐以此为陪都。另东汉末绿林、赤眉和唐末黄巢及明末李自成均在此建都。

南京在记载中，被作为都城大约共有十次，依次为三国吴、东晋、宋、齐、梁、陈、五代南唐、明太祖、太平天国、中华民国。

北京被作为都城大约也有十次：春秋战国时是燕国都城；东晋时的西燕、唐代安史之乱时的大燕曾以此为都；辽时为陪都，叫燕京；金时建都，称中都；元时为大都；明清时通称北京；中华民国初期也建都这里。中华人民共和国成立后，也选择了北京为首都。

开封先后七次被作为都城：战国时魏国之都，称大梁；五代梁、晋、汉、周；北宋；宣帝以后的金。

杭州先是五代十国的吴越之都，后来是南宋王朝的都城，称临安府。

除了“六大古都”外，有的又把安阳（殷商都城，即殷墟）加上，称“七大古都”。又有的加上秦代的咸阳，称“八大古都”。

◆古代帝王定都选址偏爱北方的原因是什么？

任何政权的创立和更迭，都要选定一座城市当作首都，作为其权力中枢之所在。纵观中国历史，王朝统治者大多建都在北方，而南方少有建都的。这是为什么呢？

众所周知，中华农耕文明的主要发祥地是地处黄河流域的中原，按如今的疆域概念来说，属于中国的北方。南方则被古人视为南蛮之地。唐宋以前，中国封建社会的经济中心主要集中在北方。由于黄河流域土地肥沃、水源充足，成就了北方的农业，进而奠定了北方的地位。

但是，随着后来迁入江南的人越来越多，南方的生产力也得到了比较大的发展，甚至超过北方，成为国家经济的绝对重心。因此，南方的一些城市也成为过首都，比如南京，但是基本上定都在南方的王朝寿命都不太长。

纵观中国古代历史，政治中心所在大体上保持渐渐北移的趋势。尤其是元朝以后，首都几乎一直设在传统上游牧文明与农耕文明交界的北京。而经济中心地带则从西向东、由北至南逐步转移。有学者指出，一个王朝最突出的就是安全与财富的抵牾。北方在前者似乎得分较多，南方在后者则占据绝对优势。政治中心与经济中心的不完全重合，多少表明了统治者的选择，即安全的砝码重于经济的砝码。

第十辑

医药、科技

中华医药

◆被评为“中国三大国粹”的是哪些文化？

享誉中外的中国京剧、中国画、中国医学，被世人称为“中国三大国粹”。这三大国粹所具有的鲜明的民族风格，显示了中华民族独特的艺术渊源和技艺发展轨迹。

中国画基本上可以分为三大类：人物画、山水画、花鸟画。从东晋顾恺之的《洛神赋图》到北宋张择端的《清明上河图》；从明代唐寅的《秋风纨扇图》到清代郑板桥的《梅竹图》；从吴昌硕的花鸟到张大千的山水、齐白石的虾、徐悲鸿的马等等，历代画家创造了无数的画卷。

中国京剧，有近两百年的历史。表演上唱、念、做、打并重，多用虚拟性的程序动作。从清朝咸丰、同治开创，经过了程长庚、谭鑫培和梅兰芳等人的改革、创新和发展，涌现出诸多风格的流派和大家。

中国医学，绵延千年。中医的基本理论体系为阴阳五行学说；中医诊察疾病的手段主要为望、闻、问、切“四诊”；中医透析疾病主要以八纲来辨证，就是指从阴、阳、表、里、寒、热、虚、实八个方面来归纳和概括病变的部位、性质以及印证彼此力量消长等情况。“圣人不治已病治未病”的思想在中医史上源远流长。

◆中医把人的器官分为五脏六腑，它们分别指的是什么？

中国传统医学根据人体内脏器官的功能不同而区分为脏和腑。脏，包括心、肝、脾、肺、肾五个器官（五脏），主要指胸腹腔中内部组织充实的一些器官。腑，包括胆、胃、大肠、小肠、膀胱、三焦六个器官（六腑），大多是指胸腹腔内一些中空有腔的器官，它们具有消化食物、吸收营养、排泄糟粕的功能。在五脏六腑之外，还有一类在生理功能方面不同于一般腑的器官，包括脑、髓、骨、脉、女子胞等，称为“奇恒之腑”。

中医学有关脏腑的理论称为藏象学说。藏，通“脏”，指藏于内的内脏；象，是征象或形象。这是说，内脏虽存于体内，但其生理、病理方面的变化，都有征象表现在外。所以中医学的脏腑学说，是通过观察人体外部征象来研究内脏活动规律及其相互关系的学说。

◆**经络是什么？有哪些作用？**

中国早在两千年前就发现了经络，或称经脉，但经络是不可见的。经络系统，由经脉、络脉、十二经筋和十二皮部所组成。据《黄帝内经》载："夫十二经脉者，人之所以生，病之所以成，人之所以治，病之所以起，学之所始，工之所止也，粗之所易，上之所难也。"

"经"，有路径之意。经脉贯通上下，沟通内外，是经络系统的主干；"络"，有网络之意。络脉是经脉别出的分支，较经脉细小，纵横交错，遍布全身。经络内属于脏腑，入络于肢节，沟通于脏腑与体表之间，将人体脏腑、组织、器官联结成为一个有机的整体，并借此行气血、营阴阳，使人体各部的功能活动得以保持协调和相对平衡。

中医把经络的生理功能称为"经气"。其生理功能主要表现在沟通表里上下，联系脏腑器官；通行气血，濡养脏腑组织；感应传导；调节脏腑器官的机能活动四个方面。经络学说包括经络系统各组成部分的循行部位、生理功能、病理变化及其表现，经络中血气的运行与自然界的关系，经脉循行路线上的穴位及其主治作用，经络与脏腑的关系，等等。

◆**什么是十二正经？什么是奇经八脉？**

中医认为，人体有十二条正经，八条奇经。

十二经脉是经络系统的主体，分别隶属十二脏腑，各经用其所属脏腑的名称，结合循行于手足、内外、前中后的不同部位，并依据阴阳学说，加以命名。十二经脉是：手太阴肺经、手厥阴心包经、手少阴心经、手阳明大肠经、手少阳三焦经、手太阳小肠经、足太阴脾经、足厥阴肝经、足少阴肾经、足阳明胃经、足少阳胆经、足太阳膀胱经。

至于武侠小说或影视剧中常出现的奇经八脉，其实只是中医里关于人体经络走向的一个类别。奇经八脉是督脉、任脉、冲脉、带脉、阴维脉、阳维脉、阴跷脉、阳跷脉的总称。它们与十二正经不同，既不直属脏腑，又无表里配合关系，"别道奇行"，故称"奇经"。

其中，六条正经，三条奇经从足部经过，双脚共有六十六个穴位，故称足为"人体的第二心脏"。但足部离心脏最远，又处在人体的最低位置，是末梢血液循环比较差，血液容易滞留的部位。所以又有"上病取下，百病治足"之说。

◆**中医针灸起源于何时？又有哪些器具？**

针灸源于新石器时代。原始人在劳动与搏斗当中，偶然碰到刺伤、碰伤或烧伤了身体的某一个部位，却使原有的某些疾病痛苦得以解除的现象。据此，人们逐渐从实践中创造出中国独有的针灸疗法——通过经络、腧穴的作用，以及应用一定的手法，"从外治内"疗治疾病。

针，在石器时代是砭石，一种楔形的石头。后相继发明制造了骨针、竹针、铜针、铁针、银针、金针。古代医疗用的针有九种，民间传说伏羲制九针。在这九种医疗用针中，锋针、铍针、镵针、鍉针等属于破痈疮排脓血的器械，早已弃而不用。近代常用的有毫针、长针及圆利针，临床上最常用的是毫针。

针灸医学最早见于两千多年前的《黄帝内经》。战国时期，著有《针经》，三国两晋时著有《针灸甲乙经》，明代著有《针灸大成》。此外，尚有《针灸资生经》《针灸聚英》等针灸著作。隋唐时，中国太医署已设置针灸系。

◆中医针灸中的“灸”指的是哪种手法？

针灸是针法和灸法的合称。针法是把毫针按一定穴位刺入患者体内，运用捻转与提插等针刺手法来治疗疾病。灸法是把燃烧着的艾绒按一定穴位熏灼皮肤，利用热的刺激来治疗疾病。如今人们生活中也经常用到。针灸由“针”和“灸”构成，是中医学的重要组成部分之一，其内容包括针灸理论、腧穴、针灸技术以及相关器具，在形成、应用和发展的过程中，具有鲜明的汉民族文化与地域特征，是基于汉民族文化和科学传统产生的宝贵遗产。

◆稀世珍宝针灸铜人是怎样炼成的？

中国古代最为精巧名贵的医学模型，莫过于宋代的针灸铜人。

北宋仁宗天圣四年（1026 年），针灸学家王惟一曾受命负责编撰一部全国性针灸学专著。与此同时，王氏在天圣五年（1027 年），主持设计并铸造了两座针灸铜人，用以针灸教学与考试。铜人高约 1.7 米，内铸脏器，外铸经络腧穴。穴位之旁，标有穴名。相传铜人穴内注有清水（一说水银），以黄蜡封涂铜人外表的孔穴。如应试者针法取穴精确，刺中穴位即有清水流出；取穴不准，针不能刺入。

明正统八年（1443 年），朝廷重新铸造过针灸铜人，至明嘉靖年间，针灸学家高武又铸男、女、儿童针灸铜人各一座，作为定穴之用。到了清代，又有数种针灸铜人问世。乾隆七年（1742 年），清政府令吴谦等编辑医学丛书《医宗金鉴》。两年后，清政府为奖励该书主要编辑人员，特铸造若干座小型针灸铜人，每人奖铜人一座，外加《医宗金鉴》一部。

历代保存至今的针灸铜人，皆是针灸史上的珍贵文物。

◆拔火罐疗法是怎么回事？

“拔火罐”是中国民间流传许久的一种治病方法，俗称“拔罐子”“吸筒”，在《本草纲目拾遗》中叫“火罐气”，《外科正宗》中叫“拔筒法”。古代多用于外科痈肿。起初并不是使罐，而是用磨有小孔的牛角筒，罩在患部排吸脓血。所以有古籍又称之为“角法”。

关于拔火罐治疗疾病最早的文字记载，是晋代葛洪著的《肘后方》。

后来，牛角筒逐渐被竹罐、陶罐、玻璃罐替代，治病范围也从早期的外科痈肿，扩大到风湿痛、腰背肌肉劳损、头痛目晕、腹痛、哮喘、一般伤风感冒、外伤淤血、痈、疮等症状。

拔火罐是一种充血疗法，利用热力排出罐内空气，形成负压，使罐紧吸在施治部位，造成充血现象，从而产生治疗作用。由于这种疗法简便易行、效果明显，所以在民间历代沿袭，至今不衰。

◆人们为什么常用“杏林”比作中医界？

人们常把杏林比作中医界，这个典故是怎么来的呢？《太平广记》讲述神仙董奉时，记载了这么一个故事：

汉朝的董奉，既有道术，又精通医术。他住在山里不种田，每天免费给人治病。得重病经他治好的，要栽五棵杏树，病轻的治好后要栽一棵杏树，这样过了几年就有了十万多株杏树，形成了一大片杏林。他让山中的鸟兽都在杏林中嬉戏，树下不生杂草。杏子熟后，他就在杏林里用草盖了一间仓房，并告诉人们，想要买杏的不用告诉他，只要拿一罐粮食倒进仓房，就可以装一罐杏子走。董奉每年把卖杏得来的粮食全部救济了贫困的人和在外赶路缺少路费的人，一年能散发出去两万斛粮食。

后来，人们看到杏林，便想起为百姓消除疾苦、医术高明、医德高尚的董奉，遂将中医界称作“杏林”。常用“杏林春满”“杏林春暖”赞颂医家医德高尚、医术高明。

◆古代行医为何又有“悬壶”的雅称呢？

古代郎中行医，喜欢在腰间悬挂一个葫芦，或在诊所前高悬葫芦。有些中药店堂也常挂药葫芦作为标志，此举称为“悬壶”。据查，中医行医“悬壶”与东汉方士费长房有关。

据《汉书》载，一次，费长房见市中有一老翁卖药，悬一壶（葫芦）于市头，药卖完后，老翁跳入壶中。此举令费长房惊讶不已，便用酒脯招待老翁。壶翁知道长房的意思，便对他说：“你明日可来。”第二天，长房拜见了壶翁。两人一起进入壶中。费长房发现外表看起来小小的葫芦，里面竟宽敞、明亮，有层层叠叠的楼阁，简直像个神仙世界！费长房即拜壶翁为师，学行医修仙之道。数年后，长房辞壶翁而归。得翁赠竹杖一根，此杖既能医治百病，又能鞭笞众鬼。费长房随即悬壶四处行医，药到病除。

后来，中医和中药店门前都挂一个药葫芦作为标志，表示来此看病和买药可以“药到病除”，这就是中医“悬壶”的由来。

◆“岐黄之术”中的“岐黄”指的是什么？

中医的医术往往又称为“岐黄之术”，“黄”指的是轩辕黄帝，“岐”是他的臣子岐伯。

相传黄帝常与岐伯、雷公等臣子坐而论道，探讨医学问题，对疾病的病因、诊断以及治疗原理等设问作答，予以阐明，其中的很多内容都记载于《黄帝内经》中。后世出于对黄帝、岐伯的尊崇，于是便用“岐黄之术”指代中医医术，并认为《黄帝内经》是中医药学理论的渊源、最权威的中医经典著作。

相传黄帝时期出现了三位名医，除了雷公和岐伯两人外，名气最大的是俞跗。他的医道非常高明，尤其在外科手术方面颇有经验。俞跗晚年，黄帝派仓颉、雷公、岐伯三人，把俞跗的医术整理出来，纂成卷目。可惜的是，还没有来得及公布于众，仓颉就去世了。后来，俞跗的儿子俞执把这本书带回来交给父亲修订。不幸全家遭到了大火，房屋、医书和俞跗、俞执全家人，一起化为灰烬。这也许是《黄帝外经》失传的原因吧。

◆古代被誉为“儿科之圣”的是谁？

北宋钱乙，字仲阳，祖籍浙江，后到郓州定居。其著作《小儿药证直诀》（由其弟子阎季忠编集而成）是中国最早的儿科学专著，被视为中医儿科学的经典著作。钱乙被后人视为“儿科之圣”“儿科鼻祖”。

《小儿药证直诀》从儿科特点出发，归纳小儿的生理病理特点为“脏腑柔弱，易虚易实，易寒易热”。在四诊应用中尤重望诊。对“面上证”、“目内证”、痘疹类出疹性疾病的鉴别诊断等，都有较详明的论述。该书建立了儿科五脏辨证体系，提出心主惊、肝主风、脾主困、肺主喘、肾主虚等理论，对中医儿科临床有直接指导意义。

◆北方人为什么尊称医生为“大夫”？

“大夫”，是北方人对医生的尊称。何以称医生为“大夫”？溯其源，大夫本是官名。

周代时，天子及诸侯皆设之。分为上大夫、中大夫、下大夫三级。

秦汉以来，有御史大夫、谏议大夫、太中大夫、光禄大夫等。

清代文官官阶自正一品至五品，亦称大夫。旧时，太医院专称大夫。加之唐末五代以后官衔泛滥，以官名称呼逐渐形成社会风气。所以，北方人尊称医生为“大夫”。为了区别于官名，将称医生为“大夫”的“大”读成 dài，而不读 dà。

◆“铃医”是指什么样的医生？

铃医亦称“走乡医”“串医”或“走乡药郎”，指游走江湖的民间医生。相传始于宋代。铃医奔走乡间，栖宿寺庙，医治民众疴疾。他们始终恪守着“扬仁义之德，怀济世之志”之教诲，妙术施治，求取薄利，屡化沉疴恶疾，深受群众信赖。

◆华佗编创的保健体操为何称作“五禽戏”？

五禽戏又称“五禽操”“五禽气功”“百步汗戏”等。最早记载“五禽戏”名目的是南北朝陶弘景的《养性延命录》。

相传，五禽戏是由东汉名医华佗模仿虎、鹿、熊、猿、鸟五种动物的动作创编而成的，因此得名“五禽戏”。它是一种“外动内静”、“动中求静”、“动静兼备”、有刚有柔、刚柔并济、练内练外、内外兼练的仿生功法，具有防病、治病、延年益寿的医疗效用。

传统的五禽戏共有动作五十四个；由中国体委新编的简化五禽戏，每戏分两个动作，分别为：虎举、虎扑；鹿抵、鹿奔；熊运、熊晃；猿提、猿摘；鸟伸、鸟飞。每种动作都是左右对称地各做一次，并配合气息调理。

◆人的脉搏能否通过绒线传递给太医？

悬线诊脉也叫走线切脉，相传是

太医们为皇帝后妃诊脉辨症的方法。具体地说，即后妃和太医各居一室，由太监或宫女将一条红绒线拴在后妃的手腕上，另一端交给太医，让其通过绒线辨别病情。这样做，是为了维护宫廷礼制。

那么，人的搏动能否通过绒线传递给太医呢？有人在1968年曾请教过清末四大名医之一的施今墨老先生。他曾给皇室内眷看过病。他介绍说，这走线诊脉，实是亦真亦假。真者，确曾有其事；假者，走线诊脉纯粹是一种形式。

原来，大凡后妃们生病，总要有贴身的太监介绍病情，太医们也是详细地询问胃纳、舌苔、二便、症状、病程等情况。当这一切问完，太医也就凭自已丰富的经验，成竹在胸了。到了悬线诊脉时，太医要屏息静气。这样做，一是谨守宫廷礼仪，表示臣属对皇室的恭敬；二是利用此时腹稿处方，字斟句酌，唯恐用药不当或言语不当而招来灾祸。

◆中国现存最早的脉学专著是哪部？

脉诊是中医诊断学的组成部分。在公元3世纪左右，西晋著名医学家王叔和汇集了前代脉学著述，结合个人的临床经验，编撰了《脉经》十卷，列述二十四种脉象的意义，使古代脉学进一步规范化和系统化。《脉经》是中国现存最早的一部脉学专著。

切脉之法，始于《素问》。自《内经》《难经》《伤寒论》以来，虽然都以诊脉治病，但终未明“脉理”。王叔和著《脉经》集汉以前脉学之大成，论脉分门别类，在阐明脉理的基础上联系临床实际。清代医家徐灵胎曾这样称颂《脉经》：“王叔和著《脉经》，分门别类，条分缕析，其原亦本《内经》，而汉以后之说，一无所遗。……然其汇簇言，使后世有所考见，亦不可少之作也。”

《脉经》原有“手检图三十一部”，今已亡佚。该书曾经宋代林亿等校订后，卷数未变，而篇次和内容均有所更动，此书刻本颇多。

◆《黄帝内经》是一本怎样的书？

《黄帝内经》包括《素问》和《灵枢》两部书。该书名最早见于《汉书》——由东汉班固根据西汉末年刘歆所撰的《七略》编辑而成。这表明在刘歆时代，即公元前1世纪的末年，《黄帝内经》已问世。关于其成书年代，历来未能确说，但一般认为《黄帝内经》成书于春秋战国时期。此书并非一时一人之手笔，实为众多医家经过搜集、整理、综合而成，其中亦包括秦汉乃至隋唐时期某些医家的修订和补充。

《素问》和《灵枢》各为9卷，每卷9篇，各为81篇，合计162篇。《素问》至唐代只存8卷，其中第7卷的9篇已亡佚，唐代医家王冰注解《素问》时，又从他老师处得到一秘本，遂补充了7篇“大论”，但仍缺2篇。现存《素问》虽有81篇之篇目，但其中第72篇与第73篇仅有篇名“刺法论”与“本病论”之名，没有文字内容。直到宋代，才补充了两篇内容，附录于该书之后，称为“素问遗篇”，实为后人伪托之作。

◆《黄帝内经》的“内”怎么理解？

中国古代有三大以“经”命名的奇书，分别是《易经》《道德经》《黄帝内经》。

相关专家认为《黄帝内经》是一部讲“内求”的书，要使生命健康长寿，关键是要往里求、往内求。首先，内观（内视），即往内观看我们的五脏六腑，观看气血的运行情况。然后，内炼，通过调整气血、调整经络、调整脏腑来达到健康长寿。

《内经》总结了春秋至战国时期的医疗经验和学术理论，并吸收了秦汉以前天文学、生物学、地理学、人类学、心理学的知识，运用阴阳五行、天人合一的理论，对人体的解剖、生理、病理以及疾病的诊断、治疗与预防，做了比较全面的阐述，确立了中医学独特的理论体系，成为中国医药学发展的理论基础和源泉。

◆李时珍的《本草纲目》里主要有哪些内容？

明嘉靖三十一年（1552年），李时珍开始编撰《本草纲目》，历时三十余载才完成。他参考了医籍八百多种，拜访各地名医，跋涉山川林海，搜寻民间验方，采集药物标本，几番易稿，在明万历六年（1578年）完成此书，全面总结了16世纪以前中国医学的用药经验。

《本草纲目》共52卷，分16纲，62目，收载药物经实核为1897种，其中新增药物347种。另附药方万余首，插图1000多幅。该书以《经史证类备急本草》为蓝本，并仿朱熹《资治通鉴纲目》“以纲挈目”“纲举目张”之编写体例，堪称“博而不繁，详而有要。”

该书编写后，未立即刊行，直至1590年左右，方由南京私人刻书家胡承龙刻印。1596年，即李时珍逝世后三年，第一版刻本问世，通称“金陵本”。从此，《本草纲目》在国内得到广泛传播，并先后被节译或全译成拉丁、英、法、德、俄、朝鲜等国文字传播到世界各地，至今仍被誉为“中药宝库”“东方医学巨典”。

◆“水银有毒”是《本草纲目》首提的观点吗？

李时珍在《本草纲目》中首次提出“水银有毒”的理论。

水银，以前的本草书言其无毒；言其久服成仙；言为长生不老之药。确有其事吗？李时珍通过调查，认识到水银是由丹砂加热后分解出来的（“汞出于丹砂”）；水银和琉黄一起加热，可以变成银朱（硫化汞）；水银加盐等，又可以变成另一种物质，名叫轻粉（氯化汞）。由此，他记述水银是一种“温燥有毒”的物质。

李时珍还明确指出，“（水银）若服之过剂……则毒被蒸窜入经络筋骨”，“变为筋挛骨痛，发为痈肿疳漏，或手足破裂，虫癣顽痹，经年累月，遂成疾癌，其害无穷”。李时珍又根据六朝以来久服水银而造成终身残疾的历史事实，驳斥了久服水银可以长生不老的无稽之谈，并写道：“方士固不足道，《本草》其可妄言哉。”

◆张仲景的《伤寒杂病论》着重阐述了哪些内容？

东汉南阳名医张仲景基于伤寒病

的猖獗流行，刻苦攻读《素问》《灵枢》《八十一难》《阴阳大论》等古代医书，并结合当时医家以及个人长期积累的医学经验，终于在公元200年左右完成了《伤寒杂病论》的撰写。

《伤寒杂病论》十六卷，经过兵火战乱，书多散佚。后经晋王叔和重编整理，1065年复经北宋校正医书局校订为《伤寒论》十卷及《金匮要略方论》三卷。千百年来，该书一直是学习中医必读之经典，亦是我国医学方书的鼻祖。

张仲景论治伤寒的基本原则是"六经辨证"体系。它把疾病发展过程中所出现的各种症状，根据病人体质的强弱，病理生理的变化，以及病势进退之缓急等方面加以综合归纳，用三阳经、三阴经之概念将伤寒病归纳为太阳、阳明、少阳、太阴、少阴、厥阴六个证候类型。

◆中国第一部系统的法医学专著是什么？

中国第一部法医学专著是南宋宋慈所著的《洗冤集录》，成书于宋淳祐七年（1247年），此书系统总结了尸体外表检验经验，集宋以前法医学尸体检验经验之大成，是一部系统指导尸体外表检验的法医学专著，同时也是世界上现存第一部系统的法医学专著。它比国外最早由意大利人菲德里写的法医著作要早三百五十多年。

《洗冤集录》记述了人体解剖、检验尸体、勘查现场、鉴定死伤原因、自杀或谋杀的各种现象、各种毒物和急救、解毒方法等十分广泛的内容；它区别溺死、自缢与假自缢、自刑与杀伤、火死与假火死的方法，至今还在应用；它记载的洗尸法、人工呼吸法、迎日隔伞验伤以及银针验毒、明矾蛋白解砒霜中毒等都很合乎科学道理。

◆中国现存最早的老年医学专著是什么？

宋代陈直撰写的《养老奉亲书》，是中国现存最早的老年医学专著。该书共十五篇，是一本专门论述老年人食治之方、医药之方、摄养之道的医学、养生学著作。《养老奉亲书》主要阐述了下面几个养生思想：

（1）主张饮食调治。对于老年人来说，饮食调治尤为重要。只有平时注意饮食调治，才能达到保健延年的目的。而饮食调治的关键在于调理脾胃、培补后天。

（2）强调精神摄养。陈氏根据老年人心常自壮，性多孤僻的精神情态特点，强调对老年之人，要注意其精神摄养，使其保持清静、乐观、坚强、开朗，特别要注意防止和避免受强烈的精神刺激以致发生疾病。

（3）提倡四时养老。陈氏根据《内经》四时养生的观点，认为人与自然相应，顺应自然环境变化则健，违逆自然环境的变化则病。详细论述了春、夏、秋、冬四时的摄养。

（4）重视起居将护。该书明确并严格要求老年人的行、住、坐、卧、衣着等。

◆中国现存最早的药物学专著是《本草经》吗？

《神农本草经》，简称《本草经》或《本经》，是中国现存最早的药物学专著。全书分三卷，载药三百六十五种（植物药二百五十二种，动物药六十七种，矿物药四十六种），每卷分上、中、下三品，文字简练古朴，成为中药理论精髓。书中对每一味药的产地、性质、采集时间、入药部位和主治病症都有详细记载；对各种药物怎样相互配合应用，以及简单的制剂，都做了概述，被誉为中药学经典著作。

《神农本草经》成书于东汉，并非出自一时一人之手，而是秦汉时期众多医学家总结、搜集、整理当时药物学经验成果的专著。在中国古代，大部分药物是植物药，故称为“本草”。此书也以“本草经”命名。由于汉朝盛行托古之风，人们尊古薄今，为提高该书的地位，增强人们的信任感，便借用“神农遍尝百草，发现药物”这妇孺皆知的传说，将“神农”冠于书名之首，定名为《神农本草经》。

◆隋唐时期的孙思邈为何享有“药王”之美誉?

隋唐时期的著名医学家、药物学家孙思邈，著有《千金要方》《千金翼方》。这两部书合称为《千金方》。其中收集了大量的医药资料，是唐代以前医药成就的系统总结。由于孙思邈在医药方面的突出功绩，从而博得“药王”之美誉。

《千金要方》是《备急千金要方》的简称，分医学总论、妇人、少小婴孺、七窍、诸风、脚气、伤寒、内脏、痈疽、解毒、备急诸方、食治、平脉、针灸等，共计二百三十三门，收方五千三百首。书中首创“复方”。《伤寒论》的体例是一病一方，而孙思邈在《千金要方》中发展为一病多方，还灵活变通了张仲景的“经方”。有时两三个经方合成一个“复方”，以增强治疗效果；有时一个经方分成几个单方，以分别治疗某种疾病。

《千金翼方》是对《千金要方》的补编。书名含有和《千金要方》相辅相成、羽翼双飞的意思。其中收录了唐代以前本草书中所未有的药物，补充了很多方剂和治疗方法。首载药物八百余种。

◆中药店为什么大多都称“堂”呢?

中国各地的中药店,大多称“堂”，比如上海的童涵春堂、北京的同仁堂、长沙的九芝堂、宁波的寿仁堂，这是为什么呢？据有关文献记载，“堂”的用法源于汉末医圣张仲景“坐堂行医”的故事。

张仲景是河南南阳人，自幼聪颖好学，尤喜攻医书，崇拜扁鹊，后学医于同郡人张伯祖。他钻研《内经》《难经》《胎胪药录》等古代医书，著有《伤寒杂病论》。经后人多次收集整理，集成《伤寒论》《金匮要略》。医术高明的张仲景，被时人尊称为“经方大师”。汉献帝建安中期，张仲景被调任长沙太守，当时那里瘟疫流行。为拯救黎民百姓，张仲景打破官府规定，在办公大堂上行医，为病人诊脉开方，还常在自己的名字前冠以“坐堂医生”四字，以示为民治病之决心。

后人敬仰这位“医圣”，便效仿其坐堂行医方法，在中药店行医时沿用“坐堂医生”之称呼，而中药店称

"堂"也由之而来。

◆**第一个将中药甘草称为"国老"的人是谁?**

在浩如烟海的中药王国里，甘草是本草国里的"国老"。关于"国老"这个美称，据说是南朝齐、梁时期的著名医药学家陶弘景最先提出来的。

相传，梁武帝年间，医学造诣颇深的陶弘景，隐居句曲山（即茅山），研究老庄哲学和葛洪的神仙道学。梁武帝多次礼聘，他却坚持隐居，而朝廷每遇大事就要向他咨询，时人称为"山中宰相"。一日，梁武帝侍从又到句曲山，请陶弘景火速面君，不得有误。陶弘景情知事急，迅速进京。原来，梁武帝连日来不思饮食，上吐下泻，众御医会诊均无良效。

陶弘景见梁武帝荣卫气虚，脏腑怯弱，心腹胀满，肠鸣泄泻，便处方："国老（炙）、人参（去芦）、茯苓（去皮）、白术各等份，研为细末，每服两钱，水煎服。"众御医见之，不解"国老"为何物。陶弘景笑曰："国老者，甘草之美称也。甘草调和众药，使之不争，堪称国老矣。"众御医点头叫好。梁武帝经陶弘景诊治，身体日渐康复。

◆**用于外科手术的麻醉药是谁发明的?**

用于外科手术的麻醉药是华佗创制的，最初叫麻沸散。据《后汉书·华佗传》载："若疾发结于内，针药所不能及者，乃令先以酒服麻沸散，既醉无所觉，因刳（剖开）破腹背，抽割积聚（肿块）。"可惜的是，华佗所创麻沸散的处方后来失传。传说系由曼陀罗花、生草乌、香白芷、当归、川芎、南天星，共六味药组成；另一说由羊踯躅、茉莉花根、当归、菖蒲组成。

◆**中药"牛黄"取自牛身上的哪部分?**

牛黄，是指牛科动物黄牛或水牛的胆囊结石。牛黄，别名丑宝。本品为牛科动物牛干燥的胆结石。牛黄完整者多呈卵形，质轻，表面金黄至黄褐色，细腻而有光泽。中医学认为牛黄气清香，味微苦而后甜，性凉。可用于解热、解毒、定惊。内服治高热、神志昏迷、癫狂、小儿惊风、抽搐等症。外用治咽喉肿痛、口疮痈肿、疔毒症。由于天然牛黄很珍贵，国际上的价格要高于黄金，现在大部分使用的是所谓人工牛黄。

◆**蒙汗药最初的用途是什么?药物成分主要是什么?**

传说中经人服用后可迅速导致昏迷的蒙汗药，是否存在于世?有的话，主要药物成分是什么?我们不妨从中医典籍里寻得一些破解蒙汗药成分的线索。

《列子》中记述了春秋时代的名医扁鹊为公扈和齐婴治病的事情："扁鹊遂饮二人毒酒。迷死三日，剖胸探心，易而置之；投以神药，即悟如初。"可见，在外科手术前服用一种药物，病人能迅速昏睡，且疼痛全无，即使开膛破肚也不会知觉。

明李时珍在《本草纲目》中记载了一种叫作曼陀罗花的草药具有麻醉的神奇功效。现代中医则把曼陀罗花称为洋金花，明确指出该花有强致幻和麻醉作用，可以作为麻药使用。

由此可见，从药性特点看，蒙汗药若果真存在，洋金花可能就是其来源。通过化学分析，洋金花的主要成分有东莨菪碱、莨菪碱、阿斯托品等。此三种成分在临床上都有麻醉致幻的作用。

◆剧毒之物鹤顶红实际上是什么东西？

自古以来，丹顶鹤头上的“丹顶”常常被认为是一种剧毒物质，称为“鹤顶红”或“丹毒”，一旦入口，便会置人于死地，无药可救。

据说皇帝在处死大臣时，就是在所赐酒中放入“丹毒”。大臣们也都置“鹤顶红”于朝珠中，以便急难时服以自尽。在武侠小说中，武林中人常用这种剧毒之物来施展其下毒的高超本领。其实，这些说法都是毫无根据的。

有人曾经做过试验，在小动物的食物中加入丹顶鹤顶上的细屑，小动物们吃了以后并没有什么异常的反应，这至少说明“丹顶”并没有剧毒。

那么，古人所说的“丹毒”或“鹤顶红”到底是什么物质呢？其实这些东西就是砒霜，即不纯的三氧化二砷，其呈红色，又叫红矾，有剧毒。“鹤顶红”不过是古时候对砒霜的一个隐晦的说法而已。

◆“五毒俱全”是哪“五毒”？

“五毒俱全”中的“五毒”是什么，一直存在很大争议，堪称众说纷纭。有人认为是“吃、喝、嫖、赌、抽”，有人认为是“坑、蒙、拐、骗、偷”，有人认为是“蛇、蝎、蜈蚣、壁虎、蟾蜍”。

其实，真正意义上的“五毒”是指五种主治外伤的药性猛烈的良药。《周礼》说：“疗伤，以五毒攻之。”这里的“五毒”就是石胆、丹砂、雄黄、礜石、慈（磁）石。在这五种药材中，石胆主金创、诸邪毒气，丹砂主身体五脏百病，雄黄主鼠瘘，慈石主周痹风湿。一般认为，所谓的“五毒”并不是每种药材都有剧毒，譬如丹砂、慈石并无太大毒性，但是五种药材通过加工之后合成，其药性就极其酷烈。很显然，“五毒”之名虽然吓人，但却有救人性命的效能。说是“五毒”，却可以毒攻毒，最后成了五味良药。

◆中医里“三伏天”中的“伏”指的是什么？

在中医里面，“三伏天”的“伏”就是指“伏邪”，即所谓的六邪（风、寒、暑、湿、燥、火）中的暑邪。在夏日里暑邪会逐渐深伏于体内，而不为人知。如暑邪不除，到了秋天，火邪克金，而伤肺气，导致人的免疫力下降，患感冒、咳嗽、发热等疾病。而进入冬季以后，这些病将反复发作，“秋为痎疟，奉收者少，冬至重病”。

科技发明

◆中国最早的指南针“司南”是怎么发明的？

指南针的“老祖宗”最初制成北斗七星的形状，叫司南。司南最早出现在战国时期《韩非子》一书中，“先王立司南以端朝夕”。东汉王充在《论衡》一书中更是详细记述了司南的具体形状，“司南之杓，投之于地，其柢指南”。

司南为什么要制成北斗七星的形状呢？因为古人常用北极星辨别南北。北斗七星中的四颗组成斗形，另三颗组成斗柄；而且用北斗星很容易找到位于天北极的十分耀眼的北极星。用北极星指北是中国人的常识和习惯。这个指北的标志物，只要夜空晴朗，便万无一失。

◆指南鱼和指南龟是如何指示方位的？

指南鱼是中国古代用于指示方位和辨别方向的一种器械。

指南鱼用一块薄钢片做成鱼形。有两寸长、五分宽，鱼的肚皮部分凹下去一些。人工磁化后，能浮在水面，指示南北。此外，还有木制的指南鱼。用木头刻成鱼形，有手指那么大，木鱼腹中置入天然磁铁，磁铁的S极指向鱼头，用蜡封好后，从鱼口插入一根针，就成为指南鱼。将其浮于水面，鱼头指南。

使用指南鱼，不需要另做光滑的铜盘，只要有一碗水就可以了。盛水的碗即使放得不平，也不会影响指南的作用，因为碗里的水面是平的。而且，由于液体的摩擦力比固体小，转动起来比较灵活，所以它比司南更灵敏、更准确。

古人还用木头刻成指南龟。放磁铁的办法和木头指南鱼一样，插在尾部。在木龟的腹部下方挖一小穴放入磁石，然后将木龟安装在竹钉上，使其能够自由旋转，当其静止时，就是南北指向。

◆造纸术是哪个朝代的发明？发明者是谁？

造纸术是中国古代的四大发明之一。据《后汉书》记载，其发明者是东汉宦官蔡伦。“自古书契多编以竹简，其用缣帛者谓之为纸。缣贵而简重，并不便于人。伦乃造意，用树肤、麻头及敝布、鱼网以为纸。元兴元年奏上之，帝善其能，自是莫不从用焉，故天下咸称‘蔡侯纸’。”后来，人们把蔡伦向汉和帝献纸的元兴元年，即公元105年，作为纸的诞生年。

有人指出，蔡伦只是纸术的改进者，并非发明者。因为早在蔡伦以前，就有一些关于纸的记载。如《三辅旧事》上曾说，卫太子刘据鼻子很大，汉武帝不喜欢他。江充教他在去见武帝时“当持纸蔽其鼻”。太子听从了江充的话，用纸将鼻子掩盖住，汉武帝见后大怒。此事发生在公元前91年。而那些坚持蔡伦为造纸术发明者的人，则根据汉代许慎《说文解字》中有关纸的解释说，在蔡伦之前古代文献中所提到的纸，都是丝质纤维所造的，实际上不是纸，只是漂丝的副产品。

◆雕版印刷及活字印刷分别发明于何时？

雕版印刷萌芽于秦，秦陶量器上用木戳印有四十字诏书，是雕版印刷的开始。

现存中国最早的印刷品，是1907年匈牙利人斯坦因在敦煌石室盗走的唐懿宗咸通九年（868年）四月十五日印的《金刚般若波罗蜜经》。

隋代已有雕版，据陆深《河汾燕闲录》记载：“隋文帝开皇三年十二月八日，敕废像、遗经悉令雕版。”据沈括《梦溪笔谈》载，“五经”的雕版印刷始于长兴三年（932年），由后唐丞相冯道雕造。“九经”雕版始于五代后汉隐帝乾祐元年（948年）。

据沈括《梦溪笔谈》载，庆历中，布衣毕昇发明了活字印刷，这是中国“瓦字”（毕昇发明的用泥烧制的字，元朝人称为“瓦字”）活字印刷之始。

据元王祯所说，木活字印刷始于元代。

铜活字印刷始于明代。

近代则盛行铅字，由毕昇瓦字发展到铅字，经历了几百年。

◆为什么说古代的炼丹家是火药的发明者？

中国古人发明的火药是硝酸钾、硫黄和木炭三种粉末的混合物，呈褐色。当把它们充塞进某种容器里，并使之燃烧时，由于体积突然膨胀达几千倍，就会发生爆炸。

对于炭、硫、硝三种物质性能的认识，是火药产生的先决条件。中国古代的炼丹家是发现这三种物质性能的先行者。

古代炼丹家们发现，硫黄能和水银发生化合反应，生成红色的硫化汞。另外，还能与铜、铁等金属发生化合反应。但在炼制过程中，硫极易着火飞升。炼丹家们为了设法擒住这条火龙，便利用它和其他易燃物混合加热或发生某种程度燃烧的办法使硫变性，这种方法便是有名的“伏火法”。

经过长期实践，炼丹家逐渐掌握了硝作为一种强氧化剂的化学性能。硝的引入，成为制取火药的一个关键。公元7世纪，唐朝的炼丹家，如孙思邈等人，就已经掌握了火药的初步配方。当时的《诸家神品丹法》《铅汞甲庚至宝集成》《真元妙道要略》等著作，都有这方面的记载。

◆中国历史上谁是尝试用火箭飞天的第一人？

唐代人将硝石、硫黄和木炭按一定比例混合，得到黑色火药，成为中国四大发明之一。

唐昭宗天祐元年（904年），地方割据势力在战争中使用了在箭杆上绑一个火药团的“飞火”，火烧敌军。

宋朝时，军队的士兵在箭杆上绑

上一个小火药筒，让燃烧的热气流向后喷出，箭就被推动向前。这种喷火的箭，称火箭。

洪武十年（1377年），中国出现了并联式“神火飞鸦”火箭，射程达三百米远。天启元年（1621年），人们又发明了“火龙出水”，这是最早的串联式二级火箭。

到了明朝，有一名叫万户的官吏，他在一把座椅的背后，装上四十七枚当时可能买到的最大火箭。然后把自己捆绑在椅子上面，两只手各拿一个大风筝，叫他的仆人同时点燃四十七枚火箭，想借火箭推进的力量，加上风筝上升的力量飞向前方。不幸的是，火箭发生爆炸，万户为此献出了生命。20世纪，人们将月球上的一座环形山命名为“万户”，以纪念“试图利用火箭做飞行的第一人”。

◆螺旋桨的发明是受中国什么东西的启发？

竹蜻蜓是中国古老的玩具，其外形呈T字形，横的一片像螺旋桨，当中有一个小孔，其中插一根笔直的竹棍子，用两手搓转这一根竹棍子，竹蜻蜓便会旋转飞上天，当升力减弱时才落到地面。在制作和玩耍竹蜻蜓的过程中，可以领略中国古老儿童玩具的趣味和科学技术的奥妙。从对蜻蜓飞翔的观察中受到启示，公元前500年中国人制成了会飞的竹蜻蜓，两千多年以来它一直是中国孩子手中的玩具。18世纪传到欧洲，启发了人们的思路，被誉为“航空之父”的英国人乔治·凯利一辈子都对竹蜻蜓着迷。他的第一项航空研究就是在1796年仿制和改造了“竹蜻蜓”，并由此悟出螺旋桨的一些工作原理。

◆杆秤是谁发明的？有哪些计量单位？

杆秤是利用杠杆平衡原理来称重量的简易衡器。秤杆有骨杆、木杆、金属杆（铜杆、铝杆）；秤砣有石砣、金属砣；提绳有二提绳、三提绳。

史料记载，远古时期的商人陶朱公受打水的横杆启发，发明杆秤。他以北斗七星、南斗六星和福禄寿三星共十六颗星星为记，在秤杆上刻制十六颗星花，故称十六两制秤。在长沙东郊楚墓出土的公元前700年前的文物中，已有各种精制的砝码、秤杆、秤盘、系秤盘的丝线和提绳等。

计量单位的演变，由夏商时期使用铢和两，发展到周朝时期铢、两、金、均、石（二十四铢为一两，十六两为一斤，三十斤为一均，四十均为一石）。直到新中国成立后，为方便买卖双方计算，才改为十两一斤。近年，又采用国际通用的千克计量。

◆圭表、日晷、漏刻是什么玩意儿？

（1）圭表。古代典籍《周礼》中就有关于使用圭表的记载。圭表是利用太阳射影的长短来判断时间的。它由两部分组成，一是直立于平地上的测日影的标杆或石柱，叫作表；一为正南正北方向平放的测定表影长度的刻板，叫作圭。既然日影可以用长度单位计量，那么光阴之“阴”，及时间的长短，用“分”“寸”表达就顺理成章了。

（2）日晷。是一种通过观测日影计时的仪器，主要是根据日影的位置以确定当时的时辰或刻数。主要部件是一根晷针和刻有刻线的晷面，随着太阳在天空运行，晷针的投影像钟表的指针一样在晷面上移动，就可以指示时辰。

（3）漏刻。是一种白天黑夜都能计时的水钟。漏，指漏壶；刻，指刻箭，箭是标有时间刻度的标尺。漏刻是以壶盛水，利用水均衡滴漏原理，观测壶中刻箭上显示的数据来计算时间。在机械钟表传入中国前，漏刻是中国使用最普遍的计时器。

◆古人起初发明面具是用来做什么的？

面具又叫“假面”“代面”或“大面”，起初用来驱鬼。

上古时，人们认为自然界里有各种各样的鬼神，其中有一种专使人害瘟疫的疫鬼。瘟疫是古人对各种急性传染病的称呼，先民们一旦染上瘟疫几乎等于死亡，而且还会祸及部族中的其他成员。因此，他们对瘟疫谈虎色变，避之唯恐不及。在这种情景下，驱除疫鬼的仪式——“驱傩”便应运而生。

周朝的方相氏是专职负责驱傩的，方相是仿效可怕的相貌的意思。驱傩在春节的前一天举行。届时，方相氏双手蒙上熊皮，头戴面具，面具上有四只金色的眼睛，一副狰狞的样子。他率领一百多个下人在宫室到处奔跑，希望吓走疫鬼，祈求来年的平安健康。

上述驱鬼仪式在此后的朝代一直延续，而且规模愈益庞大。

◆算盘有怎样的来历？它有什么用途？

算盘是中国人在长期使用算筹的基础上发明的。古时候，人们用小木棍进行计算，这些小木棍叫“算筹”，用算筹作为工具进行的计算叫“筹算”。后来，随着生产的发展，用小木棍进行计算受到了限制，于是，人们又发明了更先进的计算器——算盘。

随着算盘的使用，人们总结出许多计算口诀，使计算的速度更快了。这种用算盘计算的方法，叫珠算。东汉末年，徐岳在《数术记遗》中记载，他的老师刘洪访问隐士天目先生时，天目先生解释了十四种计算方法，其中一种就是“珠算”，采用的计算工具很接近现代的算盘。这种算盘每位有五颗可动的算珠，上面一颗相当于五，下面四颗每颗当作一。

到了明代，珠算不但能进行加减乘除的运算，还能计算土地面积和各种形状东西的大小。随着算盘的普及，论述算盘的著作也应运而生，流行最久的珠算书是万历二十年（1592 年）明代程大位所辑的《算法统宗》。书中载有算盘图式和珠算口诀，并举例说明如何按口诀在算盘上演算。其中，程大位首先提出了开平方和开立方的珠算法。

◆数学史上的伟大发明——十进制是何时创制的？

据《卜辞》记载，商朝人们已经学会用一、二、三、四、五、六、七、八、九、十、百、千、万这十三个单字记十万以内的任何数字，但是现在能够证实的当时最大的数字是三万。甲骨卜辞中还有奇数、偶数和倍数的概念。

十进位位值制记数法包括十进位和位值制两条原则，“十进”即满十进一；“位值”则是同一个数位在不同的位置上所表示的数值也就不同，如三位数“111”，右边的“1”在个位上表示一个1，中间的“1”在十位上就表示十个1，左边的“1”在百位上则表示一百个1。这样，就使极为困难的整数表示和演算变得如此简便易行，以至于人们往往忽略它对数学发展所起的关键作用。

文明古国巴比伦使用的是六十进位制（这一进位制到现在仍留有痕迹，如1分＝60秒等），还有采用二十进位制的。古代埃及倒是很早就用十进位制，但他们却不知道位值制。所谓位值制就是一个数码表示什么数，要看它所在的位置而定。零是位值制记数法的精要所在，但它的出现却并非易事。

中国是最早使用十进制记数法，且认识到进位制的国家，我们的口语或文字表达的数字也遵守这一原则，比如一百二十七。同时我们对零的认识最早。

十进制是中国人民的一项杰出创造，在世界数学史上有重要意义。英国著名科学史学家李约瑟教授曾对中国商代记数法予以很高评价：“如果没有这种十进制，就几乎不可能出现我们现在这个统一化的世界了。”“总的说来，商代的数字系统比同一时代的古巴比伦和古埃及更为先进更为科学。”

◆九九表的发明和使用，你了解多少？

九九表，又称九九歌、九因歌，是中国古代筹算中进行乘法、除法、开方等运算的基本计算规则。

虽然九九表的最初创始人还难以考证，但是在诸子百家的《荀子》《管子》《淮南子》等古籍中，都能找到“三九二十七”“六八四十八”“四八三十二”“六六三十六”等句子。由此可见，早在春秋、战国的时候，《九九乘法歌》就已经开始流行了。

如今小学生背诵的“小九九”口诀，是从“一一得一”开始，到“九九八十一”止，而在古代，却是倒过来，从“九九八十一”起，到“二二得四”止。因为口诀开头两个字是“九九”，所以，人们就把它简称为“九九”。大约到13、14世纪的时候才倒过来像现在这样“一一得一……九九八十一”。现在人们一般把那些有心计、会算计、善谋划的人形容为心里有“小九九”。

◆计算圆周率是谁迈出了关键一步？

圆周率是数学中最重要的常数之一。对它的计算，是显示一个国家古代数学发展水平的尺度之一。而中国古代数学在这方面取得了令世人瞩目的成绩。

中国古代最初把圆周率取作3，这虽应用起来简便，但太不准确。在求准确圆周率值的征途中，首先迈出关键一步的是刘徽。他创立割圆术，用圆内接正多边形无限逼近圆而求取圆周率值。用这种方法他求得圆周率的近似值为3.14，也有人认为他得到了更好的结果：3.1416。

青出于蓝而胜于蓝。后继者祖冲之利用割圆术得出了正确的小数点后七位。而且他还给出了约率与密率。密率的发现是数学史上卓越的成就，保持了一千多年的世界纪录，是一项空前杰作。

◆勾股定理的陈述可追溯到哪个朝代？

勾股定理是由距今三千多年前的周朝商高发现的，汉代数学、天文著作《周髀算经》中以商高回答周公旦提问的方式陈述了这个定理："若求邪至日者，以日下为句（"句"即"勾"），日高为股，句股各自乘，并而开方除之，得邪至日。"又有"句广三，股修四，经隅五"的说法，即今人讲的勾三股四弦五。在《周髀算经》和《九章算术》中都已明确给出了勾股定理的一般形式：勾^2＋股^2＝弦^2。

◆张衡的漏水转浑天仪是怎么工作的？

在汉代以前，中国的宇宙理论大体分为三种，分别是盖天说、宣夜说和浑天说。浑天说被认为是正统的官方学说。浑天说认为地在天之中，天似蛋壳，地似蛋黄，日月星辰附着在天壳之上，随天周日旋转。为了演说浑象并观测天体方位，西汉耿寿昌发明了浑天仪。东汉张衡在前人制作的基础上，大胆创新，于元初四年（117年）设计并制造了完整的演示浑天说思想的漏水转浑天仪。

漏水转浑天仪的主体是一个球体模型代表天球。球里面有一根铁轴贯穿球心，轴的方向就是天球的方向，也是地球自转轴的方向。轴和球有两个交点，一个是北极（北天极），一个是南极（南天极）。北极高出地平面成36度角，这正是当时东汉首都洛阳的地理纬度。在球的外表面上刻有二十八星宿和其他恒星。在球面上还有地平圈和子午圈，天球半露在地平圈之上，半隐在地平圈之下。另外还有黄道圈和赤道圈，互成24度的交角。在赤道和黄道上，各列有二十四节气，并从冬至点起，刻分成三百六十五又四分之一度，每度又分四格，太阳每天在黄道上移动一度。

为了让浑天仪能自己转动，张衡采用齿轮系统把浑象和计时用的漏壶联系起来，用漏壶滴出来的水的力量带动齿轮，齿轮带动浑象绕轴旋转，一天一周，与天球同步转动。这样，就可以准确地把天象的变化表示出来。人在屋子里看着仪器，就可以知道某星正从东方升起，某星已到中天，某星就要从西方落下。

漏水转浑天仪是有明确历史记载的世界上第一架用水力发动的天文仪器。遗憾的是，这套复杂的传动系统因为年代久远没有流传下来。

◆第一台观察地震的仪器是谁的杰作？

阳嘉元年（132年），东汉的张衡发明了世界上第一台观察地震的仪器——候风地动仪，从此，人类开始了使用仪器观察地震的历史。

张衡的地动仪是用纯铜制成的，直径8尺，盖子中间隆起，看起来很像酒樽，外面用篆文以及山龟鸟兽等图案雕饰起来。仪器里面有精巧的结构，中间有一根上粗下细的铜柱——这是地动仪的中枢机械。仪器外面对准东、南、西、北和东南、西南、东北、西北的八个方向铸有八条龙，每条龙嘴里衔着一只铜球，龙嘴下面又各有一只蛤蟆，张着嘴，正可接住铜球。在铜柱和八条龙嘴之间各有机械连接。哪个方向发生了地震，由于地震纵波的先行到达，铜柱就倒向哪一方，机械使对准那个方向的龙嘴张开，龙嘴里的铜球就落到蛤蟆的嘴里。铜球跌落发出声响，管理人员凭听到的清脆声响，就会知道发生地震的准确方位。

第十一辑
国学典故、行业杂谈

国学典故

◆“三皇”“五帝”指哪些人？

古语有云：“自从盘古开天地，三皇五帝到如今。”那么，“三皇”“五帝”指哪些人呢？

关于“三皇”，有六说：

（1）天皇、地皇、人皇；

（2）天皇、地皇、泰皇；

（3）伏羲、神农、女娲；

（4）伏羲、神农、祝融；

（5）燧人、伏羲、神农；

（6）伏羲、神农、黄帝。

关于“五帝”，有三说：

（1）太昊、神农、黄帝、少昊、颛顼；

（2）黄帝、颛顼、帝喾、尧、舜；

（3）少昊、颛顼、帝喾、尧、舜。

由上可见，由于时代和典籍的不同，“三皇五帝”所指亦有所差异。事实上，所谓“三皇五帝”，只不过是神话传说中中国史前时期部落或部落联盟的首领。

◆为什么中国人常称自己为“炎黄子孙”？

根据古代传说，远古时的人逐草而居。有三个大的氏族部落进入到黄河中下游流域：一是西方来的以“炎帝”为首的氏族部落；二是东方来的夷人氏族部落，以“蚩尤”为首领；三是西北来的以“黄帝”为首的氏族部落。

炎帝大部落来自陕西，沿着黄河向东而来，到了河南、山东，传说炎帝姓姜，号神农氏。

黄帝大部落自陕西北部过黄河到了山西，沿着太行山，到达黄河之滨的河北涿鹿地区。传说黄帝姓姬，号轩辕氏。

传说蚩尤是夷人，是九黎族首领。他们自东向西移动，和炎帝大部落打了多年仗，炎帝败北，退到河北，和黄帝大部落结合，共同对抗蚩尤。蚩尤败后，南退至荆楚一带。从此，九黎人和南方苗蛮人相并结合，共同定居下来。

北方的黄、炎两族又争斗多年，结果炎帝失败。于是这两大氏族部落结合起来，共同开发黄河流域，创造了古代光辉灿烂的文化。

此乃中国人常称自己为“炎黄子孙”“炎黄世胄”的原因所在。

◆古代四大爱情传说指的是什么？

中国是一个地大物博、历史悠久的国家，在民间蕴藏着极为丰富的民族文化遗产。其中，最具有中国特色、流传最广的是《牛郎织女》《孟姜女》《梁山伯与祝英台》和《白蛇传》，这些被称为中国古代四大民间爱情传说。

“牛郎织女”的传说始于《诗经》“跂彼织女”“睆彼牵牛”的记载；“孟姜女”的传说起源于《左传》杞梁妻拒绝齐侯郊吊，遵守礼法的记载，后来加上《檀弓》“齐庄公袭莒于夺，杞梁死焉。其妻迎其柩于路，而哭之哀”的表述，故事初具雏形；“梁祝”的故事最早见于唐梁载言的《十道四蕃志》，里面记载了梁、祝“二人尝同学”“同冢”的故事；“白蛇”的故事，一说源于唐传奇《白蛇记》，一说源于《西湖三塔记》。到明代冯梦龙的《白娘子永镇雷峰塔》，故事已初步定型。

◆龙、凤、麟、龟，哪个是“四灵”之首？

“四灵”是指中国古代象征吉祥之物，分别是龙、凤、麒麟和龟。

龙是“四灵之首”，象征中华民族长期互相影响、融合和团结。人们想象中的龙长着牛头、鹿角、虾眼、鹰爪、蛇身、狮尾，通身还长满了鳞甲，是由多种动物复合而成的。在君主专制社会里，龙是皇帝的象征。龙作为“四灵”中最大的吉祥物，已经成为中华民族的象征。全世界各地的中国人都认为自己是龙的传人。

凤，即凤凰，是中国传说中的“百鸟之王”，象征着吉祥、太平和政治的清明。有道是“龙凤呈祥”。凤和龙一样，被历代帝王当作是权力和尊严的象征。凤冠、凤车等与凤有关的东西，只有皇家和仙人才能使用。后来，凤凰也成为民间百姓的吉祥物。

麒麟，被认作是有德行的仁兽，历代帝王都把它看作是太平盛世的象征。古有《麒麟送子图》，即是人们祈望子孙繁荣和追求幸福的象征。

龟，因其寿命长而成为长寿健康的象征。龟是“四灵”中唯一真正存在的生物。在古代，巫师都要烧龟甲，根据龟甲上爆裂的纹路来占卜吉凶。因此，又称龟为“神龟”“灵龟”。

◆中国人称“龙的传人”，源自什么样的传说？

中国人称“龙的传人”，来源于古代的图腾和传说。

相传，黄帝统一中原以前是以“熊”为图腾的。打败蚩尤统一中原后，黄帝为了安抚归附的部落，放弃了原来的“熊”图腾，使用了一种新图腾，这种新图腾就是“龙”，它是由原来的“熊”图腾的头部和一种“蛇”图腾的身子组合而成的。

于是，围绕“龙”产生了“感天而生”的传说。说炎帝是一位叫登的女子感动上天的神龙而生，黄帝是附宝感动“北斗”而生，尧是庆都感动“赤龙”而生。既然中华民族的始祖是上天“龙”的传身，那么，中华民族的子孙当然都是龙的传人了。

◆钟馗是怎样成为头号打鬼门神的？

重庆丰都“鬼城”天子殿前左侧，有一座钟馗殿，殿中供奉的主神，是民间传说中专门捉鬼、斩鬼、吃鬼的鬼王钟馗。钟馗能有这般显赫的地位，传说是拜唐明皇李隆基所赐。

有一年，唐明皇李隆基从骊山校场回宫，忽然疟疾大发，御医们费尽心思，忙活了一个多月也不见转机。一天深夜，明皇梦见一牛鼻子小鬼，身穿红衣，一脚穿靴，一脚光着，靴子挂在腰间。这个小鬼偷偷盗走了杨贵妃的紫香囊和明皇的玉笛。明皇见了大怒，大声呵斥。这时突然出现一个大鬼，头顶破帽，穿蓝袍，束角带，一下捉住小鬼，用手指剜出两眼，然后把小鬼撕成两半吞吃了。明皇赶紧问大鬼名讳，大鬼奏曰：“臣钟馗，到长安应试考中状元，因其貌不扬被废，愤而触殿阶而亡，死后成为鬼王，决心歼除天下妖魔鬼怪。”

唐明皇大梦醒来，疟疾不治而愈，于是传召大画家吴道子，依照梦中所见，画《钟馗捉鬼图》。图画好后，明皇瞪着眼睛瞧了半天，说道：“莫不是先生跟我一块做梦来着？画得怎么这么像！”马上重赏了吴道子，并将此画悬于后宰门，用以镇妖驱邪，宫中遂得安宁。唐明皇加封钟馗为“驱魔大神”。由于唐明皇的大肆宣扬，钟馗像遍行天下，使得钟馗确立了“头号打鬼门神”的地位。

◆中国现存最早的一部神话小说集是哪部作品？

中国现存最早的一部神话小说集是东晋干宝辑录的《搜神记》。

干宝，字令升，新蔡人。《晋书·干宝传》说他有感于生死之事，“遂撰集古今神祇灵异人物变化，名为《搜神记》。”可惜，干宝编著的原书已散佚，现存二十卷本是后人从《北堂书钞》《艺文类聚》《太平御览》等书中辑录佚文而成的。

《搜神记》是魏晋出现的志怪小说的一种主要类型。该书以辑录神仙鬼怪的故事为重点，内容涉及：神仙术士的变幻，精灵物怪的神异，妖祥卜梦的感应，佛道信仰的因果报应，以及人神、人鬼的交通恋爱，等等。其中保留了相当一部分西汉传下来的历史神话传说和魏晋时期的民间故事。神话，如“盘瓠神话”“蚕马神话”。历史传说，如“干将莫邪”“紫玉传说”。民间故事，如“东海孝妇”。韩凭夫妇的传说则歌颂了忠贞不渝的爱情。

◆成语“东山再起”来自哪个故事？

太元八年（383年）八月，苻坚亲自带领八十七万大军从长安出发，进攻东晋。向南的大路上，烟尘滚滚，步兵、骑兵，再加上车辆、马匹、辎重，队伍浩浩荡荡，差不多拉了千把里长。过了一个月，苻坚主力到达项城，益州的水军也沿江顺流东下，黄河北边来的人马也到了彭城，从东到西一万多里长的战线上，前秦水陆两路进军，向江南逼近。这个消息传到建康，晋孝武帝和京城的文武官员惊慌不已，期盼宰相谢安拿主意。

谢安是陈郡阳夏人，在士大夫阶层中名望很大，大家都认为他是个很有才干的人。但是他年轻的时候，宁愿隐居在东山，不愿做官。当时在士大夫中间曾流传："谢安不出来做官，叫百姓怎么办？"到了四十多岁的时候，他才重新出来做官。因为谢安长期隐居在东山，故把他重新出来做官的事称为"东山再起"。

此次谢安也不负众望，亲自坐镇指挥了淝水之战，又以八万军力，击败了前秦军。

◆"东床快婿"原本是指谁？

东晋时期，武将郗鉴奉旨平叛，立了大功，被封为"太尉"。在朝廷里除了文官丞相王导，就数他这武官太尉了。郗鉴的爱女郗璇眉清目秀、聪明伶俐、妙龄待嫁。他觉得丞相王导家子弟甚多，听说个个都才貌俱佳，希望能在王丞相家子弟中择婿。王导同意后，郗鉴便命管家带上厚礼，到王丞相家觅婿。

后来，郗府管家回到府中，对郗太尉说："王府的年轻公子二十余人，听说郗府觅婿，都争先恐后，精心打扮。唯有东床上有位青年人，袒腹躺着若无其事。"郗鉴说："哈哈，此人真是佳婿！"郗鉴来到王府，见此人既豁达又文雅，才貌双全，当场下了聘礼，择为快婿。

"东床快婿"一说就是这样来的。这"东床快婿"便是历史上鼎鼎大名的书法家，被后人称为"书圣"的王羲之。他的书法被形容为"飘如浮云，矫如惊龙"。

◆形容勤奋写作的"笔耕"一词与哪位名人有关？

"笔耕"一词现在常指勤奋写作。但它最初的意思却指的是，识字的人以用笔给人抄抄写写为生，寓意抄写工作跟农夫耕种田地一样辛苦。"笔耕"，典出《后汉书》，说的是班超"投笔从戎"的故事。

东汉的班超，年轻时就有为国立功的抱负，因为没有机会，所以未能施展才能。有一年，他的哥哥班固被汉明帝召到洛阳去做校书郎，班超和母亲也跟着去了。由于他们家庭经济不宽裕，班超就常给官府抄抄写写，取得一点报酬，借以维持生活。

日子久了，他感到厌烦和苦闷。有一天，他抄着抄着，突然把笔摔在地上激动地说："大丈夫无他志略，犹当效傅介子、张骞立功异域，以取封侯，安能久事笔砚间乎？"于是从军，跟随大将窦固出征，大败匈奴，立了大功。而在别的书中，"笔砚"写作"笔耕"，从此，"笔耕"一词便流传开来。

◆"涂鸦"的由来是怎样的呢？

说起"涂鸦"一词，原是唐朝卢仝说其儿子乱写乱画顽皮之行。

据《玉川子集》载，卢仝有个儿子叫添丁，喜欢乱涂乱写，常把卢仝的书册弄得又脏又乱。卢仝因此写了一首《示添丁》诗："忽来案上翻墨汁，涂抹诗书如老鸦。"

卢仝通过这两句诗文，把儿子的顽皮和自己的无奈描写得惟妙惟肖。

后来，人们便从卢仝的诗句里得出"涂鸦"一词，常用它来形容一个人随意写作或绘画，也用来比喻书法幼稚，但多用于谦辞。

◆“腹稿”的由来是怎样的呢?

说起“腹稿”一词的由来，不得不提到唐代诗人王勃。

王勃，字子安，绛州龙门人。据说，他从小聪明伶俐，七岁就能写文章，十几岁就成名了。在其短暂的一生中，给后世留下文采斐然的《滕王阁序》。他和杨炯、卢照邻、骆宾王，并称“初唐四杰”。

相传，王勃所到之处，都有人请他写文章。王勃在写文章的时候，往往不打草稿，也没有穷思苦想，而是先磨好墨，备好纸笔，有时还喝一点酒，然后蒙头大睡。一醒来，马上跳下床，挥笔疾书，一气呵成，可以不用改动一字。当时人们说，王勃蒙头而睡时，其实并没有真睡，而是在构思，在肚子里打草稿。《新唐书》载:“勃属文，初不精思，先磨墨数升，则酣饮，引被覆面卧，及寤，援笔成篇，不易一字。时人谓勃为腹稿。”

后来，人们就把预先想好而没有写出来的文稿统一称为“腹稿”。

◆成语“入木三分”有怎样的由来?

晋朝王羲之能成为中国历史上最有名的书法家之一，固然与他的天资有关系，但最重要的还是由于他的刻苦练习。他曾在池塘边练习写字，每次写完，就在池塘里洗涤笔砚。时间一久，整个池塘的水都变黑了。由此可知，他在练习书法上所下的功夫之深了。

王羲之曾从鹅的体态姿势上领悟到书法执笔、运笔的道理。有一次，他到某道观看到一群鹅非常可爱，便要求道士卖给他。观里的道士早就钦慕他的书法，便请他写部《黄庭经》作为交换。王羲之给观里写了部《黄庭经》，道士便把那些鹅都送给了他。还有一次，当时的皇帝要到北郊去祭祀，让王羲之把祝词写在一块木板上，再派工人雕刻。雕刻的工人在雕刻时非常惊奇，王羲之写的字，笔力竟然渗入木头三分多。他赞叹地说:“右军将军的字，真是入木三分呀!”

◆成语“模棱两可”跟哪位宰相有关?

苏味道是初唐的政治家、文学家。赵州栾城人，与李峤以文辞齐名，号“苏李”。有一次，一个人向苏味道请教当官的诀窍，他得意地说:“要想当好官，必须记住一点:处理任何事情，都不要决断得清楚明白。否则一有错误，就必定受罚。应该像用手摸棱角那样，这一面可以，那一面也过得去，就不会出事了。”史料记载:“处事不欲决断明白，若有错误，必贻咎谴，但模棱以持两端可矣。”故苏味道世号“苏模棱”。武则天圣历初年，苏味道官居相位，处事更加圆滑，人称“模棱宰相”。

◆“才高八斗”最初是称颂谁的?

南朝宋国诗人谢灵运的诗，大都描写永嘉、会稽等地的山水名胜，善于刻画自然景物，开创了文学史上的山水诗一派。他写的诗艺术性很强，尤其注意形式美，颇受文人雅士喜爱。诗篇一传出来，人们就竞相抄录，流传甚广。

宋文帝很赏识他的文学才能，特地将他召回京都任职，并把他的诗作和书法称为“二宝”，常常要他边侍宴，边写诗作文。谢灵运受到这种礼遇后，更加自命不凡。有一次，谢灵运一边喝酒一边自夸道：“魏晋以来，天下的文学之才共有一石，其中曹子建（即曹植）独占八斗，我得一斗，天下其他的人共分一斗。”

由此可知，谢灵运除佩服曹植外，其他人的才华都不放在眼里，自我评价甚高。后来人们便用“才高八斗”来比喻文才高超的人。唐代诗人李商隐在《可叹》诗中写道：“宓妃愁坐芝田馆，用尽陈王（即曹植）八斗才。”便借用了“才高八斗”的典故。

◆“半部《论语》治天下”说的是谁的典故？

北宋初年的宰相赵普是一位杰出的政治家，但绝不是一个学问家。乾德五年（967年），一天，君臣谈起年号来，赵普拍马屁，列举了几年来不少好事，然后归功于赵匡胤改的这个“乾德”年号。站在一旁的翰林学士卢多逊等赵普拍完马屁后，说：“可惜，乾德是伪蜀用过的年号。”皇帝大吃一惊，马上命人去查。果真是前蜀的年号，而且是亡国的年号。赵匡胤想到赵普这厮身为宰相，却读书甚少，让自己出这么大丑，便骂道：“赵普，你不学无术，怎么比得上卢多逊？”还用笔墨在赵普脸上涂抹。

赵普受此奇耻大辱，开始发愤读书。他有一个大书匣，不许别人动。人们只是看到他每天从里面拿出一本书来读，但是谁也不知道是什么书。等到这位宰相死后，人们打开书匣，发现里面只有《论语》的前半部分。从此以后，赵普以“半部《论语》治天下”的故事就传遍天下了。

◆“司空见惯”与唐朝哪位大诗人有关？

“司空见惯”这个成语，意指对某一事物见多了也就不足为奇。这个成语的由来，和唐朝著名诗人刘禹锡有关。

据说，唐朝大诗人刘禹锡在当刺史时，有位卸任的司空官（管理建筑工程的官吏）李绅，因为久仰刘禹锡的盛名，所以邀请大诗人到家中赴宴。刘禹锡欣然接受了李绅的邀请。宴会上，李司空叫来一名妙龄歌伎，只见这位歌伎高髻云环，宫样装束，十分艳丽。歌伎一边翩翩起舞，一边用轻柔、婉转的声音，一扬一抑地唱名曲《杜韦娘》。

生平第一次遇此情景的刘禹锡感触很深，当即赋诗一首，赠给李司空。诗云：“高髻云环宫样妆，春风一曲杜韦娘。司空见惯浑闲事，断尽苏州刺史肠。”意思是说，如此妖艳的歌伎，动人的曲调，奢华绮靡的场面，都是他从来没有见过的；而对李司空来说，却并不稀奇，是经常见惯了的东西。

后人由此提炼出成语“司空见惯”。

◆“鸿雁传书”中的“鸿雁”何以代称书信？

鸿雁是书信的代称，有时亦代称传送书信的人。古人常用“鸿雁”代称书信和传送书信的人，大致有以下两种说法。

一种说法是，汉朝时期，苏武出使匈奴，被单于流放北海去放羊。十年后，汉朝与匈奴和亲，但单于仍不让苏武回汉。与苏武一起出使匈奴的常惠，把苏武的情况密告汉使，并设计让汉使对单于讲：汉朝皇帝打猎射得一雁，雁足上绑有书信，叙说苏武在某个沼泽地带牧羊。单于听后，只好让苏武归汉。

另一种说法是，唐朝薛平贵远征在外，王宝钏苦守寒窑十数年矢志不移。一日，王宝钏正挑野菜，忽闻空中鸿雁连声呼唤，遂请求代为传书于平贵夫郎。情急之下，撕下罗裙，咬破指尖，写下血泪书信，倾诉对爱情忠贞和盼望夫妻团圆的心情。

前者是对国的忠心，后者是对感情的忠贞。这两种故事的流传，使得“鸿雁”成为古代通信的使者，也让这两个故事本身成为流传千古的佳话。

◆“八字没一撇”的说法是怎么来的？

说起“八字没一撇”这句俗语的由来，我们必须提到一个叫朱熹的人。

南宋理学家朱熹在《与刘子澄书》中有言：“圣贤已是八字打开了，人自不领会，却向外狂走耳。”意思是说，通向圣贤的大门，早已敞开，可是人们并不理会，不但不进门，反而朝外走。流露出朱熹对这些不认门的人的惋惜、遗憾而又无可奈何的心情。朱熹这句话便是俗语“八字没一撇”之源。

“八”字形似两扇门，八字没一撇，即是没有门。现在，我们常说的“没门儿”意思是不可能、“没门路可走”意思是没办法。“八字没一撇”原指没门儿，后来亦演变为没办法、没眉目、没头绪，成为不沾边的代词了。

此外，还有一种说法。相传，古代结婚前要把男女的八字拿给算命先生看，八字没有一撇，意思对方的八字还没有拿过来。古人的八字不轻易示人，自出生后，八字便用红纸包起。一旦给了某个人，一般都是同意了婚事的意思。

◆“青梅竹马”为什么与爱情有关？

青梅竹马，源于唐代大诗人李白的一首五言古诗《长干行》。这首爱情诗描写的是一位女子思夫心切，不惜从住地长干跋涉数百里远路，到长风沙迎接丈夫的情景。

诗的开头回忆他们从小在一起亲昵嬉戏的场景：“妾发初覆额，折花门前剧。郎骑竹马来，绕床弄青梅，同居长干里，两小无嫌猜。”从诗人的描述中，这样一幅画面自然映入眼帘：一个额前覆着留海的小女孩，手里拿着一枝花，站在门前戏耍；一个头上扎着丫角的小男孩，骑着竹马，在小路上又跳又跑。

后来，人们便用“青梅竹马”和“两小无猜”表明天真、纯洁的感情长远深厚。“青梅竹马、两小无猜”一起使用，意思不变。竹马，把竹竿当马骑。青梅，青色的梅子。

◆“江郎才尽”中的“江郎”指的是谁？

江郎，即宋、齐、梁三朝的文人江淹。据说，江淹年纪轻轻就成为一个鼎鼎有名的文学家，可年纪大了以后，他的文章退步不少。因此，人们称其为“江郎才尽”。

这种现象与江淹在官场上如沐春风有莫大关联。萧道成篡宋为齐后，江淹便步步高升，历任显职。萧衍篡齐为梁后，江淹继续得以重用，官至金紫光禄大夫。入仕的江淹逐渐被权力腐蚀，不肯在文学上用功夫，故再无类似《恨赋》《别赋》的出色作品。还有人认为，齐、梁“永明体”带来的创作新风，转移了读者的欣赏习惯。江淹跟不上文学潮流，于是落伍了，以致编出下面一段自欺欺人的梦话，给自己找台阶下。

据南朝梁钟嵘《诗品》载：“初，淹罢宣城郡，遂宿冶亭。梦一美丈夫，自称郭璞。谓淹曰：‘我有笔在卿处多年矣，可以见还。’淹探怀中，得五色笔授之。而后为诗，不复成语，故世传江淹才尽。”《南史·江淹传》亦载：“淹乃探怀中得五色笔以授之。尔后为诗绝无美句，时人谓之才尽。”

◆为什么用“学富五车”来形容饱学之士？

“学富五车”和“才高八斗”都是称誉学识渊博的。“五车”其实就指五车竹简书。古人以前用竹片或木片作为文字载体。用以书写的竹片叫作“简”，又称“策”；用于书写的木片叫“方”，又称“牍”。《庄子》中说：“惠施有方，其书五车。”

惠施是战国时期的哲学家，很有才学，是名家的代表人物。引文的意思是，惠施是个有学问的人，道术很多，他读的书要用五辆车子拉。后来，人们便以“五车”“五车书”“书五车”“五车竹简”“惠车”等来表示对饱学之士的称赞。王安石《赠外孙》：“年小从他爱梨栗，长成须读五车书。”

◆成语“鲁鱼帝虎”“三豕涉河”有何典故？

东晋时期著名的道教学者葛洪在《抱朴子》中说：“谚曰：‘书三写，鱼成鲁，帝成虎。’”意思是说，文字在多次传抄过程中容易写错，“鱼”容易错写成“鲁”，“帝”容易错写成“虎”。

吕不韦主编《吕氏春秋》时，曾记载了这样一件事：孔子的弟子子夏到晋国去，路过卫国，听有个读历史书的人说：“晋国的部队三豕（三只猪）渡过黄河。”子夏说：“不对，应该是己亥（古代计时法）。因为‘己’跟‘三’字形相近，‘豕’和‘亥’字形相像。”到了晋国后，子夏向晋国人求证，回答果然是：“晋国军队在己亥日渡过黄河。”

后来，人们就用“鲁鱼帝虎”与“三豕涉河”这两个成语指代在书籍传写或刻印过程中出现的文字错误。

◆“一丝不挂”最初是什么意思？

“一丝不挂”之“丝”有两解。一解一缕衣饰。《五灯会元》载：“诸上座终日着衣吃饭，未曾咬着一粒米，未曾挂着一缕丝。”另一解为一根钓丝。此解同样可见《五灯会元》：“僧问：一丝不着时如何？师曰：合同船子并头行。”意思是说，“一丝不着”，便达到了船子和尚超脱的境界。船子和尚有诗偈云：“金鳞不遇空劳力，收取丝纶归去来……钓竿斫尽重栽竹，不计功程便得休。”可见“一丝不挂”本是禅语，比喻超然洒脱，绝无患得患失的念头，丝毫不受尘俗的牵挂，是很高的修持境界。后用以泛指毫无牵挂。现形容赤身裸体。

◆ “对牛弹琴”中弹琴之人是谁？

对牛弹琴，比喻对不懂道理的人讲道理，是白费口舌；也常用来讥笑说话不看对象的人。“对牛弹琴”说的是战国时期公明仪的故事。

战国时期，有一个名叫公明仪的音乐家，既能作曲又能演奏，尤其擅长弹奏七弦琴。他痴迷于音乐，不但在室内弹琴，遇上好天气，还喜欢带着琴到郊外弹奏。

一年春暖花开时节，他来到郊外，看见一头黄牛正在草地上低头吃草。公明仪一时兴起，摆上琴，拨动琴弦，给这头牛弹起了自己引以为傲的乐曲“清角之操”，但老黄牛却无动于衷，仍然低头一个劲地吃草。公明仪心想可能是曲子太高雅了，便弹起了小曲。老黄牛仍然毫无反应，继续悠闲地吃草。公明仪继续变招，老黄牛仍然不为所动，只是偶尔甩甩尾巴，驱赶着牛虻，照样低头闷不吱声地吃草。公明仪非常沮丧。旁边的人劝他说：“不是您弹的曲子不好听，是您弹的曲子不对牛的耳朵！”公明仪叹口气，怅然而归。

◆ “吉光片羽”的“吉光”是什么意思？

吉光，古代神话中的神马名；片羽，一片羽毛。古代传说，吉光是神兽，毛皮为裘，入水数日不沉，入火不焦。“吉光片羽”指神兽的一小块毛皮，比喻残存的珍贵文物。不少人望文生义，将“吉光”理解成“珍贵的时光”“吉兆”等，实在是大错特错。

◆ 为什么“嫁鸡随鸡，嫁狗随狗”？

“嫁鸡随鸡，嫁狗随狗”这一俗语原为“嫁乞随乞，嫁叟随叟”，意为一个女人即使嫁给乞丐和年龄大的人也要随其生活一辈子。随着时代的变迁，这一俗语转音成“嫁鸡随鸡，嫁狗随狗”。

◆ “名落孙山”中的“孙山”指的是什么？

宋朝时期，有个名叫孙山的人，因善于说笑话而被冠以“滑稽才子”的绰号。

有一次，他和一个同乡的儿子一同去京城参加举人的考试。发榜时，孙山的名字虽然被列在榜文的倒数第一名，但仍然是榜上有名，而和他一起去的那位同乡的儿子，却没有考上。不久，孙山先回到家里，同乡便来问他儿子有没有考取。孙山既不好意思直说，又不便隐瞒，于是，就随口念出两句不成诗的诗句来：“解名尽处是孙山，贤郎更在孙山外。”

解名，即科举制度所规定的举人第一名。孙山在诗里所谓的“解名”，乃是泛指一般考取的举人。他这首诗的意思是，举人榜上的最后一名是我孙山，而令郎的名字却还在我孙山的后面。从此，人们便把投考学校或参加各种考试没有被录取，叫“名落孙山”。

◆ “飞黄腾达”的由来与谁有关？

“飞黄腾达”出自唐代韩愈《符读书城南》诗句：“飞黄腾踏去，不能顾蟾蜍。”唐宋八大家之首韩愈的儿子韩符少年时十分贪玩，不喜欢读书，韩愈专门写诗教育儿子要立志飞黄腾达，诗文即:“两家各生子，提孩巧相如。少长聚嬉戏，不殊同队鱼……三十骨骼成，乃一龙一猪。飞黄腾踏去，不能顾蟾蜍。”

◆“好马不吃回头草”最初是什么意思?

“好马不吃回头草”的典故，说的是良骥走出马厩，奔向宽阔无垠的草原，一眼便能瞥见鲜美可口的嫩草，于是就沿着一条选定的线路吃下去，直吃到肚大腰圆地把“家”回，而绝不会东啃一嘴，西吃一口，丢三落四地再回头去补吃遗漏的嫩草。换句话说，并不是所有身后的草都不好，也并不是所有眼前的草都是好草，只是良骥会很仔细吃掉眼前的草，就没有“回头草”而言了。

◆“金屋藏娇”与哪位皇帝有关?

汉武帝刘彻6岁时，做太子的是他的哥哥刘荣。刘彻之所以能当上太子，全靠景帝的姐姐长公主的帮助。长公主原想把自己的女儿陈阿娇许给太子刘荣，将来做皇后。但是太子的母亲栗姬却不领情，于是长公主把目光转向了刘彻。有一次，她问刘彻愿不愿意娶阿娇为妻，刘彻也很喜欢阿娇，见姑姑问，便大方地说：以后如果能娶阿娇为妻，我就要亲自造一栋金屋子送给她。(“若得阿娇，当作金屋贮之。”)汉景帝见儿子有这样的气魄，也同意了这门亲事。后来，刘彻做了皇帝也娶了阿娇，造了富丽堂皇的宫殿实践了小时候的诺言。

◆“举案齐眉”最初说的是哪对夫妇?

“举案齐眉”是赞美夫妻美满婚姻的专用词。“举案齐眉”的典故讲的是汉时梁鸿和妻子孟光的故事。每当丈夫梁鸿回家时，妻子孟光就托着放有饭菜的盘子，恭恭敬敬地送到丈夫面前。为了表示对丈夫的尊敬，妻子不敢仰视丈夫的脸，总是把盘子托到跟眉毛齐平的地方，丈夫也总是彬彬有礼地用双手接过盘子。这个成语形容夫妻相互尊敬，很有礼貌，很平等。

◆“弱水三千”中“弱水”是指什么水?

古时许多浅而湍急的河流不能用舟船而只能用皮筏过渡，古人认为是由于水羸弱而不能载舟，因此把这样的河流称为弱水。继而，古文学中逐渐用弱水来泛指险而遥远的河流，比较有名的是苏轼的《金山妙高台》中有句：蓬莱不可到，弱水三万里。《红楼梦》中将弱水引申为爱河情海。贾宝玉对林黛玉说：“任凭弱水三千，我只取一瓢饮。”后弱水成为男女之间信誓旦旦的爱情表白。字面意思为，弱水有三千华里那么长，水量虽然丰沛，但只舀取其中一瓢来喝。引申义为：可以交往的对象有很多，但只喜欢你一个。

◆“脱颖而出”的“颖”是什么东西?

“脱颖而出”语出《史记》:“使遂蚤得处囊中，乃颖脱而出，非特其末见而已。”这里的“颖”，指的是禾穗的尖端。

战国时期，秦国攻打赵国。赵国平原君奉命到楚国求助，毛遂请求跟着去。平原君说：“有本事的人，在人群中，就如锥子放在布袋中，尖儿立刻露出来。你在我家已有三年，但我未听说过你的名字，看来你没有什么能耐，还是不要去了。”毛遂说：“若我真的能如锥子，放在布袋里，就会连锥子上面的环也露出，岂止只露出尖儿！”于是平原君就带上了毛遂，毛遂也起了非常重要的作用。从此，毛遂名威大振，“毛遂自荐”“脱颖而出”传为佳话。

◆“小时了了，大未必佳”最初说的是谁？

《世说新语》载：“韪曰：‘小时了了，大未必佳。”说的是孔融的故事。

孔融十岁时，随父亲到洛阳。当时李元礼名气很大，做司隶校尉。到他家去的人，只有才智出众、有清高称誉以及他家的亲戚才被通报。孔融到了他家门前，对下边的人说：“我是李府君的亲戚。”李元礼见到孔融后，疑惑地问：“您和我有什么亲戚关系？”孔融答：“过去我的祖先仲尼（即孔子）曾经拜您的祖先伯阳（即老子，字伯阳）为师，所以我和您是世代友好往来的亲戚关系。”李元礼和宾客们闻此都甚为惊诧。太中大夫陈韪后来才到，别人就把孔融说的话告诉给他听，陈韪说：“小时了了，大未必佳。”孔融听后说：“想君小时必当了了。”我猜想您小的时候一定很聪明吧。陈韪给孔融一句话难住了，半天说不出话来。

后人引用上述故事中的两句话，将“小时了了”引为成语，来说明小孩子从小便生性聪明，懂得的事情很多。但因为下文有“大未必佳”一语，故这句成语的意思便变成了：小时虽然很聪明，一到长大了却未必能够成材。

◆“梅开二度”最初是什么意思？

“梅开二度”最初源于戏曲《二度梅》。主人公梅良玉父亲被奸臣陷害，他侥幸被人救出，并送到其父好友陈日升家中寄居。陈视梅良玉如同己出，常带他在花园的梅树边拜祭故友。梅良玉不辜负厚爱，勤学苦读，决心考取功名，出人头地，将来好为父亲报仇。一日，盛开的梅花被夜晚的风雨吹打得凋谢了。陈日升带梅良玉诚恳地再拜，祈求让梅花重开。诚心感动天地，结果真的满园芬芳，梅开二度！这是个吉兆，梅良玉最终学成进京，中了状元，还和陈日升的女儿结为夫妻。由此可见，“梅开二度”最初表达的意思是好事再现。

◆为什么用“倾国倾城”形容绝色美女？

中国第一部诗集《诗经》中，分别有“哲夫成城，哲妇倾城”“赫赫宗周，褒姒灭之”的诗句。意在讥讽周幽王宠幸绝代佳人褒姒，荒废朝政而亡国的真实故事。哲夫、哲妇，即明达、才智者。倾城，是指城邦覆灭。“哲夫成城，哲妇倾城”意思是“智慧的丈夫为城，智慧的妇人坏城”。

再有，唐代李吉甫《元和郡县图志》的“褒城县”条下载：“褒国，在县东二百步，褒姒之所出也。”褒国是褒姒的家乡。唐代著名诗人胡曾也写有褒姒倾国诗篇：“恃宠娇多得自由，骊山烽火戏诸侯。只知一笑倾人国，不觉胡尘满玉楼。”一笑倾城，再笑倾国，即所谓“倾城倾国”是倾覆邦国的意思。这就是“倾城倾国”或“倾国倾城”典故的由来。

◆“天之骄子”最初说的是谁？

“天之骄子”语出东汉班固《汉书》：“南有大汉，北有强胡。胡者，天之骄子也，不为小礼以自烦。”汉朝人因匈奴极为强盛而称之为“天之骄子”，意即匈奴为天所娇宠。现指条件极其优越，特别幸运的人。也指非常勇敢或有特殊贡献的人。

◆“退避三舍”中的“三舍”是多少里？

古代行军计程以三十里为一舍。三舍，即九十里。

《左传》记载，春秋时期，晋献公听信谗言，杀了太子申生，又派人捉拿申生的弟弟重耳。重耳闻讯，逃出了晋国，在外流亡十几年。经过千辛万苦，重耳来到楚国。楚成王认为重耳日后必有大作为，便以国君之礼相迎，待他如上宾。一天，楚王设宴招待重耳，两人饮酒叙话，重耳对楚王许诺：“如果能回国当政，愿与楚国友好。假如有一天，晋楚之间发生战争，我一定命令军队先退避三舍。”

后来，重耳果真回到晋国当了国君，是为晋文公。周襄王二十年（前632年），楚国和晋国的军队在作战时相遇。晋文公为了实现他许下的诺言，下令军队后退九十里，驻扎在城濮。楚军见晋军后退，以为对方害怕了，马上追击。晋军利用楚军骄傲轻敌的弱点，集中兵力，大破楚军，取得了城濮之战的胜利。

◆“妇人之仁”最早是用来形容谁的？

妇人之仁，最早见于西汉司马迁《史记》：“项王见人恭敬慈爱，言语呕呕，人有疾病，涕泣分食饮；至使人有功当封爵者，印刓弊，忍不能予；此所谓妇人之仁也。”

对当政者而言，“仁”是“仁爱”之情，更是“仁政”之术。“仁”是用来收买人心的，不能收买人心的“仁”就一文不值。如果理解错了，糊里糊涂地实行起“仁爱”来，便大为不妙。项羽之错不在于“仁”，而在于未能把这种“仁”转化为政治上的优势，所以称为“妇人之仁”。最终，在乌江边霸王别妻，痛喊“天亡我”，饮恨自刎而死。

◆“高抬贵手”的由来和什么事情有关？

旧时乡下演戏，往往先由乡绅们出钱，包下戏班子在祠堂庙宇中演出，然后他们再向群众卖票赚钱，群众凭票进场看戏。

戏场只开一扇边门，由一个五大三粗的壮汉把门收票。无人进场时，壮汉双腿跨在门槛上，双手挺在门框上，以防无票的溜进戏场。农村的孩子很想看戏，但又无钱买戏票。有的孩子便瞅空边向守门壮汉哀求，边察言观色，掌握“火候”，伺机轻轻托起壮汉胳膊说：“叔叔，请您把胳膊抬高一点吧！”然后便趁势从壮汉胳肢窝下钻进去看戏了。后来，文人便把“请抬高胳膊”雅化为“高抬贵手”，意思就是请人“开恩”，推而广之，便应用于各种场合的求情。

◆“河东狮吼”有何来历？

陈慥，字季常，北宋眉州人，其父乃是当时的太常少卿、工部尚书陈希亮。陈慥虽出身名门，却豪侠不羁，视金钱名利如粪土。一年，恰逢苏轼因乌台诗案被贬黄州，两个性格豪放洒脱的人一见面便成了好朋友，二人纵论古今成败，天下大事，也时常对酒当歌，相伴出游。陈慥的家里养着一些歌妓，每逢客人来访，就以歌舞大宴宾客，而陈慥的妻子柳氏，性情暴躁凶妒，每当欢歌宴舞之时，就醋性大发，拿着木杖大喊大叫，用力敲打墙壁，弄得陈慥极为尴尬。苏轼见状，就写了一首诗取笑陈慥，其中有："龙丘居士亦可怜，谈空说有夜不眠。忽闻河东狮子吼，拄杖落手心茫然。"河东是柳氏的郡望，暗指柳氏。"狮子吼"一语来源于佛教，是佛教中的护法神，象征威严，可见苏轼赋诗时并非全是贬义。后来这个故事被南宋的洪迈写进《容斋三笔》中，广为流传，河东狮吼的典故也从此确立，至今仍然是悍妻的代名词，借以讥讽惧内的人。

◆ "徐娘半老"的"徐娘"指的是谁？

"半老徐娘"一词源于南北朝，徐娘名徐昭佩，是南朝梁元帝的妃子。她年过芳龄，却还着意打扮。于是，有人说："徐娘半老，犹尚多情。"有关"徐娘"的"风骚"之事，《南史》中有极简要的记载。宋陈与义《书怀示友十首·其一》中"开窗逢一笑，未觉徐娘老"两句足见徐娘之风骚。后人便用"半老徐娘"或"徐娘半老"来讽喻那些年过芳龄还精心打扮的妇女。亦有人自称徐娘，含有自谦自重之意。

◆ "阳关三叠"的"三叠"指什么？

阳关三叠是根据唐代诗人王维《送元二使安西》诗谱写的一首琴歌。王维这首诗在唐代就曾以歌曲的形式广为流传，他的诗是为送友人去关外服役而作的。谱入琴曲后又增添了一些词句，加强了惜别的感觉，表达了作者对即将远行的友人无限留恋的诚挚情感。叫"三叠"是因为同一个曲调要反复叠唱三次。琴歌开始加了一句"清和节当春"作为引句，其余均用王维原诗。歌曲结尾处渐慢、渐弱，抒发了一种感叹的情绪。

◆ "烂泥扶不上墙"最初形容的是谁？

传说孔门弟子三千，贤者七十二人，比较知名的有子路、子贡、子渊、冉求、子若、子骞、子禽、子张、子长、子思、子容、仲弓等。当然，孔子也有糟糕的学生，如宰予。宰予能言善辩，刚开始倒很得孔子欢心，只是其人表面一套，背后一套，有一次孔子发现宰予白天睡大觉(宰予昼寝)，孔子很生气，说："朽木不可雕也，粪土之墙不可圬也（烂泥扶不上墙）！"后来果然得到验证。宰予做了临淄大夫，和田常一起作乱，结果被夷族，孔子羞于提及此人。

◆ "劳燕分飞"的"劳燕"是什么意思？

"劳燕"代指伯劳和燕子两种鸟类，"劳"是伯劳的简称，和"辛劳"无关。"劳"和"燕"分别朝不同的方向飞去，因此，它们的姿势是"分飞"而不是"纷飞"。

伯劳俗称胡不拉，是食虫鸟类，大多栖息在丘陵开阔的林地，为中国较为常见的鸟类。因为较常见，所以也就被写进了诗里。和伯劳一起走进诗里的还有燕子。当伯劳遇见了燕子，二者就相互完成了身份的指认，共同构成了全新的意思，在传统诗歌的天空下，伯劳匆匆东去，燕子急急西飞，瞬息的相遇无法改变飞行的姿态，因此，相遇总是太晚，离别总是太疾。东飞的伯劳和西飞的燕子，合在一起构成了感伤的分离，成为不再聚首的象征。

◆为什么事情败露叫“露马脚”？

据传，明太祖朱元璋自小家境贫寒，年轻时与一位也是平民出身的马姑娘结了婚。这位马姑娘长着一双未经缠过的“大足”，这在当时是一大忌讳。朱元璋当了皇帝以后，念马氏辅佐有功，将她封为明朝第一皇后。但是“龙恩”虽重，深居后宫的马氏却为脚大而深感不安，在人前从来不敢将脚伸出裙外。一天，马氏忽然游兴大发，乘坐大轿走上街头。有些大胆者偷瞄之际，恰好一阵大风将轿帘掀起一角，马氏搁在踏板上的两只大脚赫然入目。于是，一传十，十传百，顿时轰动了整个京城。后人由此引申出“露马脚”之说。

◆“信口雌黄”的“雌黄”是什么东西？

《晋书》记载，王衍是东晋人，有名的清谈家。他喜欢老庄学说，每天谈的多半是老庄玄理。但是往往前后矛盾，漏洞百出，别人指出他的错误或提出质疑，他也满不在乎，甚至不假思索，随口更改。于是时人说他是“口中雌黄”。《颜氏家训》中也有“观天下书未遍，不得妄下雌黄”之论。

那么，“雌黄”是什么东西呢？“雌黄”是一种矿物，其成分为三硫化二砷，柠檬黄色，多为细粒状、片状或柱块状，也有为肾状者，多为珍珠光泽。古时人们写字时用的是黄纸，如果把字写错了，用这种矿物涂一涂，就可以重写。常常与雌黄共生在一起的还有一种矿物叫雄黄，其成分为硫化砷，为橘红色，多为粒状、致密块状，也有皮壳状者，晶面反射光线很强，常为金刚光泽，又叫鸡冠石。

◆“一言九鼎”的“九鼎”是什么东西？

“一言九鼎”语出《史记》：“毛先生一至楚，而使赵重于九鼎大吕。毛先生以三寸之舌，强于百万之师。胜不敢复相士，遂以为上客。”“九鼎”与“大吕”都是代表国家的宝器。九鼎，相传为夏禹所铸。“一言九鼎”是说一句话抵得上九鼎重。比喻说话力量大，能起很大作用。

行业杂谈

◆三百六十行具体指的是哪些行业?

中国有句俗谚:“三百六十行,行行出状元”。“三百六十行”,即是针对各行各业的行当而言,也就是社会的工种。

据徐珂《清稗类钞》载:“三十六行者,种种职业也。就其分工约计之,曰三十六行;倍之,则七十二行;十之,则三百六十行。”可见,“三十六行”是实有行当,七十二行和三百六十行,都是虚数。《清波杂志》中,将唐代社会的主要行业分为“三十六行”,即:肉肆、宫粉、成衣、玉石、珠宝、丝绸、纸、海味、鲜鱼、文房用具、茶、竹木、酒米、铁器、顾绣、针线、汤店、药肆、扎作、陶土、仵作、巫、驿传、棺木、皮革、故旧、酱料、柴、网罟、花纱、杂耍、彩兴、鼓乐、花果、麻、首饰。

民间流传的“三百六十行”只是个统称,多年来习惯成自然,说起来方便,听起来顺耳,所以,现在人们说起行业还是笼统地称“三百六十行”。

◆“三姑六婆”指的是哪些人?

关于“三姑六婆”的由来,最早可追溯到明代。明代有位叫陶宗仪的学者,在他的笔记中便记载了三姑六婆的身份。清代李汝珍在《镜花缘》中亦曰:“吾闻贵地有三姑六婆,一经招引入门,妇女无知,往往为其所害,或哄骗银钱,或拐带衣物。”

那么,“三姑六婆”指的是哪些人呢?所谓“三姑”,指的是三种宗教的出家女性。尼姑是佛教,道姑是道教,卦姑是专门占卦的。所谓“六婆”,指的是牙婆、媒婆、师婆、虔婆、药婆、稳婆。六婆中,牙婆是专门贩卖人口的人口贩子,专为人买卖奴婢、妾侍;媒婆是专为人介绍姻亲的女性;师婆是专门画符施咒、请神问命的巫婆;虔婆是妓院内的鸨母;药婆是专门卖药的女人;稳婆则是专门接生的接生婆,如果发现女尸,亦会由稳婆负责验查是否被人先奸后杀。六婆是各种专业的名称,有时一人可以身兼数职。

◆“五花八门”是哪“五花”,哪“八门”?

“五花八门”原指“五花阵”与“八门阵”,都是古代兵法中的阵法名称。后来人们用“五花八门”比喻各行各业暗语。

“五花”为:金菊花——卖茶的女人;木棉花——上街为人治病的郎中;水仙花——酒楼上的歌女;火棘花——玩杂耍的艺人;土牛花——某些挑夫。

“八门”为:一门巾——算命占卦;二门皮——卖草药的;三门彩——变

戏法的；四门挂——江湖卖艺的；五门评——说书评弹者；六门团——街头卖唱的；七门调——搭篷扎纸的；八门柳——高台唱戏的。

◆何谓“三教九流”？

“三教九流”旧时泛指社会上各阶层、各行业的人。“三教”，指儒、释、道。“九流”，在封建社会，人们把“九流”分为上、中、下三种。

（1）上九流：一流佛祖二流仙，三流皇帝四流官，五流员外六流客，七烧八当九庄田。其中“客”指商客（商人），“烧”是烧锅即作酒的，“当”是开当铺的。

（2）中九流：一流举子二流医，三流风鉴四流批，五流丹青六流工，七僧八道九琴棋。其中“风鉴”就是看风水的阴阳先生，“批”是批八字的，即算命的。

（3）下九流：一修脚，二剃头，三从四班五抹油，六把七娼八戏九吹手。其中“班”是班头衙役，“抹油”指店小二，“把”是江湖卖艺的人。

“三教九流”还有一种说法，指的是三种宗教和九种学术流派。“三教”，据记载起源于三国时期，吴国的孙权和上书令阚泽谈话中所提到的三教指儒教、道教、佛教。“九流”，是先秦的九个学术流派，见于《汉书》。这九个学派是儒家、道家、阴阳家、法家、名家、墨家、纵横家、杂家、农家。

◆中国织布业的祖师是谁？

黄道婆，宋末元初知名棉纺织家。又名黄婆，黄母。松江府乌泥泾镇人。出身贫苦，少年受封建家庭压迫流落崖州，以道观为家，劳动、生活在黎族姐妹中，并学会运用制棉工具和织崖州被的方法。

元代元贞年间重返故乡，在松江府以东的乌泥泾镇教人制棉，传授和推广“捍（搅车，即轧棉机）、弹（弹棉弓）、纺（纺车）、织（织机）”之具和“错纱配色，综线挈花”等织造技术。她所织的被褥巾带，其上折枝团凤棋局字样，“粲然若写”。由于乌泥泾和松江一带百姓迅速掌握了先进的织造技术，一时乌泥泾不胫而走，广传于大江南北。

虽然黄道婆回乡几年后就去世了，但她的辛勤劳动推动了当地棉纺织业的迅速发展。后来，松江府成为全国最大的棉纺织中心。松江布亦有“衣被天下”的美称。后人为她立祠，并奉其为纺织业的祖师。

◆中国丝绸业、蚕农的祖师是谁？

嫘祖，一作“累祖”。传为西陵氏之女，是传说中的北方部落首领黄帝轩辕氏的元妃。她生了玄嚣、昌意二子。玄嚣之子为蟜极，蟜极之子为五帝之一的帝喾；昌意娶蜀山氏女为妻，生高阳，继承天下，这就五帝之一的“颛顼帝”。嫘祖被后人奉为“先蚕”圣母，与炎帝、黄帝生活在同一时代，同为人文始祖。

神话传说中把她说成养蚕治丝方法的创造者。《史记》提到黄帝娶西陵氏之女嫘祖为妻，她发明了养蚕，“嫘祖始蚕”。北周以后被祀为“先蚕”（蚕神）。唐代著名韬略家、大诗人李白之师赵蕤所题《嫘祖圣地碑文》称：“嫘祖首创种桑养蚕之法，抽丝编绢之术，谏诤黄帝，旨定农桑，法制衣裳，兴嫁娶，尚礼仪，架宫室，奠国基，统一中原，弼政之功，殁世不忘。是以尊为先蚕。”

◆中国经商的鼻祖是谁?

范蠡是春秋末年著名的政治家、思想家、军事家，又是一位资历雄厚的实业家、商业家，是中国早期商业理论的开创者。前半生帮助越王勾践卧薪尝胆，发奋图强，灭吴称霸，官至宰相。后审时度势，急流勇退，带着美女西施和门客家奴定居于陶山一带。因看中陶乃“天下之中，诸侯四通，货物所交易”之地，遂更名为“陶朱公”，在山前发展实业，开展经商贸易。因经商有道致富有方，赀累巨万，富甲天下，被历代称为“经商鼻祖”“商家圣星”。

值得一提的是，根据司马迁在《史记》中的记载，有一些学者认为白圭才是中国经商的鼻祖。宋景德四年(1007年)，真宗皇帝还封白圭为“商圣”。民间则称白圭为“人间财神”，并设神牌供奉。事实上，中国从商朝至晚清，曾涌现出很多大商人，其中，陶朱公(范蠡)、白圭和胡光墉(胡雪岩)被学界公认为“商圣”。

◆生意人为何被称为“商人”?

在中国，生意人常常被称为“商人”。那么，“商人”这一名词究竟是怎么来的呢？这得从商朝说起。

商朝的商业非常繁荣，有“商葩翼翼，四方之极”的美称。以肉食品为例，从黄牛的养殖、贩运、屠宰、加工到销售的全过程，在商期时已经形成一个相当成熟的产业。商朝以贝作为货币，在市场上流通。商期农业和手工业的进步促进了商品交换的发展，出现了许多牵着牛车和乘船从事长途贩运的商贾。到商朝后期，都邑里出现了专门从事各种交易的商贩。

商民善于经商，后人遂将经商的人称为“商人”。如今河南的商丘就有中国商业、商人、商朝起源地之说，被称为中国“三商之源”。

公元前11世纪，武王伐纣，商为周所取代后，商朝的遗民不断造反，从而遭到周朝统治者的大肆迫害，故不少商人沦为奴隶。有些商朝人虽然没有成为奴隶，却被没收了一切财产和土地。这些人迫于生计，只好做买卖，利用差价混口饭吃。而西周取代商朝后，把商部落分给宋国。因此，宋国的农民去集市卖东西，常常被误作是商朝的遗民。

久而久之，做生意的人便成了“商人”，而做生意本身则被称为“经商”，这一称呼一直沿用至今。

◆为什么把做买卖称为“做生意”?

把经商做买卖称为“做生意”，最早见于《世说新语》。其中记载了这样一个故事：以前孙吴时，曾有人把鸟翼用剪刀剪下，扇起来风力不减，如同圆扇一样，但当时却没有“生意”，直到晋灭吴后，才得到大家的使用。

这里“生意”一词是说物品能够引起人发生兴趣，才会被人买去，后世遂将经商做买卖之事称为“做生意”。《京本通俗小说》有“先前读书，后来看看不济，却去改业做生意”的话，这是把经商做买卖称为“做生意”的首次记载。

◆关羽后来为何成了经商者的保护神？

忠、义、仁、勇的关羽，是怎样成为经商者的保护神的呢？

据史料记载，明万历二十年（1592年），“冢庙林”三祭合一的洛阳关羽庙会规模宏大，庙会时焚香祭祀，娱乐、饮食极为热闹，逐渐成为当地的商品贸易集市，关羽便成为经商者的保护神，“忠关羽”演变成“商关羽”。

后来，很多经商者的店铺及家里逐渐供奉起了“关羽神”“关财神”。作为“财神”，关羽的“义不负心”又形成了以“仁义”“公正”为核心的商品交易道德，并因此成为关公文化的重要内容。

◆大写汉字用于记账始于哪个朝代？

用大写汉字“壹贰叁肆伍陆柒捌玖拾”记账的做法始于明代，是明太祖朱元璋为了预防经济犯罪采取的一项重大改革措施。

明朝的郭桓曾任户部侍郎，任职期间利用职权勾结地方官吏，大肆侵吞官府钱粮、渔盐等物，折米计算达2400万石精粮。此案于洪武十八年（1385年）被人告发，牵连十二个朝廷高官、六个部的大小官员和全国许多地方官僚、地主。朱元璋对此大为震怒，下令将户部左、右侍郎以下涉案官吏全部处死。

与此同时，朱元璋还制定了严格的惩治经济犯罪的法令，并在全国财务管理上实行了一些有效措施，其中有一条就是把记载钱粮、税收数字的汉字“一二三四五六七八九十百千”改用大写“壹贰叁肆伍陆柒捌玖拾陌阡”，以杜绝财物混乱。

后来，人们在使用“大写”过程中，逐渐用“佰仟”取代了“陌阡”。财务记账金额大写的做法，就一直沿用至今。

◆铜钱为何被称为“孔方兄”？

秦之前的商人乃至普通人家，估计手里都有五六种“外汇”。从嬴政自号始皇帝那一年起，所有“外汇”，什么刀币、铲子币等等一律废止，所有珠宝、龟贝之类的也一律废止。

在大秦帝国的疆域里，只有两种货币可以通行，一是“上币”，就是黄金；二是“下币”，就是铜钱。铜钱还必须是大秦中央统一生产的，上写“半两”两个字，重量也正好是半两。这种秦朝的铜钱，后人就叫它“秦半两”。这个“秦半两”的推广，还有一个重大意义，就是统一了币形。

秦的铜钱是圆钱，外圆内方，从此“钱”的形状就固定了，一直流行了两千年，到民国初年才被禁用。这个带方孔的圆形铜钱，还影响到日本、朝鲜、越南、印度尼西亚、缅甸，他们的货币，都跟了“秦半两”的风。

有人要问了，铜钱的中间为什么要有一个方孔？这是个技术问题。古代在铸造铜钱时，铸好了以后要打磨毛边，为了方便加工，就把半成品的铜钱穿在一根筷子上，打磨时它就不会乱转了。这就是方孔的作用。

◆北宋的“交子”是用来做什么的？

北宋初年，四川成都出现了专为携带巨款的商人经营现钱保管业务的“交子铺户”，存款人把现金交付给铺户，铺户把存款人存放现金的数额临时填写在用楮纸制作的卷面上，再交还存款人，当存款人提取现金时，每贯付给铺户 30 文钱的利息，即付 3% 的保管费。这种临时填写存款金额的楮纸券便谓之“交子”。这时的“交子”，只是一种存款和取款凭据，而非货币，由商人自由发行。

宋仁宗天圣元年（1023 年），朝廷设益州交子务，由朝官一二人担任监官主持交子发行，并“置抄纸院，以革伪造之弊”，严格其印制过程。这便是中国最早由官府正式发行的纸币——“官交子”。它比美国、法国等西方国家发行纸币要早六七百年，因此也是世界上发行最早的纸币。交子的流通范围基本限于四川境内，后来在陕西、河东有所流行，但不久被废止。宋徽宗大观元年（1107 年），朝廷改“交子”为“钱引”，改“交子务”为“钱引务”。

◆宋代发行量最大的纸币是什么？

宋代的纸币印刷，自宋仁宗天圣元年（1023 年）决定收归官办之后，前后二百五十多年，先后发行了交子、钱引、小钞、关子、公据、会子，以及地区性的两淮交子、湖北会子、银会子等多种。其中，发行量最大的是会子。

南宋时期通行的“会子”印样，名为“行在会子库”。“行在会子库”中的“行在”，指的是当时的京城临安；会子库即原会子务，是主管会子的机构。会子为铜质版材，竖长方形版面，长 17.4 厘米，宽 11.8 厘米。版面正中横书“行在会子库”五个大字。上部左边刻“大壹贯文省”，右边刻“第壹佰拾料”，中间方框内刻有“敕伪造会子犯人处斩，赏钱壹阡贯。如不原支赏，与补进义校尉。若徒中及窝藏之家能自告首，特与免罪，亦支上件赏钱，或愿补前项名目者听”字样。印版下方为山泉花纹图案。

◆古代一两银子相当于现在多少元？

历史学者曾提出一个约略的公式：1 两黄金＝10 两白银＝10 贯铜钱＝10000 文铜钱。除非是战乱，这个公式在清朝末年以前，大致是通用的。

因为各朝代银两的货币价值都有所不同，现在推算古币值一般都采用等价物交换的方式。所以，我们通过古代各朝大米相对于银子的价格进行一个粗略的推算，大致可以得出银两的货币价值。例如，史载明朝万历年间一两银子可以购买一般质量的大米二石，当时的一石约为 94.4 公斤，一两银子就可以买 188.8 公斤大米，就是 377.6 斤。现在中国一般家庭吃的大米在一斤 2 元到 3 元之间，以中间价 2.5 元计算，可以算出明朝一两银子约合人民币 944 元。

◆“阿堵物”是如何成为“钱”的代名词的？

阿堵物，又称阿堵，是钱的又一代名词。旧时的文人墨客都是些自命清高之人，都视钱为世间最不堪之俗物，提及便觉玷污了自己的清名，不肯直言之，便用代名词唤之，如上文说的“孔方兄”便是其中最普通的代表。“阿堵物”的创始人，是六朝时的夷甫。

夷甫是当时士大夫阶层中清高的

代表。他一向视钱为俗不可耐之物，无论在怎样的场合，都绝口不提“钱”字。一天，家人趁他熟睡之际，用钱将他的睡榻团团围住，心想他要起床，必然会唤人把钱搬走，否则他就下不了床。那样，他一开口就一定得说到钱字，再也无法回避。谁料，次日他醒来后，却唤仆人说：“快把‘阿堵物’搬走。”实际上，这个阿堵物，是他在急切中随意找的代名词，跟“这个东西”没什么区别，后来却成为“钱”的又一别称。

◆中国古代的典当行业是如何运行的？

中国古代有这样一种高利贷机构，它以收取粮食、衣物等动产或不动产作为抵押，对押当人进行放款，此即当铺。当铺有很多称谓，如质库、质铺、质肆、解库、解铺、解典库、解当铺、典库、典铺、典当铺、长生库等。

据现存史料记载，中国最早的典当为南朝时寺庙所经营的当铺。典当规模大小不一，分大当和小当，也有的称为“巨典”和“短押”。“巨典”资力较厚，当期较长，接收金额较大；“短押”资力较薄，当期较短，以零星小件的收当为主。

当铺进行业务，先查验押当物品真伪，质量优劣，当面评价，有意低估，值十当五，或按值八扣，再打对折，作为当价。一般收当价格为押当物品价值的40%~50%。受押物品成交后，付以收据，称为“当票”，载明所当物品及抵押价款，交押款人收执。质押期限自6~18个月不等，过期不赎，典当铺即没收其质押品。

截止到康熙三年（1664年），按当铺税推算，全国约有当铺二万多家。

◆“飞毛腿”一词最初用在哪个领域？

“飞毛腿”一词的由来，源自古代的邮务系统。古时候交通不像现在这么便利，所以相隔两地的信息往来是件很不容易的事。

中国自汉朝以来官方就发展出一套邮务系统（秦朝之前就有，不过汉朝将其制度化，也就是“邮驿站”。邮驿站有点像现代的邮局加旅馆，让传递信息的人员和坐骑有休息的场所，邮驿站一开始专属官方公务使用，元朝以后才开始接受处理民间书件往来），通常是作军事用途。当有十分紧急的情报需要传递时，就会派出信使，连日连夜马不停蹄地赶路，即使到邮驿站时也是换马不换人，务必在最短时间内将信件送达。这种紧急的军事文书，通常在信封一角会粘根羽毛，称为“羽檄”。有时马匹无法到达的地方，也会派出善于快跑的人想办法将羽书送达，这些人被称为“健步”“急脚子”“快行子”。

后来人们就引用这个典故，将那些健步如飞的人称为“飞毛腿”，意思就是说这些人的脚力，足可担任送羽檄的责任，跑起来像是在送紧急军情，速度非常快。

◆古代正式开放夜市，始自哪个朝代？

古代的夜市，在唐代长安曾一度萌发，但很快就被禁止了。到了宋朝，汴京夜市日益兴旺，逼得宋太祖赵匡胤只得于乾德三年（965年）下令：“京城夜市至三鼓已来，不得禁止。”

自此以后，夜市不断发展，至徽宗政和、宣和间尤为兴盛。也就是说，真正由统治者发布明令，正式开放夜市的是在北宋，发祥地即都城汴京。

北宋名画《清明上河图》所描绘的汴京街道，两旁并列着各种牌号的店铺、作坊，其中有酒楼饭店，也有金银铺、质库和医铺，至于街上的小商小贩，更是数不胜数，从侧面反映出宋朝的商业活动异常繁荣。

那时，除夜市外，还可分为日市、早市、季节市（如“乞巧市”“端午市”）、定期市等。再有，“草市”在宋朝亦得到空前发展，表明宋代城市的商业贸易不但打破了唐代坊市制度的限制，而且也打破了城郭的限制，进一步发展到城郭以外的地区。

◆宋朝为什么非常重视“茶马互市”？

茶马互市是中国历史上一种传统的以茶易马或以马换茶为中心内容的贸易往来。茶马互市的雏形大约起源于公元 5 世纪的南北朝时期。唐代时逐渐形成了规则，宋朝时进一步完善，设置“检举茶监司”专门管理茶马交易。

宋朝统治阶级为什么如此重视“茶马互市”？究其原因，主要是维护宋朝的边疆安全。宋朝初年，内地用铜钱向边疆少数民族购买马匹，但是这些地区的牧民则将卖马的铜钱渐渐用来铸造兵器，这在某种程度上威胁到宋朝的边疆安全，因此，宋朝在太平兴国八年 (983 年)，正式禁止以铜钱买马，改用布帛、茶叶、药材等来进行物物交换，为了使边贸有序进行，还在交易的地方专门设立了“茶马司”，职责是“掌榷茶之利，以佐邦用；凡市马于四夷，率以茶易之”。这便是“茶马互市”一词的源起。

明朝基本沿袭宋朝做法。清代，尤其是乾隆以后，“茶马互市”作为一种重要制度逐渐淡出历史舞台，取而代之的是“边茶贸易”制度。

◆宋朝娱乐场所为什么叫“瓦肆”“勾栏”？

瓦肆，是随着宋代市民阶层的形成而兴起的游乐商业集散场所，相当于现在的戏院。

瓦肆，又称“瓦舍”“勾栏”。取名“瓦舍”，是勾画其特征，与建筑无关。吴自牧的《梦粱录》记载：“瓦舍者，谓其‘来时瓦合，去时瓦解’之义，易聚易散也。”孟元老的《东京梦华录》载，北宋京都开封“街南桑家瓦子，近北则中瓦，次里瓦，其中大小勾栏五十余座。内中瓦子莲花棚、牡丹棚，里瓦子夜叉棚、象棚最大，可容数千人。”

由上可知北宋都城瓦肆之多，规模之大。南宋临安也一样。《西湖老人繁胜录》载，临安有名的瓦肆有清冷桥畔的南瓦、三元楼的中瓦、众安桥的北瓦、三桥街的大瓦等。北瓦最大，内有勾栏十三座。瓦肆中为了便于表演和分隔观众，常用栏杆或布幔隔挡，时人称“勾栏”，并非后世专指妓院的那种勾栏。

除瓦肆外，西汉扬雄在《法言》中曰：“好书而不要诸仲尼，书肆也。”最早提“书肆”。酒肆，则是酒馆的意思。

◆周朝实行“工商食官”是怎么一回事？

《国语》载：“庶人食力，工商食官。”意思是说，庶人依靠出卖劳力生活，工商依靠服务官府的所得而生活。当时工商阶级职业世袭，其身份、居住区、经营商品的种类甚至服务对象都受到官府的严格管制。“工商食官”便反映了这种社会现象。

西周时期，商业是国家控制的，每个行业都设有官吏来进行管理，国家统一调度，即使是家庭手工业也是官府来管理，所以有“工商食官”的说法。对此，三国时韦昭的解释是：“工，百工；商，官贾也。《周礼》曰：‘府藏皆有贾人，以知物价。食官，官禀之。’”在这种制度下，西周的手工业者和商贾必须按照官府的规定和要求从事生产和贸易。

◆中国最早见于记载的人工运河开凿于何时？

邗沟是联结长江和淮河的古运河，是中国最早见于明确记载的人工运河。又名渠水、韩江、中渎水、山阳渎、淮扬运河、里运河。邗沟南起扬州以南的长江，北至淮安以北的淮河。

春秋时期，吴王夫差北上争霸，于公元前486年至前484年筑邗城，开通邗沟，南起邗城以南的长江，北经樊梁湖等一系列湖泊，折向东北，入射阳湖，以较短的人工渠道相连接，航道弯曲，再向西北经淮安入淮河。后来，由于自然条件的变化，江水已不能引入运河。至隋大业元年（605年），炀帝开挖通济渠时，又开邗沟，自山阳至江都入扬子江，沟通江、淮，成为隋代大运河的重要组成部分。

◆古代的漕运指的是什么？

漕运，是中国历代封建王朝将征自田赋的部分粮食运往京师或其他指定地点的运输方式。运送粮食的目的是供宫廷消费、百官俸禄、军饷支付和民食调剂。这种粮食称漕粮，漕粮的运输称漕运，方式有河运、水陆递运和海运三种。狭义的漕运仅指通过运河并沟通天然河道转运漕粮的河运而言。漕运是中国历史上一项重要的经济制度。

漕运的起源很早，秦始皇北征匈奴，曾自山东沿海一带运军粮抵于北河。汉建都长安，每年都将黄河流域所征粮食运往关中。隋初除自东向西调运外，还从长江流域转漕北上。隋炀帝动员大量人力开凿通济渠，联结河、淮、江三大水系，形成沟通南北的新的漕运通道。唐、宋、元、明、清历代均重视漕运，为此，疏通了南粮北调所需的网道，建立了漕运仓储制度。随着商品经济发展，漕运已非必需，光绪二十七年（1901年）清政府遂令停止漕运。

◆宋朝时运送物资的主要方式是什么？

纲是一种运输货物的组织编制。北宋时期，全国各地的货物，往都城开封运送，都要编成一组一组的，往往以同类物资编组，一组就称为一纲。这种成批运输货物的方法，称为“纲运”。如当时把运牛的叫牛纲，运马的叫马纲，运粮的叫粮纲。

官府以纲作为计量单位，制定有关纲运的各种法令，其中包括对押纲人员的奖惩。由于纲运的物资庞杂，装载的形式也多种多样。对于米、盐、茶等散装物，需进行包装，或装袋，或装箱等，而马、牛、羊等则不需此举。这些物品都各以不同的计量标准分纲运发。此外，对于水路纲运和海道纲运，在时间方面也有一定限制。

宋徽宗痴迷太湖石，便下令把天下有名的美石奇石编入“花石纲”运送到北宋都城开封，供自己玩赏。因此，当时运送太湖石的船只日夜不绝，为了使较大的石头能顺利通过，经常要拆毁桥梁或者城郭。运送“花石纲”对百姓是种灾难，也是导致北宋灭亡的重要因素之一。

◆中国古代五大农书是哪五部书?

《氾胜之书》《齐民要术》《陈敷农书》《王祯农书》《农政全书》统称为五大农书，是中国古代农学著作中的杰作。

《氾胜之书》，西汉氾胜之著。是中国历史上最早的农业科学著作。书中总结出一种叫“区田法”的耕作方法，还介绍了“穗选法”“浸种法”等选种方法和育种方法。

《齐民要术》，北宋贾思勰著。是一部系统完整的农业科学著作。书中对农、林、牧、副、渔各方面都有详尽论述，被誉为“农业百科全书”。

《陈敷农书》，宋代陈敷著。是中国古代第一部谈论水稻栽培种植方法的农书。

《王祯农书》，元代王祯著。全书分为《农桑通诀》《百谷谱》《农器图谱》三个部分，是当时农业生产技术的总结。

《农政全书》，明代徐光启著。这是一部集前人农业科学之大成的著作。全书共六十卷，包括农本、田制、水利、农事、农器、树艺、蚕桑、蚕桑广类、种植、牧养、制造、荒政等十二类，辑录了有关农作物的种植方法，各种农具制造以及水利工程等农业技术和农学理论知识，具有重要的科学价值。

◆西汉谁将税收“十五税一”降到“三十税一”?

《汉书》载:“汉兴，接秦之敝，诸侯并起，民失作业而大饥馑，凡米石五千，人相食，死者过半。(高祖)于是约法省禁，轻田租，十五而税一。”也就是说，从汉高祖时起，实行“十五税一”的政策。后来，汉文帝下诏曰:“农，天下之本，务莫大焉。”意思是说，农业是天下的根本，治理国家没有比它更重要的了。为了发展农业生产，他采取的措施，首先是减轻田租，下“田租减半”之诏，也就是采取“三十税一”的政策，并有十三年“除民田之租税”，即免收田租。为进一步提高农民的生产积极性，汉景帝时把田租“三十税一”正式定为制度。

◆清朝宣布“滋生人丁，永不加赋”的皇帝是哪位?

康熙五十一年(1712年)二月二十九日，清圣祖玄烨宣布“滋生人丁，永不加赋”，将全国人丁税额固定下来，规定以康熙五十年(1711年)全国的丁数为准，此后达到成丁年龄的，不再承担丁役；对以后新增人丁不征钱粮；丁银并不按丁计算，丁多人户也只交纳一丁钱粮，减轻了农民负担。

康熙五十五年（1716年），户部在研究编审新增人丁补足旧缺额时，除照地派丁外，仍实行按人派丁，即一户之内，如果减少一丁，又新添一丁，以新添抵补减少。如此一来，出现了新增人丁不征税，旧额人丁不减税的矛盾；而且，新增人丁很多，用谁来补充旧丁缺额，也很难做到平均。“滋生人丁，永不加赋”实际上为雍正朝实行“摊丁入亩”奠定了基础，也是中国封建社会从徭役向赋税转化的重要标志。

◆农历腊月三十称“年关”有何由来？

从前，人们将农历腊月三十称为“年关”。这一天，很多人忧心忡忡，担惊受怕。为什么会这样呢？

相传，在很早之前，有一种凶猛的怪兽叫“年”。它每年腊月三十都要出来捣乱，吃人伤畜。玉帝派遣天神把它捉拿，关进山里。有一年农历腊月三十的晚上，“年”挣断了铁索，又窜回到村里去吃人咬畜。在与“年”斗争的过程中，村民们逐渐摸透了“年”的秉性，最终制服了“年”。但由于“年”给人们留下的印象太深刻了，因此每到腊月三十，人们都要担心它会再出来害人，感觉过年就像过关一样，因此有“年关”一说。

当然，传说毕竟是传说，认真研究一下，就可得知“年关”一说，与古代的经济活动相关。在封建社会中，财主们放债，以腊月三十为期，到时利本全清。但借债的贫苦农民，生计困难，到了腊月三十，大多都无力还清债务。因此，穷苦人民认为腊月三十是一个很难过去的关口，便将它称作“年关”。

◆称谈恋爱为“拍拖”，最初来自什么行业？

拍拖，不是外来语，它源自粤语方言。

大约清朝末期，在广东内河航行的客船都由一艘形体较小的蒸汽火轮船用绳索拖着航行，两船之间保持一定的距离，这种航行方式就是“拖渡”。当客船行到下游的珠江三角洲时，河道变窄，小火轮便要靠在客船旁边并列拖着客船航行。粤语中将靠在一起称为“拍”，于是便将大小两船相靠并行称为“拍拖”。后来男女在街上相伴而行，人们便称呼他们“拍拖”。

第十二辑
考古、娱乐

考古工艺

◆中国古代现存最大的青铜器是什么?

鼎，早在中国新石器时代就出现了。它本来是陶制炊器，到了奴隶社会时期，成为所谓“藏礼于器”的礼器，即奴隶主阶级的一种专用品和表示他们享有特权的象征。

考古发现，商代和西周的鼎中有好几件大型的。1939 年河南安阳殷墟出土的商后母戊鼎，是中国青铜器中最重的，也是世界上所仅见的。该鼎器重 832.84 公斤，高 133 厘米，口长 110 厘米，宽 78 厘米，足高 46 厘米，壁厚 6 厘米。四周以雷纹为地，上有夔之盘绕，四角为饕餮纹，内里有“后母戊”三字铭文。因鼎大得可以做马槽，又俗称“马槽鼎”。

西周还有一种列鼎，在一组鼎中，每个鼎的形制、花纹相同，但大小有别，尺寸依次递减，形成有规律的序列。这种礼仪制度是周礼的重要组成部分。西周各奴隶主贵族，使用列鼎的数目也按“名位不同，礼亦异数”的规定。在安阳殷墟中出土的另外一些鼎上，有铸有长篇铭文的，这些鼎是中国文物的珍品。

◆四羊方尊属于祭祀用品吗？它又是如何制成的?

四羊方尊，商朝晚期偏早青铜器。属于礼器，祭祀用品。是中国现存商代青铜器中最大的方尊，高 58.3 厘米，重近 34.5 公斤，1938 年出土于湖南宁乡。

“尊”是古代的一种盛酒器。一般为圆形、鼓腹、大口，也有少数方形尊。“尊”常与“彝”并称成组的青铜礼器。羊在古代寓意吉祥，四羊方尊以四羊、四龙相对的造型显示了青铜礼器的至尊气象。它集线雕、浮雕、圆雕于一器，把平面图像和立体雕塑结合起来，把器物和动物形状结合起来，匠心独运。

据考古学家分析，四羊方尊是用两次分铸技术铸造的，即先将羊角与龙头单个铸好，然后将其分别配置在外范内，再进行整体浇铸。整个器物用块范法浇铸，一气呵成，鬼斧神工，显示了高超的铸造水平。在商代的青铜方尊中，此尊造型简洁、优美雄奇，寓动于静，可谓巧夺天工，其器形的端庄典雅是无与伦比的。

◆唐三彩最初是用来做什么的？

三彩釉陶始于南北朝，盛行于唐。因为常以黄、白、绿三色为基本釉色，又在唐代形成特点，所以，后人把这类陶器习惯地称为“唐三彩”。由于唐三彩的胎质松脆，防水性能差，实用性远不如青瓷和白瓷，因此主要用于随葬，即冥器和俑。

唐三彩种类很多，有人物、动物、碗盘、水器、酒器、文具、家具、房屋，甚至装骨灰的壶坛等等。马俑或扬足飞奔，或徘徊伫立，或引颈嘶鸣，均表现出栩栩如生的姿态。人物造型有妇女、文官、武将、胡俑、天王，根据人物的社会地位和等级，刻画出不同的性格特征。比如，贵妇面部丰圆，梳成各式发髻，穿着色彩鲜艳的服装；文官彬彬有礼；武士刚烈勇猛；胡俑高鼻深目；天王怒目威武、雄壮气概，堪称中国古代雕塑的典范之作。

从制作工艺上说，唐三彩是一种低温铅釉陶器，在色釉中加入不同的金属氧化物，经过焙烧，便形成浅黄、赭黄、浅绿、深绿、天蓝、褐红、茄紫等多种色彩，但多以黄、褐、绿三色为主，原因主要是陶坯上涂上的彩釉，在烘制过程中发生化学变化，色釉浓淡变化、互相浸润、斑驳淋漓，色彩自然协调，花纹流畅。

◆景泰蓝工艺品全是蓝色的吗？

景泰蓝，又名珐琅，起源于元朝时的古老京都，盛行于明朝景泰年间，因其釉料颜色以蓝色（孔雀蓝和宝石蓝）为主色，并且包含了红、黄、绿、白等色调，所以称为“景泰蓝”。由于色料里含有钴元素，所以经过焙烧后，就呈蓝色。

制作景泰蓝时，先要用紫铜制胎，接着工艺师在上面作画，再用铜丝在铜胎上根据所画的图案粘出相应的花纹，然后用色彩不同的珐琅釉料镶嵌在图案中，最后再经反复烧结，磨光镀金而成。景泰蓝的制作既运用了青铜和瓷器工艺，又融入了传统手工绘画和雕刻技艺，堪称中国传统工艺的集大成者。

◆陶瓷花釉是怎么来的？

在久负盛名的彭城瓷中，有一种窑变花釉状似流云，斑斓夺目，非常奇特。关于这种花釉的由来，还流传着一个非常有意思的故事。

相传，古时候，彭城有一位深通瓷艺的老匠人赵大成，他死后留下两个窑。南窑又新又赚钱，留给了小儿子赵德宝；北窑又破又旧，留给了大儿子赵德昌。赵德昌夫妇心地善良，勤劳肯干，自幼学得一手好手艺，没过两年破窑焕然一新，收入越来越多。可是，赵德宝由于娇生惯养，好吃懒做，只知挥霍享受，结果南窑生意冷淡，逐渐入不敷出。

赵德宝看到兄嫂发了家，嫉恨难忍。一天，在妻子的怂恿下，深更半夜跑到哥哥的窑场，把黄土、青颜料乱七八糟弄了一大堆倒入釉子缸里，搅了一气。哪知阴差阳错，待出窑时，瓷器全是珠光宝气、瑰丽诱人的五彩花釉。后来，赵德昌知道此事的来龙去脉后，非但没有责怪弟弟，还鼓励他精心研制花釉，最终搞出了花釉的配方。

后来，哥哥还将窑场门上的“德昌号”改换成“仁义窑”的金子匾，挂了起来。“仁义窑”在一家人同心协力经营下，“五彩花釉”瓷器越产越好，名扬四海，传遍五洲。

◆**青花瓷是如何得名的？又经历了哪些发展？**

青花瓷，又称白地青花瓷器，简称青花。相传为了纪念元代的廖青花，遂把画在瓷器上的蓝花称为“青花”，把描绘蓝花的彩料称为“青花料（廖）”。

青花瓷的出现，突破了中国瓷器以单色釉为主的框框，把瓷器装饰推进到釉下彩绘的新时代，形成了鲜明的景德镇瓷器风格。其瓷白中泛青，其花青翠欲滴，是典雅素静的“人间瑰宝”。

青花瓷以含氧化钴的钴矿为原料，在陶瓷坯体上描绘纹饰，再罩上一层透明釉，经高温还原焰一次烧成。钴料烧成后呈蓝色，具有着色力强、发色鲜艳、烧成率高、呈色稳定的特点。目前发现最早的青花瓷标本是唐代的，成熟的青花瓷器出现在元代，明代青花成为瓷器的主流，清康熙时发展到了顶峰。明清时期，还创烧了青花红彩、孔雀绿釉青花、豆青釉青花、青花红彩、黄地青花、哥釉青花等品种。

◆**中国烧制瓷器的五大名窑分别指什么窑？**

中国五大名窑指的是官窑、定窑、哥窑、汝窑和钧窑。

官窑瓷器胎土呈黑灰或黑褐色，胎体较薄，施釉较厚。它创造出粉青、月白、米黄等釉色，这些釉色色泽幽雅，透明感降低，釉层厚而匀净。

定窑以产白瓷出名，胎体洁白，釉是象牙白色，质地坚实。此外，定窑还烧制少量的酱釉或绿釉器，其中酱釉器是传世稀少的珍品。

哥窑瓷器采用多次施釉的工艺，使青釉浓厚青翠，创造出了粉青、梅子青等绝顶釉色。

汝窑瓷器的釉色为天青釉，色彩青幽含蓄，釉质厚如凝脂，釉面开细碎的冰裂纹。目前，传世的汝窑器物不足百件。

钧窑制品是专门为宫廷烧制的御用品，以豪华奢侈为尚，选料严格，不计成本。钧窑制品都由官府派职官把关监选，不合格者一律砸碎就地深埋。钧窑造型端庄，技艺娴熟，尤以红色、紫色为基础。

◆**金缕玉衣是用什么制作的？诸侯入葬可以穿吗？**

玉衣，也叫“玉匣”“玉押”。汉代皇帝和贵族，死时穿“玉衣”入葬。它们是用许多四角穿有小孔的玉片，用金丝、银丝或铜丝编缀起来的。汉代人认为玉是“山岳精英”，将金玉置于人的九窍，人的精气不会外泄，就能使尸骨不腐，可求来世再生。

依据史书的记载，东汉有严格的丧葬制度，玉衣是必需的丧葬品，只有帝王才有资格在驾崩时穿金缕玉衣，而诸侯死去时只能穿银缕玉衣，一般的贵族和长公主只能穿铜缕玉衣。而此前的西汉则没有严格的规定，就是一般的贵人死去时也可以穿金缕玉衣。到了三国时代，曹操专下诏书，废除玉衣随葬制度，此后再没有玉衣随葬的形式。也就是说，只有汉代才有玉衣的随葬形式，可谓空前绝后。

◆楚帛书和汉帛书是怎么回事？

帛书是中国古代写在绢帛上的文书。汉代总称丝织品为帛或缯，或合称缯帛，所以帛书也叫缯书。现存实物以子弹库楚墓中出土的帛书为最早。

（1）子弹库楚帛书宽 38.7 厘米，长 47 厘米，文字为墨书，共 900 余字，字体为楚国文字，图像为彩绘，分为天象、灾变、四时运转和月令禁忌，不仅载录了楚地流传的神话传说和风俗，而且还包含阴阳五行、天人感应等方面的思想。在文字的四周绘了十二个怪异的神像，帛书四角有用青红白黑四色描绘的树木。

（2）湖南长沙马王堆汉墓出土的大量帛书，通常称为汉帛书。汉帛书的文字墨迹中，篆、隶、楷、行、草五体兼备；楷、行、草诸书体的笔势形态有大量的萌芽出现。由此可知：隶、楷、行、草诸书体同源于篆，是篆向隶演变阶段同期进行的，只不过帛书的演变完成的快些，而其他各书体的成熟、完善和定型时代，有先后不同罢了。

◆古人都用什么来镇守墓葬？

人类将死者的尸体或尸体的残余按一定的方式放置在特定的场所，称为“葬”。用以放置尸体或其残余的固定设施，称为“墓”。在中国考古学上，常合称为“墓葬”。

从初唐到盛唐，一般是在贵族、官僚的墓道前部两壁各绘青龙、白虎。古人把青龙（苍龙）、白虎、朱雀、玄武视作掌管四方的神。四神之中，青龙与白虎因为体相勇武，被人们主要当作镇邪的神灵，其形象多出现在宫阙、殿门、城门或墓葬建筑及其器物上。在墓葬建筑中，龙的作用已不是助墓主升天，而是震慑邪魔，保卫墓主的灵魂安宁。

受佛教影响，镇守墓门的一对武士俑在盛唐时演变为天王俑，其特点是脚踏伏兽或鬼魅。镇墓兽继承北魏后期以来的形态，一为人面，一为兽面，而武周时则又进一步演变为头生角、肩附翼或手握蛇的怪兽。隋代开始出现人身禽兽首的十二时辰俑。

◆古代陵墓大致有哪些防盗措施？

总结历代陵墓的防盗措施，大致可分为人文手段和技术手段。

人文手段主要包括道德宣传、立法禁止和守陵护墓。例如，唐王朝规定，凡有大赦令，其中十恶忤逆和开发坟墓等均不得包括在内。《大明律》中规定，凡盗掘陵墓者，一律以谋反罪论处，不论首犯从犯，统统处以“凌迟”的极刑。为了加强陵墓的守卫力量，明代还专门设有神宫监军，负责陵寝的保卫。

技术手段主要包括坚固陵墓（加固封土，加固墓室，加固棺椁，依山建陵）、防盗机关（流沙护墓，暗器翻板，毒气缺氧）、诅咒恐吓（现有资料仅山东济宁汉墓石刻防盗咒语“诸敢发我丘者令绝毋户后”一例）、秘密埋葬、疑冢假坟、厚养薄葬、不留骨灰等。

此外，历代王朝普遍杀害陵墓工匠，以免泄露墓葬秘密。秦二世在埋葬秦始皇时，没等参加修造墓室的工匠出来，便强行封闭墓门，将其全部活埋在陵墓中。

◆古代墓葬中出土的买地契是做什么的?

2005 年 10 月，邯郸一座古墓中出土了一道阴间地契。该地契为砖质朱书地券。其中的契文详细记录了墓主人的生卒年月。

人们把墓葬中出土的阴曹“地券”，又称“买地券”“冥契”或“幽契”，是封建社会土地私有制的反映，世间的土地契约是保护土地财产私有权的手段，而幽契是人间契约的模拟，借以保护其阴宅的私有权，在迷信思想中地券是冥府公验的凭证，象征着神权，在墓中起着震慑邪魔、保护墓主魂灵的作用。

“买地券”形态有三类：一是“做地”(阴宅)用的阴契(即阴府契书)；二是“做屋”(阳宅或寺庙、宗祠)用的阴阳契；三是度亡(即超度、做功德)用的阴厝契(也称灵厝契、地基厝契、卖厝契)。阴契属买地券的本初形态；阴阳契或阴厝契大多属于买地券的变体。“阳卖”和“阴卖”的辩证统一，是中国人“视死如生，视亡如存”等观念的生动反映。

◆古代有对食物进行防腐保鲜的器皿吗?

中国古籍《周礼》中载有“冰鉴”。这种“冰鉴”貌似盒子，内部是空的。只要把冰放在里面，再把食物放在冰的中间，就可以对食物起到防腐保鲜的作用了。湖北随县曾侯乙楚墓 1978 年出土了两件冰鉴，冰鉴上还放着一柄长勺是专门用来舀冷饮的。此外，在古书《吴越春秋》上也曾记载：“勾践之出游也，休息食宿于冰厨。”这里所说的“冰厨”，就是古代人们专门用来储存食物的一间房子，是夏季供应饮食的地方。

鉴缶设计奇巧、铸造精工，被誉为中国古代的“冰箱”。鉴缶由盛酒器尊缶与鉴组成，方尊缶置于方鉴正中，方鉴有镂孔花纹的盖，盖中间的方口正好套住方尊缶的颈部。鉴的底部设有活动机关，牢牢地固定着尊缶。鉴与尊缶之间有较大的空隙，应该是夏天用来盛放冰块、冬天用来盛放热水的。

◆栩栩如生的泥塑是如何制作出来的?

泥塑艺术是中国一种古老常见的民间艺术。它以泥土为原料，以手工捏制成形。或素或彩，以人物、动物为主。一般选用带些黏性又细腻的泥土，经过捶打、摔、揉，有时还要在泥土里加些棉絮、纸或蜂蜜。泥塑的模制一般分为四步：制子儿、翻模、脱胎、着色。

(1)制子儿。即制出原型，找一块和好的泥，运用雕、塑、捏等手法，塑造好一个形象，经过修改、磨光、晾干后即可，有些地方还要用火烧一下，加强强度。

(2)翻模。即把泥土压在原形上印成模子，常见有单片模和双片模，也有多片模。

（3）脱胎。即用模子印压泥人坯胎，通常是先把和好的泥擀成片状，然后压进模子，再把两片压好泥的模子合拢压紧，再安一个“底”，即在泥人下部粘上一片泥，使泥人中空外严，在胎体上留一个孔，使胎体内外空气流通，以免胎内空气压力变化破坏泥胎。

（4）着色。素有“三分塑，七分彩”之说。一般着色之前先上一层底色，以保持表面光洁，便于吸收彩绘颜色，彩绘的颜料多用品色，调以水胶，以加强颜色附着力。

湖北武汉黄陂泡桐镇是中国的泥塑之乡。

◆中国的“四大名绣”都包括什么？

刺绣，古称针绣，是用绣针引彩线，按设计的花纹在纺织品上刺绣运针，以绣迹构成花纹图案的一种工艺。在中国传统刺绣工艺品中，常常将产于中部湖南省的“湘绣”，西部四川省的“蜀绣”，南部广东省的“粤绣”和东部江苏省的“苏绣”合称为中国“四大名绣”。

湘绣是以湖南长沙为中心的刺绣产品的总称，曾有“绣花花生香，绣鸟能听声，绣虎能奔跑，绣人能传神”的美誉。

蜀绣，亦称“川绣”，是以成都为中心的四川刺绣产品的总称。

粤绣相传最初创始于黎族。

苏绣在艺术上形成了图案秀丽、色彩和谐、线条明快、针法活泼、绣工精细的地方风格，被誉为“东方明珠”。人们往往以“平、齐、细、密、匀、顺、和、光”八字评价苏绣。

◆宣纸为什么能获得“千年寿纸”的美誉？

宣纸因原产于宣州府而得名，是中国古代用于书写和绘画的纸。宣纸起于唐代，历代相沿。到宋代，徽州、池州、宣州等地的造纸业逐渐转移集中到泾县。当时这些地区均属宣州府管辖，所以这里生产的纸被称为“宣纸”，也有人称“泾县纸”。现在，中国三大宣纸产地是安徽、四川、浙江。有人称赞宣纸“薄似蝉翼白似雪，抖似细绸不闻声”。

宣纸，品质纯白细密，柔软均匀，绵韧而坚，光而不滑，透而弥光，色泽不变，而且久藏不腐，百折不损，耐老化，防虫防蛀，故有“千年寿纸”的美誉。生产原料是以皖南山区特产的青檀树为主，配以部分稻草，需经长期的浸泡、灰腌、蒸煮、洗净、漂白、制浆、水捞、加胶、贴烘等十八道工序，一百多道操作过程，历时一年多，方能制造出优质宣纸。

◆中国灵动的音符“剪纸”经历了怎样的流变？

剪纸，是用镂空透雕来创造美的一种艺术形式。早在新石器时代，中国古人已经有了美的观念，并且产生了对镂空透雕美的追求。例如黄河流域的大汶口文化遗址出土的陶豆，它的圈足就是镂空的花纹。

真正用纸剪成的剪纸，目前发现最早的是北朝时期的作品。在新疆吐鲁番阿斯塔那的古墓葬中，先后出土了五幅剪纸。其中有八角形团花、忍冬纹团花、菊花形团花三幅，层次交错、变化繁复、颇有韵律感。另两幅更为复杂，在几何形内圈之外分别剪出一圈对马和对猴，将动物很巧妙地组合在图形的画面中，给人一种清新之感，其艺术表现之成熟，绝非萌芽原始状态。

中国剪纸发展到宋代，已经在民间普及，并出现了专业剪纸艺人。明代剪纸已达到很高的艺术水平。到清代，剪纸走出民间，进入宫廷，初登“大雅之堂”。

◆“中国17世纪工艺百科全书”是哪部作品？

《天工开物》有“中国17世纪工艺百科全书”的美誉。作者是明朝的宋应星。该书收录了农业、手工业、工业——诸如机械、砖瓦、陶瓷、硫黄、烛、纸、兵器、火药、纺织、染色、制盐、采煤、榨油等生产技术。尤其是机械，更是有详细记述。

该书名取自《尚书》中的“天工人其代之”及《易》中的“开物成务”，作者说是“盖人巧造成异物也”。全书按“贵五谷而贱金玉”之意分为《乃粒》（谷物）、《乃服》（纺织）、《彰施》（染色）、《粹精》（谷物加工）、《作咸》（制盐）、《甘嗜》（食糖）、《膏液》（食油）、《陶埏》（陶瓷）、《冶铸》、《舟车》、《锤锻》、《燔石》（煤石烧制）、《杀青》（造纸）、《五金》、《佳兵》（兵器）、《丹青》（矿物颜料）、《曲蘖》（酒曲）和《珠玉》共十八卷。包括当时许多工艺部门世代相传的各种技术，并附有大量插图，注明工艺关键，具体描述生产中的各种实际数据（如重量准确到钱，长度准确到寸）。

体育娱乐

◆古代士大夫常玩的"投壶"游戏是怎样的?

投壶是古代士大夫宴饮时做的一种投掷游戏。这种游戏以盛酒的壶口作标的，在一定的距离间投矢，以投入多少计筹决胜负，负者罚酒，以助酒兴。

春秋战国时期，诸侯宴请宾客时的礼仪之一就是请客人射箭。那时，成年男子不会射箭被视为耻辱，主人请客人射箭，客人是不能推辞的。后来，有的客人确实不会射箭，就用箭投酒壶代替。久而久之，投壶就代替了射箭，成为宴饮时的一种游戏。

投壶在战国时得到相当发展，当时的文者倾向于内心修养，投壶这种从容安详、讲究礼节的活动，正适合他们的需要。此外，由于社会发展，民间以投壶为乐的现象越来越普遍。《礼记》中说:"投壶者，主人与客燕饮讲论才艺之礼也。"《左传》曾记载过晋昭公大宴诸国君主，举行投壶之戏的事。

秦汉以后，它在士大夫阶层中盛行不衰，每逢宴饮，必有"雅歌投壶"的节目助兴。在流传过程中，游戏的难度增加了，不仅产生了许多新名目，还有人别出心裁在壶外设置屏风盲投，或背坐反投。

◆"琴棋书画"中的"棋"指的是什么?

中国古代四大艺术"琴棋书画"之"棋"，指的是"围棋"。

据《路史》记载，制造围棋是为了开发智能，纯洁性情的。相传，尧帝娶妻富宜氏，生下儿子丹朱（一说是商均）。丹朱行为不好。尧至汾水之滨，见二仙对坐翠桧，划沙为道，以黑白行列如阵图。尧前问全丹朱之术，一仙曰:"丹朱善争而愚，当投其所好，以闲其情。"指沙道石子:"此谓弈枰，亦名围棋，局方而静，棋圆而动，以法天地，自立此戏，世无解者。"据说，丹朱学了围棋果真有了长进。

在我国甘肃永昌鸳鸯池出土的原始社会末期的陶罐，不少绘有黑色、红色甚至彩色的条纹图案，线条均匀。纵横交错，格子齐整，形状很像现在的围棋盘，但纵横线条只有十至十二道，而不像现在是十九道。考古学家称之为棋盘纹图案。

◆"收官之战"中的"收官"最初指的是什么?

"收官"是围棋用语，表示到了最后阶段，虽还没有结束，但已接近结束。围棋，以双方占领的地域的多寡论输赢。下一盘围棋，开始是"布局"，就是抢占战略要点。然后是"中盘"，就是在贯彻全盘战略思想之下的局部作战，如果一战或数战后一方明显失利，认为没有可能扭转败局而主动认输，这盘棋就结束了。如果双方优劣局势不明朗，或者差距不很大，就要在双方地域的各个分界处争夺，这个过程就是“收官”，又称作官子。

后来，“收官”引申到其他一些体育比赛或者某项活动中，指比赛临近结束或活动已近尾声，也称“收官之战”。很多高手围棋比赛是在收官战之后胜负才见分晓，就是说在围棋里，收官是同布局、中盘一样非常重要的环节，是双方经过中盘的战斗，地盘及死活已经大致确定之后，确立竞逐边界的阶段。

◆中国象棋是从什么时候开始设有河界的？

一般认为，象棋起源于中国。

战国时期，已经有了关于象棋的正式记载。如《楚辞》中有“蓖蔽象棋，有六博些；分曹并进，遒相迫些；成枭而牟，呼五白些。”但当时的“象棋”指的是象牙做的六博棋。六博棋由两人对弈，每方六子，有枭、卢、雉、犊、塞五种棋子，前四种棋子双方各一枚，最后一种棋子“塞”各两枚。枭为首，即主帅。

唐以前，象棋只有将、车、马、卒。唐以后，火器开始用于军事。《唐书》载，以机发石为攻城，号将军炮。那时的炮字还写作“砲”，以“石”为偏旁。火器的发展使模仿战斗场面的象棋逐渐拥有将、车、马、炮、士、象、卒七个兵种，从而与现代象棋的兵种基本相似。

北宋前的象棋棋盘没有河界，棋盘有河界的象棋是在北宋末定型的。那时，三十二枚棋子，棋子名称和着法（象棋术语，棋子的走法）与现制象棋亦相同。

南宋诗人刘克庄在他的五言古诗《象弈一首呈叶潜仲》中，第一个以比较完整的篇章描述了象棋的着法。北宋司马光的《七国象棋图》、南宋洪迈的《棋经论》是现代象棋最早的理论著作。

◆中国古代象棋四大名局分别是什么？

《七星聚会》《蚯蚓降龙》《野马操田》《千里独行》被称为中国古代象棋四大名局，载于《百局象棋谱》《竹香斋象戏谱》《心武残编》与《渊深海阔》等诸多象棋古谱中。为便于记忆，通常又概括成“七星聚会降龙，野马千里独行”两句。

◆中国象棋的“二鬼拍门”是什么意思？

“二鬼拍门”是中国象棋的一种杀法，指的是双兵（卒）或车侵入对方九宫禁区，分列对方中心士的两旁，即分别占于四、六路两条肋道，有火并中士、逼杀老将的作用。因小兵（卒）有小鬼之称，这种杀势故称“二鬼拍门”杀。

二鬼拍门具有巨大的杀伤力，它可以至少控制九宫的三个点，而且这三个点包括了将门的两个点和九宫的中心点；至多可以控制六个点，其中这六个点也至少包括了上述的三个点。另外，进行攻击的棋子本身至少占有两个点，所以可以说没有给将（帅）留下什么行动的空间。然而二鬼拍门的威胁还不止这些，因为它可以堵住两个中路的象眼，从而使防守方的象无法进行有效的防守。因此，如果再有第三子辅助进攻，对手几乎是必死无疑。

◆相传麻将是谁发明的？

麻将，又称“麻雀”“雀牌”，是一种非常普及的娱乐活动。

麻将的起源可追溯到唐朝。相传唐代有个叫张遂的人，自幼聪明过人，后出家为僧，取法名一行。开元十年（722年）前后，僧一行编制了一套供人娱乐用的纸牌，规格为：宽3.5cm，长15cm，上印万、索、筒的图样。后来又增加了类似东、南、西、北、中、发、白的七大种类，麻将形制初备矣。

麻将中“万”“索”“筒”，本身是古代货币量的概念：筒即是铜钿（由外形圆中间一个四方孔的铜质材料所制），一百铜钿相串而成一索，一万即一万个铜钿，即一百个索之和。后来，人们发现纸牌拿在手中不方便，且难以理顺，使用硬质的东西来代替纸牌，于是纸牌的图案被刻于竹片或骨料之上，出现了新的硬质牌。后来，制牌材料逐渐由原来的竹片、骨料，发展成为今天的硬塑料与有机玻璃。

◆骰子的一点与四点为什么被漆上红色？

唐玄宗李隆基与贵妃杨玉环平日喜欢玩掷骰子游戏。杨玉环先掷出了两个一点，按照规则李隆基需要掷出两个四点才能胜过她，李隆基在掷骰子的过程中，不停地喊：“重四、重四！”果然是四点。龙颜大悦的他立刻命高力士用朱漆将骰子上的四点漆为红色。杨玉环哪里肯依，玄宗为了取悦杨贵妃，就把一点也涂成了红色。从此，骰子有了红黑两色的区分，民间也纷纷效仿，流行开来，骰子在民间也就有了一个新名字：色子。

◆现代扑克起源于古代的什么游戏？

被中外学者所普遍接受的观点是，现代扑克起源于中国古代一种名叫“叶子戏”的游戏纸牌。相传早在秦末楚汉争斗时期，大将军韩信为了缓解士兵的思乡之愁，发明了一种纸牌游戏，因为牌面只有树叶大小，所以被称为“叶子戏”。据说这就是扑克牌的雏形。12世纪时，马可·波罗把这种纸牌游戏带到了欧洲，立刻引起了西方人的极大兴趣。一开始，它只是贵族们的奢侈品，但是因为它造价低廉、玩法多样，又容易学，很快就在民间流行开来。

◆古人所谓的“角抵”指的是哪项运动？

摔跤是中国传统的竞技体育运动之一。古时摔跤称为“角抵”“角力”；后来称“相扑”“争交”“摔角”“私交”“官交”“掼交”等。

最简单的摔跤技术产生于原始社会，后来变为对抗性游戏。到了周代，摔跤、射箭和驾车就被列入军事体育项目。三国时，曹操整编各种杂技，把摔跤列入百戏之一。晋代民众于农耕之暇，多于正月十五日举行摔跤比赛。

宋、元、明继承了唐、五代的摔跤。宋代还有女子摔跤。摔跤能手每年参加比赛，比赛时筑台，叫“露台”；上台去比赛，叫“露台争交”；这种

"露台争交"，有裁判员，叫"部署"；比赛结束后，获胜者可以得到像近代"奖杯"那样的"银碗"等奖品。《水浒》"燕青智扑擎天柱，李逵寿张乔坐衙"一回，形象反映了当时摔跤比赛的情况。

◆古人为什么把拔河称为"钩拒之戏"？

拔河，是人数相等的双方对拉一根粗绳以比较力量的对抗性体育娱乐活动。

源于春秋时期的楚国。据唐封演《封氏闻见记》载，当时楚国一军中已出现拔河运动，称为"牵钩"。书云："拔河，古谓之牵钩，襄汉风俗，常以正月望日为之。相传楚将伐吴，以为教战。"由上可知，"牵钩"最初主要用以训练兵卒的作战能力。

这一活动后来被水乡渔民仿效，成为一项体育娱乐活动。唐代起初的拔河活动以拉扯竹索为主，到了隋唐时期已将竹索改为大绳。拔河时，大绳正中插一根大旗，旗的两边画两条竖线，称为河界线。比赛时，以河界线为胜负标志，故改称"钩拒之戏"为"拔河"。一声令下，河界两边选手紧挽绳索，"使相牵引"，围观者欢呼鼓劲。

何谓"钩拒"？它是楚国水军发明的一种专门用于水上作战的兵器。当敌人败退时，军士以钩拒将敌船钩住，使劲往后拉，使之逃脱不了。

◆"秋千"最初是游艺竞技用具吗？

荡秋千是中国传统的游艺竞技项目。据现有文献记载，它源自先秦。

《古今艺术图》记载："秋千，北方山戎之戏，以习轻趫（敏捷）者。齐桓公伐山戎，始传入中国。"山戎是古代北方的一个少数民族，属地在今天的北京市及其周围地区，秋千原是其进行军事训练的工具。春秋五霸之首的齐桓公带兵打败山戎后，将其国土划归燕国，秋千也随之向南流传，后来逐渐演变成游戏的用具。

西汉武帝时，宫中盛行荡秋千。唐朝人高无际《汉武帝后庭秋千赋》中云："秋千者，'千秋'也。汉武祈千秋之寿，故后宫多秋千之乐。"荡秋千在当时主要是为了强身健体。

唐代称荡秋千为"半仙戏"。宋代则出现了"水秋千"。唐宋以后，随着城市经济的发达，市民阶层的大量涌现，荡秋千演变成节日中广场的狂欢节目。杜甫有诗云："十年蹴鞠将雏远，万里秋千习俗同。"刘禹锡亦有："秋千争次第，牵拽彩绳斜。"

◆古人放风筝仅仅是出于娱乐之需吗？

风筝，古称"鹞"，又称"鸢"。

相传，中国最早出现的风筝是用木材做的。墨子"斫木为鹞，三年而成，飞一日而败"。隋唐开始，由于造纸业的发达，民间开始用纸来裱糊风筝，称为"纸鸢"。到了宋代，放风筝成为人们喜爱的户外活动。

据古书记载："五代李邺于宫中作纸鸢，引线乘风为戏，后于鸢首以竹为笛，使风入竹，声如筝鸣，故名风筝。"由此可知，不能发声的称"纸鸢"，能发声的称"风筝"。

古代风筝，曾被用作军事上之侦察工具。比如，墨子把制风筝的技术传给公输班（也称鲁班）后，鲁班曾“制木鸢以窥宋城”。风筝还用于三角测量信号、天空风向测查和传递信息。据《南史》记载，南朝梁武帝被侯景围困，就曾放风筝向外求援。古籍中甚至还有载人的记载。

◆中国古代将足球称作什么？

古代将足球称作“蹴鞠”“蹹鞠”“蹴球”“蹴圆”“筑球”“踢圆”等。“蹴”即用脚踢，“鞠”系皮制的球，“蹴鞠”就是用脚踢球。它是中国一项古老的体育运动，有直接对抗、间接对抗和白打三种形式。

蹴鞠最早载于《史记》，苏秦游说齐宣王时形容临淄：“临淄甚富而实，其民无不吹竽、鼓瑟、击筑、弹琴、斗鸡、走犬、六博、蹹鞠者。”《史记》和《战国策》记载都表明，在当时的齐国故都临淄，蹴鞠已发展成一种成熟的游乐方式，而且在民间广为盛行。

由于以儒家思想为核心的中国传统文化讲求“和”与“中庸”，多数情况下的社会文化心理是重“文治”而轻“武功”。人们推崇温文尔雅，鄙薄争强好胜。在这种社会文化背景下，蹴鞠由对抗性比赛逐步演变为表演性竞技。

◆宋太祖赵匡胤擅长的是哪种球技？

从历史上流传下来的画像看，宋太祖赵匡胤心宽体胖，给人以笨重的感觉。

然而，实际上，赵匡胤不仅马上功夫了得，足下功夫也是万里挑一。

在现存的《宋太祖蹴鞠图》（原作者为北宋苏汉臣，现藏的是元代钱选的临摹品）中，就描绘了宋太祖与其弟赵光义、宰相赵普等六人用白打方式蹴鞠嬉戏的场景。

赵匡胤的球技在当时是十分有名的，尤其擅长白打（现在人们通常称之为“花式足球”），即踢球时，可以头、肩、背、腹、膝、足等部位接触球，灵活变化，随心所欲。

◆中国女子足球最早可以追溯到哪个朝代？

唐代开始有了女子足球。女子足球的踢法是不用球门的，以踢高、踢出花样为能事，称为“白打”。唐代诗人王建有一首《宫词》，说在寒食节这一天，宜春院的伎（一作“妓”）女以踢球为乐。唐太宗、玄宗都爱看踢足球，当时球门是“树两修竹，络网于上，以门为度球。球又分左右朋，以角胜负”。唐代不仅有了女子足球，而且有的女子踢球技术还很高超。

◆“驴鞠”是一种什么样的体育活动？

唐宋时期，有一种别开生面的体育活动——“驴鞠”。大约在唐代宗时期，出现“驴鞠”。唐朝人段成式在《酉阳杂俎》中说：“崔承宠少从军，善驴鞠，豆脱杖捷如胶焉。”《旧唐书》中说，剑南节度使兼成都尹郭英乂“聚女人骑驴击球”。《新唐书》也提到，郭英乂“教女伎乘驴击球”。又《新唐书》载：“甲子，观驴鞠、角抵于三殿。”

所谓“驴鞠”，它是古代的一种马球运动。具体说来，就是骑在驴背上挥杖击球。驴比马身体矮小，而且性格特别温顺，非常适宜于女子骑乘。因此，一些宫女、富家闺秀，都喜欢以驴代马，挥杖打球。

◆中国古代有专门踢球的组织吗？

到了宋朝，体育开始从士大夫和军队等阶层中逐渐脱离出来，一些娱乐、健身性活动开始在社会各个阶层得到广泛的开展，城市里出现了一些专供市民和军卒消闲、娱乐的游艺场所——瓦舍（又称“瓦子”或“瓦市”）。

瓦舍提供的服务多种多样，有各种技艺表演，体育活动。在瓦舍的基础上，产生了类似今天运动俱乐部或运动协会的团体“社”。“圆社”就是蹴鞠组织，它是由“富室郎君，风流子弟”与闲人所组成的踢球组织，入社者都是踢球的佼佼者。

◆古籍中提到的“击鞠”是怎样的体育运动？

中国古籍中提到的“击鞠”，又称“击球”“打球”，是一种骑在马上持棍打球的运动，今天称为马球。这项活动，在中国唐宋时期非常盛行。至于起源于何时，至今尚无定论，至迟在东汉末年便已有之。

武术史学家唐豪认为，曹植的《名都篇》，就现存的文献来说，为中国创造马球（古称击鞠）以后最早的一个记载。其篇描写“京洛少年”，穿着鲜丽的服装，佩着宝剑，挟着雕弓，每天一清早就到东郊去斗鸡，然后“走马长楸间（两旁种着楸树的大道）”，“长驱上南山”去打猎。打猎回来之后，“列坐竟长筵”，饮宴以后又去“连翩击鞠壤”，直到“白日西南弛”才停止。诗篇中还形容了连翩击鞠的技术，达到了“巧捷惟万端”的熟练程度。

据考，《名都篇》写于建安年间，可知，击鞠至迟在东汉末年已经出现。

◆学术界关于高跷起源的说法是什么？

高跷，也称拐子，是由表演者脚踩木跷表演。原始社会，人们为采摘树上野果，在腿上绑两根木棍增加身高，这是高跷的最初形式。

据《列子》记载，春秋时宋国有个叫兰子的人，善跷技；战国时，喜玩跷技的艺人，游走各国。看来，这个时期高跷已发展成一项杂技艺术。宋代的高跷技艺又有发展，《武林旧事》记载，两宋时期的踏跷（即高跷）技艺高超，动作惊险，扣人心弦。

后来，高跷又发展为一种民间舞蹈，称高跷秧歌。高跷秧歌在紧锣密鼓中配演小戏，即高跷戏，在春节和元宵节演出，很受人们喜爱。

据历史学家的考证，尧舜时代以鹤为图腾的丹朱氏族，在祭礼中要踩着高跷拟鹤跳舞。《山海经》注云：“长脚人常负长臂人入海中捕鱼也。”不难想象出人们脚上绑扎着长木跷，手持长木制成的原始捕鱼工具在浅海中捕鱼的形象。因此，关于高跷的起源，学者们多认为与原始氏族的图腾（鹤）崇拜、沿海渔民的捕鱼生活有关。

◆关于高跷的来历，民间有哪些传说？

传说一：以滑稽著称的春秋战国时期的晏婴，一次出使邻国，邻国国王大臣嘲笑他身材矮小，他就装一双木腿，顿时高大起来，弄得那国君臣啼笑皆非。他又借题发挥，把邻国君臣挖苦一顿，使得他们更狼狈。据此，踩高跷活动由此流传民间。

传说二：从前，有座县城叫两金

城，城里和城外的人民非常友好，每年春节都联合办社火，互祝生意兴隆，五谷丰登。不料来了个贪官，把这看作是发财的机会，就说，凡是进出城办社火，每人都要交三钱银。人们不交，他就关城门，挂吊桥。但仍难不住聪明的人，他们就踩着高跷，翻越城墙、过护城河，继续欢度春节，乐在其中。

传说三：古时候，一连三年大旱，颗粒无收，很多人饿死了。皇帝闻之，下旨开仓放粮，并令家有存粮者开仓赈济灾民。但有一知府存粮百石，不仅一粒不放，还狠抬粮价，抢发灾荒财。一位姓高名跷的青年，决心偷其粮食救济灾民。可是，知府粮仓外尽筑高墙，该如何是好？一个偶然的机会，他悟出树枝可作攀缘高墙之用，并练就将树枝绑在脚上行走自如、蹦跳如飞的本领。此后，便总在夜间翻过财主粮仓高墙，窃取粮食救济灾民。此后，人们为纪念高跷，就将踩树丫取名为"踩高跷"。

◆古人是如何斗鸡的？为什么会"斗鸡破百万"？

斗鸡，最早起于夏朝的少康王。周僖王三年（前679年），齐桓公以宋国违背"北杏之会"盟约为由，率诸侯国讨伐宋国，取胜后筑高台以斗鸡庆祝，是关于斗鸡的最早文字记载。

据史书记载，西汉大臣袁盎因病被免职，在家无事，遂搞起"斗鸡"。三国时魏明帝亦喜欢斗鸡，专门筑台，进行大规模的斗鸡活动。南北朝时梁简文帝等亦有斗鸡的诗文。说明斗鸡在上层社会中已很普遍。唐朝，斗鸡活动普及城乡。以斗鸡为事者数不胜数，甚至一些养不起鸡的人，也用木鸡来斗。韩愈、孟郊曾用联句描写斗鸡的场面："裂血失鸣声，啄殷甚饥馁。对起何急惊，随旋诚巧绐。"

所谓"斗鸡"，是用公鸡相斗，让它们冲前啄斗，以退避逃遁者为输。慢慢地，斗鸡由娱乐活动演变成夸豪比富、进行赌博的工具。赌时双方拿出相同的赌注，经过两鸡争斗，赢方将所有赌注一掠而去。若时运不济，"破百万"就不难理解了。

◆人们为何把斗蟋蟀视作"秋兴"？

斗蟋蟀，亦称"斗促织""斗蛐蛐"。雄蟋蟀性勇好斗，振翅"瞿瞿"，叫声洪亮，耀武扬威，人们利用它的特性，捉养以相斗为嬉。蟋蟀大致生长在处暑至立冬期间，入冬后渐趋死亡。也就是说，蟋蟀主要活动在秋季，所以人们把斗蟋蟀视作"秋兴"。

据载："斗蛩之戏，始于天宝间。"蛩，即蟋蟀。天宝，即唐玄宗时代。清朝斗蟋蟀要求无"四病"（仰头、卷须、练牙、踢腿）。外观颜色"白不如黑，黑不如赤、赤不如黄"。两蟋蟀初遇，往往并不马上厮杀，须由人加以引逗，方才开始较量。几经交锋，败者落荒而逃，胜者挺胸叠肚，趾高气扬，张翅长鸣。

◆太极拳创立于什么时期，由何人所创？

太极拳是中国民族运动形式之一，也是一种重要的健身与预防疾病的手段。

太极拳，早期曾称为"长拳""绵

拳”“十三势”“软手”。至清朝乾隆年间，山西武术家王宗岳著《太极拳论》，才确定了太极拳的名称。“太极”一词源出《周易》，含有至高、至极、绝对、唯一的意思。

太极拳讲究“以柔克刚、以静制动、以弱胜强”，以“掤、捋、挤、按、采、挒、肘、靠、进、退、顾、盼、定”等为基本方法。动作徐缓舒畅，要求练拳时正腰、收颚、直背、垂间，有飘然腾云之意境。清代拳师称“拳如大海，滔滔而不绝”。同时，太极拳还很重视练气，所谓“气”，就是修炼人体自身的精神力。

关于太极拳的起源，民间传说都以武当道士张三丰为其鼻祖，但无史实依据，不足为信。据考证，太极拳是在清代初年由陈玉廷所创。陈玉廷是河南温县陈家沟人。

◆八卦掌因何得名？与“八卦”有无关系？

八卦掌是中国流传很广的拳种之一，又有“游身八卦”“龙形八卦”“形意八卦”“阴阳八盘掌”等名目。“八卦”最早见于《周易》：“两仪生四象，四象生八卦。”八卦原指八个方位。

八卦掌以掌法为主，其基本内容是八掌，合于八卦之数；在行拳时，要求以摆扣步走圆形，将八个方位全都走到，而不像一般拳术那样，或来去一条线，或走四角，所以称为“八卦掌”。其实，八卦掌与八卦并无内在联系。

八卦掌起源于何时何地何人，其说不一。《八卦掌源流之研究》一文认为八卦掌为清朝人董海川所创。另有一说，八卦掌是由明末清初四川峨眉山一带碧云、静云两道士所传，至今九代。

◆中国传统剑术有什么特点？

剑术是一种为大众所喜爱的，富于民族特色的体育运动形式和男女老幼皆宜的体育休闲活动项目。长期习剑，不仅可以强身健体，而且可以陶冶情操。

剑术的历史同剑是分不开的，有了剑，也自然就产生了剑术。剑，是武术中短兵器的一种，和刀、枪、棍一起，被称作武术中的四大名器。系由古兵器演化而来。《释名》中说：“剑，检也。”剑是一种防范非常的卫体武器。

春秋后期史籍中开始出现关于剑术家的记载。汉代是剑术发展的黄金时代，钢铁剑以全新面貌取代了青铜剑，并已成型。武术谚语有“刀如猛虎，剑如飞凤”，“刀似下山猛虎，枪如出海蛟龙，剑如林中惊豹”。剑术的特点是灵活、敏捷、潇洒、飘逸，气势连贯，演练起来变化多端，剑神合一，一气呵成。比赛中的剑术，有规定“腾空跳跃”“立劈横抹”“点刺撩崩”“勾挂缠云”等动作。

◆中国最早的表演艺术是什么？

中国最早的表演艺术是杂技。如今，中国许多杂技艺术团先后出国访问，并屡获国际大奖，从而享有世界杂技大国的美誉。事实上，杂技艺术在中国已经有两千多年的历史了。

杂技在汉期称为“百戏”，隋唐时期称为“散乐”，唐宋以后为了区别于其他歌舞、杂剧，才称为“杂技”。据《史记》记载，秦二世曾在甘泉宫看角抵戏。当时的角抵戏，如同今天的摔跤表演。《列子》还介绍了民间曾有在空中掷投五剑、七剑的表演。汉朝张衡在《西京赋》里生动地描写了跳剑丸、走绳索、爬高竿的表演情景。隋炀帝设立太常寺，教授杂技技艺，并在大业六年（610年），在长安端门外天津街举行过百戏演出。

此外，杂技在许多唐诗中也有反映。白居易在《新乐府》中写到，立部伎“舞双剑，跳七丸、袅巨索，掉长竿”；元微之在《西凉伎》中也有“前头百戏竞撩乱，丸剑跳掷霜雪浮”的诗句。杂技在宋朝进一步发展，已有人能表演挑一担水在绳索上行走的绝技。

◆中国民间为何盛行舞狮表演？

据说，狮子是汉武帝派张骞出使西域后带回的贡品。时人模仿狮子的外貌、动作作戏，至三国时发展成舞狮。还有人认为狮舞的技艺引自西凉的“假面戏”，但也有人认为舞狮是5世纪时产生于军队，后来传入民间的。这些说法各有依据，难判孰是孰非。

不过，唐代时舞狮已成为盛行于宫廷、军旅、民间的一项活动。唐段安节《乐府杂录》中说：“戏有五方狮子，高丈余，各衣五色，每一狮子，有十二人，戴红抹额，衣画衣，执红拂子，谓之狮子郎，舞太平乐曲。”诗人白居易《西凉伎》诗中对舞狮有生动的描绘：“西凉伎，西凉伎，假面胡人假狮子。刻木为头丝作尾，金镀眼睛银帖齿。奋迅毛衣摆双耳，如从流沙来万里。”

狮子体型威武，被誉为百兽之王，中国一般不受狮患所害，因此民间将其当成威勇与吉祥的象征，并希望用狮子威猛的形象驱魔赶邪。因此，舞狮逐渐流行开来。